U0579096

本书出版由吉林财经大学资助

# 董事联结与企业并购

Research on Board Interlocks
and M&A of Enterprises

吴昊洋　著

社会科学文献出版社
SOCIAL SCIENCES ACADEMIC PRESS (CHINA)

# 摘　要

　　20世纪90年代以来，在全世界范围内的不同行业中，并购活动在持续而频繁地进行。并购的初衷是通过收购目标公司，使并购公司获得并购后的协同效应，为企业创造价值。在过去40多年里，国际学术界进行了大量的关于并购价值效应方面的研究，但是至今尚无一致结论。在中国，对于并购价值效应的认识也存在很大的差异。一种观点认为，并购活动能够为并购公司股东创造财富，获得协同效应；另一种观点认为，并购活动并没有为并购公司股东创造财富，并购产生的收益大多归目标公司股东，而并购公司股东的收益为零甚至为负。"并购是否创造价值"成为并购研究领域的重要议题。

　　围绕"并购是否创造价值"这一议题，现有研究主要从并购公司、目标公司以及并购双方之间关系三个角度进行解答。就并购公司和目标公司研究视角而言，从并购双方之间关系角度探究并购价值效应的文献还相对较少，更少有研究从并购双方的董事联结角度对这一议题进行考察。实际上，中国正处于经济转型时期，这一时期制度尚不成熟，在交易过程中信息的透明度较低，企业之间获取信息的成本较为高昂，企业在这一环境下的交易成本和交易风险远高于制度成熟的发达国家。在转型经济体正式制度较为弱化的环境下，非正式制度扮演了极为重要的角色。学者们认为，董事联结作为一种非正式的关系机制，为交易双方的私有信息沟通和交流提供了合法途径，有助于缓解由于正式制度缺失而带来的信息摩擦问题。不仅如此，董事联结还可以使交易双方变得熟悉和信任，促进交易双方的协调合作，减少交易过程中充斥的各种风险和不确定性。如果并购交易发生于存在董事联结的企业之间，那么董事联结的信息传递和组织协调功能可能会有助于降低并购双方的信息不对称程度，加强并购双方的协调合作，进而可能对并购价值创造产生影响。有鉴于此，本书基于董事联结的信息传递和组织协调功能，试图从并购双方董事联结角度回答如下问题。

在并购交易的不同阶段，董事联结具体发挥哪些作用从而促进并购价值的创造？当建立并购双方董事联结的联结董事职务不同时，董事联结对并购价值创造的影响存在差异吗？虽然研究组织间关系的学者认为董事联结有助于组织间的信息传递和协调合作，但是，也有研究指出许多企业未能对董事联结的功能进行充分的认知和有效的利用。那么，在企业并购过程中，怎样才能使董事联结的功能得到更有效的发挥呢？此外，鉴于在许多国家存在政府控制企业的现象，尤其是在转型经济和新兴市场国家，并购公司的股权性质会对董事联结与企业并购的关系产生影响吗？

本书以 2002~2015 年并购双方均为中国 A 股上市公司的并购事件为研究样本，系统考察了并购双方的董事联结对并购交易前期的并购目标选择、并购交易中期的并购溢价支付和并购交易后期取得的并购绩效的影响，明确了董事联结促进并购价值创造的作用机理；从组织学习视角探索促进董事联结功能有效发挥的影响因素，考察了联结董事并购经验在董事联结促进并购价值创造过程中发挥的积极作用及发挥作用的条件；鉴于国有并购公司的并购活动易受到政府干预，检验了并购公司的股权性质对董事联结与企业并购（并购目标选择、并购溢价和并购绩效）关系的影响。

**关键词：**
董事联结　联结董事并购经验　并购目标选择　并购溢价　并购绩效

# Abstract

Since 1990s, mergers and acquisitions (M&A) have been conducted continually and frequently in a variety of industries around the world. The original intention of M&A is to obtain synergistic effect through the acquisition to create value for the acquirer. In the past 40 years, a large amount of studies have been carried out on the value effect of M&A in the international academic circles, but there is no consistent conclusion. In China, there are great differences in the views of the value effect of M&A too. One view is that M&A can create wealth for shareholders, and can achieve synergistic effect. Another view is that M&A does not create wealth for the acquirer, M&A proceeds are mostly attributable to the shareholders of the target, while the shareholders' earnings of the acquirer may be none or even negative. Whether M&A creates value is becoming an important issue in the M&A research.

Around the issue of whether M&A creates value, there exist mainly three research perspectives: the acquirer, the target and the relationship between the acquiver and the target. Literatures on the research perspective of the relationship between the acquirer and the target are still relatively rare, compared with the other two research perspectives. And few studies on this issue are from the research perspective of the board interlocks relations between both the acquiver and the target. In fact, in the period of economic transition, Chinese institutions are not mature and perfect, so the information transparency is low during the trading process. The costs of acquiring information across businesses are high. The trading cost and trading risk are much higher than the developed countries which institutions are more mature and perfect. Under the environment of the weakly formal institutions in the transition economy, the informal institutions will play a very important role. As an informal relationship mechanism, some academics believe that board interlocks provide a legal mean for traders on private communication and exchange of information. It helps to ease the friction problems caused by formal institutions' absence. Besides that, board interlocks also can make the two trading parties become familiar and trustful, which can promote the coordination and cooperation between the two parties, and can reduce the risk and uncertainty of the trading process. If the acquisition occurs among the enterprises which have the board interlocks relations, the function of information transfer and organization coordination of board interlocks may reduce the degree of information asymmetry and strengthen coordination and cooperation between the two parties of the acquisition. Then the value creation of M&A can be affected. Given that, this book attempts to answer the following questions from the perspective of the board interlocks relations between both parties of acquisition based on the information transfer and organization coordination function of the board interlocks.

What roles do the board interlocks play to promote the creation of the value of M&A in different stages of M&A? If the positions of interlocking directors are different, will the board interlocks relations influence the value creation of M&A differently? Although the scholars who study inter organizational relationship believe that board interlocks can help to promote information transfer and organizational coordination, but some other studies indicate that many companies failed to adequately cognize and effectively utilize the function of board interlocks. So, in the process of M&A, how to give full play to the function of board interlocks? In addition, in view of the government control of enterprises is a common phenomenon in many countries, especially in economies in transition and emerging market countries, whether the equity nature of the acquirer can influence the relationship between board interlocks and M&A of enterprises?

This book takes domestic M&A events from 2002 to 2015, in which both acquirer and target are A-share listed companies as the research samples, and systematically investigates the effect of the board interlocks relations between both parties of acquisition on the selection of M&A target during the prophase of M&A, on the payment of M&A premium during the metaphase of M&A and on the M&A performance during the anaphase of M&A, and then clears the mechanism of action which board interlocks promote value creation of M&A. This book also explores the influential factors that can make good use of function of the board interlocks from organizational learning' perspective, and look at the positive role and the conditions of interlocking directors acquisition experience in the process of board interlocks promoting the M&A value creation. In view of state-owned acquirers are susceptible to government intervention during the M&A process, this book tests the influence of equity nature of the acquirer on the relationship of board interlocks and M&A of enterprises (including selection of the target, M&A premium and M&A performance).

**Keywords**: Board Interlocks; Interlocking Director Acquisition Experience; Target Selection; Mergers and Acquisitions Premium; Mergers and Acquisitions Performance

# 目　　录

# CONTENTS

# 第一章 绪论

## 第一节 研究背景

企业并购（M&A）作为企业资本扩张的一种重要手段，泛指在市场机制作用下，一个企业为了获得其他企业的控制权而进行的产权交易活动，是企业兼并（Merger）和收购（Acquisition）的总称。美国著名经济学家、诺贝尔经济学奖获得者斯蒂格勒（George J. Stigler）指出："一个企业通过兼并其竞争对手的途径成为巨型企业是现代经济史上一个突出现象。"从 19 世纪末英、美等西方国家发生第一次企业并购浪潮开始，至今历经五次并购浪潮，已有逾百年的历史。20 世纪 90 年代以来，西方企业并购规模不断扩大，并购成为与贸易、直接投资相提并论的经济活动（张秋生、周琳，2003）。

中国企业并购，产生于 20 世纪 80 年代中期，伴随着社会主义市场经济的发展，融入全球并购浪潮之中。2005 年 5 月，股权分置改革之后，并购和新股发行（IPO）更成为证券市场资源配置的两大主要方式。2014 年 5 月，国务院发布了《关于进一步促进资本市场健康发展的若干意见》（简称新"国九条"），新"国九条"明确提出"鼓励市场化并购重组"。2014 年 10 月，证监会对有关上市公司重大资产重组和非公开发行的法规进行了修订，上市公司的并购模式一举被改变，并购重组审批流程得到简化，审核效率大幅度提高，激发了上市公司并购重组的热情。2015 年 4 月，证监会又对证券期货法律适用意见第 12 号进行修订，进一步放宽了并购重组政策限制，增强了上市公司通过并购重组募集现金，改善资金状况，降低整合风险的能力。

此外，国家发展和改革委员会、国家税务总局、商务部和国家外汇管理局等部委也纷纷出台了一系列法规，促使并购重组交易成本降低。

在政策不断松绑、环境日趋宽松的背景下，2015 年中国并购市场呈现持续火爆态势，全年完成交易案例数量为 4156 起，同比上升 33.16%，完成交易规模 3160.8 亿美元，同比增长 56.37%，交易数量和金额双创新高。2016 年中国并购市场完成交易案例数量为 4010 起，完成交易规模为 2532.6 亿美元，虽然交易数量和金额同比均有所下降，但是 2016 年的并购活动可被视作 2015 年并购浪潮的延续和扩展。[①]

并购的初衷是通过收购目标公司，使并购公司获得并购后的协同效应，为企业创造价值。在过去 40 多年里，国际学术界进行了大量的关于并购价值效应方面的研究，但是，至今尚无一致结论。同样，在实务界，既有美国通用电气和 WPP 集团这样的成功并购案例，也有美国在线并购时代华纳这样的甚至连 "1+1=2" 的目标都没有实现的失败案例。在中国，对于并购价值创造效应的认识也存在很大的差异。一种观点认为，并购能够为并购公司股东创造财富，获得协同效应（高见、陈歆玮，2000；李善民、陈玉罡，2002；陈健等，2005；朱滔，2006；宋希亮等，2008；唐建新、陈冬，2010；王江石等，2011）；另一种观点认为，并购未能为并购公司创造财富，并购产生的收益大多归目标公司股东，而并购公司股东的收益为零甚至为负（余光、杨荣，2000；张新，2003；张宗新、季雷，2003；李善民、朱滔，2005；田高良等，2013）。"并购是否创造价值" 成为并购研究领域中的重要议题（张新，2003）。

围绕 "并购是否创造价值" 这一议题，现有研究主要从并购公司（比如自由现金流假说、高管过度自信假说、资源依赖理论和代理理论等）、目标公司（比如目标公司支持策略、目标公司抵制策略、目标公司财务特征和目标公司治理特征等）以及并购双方之间关系三个角度解答此议题（陈仕华等，2013）。就并购公司和目标公司研究视角而言，从并购双方之间关系角度探究并购价值效应的文献较少。基于这一视角的研究主要集中于并购双方之间的企业特征关系、行业相关关系和地理邻近关系三个方面，少有研究从并购双方的董事联结角度对这一议题进行考察。

---

① 上述数据均来自 CVSource 投中数据库。

实际上，中国正处于经济转型时期，这一时期制度尚不成熟，在交易过程中信息的透明度较低，企业之间获取信息的成本较为高昂，企业在这一环境下的交易成本和交易风险远高于制度成熟的发达国家。Peng 和 Luo（2000）指出，在转型经济体正式制度较为弱化的环境下，非正式制度将扮演极为重要的角色，企业管理者被迫通过各种联结关系来获取信息、解释规制和完成交易。不过，由于政府在转型背景下扮演重要角色，国内文献主要关注高管与政府的政治关联对并购价值的影响（潘红波等，2008；李善民等，2009；张雯等，2013）。但事实上，除了政治关联之外，董事是企业的决策者，通过董事在两家或多家企业兼职而建立起来的企业间联结关系对我国企业也非常重要（陈仕华、马超，2011；陈运森，2012；陈运森、谢德仁，2012；陈仕华等，2013；韩洁等，2014；李善民等，2015）。许多研究表明，我国上市公司之间存在广泛的董事联结（卢昌崇、陈仕华，2009；陈仕华、马超，2011；陈运森、谢德仁，2012；陈仕华等，2013；魏乐等，2013），以本书所用样本区间为例，2001~2014 年，大量中国 A 股上市公司存在董事联结（见表1-1），拥有董事联结的公司数量和联结公司的比重整体呈现逐年上升趋势（见图1-1）。

董事联结作为一种非正式的关系机制，为交易双方的私有信息沟通和交流提供了合法途径（Pfeffer, Salancik, 1978；Koenig et al., 1979；Useem, 1984；Palmer et al., 1986；Lorsch, Maciver, 1989；Davis, 1991；Mizruchi, 1992；Haunschild, 1993；Palmer et al., 1993；Haunschild, 1994；卢昌崇、陈仕华，2009；曹廷求等，2013；陈仕华等，2013；韩洁等，2014；李善民等，2015），有助于缓解由于正式制度缺失而带来的信息摩擦问题（韩洁等，2014）。不仅如此，董事联结还可以使交易双方变得熟悉和信任，促进交易双方的协调合作，减少交易过程中充斥的各种风险和不确定性（Pfeffer, Salancik, 1978；Koenig et al., 1979；Burt, 1983；Palmer, 1983；Palmer et al., 1986；Mizruchi, 1996；Keister, 1998；Gulati, Westphal, 1999；Maman, 1999；任兵等，2004；卢昌崇、陈仕华，2009；陈仕华等，2013）。如果并购交易发生于存在董事联结的企业之间，则董事联结的信息传递和组织协调功能可能会有助于降低并购双方的信息不对称程度，加强并购双方的协调合作，进而可能对并购价值创造产生影响。那么，在并购交易的不同阶段，董事联结对企业并购具体产生了哪些影响呢？

表 1-1    2001~2014 年中国 A 股上市公司董事联结基本情况

单位：家，%

| 项目 | 2001 年 | 2002 年 | 2003 年 | 2004 年 | 2005 年 | 2006 年 | 2007 年 |
|---|---|---|---|---|---|---|---|
| 上市公司数量 | 1038 | 1204 | 1264 | 1353 | 1352 | 1435 | 1549 |
| 拥有董事联结的公司数量 | 543 | 857 | 970 | 1096 | 1126 | 1151 | 1268 |
| 联结公司的比重 | 52.31 | 71.18 | 76.74 | 81.01 | 83.28 | 80.21 | 81.86 |
| 项目 | 2008 年 | 2009 年 | 2010 年 | 2011 年 | 2012 年 | 2013 年 | 2014 年 |
| 上市公司数量 | 1614 | 1705 | 1930 | 2381 | 2494 | 2463 | 2509 |
| 拥有董事联结的公司数量 | 1325 | 1413 | 1630 | 2017 | 2155 | 2212 | 2345 |
| 联结公司的比重 | 82.09 | 82.87 | 84.46 | 84.71 | 86.41 | 89.81 | 93.46 |

资料来源：根据中国上市公司数据整理所得。

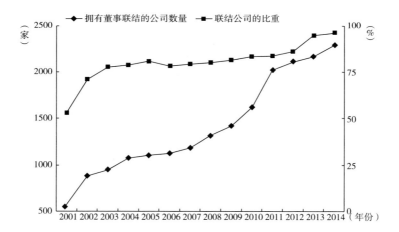

图 1-1    2001~2014 年中国 A 股上市公司中拥有董事联结的
数量及联结公司的比重

资料来源：根据中国上市公司数据整理所得。

在并购目标选择过程中，并购公司需要搜寻潜在目标公司的相关信息
（Davies，2011），并付出相应的信息搜寻和调查成本，当潜在目标公司的信
息透明度较低时，并购公司搜寻和调查潜在目标公司信息的难度会加大，
信息的真实性也会降低，并购公司需要付出的信息搜寻与调查成本更高
（Bruner，2004；Kropf，Robinson，2008）。就潜在目标公司而言，在并购发

生前，出于对自身利益的考虑，其也会搜寻和调查并购公司的相关信息，了解并购公司的基本情况和发展战略，判断并购公司的并购意图，而当并购公司的信息透明度较低时，潜在目标公司可能无法做出正确的判断，拒绝接受对自己有益的并购要约（Rousseau，Stroup，2015）。韩洁等（2014）认为，若并购公司的董事同时在潜在目标公司任职，则董事联结将能够在并购公司和潜在目标公司之间发挥信息渠道作用，缓解由于交易双方的信息不对称而带来的信息摩擦问题。因此，董事联结的存在可能会降低并购公司对潜在目标公司的信息搜寻和调查成本，提高潜在目标公司接受并购要约的可能性。那么，与并购公司存在董事联结的潜在目标公司更有可能成为并购目标公司吗？

Varaiya 和 Ferris（1987）的研究发现，西方国家并购活动中平均的并购溢价水平在50%左右，并购溢价低于0或超过100%的并购交易也很常见（本书使用的并购样本溢价最小值为-98.8%，最大值为1170.8%），并购溢价存在很大的不确定性。由于并购溢价存在较大的不确定性，许多企业为了完成交易，不得不支付高昂的并购溢价，致使并购公司遭受损失，影响并购价值的最终创造。并购交易双方的信息不对称问题是造成并购溢价存在较大不确定性的重要原因（Cukurova，2015）。信息不对称问题的存在将导致并购公司难以准确评估目标公司的真实价值，目标公司也可能会拒绝并购公司提出的较为合理的并购价格（陈仕华等，2013）。陈仕华等（2013）认为，通过董事联结不仅可以帮助并购公司获取目标公司的市场发展前景和产品供求状况等外部信息，还可以帮助并购公司充分了解目标公司的财务、经营、技术和资源等方面的内部信息。不仅如此，董事联结的存在还会使两家公司的董事变得更加熟悉，增加交易双方合作的意愿（Burt，1983；卢昌崇、陈仕华，2009）。那么，若并购公司与存在董事联结的公司进行并购，董事联结带来的信息优势和合作优势有助于并购公司对目标公司进行较为准确的估价，并使目标公司更容易接受并购公司提出的较为合理的并购价格，从而降低并购溢价吗？

并购目标选择和并购定价是并购交易的两个重要环节。在并购交易前期进行恰当的并购目标选择是并购创造价值的前提（Palepu，1986；张金鑫，2006；肖翔，2007），在并购交易中期提高并购定价的合理性，减少并购溢价支付，是并购创造价值的关键条件（Sirower，1997；Hunter，Jagtiani，

2003；宋光辉、闫大伟，2007；扈文秀、贾丽娜，2014）。如果并购公司与存在董事联结的公司进行并购，并利用董事联结的信息传递和组织协调功能降低并购交易成本，提高并购定价的合理性，那么，并购公司的并购绩效是否会由于并购双方董事联结的存在而得到提高？董事联结除了对并购公司的并购绩效产生影响以外，还会对将并购公司和目标公司二者作为一个整体考虑的并购后实体并购绩效[①]以及目标公司相较于并购公司的相对并购绩效产生怎样的影响？

在中国市场化进程中，尽管政府已经下放许多经营管理权给企业的董事会和管理层，但是对于公司负责人的任免和并购活动的开展，政府仍拥有最终决策权（陈信元、黄俊，2007；潘红波等，2008）。因此，政府能够为了实现其目标而对国有控股公司的并购活动进行干预，从而使政府在国有控股公司的并购活动中发挥"掠夺"或"支持"作用（潘红波、余明桂，2011）。我国加入WTO以后，国家为了增强国有控股公司的国际竞争力出台了相应的政策，积极推进中央国有控股公司进行并购重组，从而实现产业结构调整，增强国有资本在特定行业和领域的控制力。因此，中央国有控股公司开展并购活动的主要目的是增强国有资本的控制力（方军雄，2008；唐建新、陈冬，2010）。鉴于国有控股公司的并购活动易受到政府干预，并购公司的股权性质会对董事联结与企业并购（并购目标选择、并购溢价和并购绩效）的关系产生影响吗？

虽然研究组织间关系的学者普遍认为，董事联结有助于组织间的信息传递和协调合作（Pfeffer, Salancik, 1978；Koenig et al., 1979；Burt, 1983；Palmer et al., 1986；卢昌崇、陈仕华，2009；陈仕华等，2013），但是，在实际经济活动中，许多企业未能对董事联结的功能进行充分的认知和有效的利用。卢昌崇和陈仕华（2009）的研究指出，我国只有1/3的董事联结被用于促进组织间的协调和信息传递。也就是说，即使并购双方存在董事联结，并购公司也可能没有充分认知和有效利用董事联结的信息传递和组织协调功能，董事联结可能因此难以对企业并购产生积极影响。基

---

[①]　国外学者也将并购后实体并购绩效称为并购双方公司的联合绩效（Firth, 1980；Bradley et al., 1988；Kaplan, Weisbach, 1992；Houston et al., 2001），本书遵循国内学者（田高良等，2013）的称呼。并购后实体并购绩效或并购双方公司的联合绩效是对并购中的总体净经济收益的反映。

于组织学习理论的研究指出，并购经验有助于联结董事识别解决并购所遇问题的有效方案（McDonald et al.，2008），并帮助焦点并购公司做出更合理的并购方案选择（Stuart，Yim，2010）。那么，联结董事的并购经验能够帮助焦点并购公司，充分认知董事联结给企业并购带来的信息优势和合作优势，对董事联结的功能进行有效利用吗？此外，Lieberman 和 Montgomery（1988）认为，组织间学习通过观察和模仿其他企业的先进管理经验和技术，有利于企业在实践活动中取得后动者优势。那么，联结董事从联结公司获得的并购经验能够帮助焦点并购公司获得后动者优势，提高焦点并购公司对并购过程的管理能力，从而促进董事联结作用更有效发挥吗？研究还发现，虽然组织间学习有助于知识在企业间的有效传递，为企业未来的战略活动提供指导，但是从经验中获取相关知识的学习效果会由于社会和环境的复杂性而发生系统性误差（Haleblian，Finkelstein，1999）。如果外部环境已经发生改变，而企业仍然从过去的经验中推断解决新问题的方案，那么通过组织间学习所得到的知识可能难以发挥作用（Pinder，1984），联结董事并购经验上述作用的发挥还需要满足一定条件吗？

对上述问题的研究为更好地了解董事联结功能，明确董事联结促进并购价值创造的作用机理，探索在并购交易的不同阶段影响董事联结作用发挥的重要因素，提供了转型经济和新兴市场的经验证据，同时也为我国的并购行为带来有益的实践启示。

# 第二节 研究意义

本书以我国转型时期的经济环境为背景，基于我国上市公司的相关数据，对董事联结与企业并购的关系进行理论与实证研究。具有的研究意义如下。

## 一 理论意义

本书的研究进一步深化了董事联结相关研究，拓展了并购价值效应研究，丰富了董事联结与企业并购关系的研究，具有一定的理论意义。

（1）进一步深化了董事联结相关研究

首先，虽然研究组织间关系的学者认为董事联结有助于促进信息的有效传递，加强交易双方的协调合作（Pfeffer，Salancik，1978；Koenig et al.，1979；Burt，1983；Palmer et al.，1986；卢昌崇、陈仕华，2009；陈仕华等，2013），但是，也有研究指出，许多企业未能对董事联结的信息传递和组织协调功能进行充分的认知和有效的利用（卢昌崇、陈仕华，2009；段海艳，2015；李善民等，2015）。可是对于能够帮助企业充分认知和有效利用董事联结的这两种功能，却少有文献进行深入和系统的思考。本书基于组织学习理论，发现当满足联结公司前期的并购与焦点并购公司当前的并购相类似这一前提条件时，联结董事从联结公司获取的并购经验能够帮助焦点并购公司充分认知和有效利用董事联结带来的信息优势和合作优势，在并购决策和并购执行过程中促进董事联结功能更有效地发挥。本书探索了促进董事联结功能有效发挥的影响因素，从组织学习视角深化了对董事联结的研究。

其次，以往关于董事联结对企业投融资行为影响的研究，大多将董事联结等量齐观，缺乏对董事联结类别的考察。而实际上，当企业的并购行为发生于联结企业之间时，联结董事的职务不同，董事联结产生的影响也会不同。基于此，本书将董事联结划分为内部董事联结和外部董事联结两种类型，发现虽然董事联结对并购价值创造具有积极影响，但是其影响程度在不同董事联结类型间存在差异，内部董事联结能够在并购双方的信息传递和组织协调方面发挥更重要的作用。本书发现董事联结的作用存在类型间差异，这一发现进一步深化了董事联结研究。

（2）拓展了并购价值效应研究

国内现有研究主要关注并购给并购公司或目标公司价值带来的影响（余光、杨荣，2000；李善民、陈玉罡，2002；张宗新、季雷，2003；李善民、朱滔，2005；朱滔，2006；刘军、余鹏翼，2008；宋希亮等，2008；唐建新、陈冬，2010；王江石等，2011），对于将并购公司和目标公司二者作为一个整体考虑的并购后实体的并购价值效应，以及目标公司相较于并购公司的相对并购价值效应，较少有研究进行考察。本书从多个维度对并购价值效应进行评价，除了考察董事联结对并购公司并购价值的影响以外，还对并购公司和目标公司的总体净经济收益以及目标公司相较于并购公司的相对净经济收益进行测度，检验了董事联结对并购后实体并购价值以及目标公司相对并购价值的影响，使研究更为全面，进一步扩展了现阶段国内关于并购价值效应的研究。

（3）丰富了董事联结与企业并购关系的研究

首先，本书综合运用信息不对称理论和资源依赖理论，系统考察了董事联结对并购目标选择、并购溢价和并购绩效的影响，从而发现因为董事联结加强了并购双方的沟通交流和协调合作，所以能够帮助并购公司在并购交易前期做出恰当的并购目标选择，降低并购交易成本，在并购交易中期进行合理的并购定价，减少并购溢价支付，进而在并购交易后期提高并购公司和并购后实体的并购绩效，最终促进并购价值的创造。本书明确了董事联结促进并购价值创造的作用机理，是对该系列研究的有益补充。

其次，鉴于政府控制企业的现象在许多国家普遍存在，尤其是转型经济和新兴市场国家（Shleifer，Vishny，1994；余明桂、潘洪波，2008）。本书基于这一突出现象，将并购公司的股权性质纳入董事联结与企业并购（并购目标选择、并购溢价和并购绩效）关系的研究之中，发现由于国有控股公司的并购活动更容易受到政府干预，当并购公司为非国有控股公司时，并购双方的董事联结能够更有效地促进并购双方的信息沟通和交流，加强并购双方的协调合作，对企业并购（并购目标选择、并购溢价和并购绩效）产生更重要的影响。本书拓展了转型经济和新兴市场国家在该领域的相关研究。

## 二　现实意义

近年来，中国经济发展迅速，并购市场也异常活跃。在本书的研究样本中，2002～2015 年高达 19.49% 的中国上市公司选择与存在董事联结的公司进行并购。在这一背景下，本书的研究具有如下现实意义。

（1）本书为并购公司充分认知、恰当选择并有效利用董事联结提供参考。首先，本书发现董事联结作为一种非正式的关系机制，可以为并购双方的私有信息沟通和交流提供有效渠道，缓解由于正式制度缺失而带来的信息摩擦问题。不仅如此，董事联结还可以加强并购双方的协调合作，降低并购过程中充斥的各种风险和不确定性。选择与存在董事联结的公司进行并购，将有助于降低并购交易成本，规避超额支付风险，促进并购双方股东财富的增加。本书的结论有利于并购公司管理者和董事充分认知董事联结对并购价值创造的积极影响，并对董事联结的功能进行有效的利用。本书还发现，虽然董事联结对并购价值创造具有积极影响，但是，其影响程度在不同董事联结类型间存在差异。这一研究结论为并购公司更有效地利用已建立的董事联结，以及为配合企业并购活动新建何种类型董事联结提供了重要参考。另外，依据本书关于当满足联结公司前期的并购与焦点并购公司当前的并购相类似这一前提条件时，联结董事的并购经验促进董事联结作用有效发挥的结论，未来计划利用董事联结提升并购价值的企业，可以考虑在并购前储备具有相似并购经验的董事资源，以实现董事联结作用的更有效发挥。本书的研究也为并购公司董事会成员的选聘提供重要参考。

（2）本书的相关结论也可以为政策法规制定者制定和完善与企业并购相关的政策法规提供理论依据。一方面，应引导并购公司管理者和董事充分认知和有效利用董事联结对并购价值创造的积极作用。另一方面，应减少政府对国有并购公司并购活动的干预，提高国有并购公司的独立性。相关政策法规的出台和完善将有助于提升资本市场资源配置效率，进一步促进资本市场健康发展。

（3）本书得出的结论也可以为投资者的投资决策提供参考。并购双方的董事联结不仅能够在短期内帮助并购公司获得相对较好的超额市场回报，而且在并购一段时间以后还有助于改善并购公司的经营业绩。因而，与存在董事联结的公司进行并购，将帮助并购公司获得相对较好的短期和长期并购绩效，促进并购公司股东财富的增加。投资者在做出投资决策时，可以将并购公司是否与目标公司存在董事联结作为重要考量因素之一，减少由于对并购事件的盲目跟风而造成的投资损失，帮助投资者规避投资风险。

## 第三节　相关概念界定

本书研究涉及如下几个基本概念，即董事联结、企业并购、联结董事并购经验、并购目标选择、并购溢价和并购绩效。本书通过认真梳理前人的研究做出相关概念界定。

## 一 董事联结

20 世纪 70 年代末，产品竞争、技术范式和管理思想发生了巨大变革，企业之间更多地采用合作的方式进行生产和交易，企业间的关系开始发生改变。Jarillo（1988）指出企业的关系将在企业战略中发挥越来越重要的作用。在众多的企业联结关系中，董事联结日益成为学术界关注的热点（Bizjak et al.，2009；Bouwman，2011；Renneboog，Zhao，2011；陈运森、谢德仁，2011；陈仕华等，2013；陆贤伟等，2013；Renneboog，Zhao，2014；臧秀清等，2016）。董事联结建立了企业与企业之间的联系，作为一种非正式的关系机制，有助于企业间的信息沟通和协调合作（Pfeffer，Salancik，1978；Koenig et al.，1979；Burt，1983；Palmer et al.，1986；卢昌崇、陈仕华，2009；陈仕华等，2013）。因此，在中国目前的制度背景下，董事联结将对企业间的交易和行为产生重要影响。

董事联结（Board Interlocks），即两家或多家企业因聘请相同的董事会成员（一位或者以上）而形成的联结关系。国内也有学者（任兵等，2001；卢昌崇等，2006；卢昌崇、陈仕华，2009；田高良等，2013；韩洁等，2014）将之称为连锁董事。连锁董事与董事联结的区别在于，连锁董事侧重于强调形成企业之间联结关系的人，而董事联结侧重于强调企业之间的联结关系（陈仕华等，2013）。此外，陈运森和谢德仁（2011，2012）、陈运森等（2012）以及谢德仁和陈运森（2012）倾向于将董事联结称为董事网络。陈运森等（2012）指出，根据研究内容，可以把董事网络分为董事整体网络和董事与管理层私人联结关系两种类型，其中董事整体网络注重研究董事作为个体受其他（公司）董事影响，往往通过社会学的社会网络分析对董事网络进行数量化衡量，考察董事整体网络与公司治理之间的关系；而董事与管理层私人联结关系则注重公司内外部董事和管理层之间由于在本职工作之外形成的私人关系而对公司治理的影响。因此，董事网络侧重于强调董事与董事（管理层）的个人间的联结关系，与董事联结所强调的企业与企业间的联结关系存在本质的区别。本书将由于多席位任职行为而形成企业间董事联结的董事称为联结董事（Interlocking Director），将本书考察和关注的企业称为焦点企业，而将与焦点企业存在董事联结的企业，称为联结企业。焦点企业与联结企业是相对应的一对概念。

根据联结董事的任职情况，可将董事联结分为内部董事联结和外部董事联结两种类型（陈运森等，2012；陈仕华等，2013）。满足至少有一位联结董事在一方或同时在双方担任内部董事这一条件的企业间的联结关系被称为内部董事联结。满足联结董事全部在双方担任外部董事这一条件的企业间的联结关系被称为外部董事联结。内部董事和外部董事在企业中的职能不同，由这两种联结董事建立的董事联结在信息传递和组织协调方面发挥的作用也存在一定的差异。内部董事由于同时担任管理职务，因此可以获取更多的企业私有信息，而且，内部董事在企业决策过程中也拥有更大的话语权，并有可能直接参与某些决策的具体执行，因此，内部董事联结会在企业间的信息传递和组织协调方面发挥更重要的作用。

## 二 企业并购

企业并购在法律上被定义为"一家企业购买其他企业的全部或部分资产或股权，从而影响或控制其他企业的经营管理，使其他企业保留或者失去法人资格"。并购主要包含兼并和收购。兼并是两家或更多独立的企业、公司合并组成一家企业，通常由一家占优势的企业吸收一家或更多的企业。收购是一家企业通过产权交易取得其他企业一定程度的控制权，以实现一定经济目标的经济行为。基于实证数据的易取性和客观性，本书所研究的企业并购为中国 A 股上市公司间的兼并和收购活动。

企业并购是一项复杂的系统工程，包括许多交易环节。国外企业并购的经验表明：50%的并购是失败的，失败的原因 80%是目标公司选择的失误（Hooke，1997）。我国并购效果尤其欠佳，许多学者认为在并购交易过程中，目标公司的选择至关重要（张金鑫，2006；肖翔，2007）。还有学者指出，在并购交易中过高的溢价支付降低了并购后的协同效应，也是并购失败的重要原因之一（Sirower，1997；Hunter，Jagtiani，2003；扈文秀、贾丽娜，2014）。并购溢价水平是并购定价合理性的直接体现，合理的并购定价是企业并购成功的重要保证（宋光辉、闫大伟，2007）。因此，本书认为，并购交易前期的并购目标选择和并购交易中期的并购定价是并购交易的两个重要环节。而并购交易后期取得的并购绩效是并购创造价值的最终体现。在后续对企业并购的研究中，本书将分别从并购交易的前期、中期和后期，围绕并购目标选择、并购溢价和并购绩效三个方面展开。

按照并购双方的战略匹配性，可将并购分为相关并购和非相关并购。McDonald 等（2008）的研究指出，由于相关并购和非相关并购的价值来源不同，需要不同的知识和技能来实现并购价值的创造，在这两种并购中，参与人员所能获得的并购知识或者并购技能也将存在很大的差异。相关并购所创造的价值通常源于经营协同和增强市场力量（Teece，1980；Baumol，1982；Scherer，Ross，1990），而非相关并购的价值创造主要取决于管理或财务协同效应的实现（Levy，Sarnat，1970；Lewellen，1971；Jensen，1986）。因此，相关并购需要更大程度的一体化以实现它的价值，在并购过程要提高对如文化兼容性等问题的关注程度，而非相关并购则需要对并购双方公司的管理活动和财务状况非常熟悉（Jemison，Sitkin，1986；Datta，Grant，1990；Haspeslagh，Jemison，1991；Graebner，2004）。因此，本书将并购划分为相关并购和非相关并购，分别考察从这两种类型的并购中所获取的并购知识或者并购技能在未来相应的并购活动中将产生的影响。

### 三　联结董事并购经验

（1）并购经验

根据前人对并购经验的解释，并购经验可以被定义为在并购过程中获得的并购知识或者并购技能（Gulati，1995；Kale et al.，2002；Reuer et al.，2002；Kale，Singh，2007）。如果企业自身拥有丰富的并购经验，那么企业会对自身的经验教训进行总结，以提高日后并购的成功率。但是，如果企业缺乏相关的并购经验，企业就会设法从组织外部获取并购经验以提高并购的价值效应。并购经验的第一个特征是它属于隐性知识，难以记录和形式化（Nonaka，1991）。获取隐性知识的关键就是体验，通过共同体验，可以把一个人的思想投影到另一个人的思维过程。并购经验的第二个特征是实用性（Sternberg，1994），可以在并购中给企业提供可遵循的常规途径。第三个特征是并购经验只适用于特定的环境，它通常只有在使用到的情况下才会被需要（Sternberg，1994）。

（2）联结董事并购经验

借鉴前人的研究，本书将联结董事并购经验定义为联结董事在联结企业的并购中获得的并购知识或者并购技能（Beckman，Haunschild，2002；

McDonald et al., 2008；郭冰，2012；宋迎春，2012）。联结董事并购经验是企业从他方获取并购知识或者并购技能的重要来源。当焦点企业拥有不止一名联结董事时，联结董事并购经验为焦点公司所拥有的所有联结董事从联结企业的并购中获得的并购知识或者并购技能的集合。例如，焦点企业 A 拥有两名联结董事甲和乙，其分别在联结企业 B 和 C 兼职，若联结企业 B 和 C 在联结董事甲和乙的兼职期间均发生并购，那么，对于焦点企业 A 来说，联结董事并购经验为联结董事甲和联结董事乙在参与联结企业并购的过程中所获取的并购知识或者并购技能的集合。

在做出复杂的决策时，决策者需要具备解决下列问题的能力：①信息过载（March，1994）；②时间约束（Chi et al.，1988）；③识别潜在的长期战略价值（Ericsson，Charness，1994）。研究发现人们通常使用两种策略来有效地解决上述问题：①在问题所在的领域运用抽象知识①来识别和选择问题的解决方案（March，1994；Chi et al.，1988）；②通过应用类比推理，包括引用之前所面临的具体挑战，找出解决当前问题的有效方法（Anderson et al.，1997）。根据 McDonald 等（2008）的研究，联结董事在其他企业任职时，对并购经验的积累将有助于其提升解决上述并购决策问题的抽象知识组织能力。Beckman 和 Haunschild（2002）指出更多的前期经验能够扩展联结董事可以参考的成功并购"榜样"目录。因此，并购经验还将有助于提高联结董事类比推理能力。联结董事抽象并购知识组织能力和类比推理能力的提升将有助于焦点并购公司做出较为合理的并购决策。此外，Lieberman 和 Montgomery（1988）认为，组织间学习通过观察和模仿其他企业的先进管理经验和技术，有利于企业在实践活动中得到后动者优势。联结董事从联结企业获取的并购经验，也能够使焦点并购企业获得后动者优势，掌握处理类似并购交易的相关知识，学习如何去管理并购过程，使并购过程变得有章可循，提高焦点并购公司对并购过程的管理能力。

McDonald 等（2008）认为，由于在不同行业进行并购所需的能力存在差异，因而，联结董事在不同行业参与并购活动时所获取的并购知识或者并购技能也存在差异。相关并购和非相关并购的价值来源不同，需要不同

---

① 这里的抽象知识是关于这一领域主要因果关系的抽象知识。

的知识和技能来实现并购价值的创造，联结董事在这两种并购中所能获得的并购知识或者并购技能也将存在很大的差异。他们的研究进一步指出，通过参与特定类型的并购活动，联结董事会获得相应的并购经验，若联结董事参与过特定行业或特定产品市场并购、相关并购或非相关并购，联结董事会获得相应的并购专业知识或者并购技能，但是，联结董事并不会因此获得广泛的并购专业知识或者并购技能。基于 McDonald 等（2008）的研究，按照联结董事从并购活动中获取并购知识或者并购技能的差异性，联结董事的并购经验可以细分为联结董事同行业或同产品市场并购经验、联结董事相关并购经验和联结董事非相关并购经验三种类型。联结董事同行业或同产品市场并购经验，即联结董事在联结企业任职时，联结企业曾经对某行业或某产品市场中的企业进行过并购，若焦点企业也对该行业或该产品市场中的企业进行并购，那么，联结董事在联结企业所获取的这种并购经验就被称为联结董事同行业或同产品市场并购经验。联结董事相关并购经验，即联结董事在联结企业任职时，联结企业曾经进行过相关并购，联结董事在联结企业所获取的这种并购经验被称为联结董事相关并购经验。联结董事非相关并购经验，即联结董事在联结企业任职时，联结企业曾经进行过非相关并购，联结董事在联结企业所获取的这种并购经验被称为联结董事非相关并购经验。由于联结董事并购经验的类型不同，联结董事所拥有的并购抽象知识组织能力和类比推理能力也存在差异。

### 四　并购目标选择

并购目标选择就是并购决策者从并购动机出发，选定并购目标的过程。Palepu（1986）指出，进行充分的信息搜索、做出恰当的并购目标选择是并购创造价值的前提保证。在做出并购目标选择决策过程中，并购公司需要搜寻潜在目标公司的相关信息（Davies，2011）。但是，并购市场存在信息摩擦的问题已经被学术界广泛证明（Akerlof，1970；Hansen，1987）。Bruner（2004）指出并购交易是一种高成本的商业行为，造成并购成本高昂的部分原因是需要搜集大量的与并购相关的交易信息，尤其是对那些非公开信息的搜集。当潜在目标公司的信息透明度较低时，并购公司搜集潜在目标公司信息的难度会加大，信息的真实性会降低，信息搜寻与调查成本也会变得更高（Bruner，2004；Kropf，

Robinson, 2008)。采用恰当的方法和手段降低潜在目标公司与并购公司的信息不对称程度，将有助于并购公司做出合理的并购目标选择决策，实现并购价值的创造。

## 五 并购溢价

并购溢价即并购方为标的支付的交易价格与标的本身内在价值（并购宣告前的标的市值）之间差额的百分比（陈仕华、卢昌崇，2013）。国外学者（Barclay, Holderness, 1989; Kim et al., 2011; Cai, Sevilir, 2012）计算并购溢价的方法是用每股收购价格减去交易前标的公司的每股市价后再除以交易前标的公司的每股市价［并购溢价 =（每股收购价格－每股市价）÷每股市价］。[①] 不过，这种测量方法在完善的资本市场环境下较为适用，在我国由于制度环境较为复杂，不适合采用上述方法对并购溢价进行测量。我国资本市场的诸多因素都会导致采用股票价格计算并购溢价的市场测量方法失效，例如，政府（地方政府和中央政府）对并购活动的政治干预、壳资源的稀缺性、大股东攫取控制权收益、市场投资者非理性跟风以及投机炒作等。目前，中国并购市场并购交易主要通过协议转让方式进行，净资产是交易双方进行定价谈判的基础，因此，国内学者考虑到我国并购交易市场的特殊性，以净资产为基础对并购溢价进行测量（唐宗明、蒋位，2002；陈仕华、卢昌崇，2013；陈仕华、李维安，2016），本书沿用国内学者的这种计算方法。并购溢价的测量公式如下：

$$并购溢价 =（交易总价－交易标的净资产）÷交易标的净资产$$

## 六 并购绩效

广义的并购绩效包括宏观并购绩效和微观并购绩效。宏观并购绩效，指并购活动对促进社会经济发展和优化整个社会的资源配置产生的积极影响。微观并购绩效，是指并购使并购双方获得财富效应，促进企业价值增加或总体绩效提高。这类并购绩效通常按其涉及的时间，可以分为短期并购绩效和长期并购绩效。短期并购绩效的考察期一般为并购宣告日前后30

---

[①] 每股收购价格为并购交易公告中的每股转让价格，每股市价为并购交易公告前4~8周的标的公司的股票单价。

个交易日，长期并购绩效的考察期一般为并购后 1~5 年。

国内外学者一致认为，并购活动对企业价值产生的影响主要体现在以下两个方面：一是若投资者看好并购前景，那么并购会使参与并购交易的公司股票价值增加；二是并购后双方的整合促进财务效益或经营管理效率提高，并购前后企业的某些会计指标发生变化。由此形成了两种计量企业并购绩效的方法：一种是检验并购活动带来的股票市场反应，即通过企业在并购事件发生前后股票价格的异常波动来衡量企业价值的变化，可称之为事件研究法；另一种是检验并购活动带来的企业经营反应，即通过并购事件发生前后有关会计指标的变化来判定并购事件对企业价值的影响，可称之为财务指标法。本书从微观的角度，采用事件研究法和财务指标法研究并购公司的短期和长期并购绩效。此外，除了考察并购公司的并购绩效以外，本书还考察了将并购公司和目标公司二者作为一个整体考虑的并购后实体并购绩效，以及目标公司相较于并购公司的相对并购绩效。

## 第四节 研究方法与内容

在前人研究的基础上，本书采用文献研究法和实证研究法，考察并购双方的董事联结对企业并购的影响。

### 一 研究方法

本书在研究时对文献研究法和实证研究法的具体使用情况如下。

（1）文献研究法

文献研究法是一种非接触性的研究方法。现代科学研究只有通过借鉴和继承前人的研究成果，才能得到发展和进步。根据研究需求或目的，通过查阅相关资料进行文献调研，了解前人已取得的成果，掌握相关研究的现状和前沿动态，有助于研究者从中找出事物的本质属性，提出自己的见解。本书在相关概念界定、文献回顾、理论分析、假设提出和研究设计过程中都运用了这种方法。

首先，通过查阅文献，本书获得了以往研究对"董事联结"、"企业并购"、"联结董事并购经验"、"并购目标选择"、"并购溢价"和"并购绩效"等概念的界定和说明，结合研究目的，本书运用文献研究法对上述概念在本书中的含义进行了界定。

其次，围绕本书的研究内容，笔者查阅了国内外关于企业并购、董事联结、董事联结对并购的影响、股权性质对并购的影响以及联结董事并购经验对并购的影响几个方面的文献，根据国家、年代、作者和研究内容等对这些文献进行整理归类，并对文献中的主要观点、理论基础、样本设计、研究变量、实证模型、研究方法和研究结论等进行摘记，在此基础上分析已有研究的成果和不足，明确本书对董事联结与企业并购相关问题研究的重要价值和意义，把握本书对上述关系深入研究的视角和方向。

再次，本书结合信息不对称理论、资源依赖理论和组织学习理论的相关文献，分析并购双方的董事联结对并购目标选择、并购溢价和并购绩效的影响，在上述分析的基础上，进一步阐释了并购公司的股权性质和联结董事并购经验对董事联结与企业并购（并购目标选择、并购溢价和并购绩效）关系产生的影响。笔者根据理论分析，通过文献的引证，提出本书的假设。

最后，从本书提出的研究假设出发，笔者对相关文献中的样本选取、研究变量、实证模型和研究方法等内容进行归纳和总结，根据已有知识和现实条件分析上述内容在本书中的适用性，进行本书的研究设计。笔者借鉴以往的文献研究，使用替代变量、重新选取配对样本或改变原有样本选取原则等方法完成稳健性检验的相关设计。

（2）实证研究法

实证研究法是通过对现有材料进行数理统计、分析，并设计实验，进行量化的、精确的测试，推导出结论的一种研究方法。为了考察董事联结对并购目标选择、并购溢价和并购绩效的影响，本书运用如下实证研究方法来实现上述目标。

①描述性统计分析。本书对样本中企业并购交易的年度分布情况、并购溢价的年度分布情况、并购公司长短期并购绩效、并购后实体的并购绩效、目标公司的相对并购绩效、董事联结、联结董事并购经验等代理变量进行描述性统计分析，了解我国上市公司董事联结、企业并购及相关变量的基础数据特征，并从中发现研究的价值和意义。

②均值 T 检验和秩和检验。本书以并购公司与目标公司是否存在董事联结和并购交易是否为相关并购为标准，将样本分为联结样本和非联结样本、相关并购样本和非相关并购样本，对独立样本间的差异性进行了均值 T 检验和秩和检验，初步分析董事联结可能对并购交易产生的影响，以及不同类型的并购交易可能存在的差异，简单验证本书所提出的研究假设、选取的代理变量和子样本划分的可靠性和有效性。

③相关分析。为检验因变量和自变量之间是否存在相关关系，以及各自变量之间是否存在严重的共线性问题，进行相关分析。由于个别变量是分类变量，并且个别变量不符合正态性，因此本书运用 Pearson 和 Spearman 两种相关分析方法考察变量之间的相关性。

④方差扩大因子法。如果模型中存在三个以上的解释变量，两两相关系数判断共线性问题就不再恰当。本书还使用了方差扩大因子法对文中各模型的自变量进行检验，检验结果显示方差膨胀因子（VIF）均值均小于 2，方差膨胀因子最大值均小于 10，自变量之间无严重共线性问题。

⑤回归分析。本书在理论分析的基础上，根据提出的模型，采用回归分析检验董事联结对企业并购的影响。采用 Probit 回归模型检验董事联结对并购目标选择的影响，以及并购公司股权性质和联结董事并购经验对上述关系的调节作用。采用普通最小二乘回归方法检验董事联结对并购溢价、并购公司短期并购绩效、并购公司长期并购绩效、并购后实体并购绩效和目标公司相对并购绩效的影响，以及并购公司股权性质和联结董事并购经验对上述关系的调节作用。

⑥事件研究法（Event Studies Methodolog）。本书参照 Brown 和 Warner（1985）、刘笑萍等（2009）、Calomiris 等（2010）、Chi 等（2011）、Ahern（2012）、Cai 和 Sevilir（2012）、Gaur 等（2013）以及陈仕华等（2013）的研究，采用短期事件研究法计算累计超额收益率，衡量并购公司短期并购绩效、并购后实体并购绩效和目标公司相对并购绩效。基于 Fama 和 French（1992，1993）、Gregory（1997）、李善民和朱滔（2006）以及陈仕华等（2013）的研究，采用长期事件研究法计算购买并持有超常收益作为并购公司长期并购绩效的市场业绩衡量指标。

## 二 研究主要内容

第一章，绪论。对本书的研究背景、研究意义、相关概念界定、研究方法与内容以及研究创新点进行概括性的阐述。

第二章，文献综述。本章首先从已有的企业并购相关文献入手，分别对并购目标选择、并购溢价和并购绩效三个方面的国内外文献进行梳理和评述，为后续的研究提供方法和方向。其次，对董事联结的国内外文献进行总结，厘清了董事联结存在的成因，回顾了董事联结对企业行为的影响，为本书进行的董事联结对企业并购影响的研究提供研究方法和研究结论方面的参考。再次，回顾有关董事联结对并购影响的国内外文献，分析董事联结对并购目标选择、并购溢价和并购绩效影响研究的成果与不足，明确本书对上述问题研究的重要价值和意义。然后，归纳股权性质对并购影响的国内外文献，分析并购公司的股权性质可能对董事联结与企业并购（并购目标选择、并购溢价和并购绩效）关系产生的影响，为本书进一步开展对董事联结与企业并购（并购目标选择、并购溢价和并购绩效）关系的深入研究提供方向。最后，梳理联结董事并购经验对并购影响的国内外文献，发现董事联结的并购经验可能对并购过程中董事联结信息传递和组织协调功能的发挥产生重要影响，为本书从组织学习视角探索在企业并购中促进董事联结功能有效发挥的影响因素提供研究思路。

第三章，董事联结、联结董事并购经验与企业并购的相关理论分析。本章综合运用信息不对称理论和资源依赖理论，探讨在中国并购市场正式制度不尽完善的背景下，董事联结作为一种非正式的关系机制可以发挥的信息沟通和组织协调功能，系统分析了并购双方的董事联结对并购交易前期的并购目标选择、并购交易中期的并购溢价支付和并购交易后期取得的并购绩效的影响，阐明了董事联结促进并购价值创造的作用机理。在上述分析的基础上，将并购公司的股权性质纳入董事联结与企业并购（并购目标选择、并购溢价和并购绩效）关系的研究之中，阐释并购公司的股权性质对董事联结与企业并购（并购目标选择、并购溢价和并购绩效）关系产生的影响。结合组织学习理论，分析了联结董事并购经验帮助焦点并购公司充分认知和有效利用董事联结的信息传递和组织协调功能，促进并购价值创造的重要作用，探讨了联结董事并购经验发挥上述作用需满足的前提条件。本章的研究为后续研究的顺利开展提供了理论基础。

第四章，董事联结、联结董事并购经验与并购目标选择。本章以2002～2015年并购双方均为中国 A 股上市公司的并购事件为真实样本，以配对的方式选取行业相同和规模相似的 A 股上市公司作为潜在并购样本，通过 Probit 回归检验董事联结对并购目标选择的影响，发现与并购公司存在董事联结的潜在目标公司更有可能成为目标公司，当董事联结是由内部董事建立时，或者当并购公司为非国有控股公司时，与并购公司存在董事联结的潜在目标公司成为目标公司的可能性更大，但是，当董事联结是由外部董事建立时，董事联结对并购目标选择没有显著直接影响。此外，本章将联结董事的并购经验细分为联结董事同行业或同产品市场并购经验、联结董事相关并购经验和联结董事非相关并购经验三种类型，分别检验联结董事不同类型的并购经验对董事联结与并购目标选择关系的影响，发现当满足联结公司前期的并购与焦点并购公司当前的并购具有相似性这一前提条件时，联结董事拥有的并购经验越丰富，与焦点并购公司存在董事联结的潜在目标公司成为并购目标公司的可能性越大。为确保本章实证结果的可靠性，通过使用不同标准重新选择配对样本，以及更换董事联结和联结董事并购经验代理变量等方法，对本章相关结论进行了稳健性检验。

第五章，董事联结、联结董事并购经验与并购溢价。本章以 2002～2015 年并购双方均为中国 A 股上市公司的并购事件为样本，检验并购双方的董事联结对并购溢价的影响，发现如果并购双方存在董事联结，那么并购公司支付的并购溢价相对较低，当董事联结是由内部董事建立时，或者当并购公司为非国有控股公司时，并购双方的董事联结对并购溢价的负向影响更强，但是，当董事联结是由外部董事建立时，董事联结对并购溢价没有显著直接影响。此外，本章也将联结董事的并购经验细分为联结董事同行业或同产品市场并购经验、联结董事相关并购经验和联结董事非相关并购经验三种类型，分别检验联结董事不同类型的并购经验对董事联结与并购溢价关系的影响，发现当满足联结公司前期的并购与焦点并购公司当前的并购具有相似性这一前提条件时，联结董事拥有的并购经验越丰富，并购双方的董事联结对并购溢价的负向影响越大。为确保本章实证结果的可靠性，通过剔除并购公司过去发生过并购的样本、标准化并购溢价变量，以及更换董事联结和联结董事并购经验代理变量等方法，对本章相关结论进行了稳健性检验。

第六章，董事联结、联结董事并购经验与并购绩效。本章以 2002~2015 年并购双方均为中国 A 股上市公司的并购事件为样本，检验并购双方的董事联结对并购绩效的影响。发现如果并购双方之间存在董事联结，那么并购公司短期并购绩效、使用会计业绩指标衡量的并购公司长期并购绩效和并购后实体并购绩效相对较好；当董事联结由内部董事建立时，或者当并购公司为非国有控股公司时，董事联结对上述并购绩效的正向影响更强，然而，当董事联结由外部董事建立时，董事联结对上述并购绩效没有显著直接影响；并购双方的董事联结对使用市场业绩指标衡量的并购公司长期并购绩效和目标公司相对并购绩效没有显著的直接影响。此外，本章也将联结董事的并购经验细分为联结董事同行业或同产品市场并购经验、联结董事相关并购经验和联结董事非相关并购经验三种类型，分别检验联结董事不同类型的并购经验对董事联结与并购绩效关系的影响，发现当满足联结公司前期的并购与焦点并购公司当前的并购具有相似性这一前提条件时，联结董事的并购经验越丰富，并购双方的董事联结对焦点并购公司短期并购绩效、使用会计业绩指标衡量的焦点并购公司长期并购绩效和并购后实体并购绩效的正向影响越大，但是联结董事的并购经验未能对董事联结与使用市场业绩指标衡量的焦点并购公司长期并购绩效以及目标公司相对并购绩效间的关系产生显著影响。为确保本章实证结果的可靠性，通过更换并购公司短期和长期并购绩效、并购后实体并购绩效、目标公司相对并购绩效、董事联结以及联结董事并购经验的代理变量等方法，对本章相关结论进行了稳健性检验。

第七章，研究结论及政策建议。本章对前面章节所研究的内容和结果进行归纳和总结，得出本书研究七个方面的主要结论，并结合中国所处转型经济时期的具体国情，提出并购过程中有效利用董事联结功能等几个方面的政策建议，最后阐明本书存在的不足以及未来的研究思路和研究方向。

本书具体的研究内容架构如图 1-2 所示。

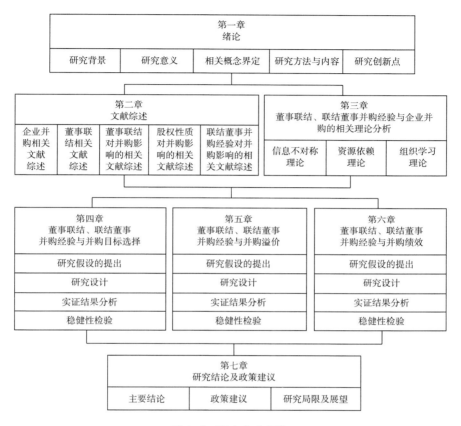

图 1-2 研究内容架构

# 第五节 研究创新点

本书在已有研究的基础上,深入系统地考察董事联结对企业并购的影响,可能的创新之处如下。

(1)通过系统考察董事联结对并购目标选择、并购溢价和并购绩效的影响,明确董事联结促进并购价值创造的作用机理。本书综合运用信息不对称理论和资源依赖理论,系统考察了董事联结对并购目标选择、并购溢价和并购绩效的影响,从而发现因为董事联结加强了并购双方的沟通交流和协调合作,所以其能够帮助并购公司在并购交易前期做出恰当的并购目标选择，降低并购交易成本，在并购交易中期进行合理的并购定价，减少并购溢价支付，进而在并购交易后期提高并购公司和并购后实体的并购绩效，最终促进并购价值的创造。在此基础上，本书将董事联结划分为内部董事联结和外部董事联结两种类型，发现虽然董事联结对并购价值创造具有积极影响，但是其影响程度在不同董事联结类型间存在差异，内部董事联结能够在并购双方的信息传递和组织协调方面发挥更重要的作用。上述发现，有效地揭示了董事联结与并购价值创造之间的反应"黑箱"，探明了董事联结促进并购价值创造的作用机理，是对该研究系列的有益补充。

（2）从组织学习视角探索促进董事联结功能有效发挥的影响因素。虽然研究组织间关系的学者认为董事联结有助于促进信息的有效传递，加强交易双方的协调合作，但是，也有研究指出，许多企业未能对董事联结的信息传递和组织协调功能进行充分的认知和有效的利用。可是对于如何能够帮助企业充分认知和有效利用董事联结的这两种功能，却较少有文献进行深入思考。本书从组织学习视角探索促进董事联结功能有效发挥的影响因素，发现当满足联结公司前期的并购与焦点并购公司当前的并购具有相似性这一前提条件时，联结董事从联结公司获取的并购经验，能够帮助焦点并购公司充分认知并有效利用董事联结带来的信息优势和合作优势，在并购决策和并购执行过程中促进董事联结功能更有效地发挥。上述研究结论从组织学习视角深化了该领域的相关研究。

（3）从多个维度评价并购价值效应。国内已有研究主要关注并购对并购公司或目标公司价值带来的影响，较少有研究将并购公司和目标公司二者作为一个整体考察并购后实体的并购价值效应，也鲜有研究关注目标公司相较于并购公司的相对并购价值效应。本书从多个维度对并购价值效应进行评价，除了考察董事联结对并购公司并购价值的影响以外，还对并购公司和目标公司的总体净经济收益以及目标公司相较于并购公司的相对净经济收益进行测度，检验了董事联结对并购后实体并购价值以及目标公司相对并购价值的影响，使研究更为全面，进一步扩展了现阶段国内关于并购价值效应的研究。

# 第二章　文献综述

本章首先从已有的企业并购相关文献入手，分别对并购目标选择、并购溢价和并购绩效三个方面的国内外文献进行梳理和评述，为后续的研究提供方法和方向。其次，对董事联结的国内外文献进行总结，厘清了董事联结存在的成因，回顾了董事联结对企业行为的影响，为本书进行的董事联结对企业并购影响的研究，提供研究方法和研究结论方面的参考。再次，回顾董事联结对并购影响的国内外文献，分析董事联结对并购目标选择、并购溢价和并购绩效影响研究的成果与不足，明确本书对上述问题研究的重要价值和意义。然后，归纳股权性质对并购影响的国内外文献，分析并购公司的股权性质可能对董事联结与企业并购（并购目标选择、并购溢价和并购绩效）关系产生的影响，为本书进一步开展对董事联结与企业并购（并购目标选择、并购溢价和并购绩效）关系的深入研究提供方向。最后，梳理联结董事并购经验对并购影响的国内外文献，发现董事联结的并购经验可能对并购过程中董事联结信息传递和组织协调功能的发挥产生重要影响，为本书从组织学习视角，探索在企业并购中促进董事联结功能有效发挥的影响因素提供研究思路。

## 第一节　企业并购相关文献综述

本书将围绕并购目标选择、并购溢价和并购绩效三个方面进行国内外并购文献的梳理，总结出尚待研究的空间，为后续的实证研究提供研究方法和方向。

## 一　并购目标选择

（1）国外相关研究

外部环境能够对并购行为产生重要影响。在不同的时代和地域背景下，并购动机存在较大的差异（Ravenscraft，1987），目标公司特征也因此不尽相同。国外学者对并购目标选择的研究可以追溯到 20 世纪 60 年代，本书首先回顾不同时期以美国并购市场为主的并购目标选择的研究成果。

第二次世界大战以后，美国经济实力增强。由于科学技术的迅猛发展，兴起了一系列新兴行业，产业结构面临新一轮调整，客观上要求强大垄断企业的产生。但是由于反托拉斯法执行严格，混合并购成为并购的主要形式。在这一经济背景下，学者们发现 20 世纪 60 年代到 70 年代初期，目标公司并不存在财务困境，并购是企业强强合并、扩大规模的结果，而非目标公司经营不善导致。因此，在这一时期目标公司具有市盈率较低、规模较小、增长动力不足（Simkowitz，Monroe，1971；Stevens，1973）和财务杠杆不高的特征（Stevens，1973；Dietrich，Sorensen，1984）。

20 世纪 70 年代后期到 80 年代初期，美国企业的竞争力日渐低落，寻求变革。在这一时期，杠杆并购迅速兴起。与一般的战略并购不同，杠杆并购不是为了扩大生产或实现规模经济，也不是为了对上下游产品链进行整合，甚至也不是为了开展多元化经营以规避风险，杠杆并购的目的就是为了在将来能够以更高的价格卖出被并购公司，赚取买卖差价和并购交易的咨询服务费用。财力不足的小公司能够以发行"垃圾债券"的方式收购大型企业，并以后者的资金偿还部分负债（Ravenscraft，1987）。Palepu（1986）选取了美国 1971~1979 年的并购数据，发现流动性差和规模小的公司更容易被并购，Dietrich 和 Sorensen（1984）、Ravenscraft（1987）、Wansley 等（1987）以及 Trahan（1994）的研究发现，在这段时间，目标公司具有低财务杠杆的特征。此时，外资也开始以并购的方式进入美国市场。Wayne 等（1993）的研究发现，为了寻求协同收益，拓展海外市场，主营业务相关且收购价格低廉的公司更容易成为外资并购公司并购的对象。研究还发现，目标公司的流动性、营利性以及技术水平也是外资并购公司选择并购目标公司时考虑的重要因素（Chen，Su，1997）。此外，在这一时期，并购目标选择也存在一定的行业差异性。Kim 和 Arbel（1998）以美国医疗行业的并购事件为研究对象，发现由于医疗行业较为依赖资本的投入，资本投入水平意味着未来的发展潜力，因此，在这一行业资本投入比重较高的公司更容易成为目标公司。Adelaja 等（1999）以 1985～1994 年美国食品行业的并购事件为研究对象，发现获利性较强、成长性较好、流动性较低、负债较少以及价值被低估的公司更容易成为目标公司。

20 世纪 90 年代以后，世界经济已经走出萧条，经济全球化、一体化日益深入。在这一背景下，企业并购呈现多元化动机，在不同的并购动机下，并购目标选择标准和目标公司特征也因此各不相同（崔永梅等，2013）。Gugler 和 Konrad（2002）认为，若并购以财务重组为主要目的，那么目标公司的财务状况能够与并购公司具有互补性，则有利于并购双方构建最佳财务结构。MüSLüMOV（2011）指出价值导向型的并购公司更愿意并购具有成长潜力的目标公司，成长型的投资者则看中目标公司的现金流量。

美国以外的发达地区与国家开展的并购活动所呈现的并购动机和目标公司特征又不相同。Alcalde 和 Espitia（2003）以 1991～1997 年西班牙非金融业上市公司的并购事件为研究样本，发现与同行业的其他公司相比，目标公司并未表现出获利能力差和评估价值低等特征，这说明并购公司并没有投机动机，此外，西班牙并购市场的目标公司还呈现大股东持股比例较高、管理层持股比例较低和企业规模较小的特征。Brar 等（2009）在 Palepu（1986）研究的基础上，以 1992～2003 年欧洲市场发生的并购事件为研究对象，发现在这一阶段欧洲企业并购的主要目的是获得协同收益以及目标企业的潜在价值，因而目标公司表现出价值被低估、成长性较差、规模较小和流动性不足等特征。

新兴市场开展并购活动的动机与发达国家相比也存在一定的差异，因此，在新兴市场并购公司对于并购目标的选择也具有自身的特点。Pervan 等（2010）对 2007～2008 年克罗地亚的目标公司财务特征进行研究，发现目标公司呈现规模大且资产周转率高的特征。Erdogan（2012）以 2004～2010 年土耳其被收购的 500 家大企业作为研究对象，结果发现目标公司具有低获利性以及低负债比例的特征。另外，对于发展中的大型经济体，学者们主要对印度并购市场中的目标公司特征进行了探讨。Kumar 和 Rajib（2007）对 1993～2004 年印度并购案例中的并购公司与目标公司特征进行了考察，结果发现相较于并购公司，目标公司呈现规模和现金流量较小、市盈率和市净率较低、资产负债率较高的特征。但 Basu 等（2008）对 2002~2006 年印度的并购事件进行检验发现，并购公司倾向于收购规模较大、流动性较高、风险和运营效率偏低的目标公司，从而达到迅速成长并降低风险的目的。印度并购案例中的目标公司特征在上述研究中存在差异，可能是由并购事件发生的时间不同造成的，印度近年来开放程度提高，技术进步速度加快，在这一经济背景下并购的需求也发生了变化。

上述研究说明，无论是发达国家还是新兴市场，并购目标选择都受到外部环境的影响，在不同的国家、不同的时期以及不同的经济发展需求背景下，并购动机和并购目标选择的标准也各不相同，目标公司因而也呈现不同的特征。

（2）国内相关研究

在中国由于股票发行上市实行额度管理，企业上市较为困难，因而上市资格成为一种稀缺资源，即壳资源。由于壳资源的稀缺性，非上市公司通过收购上市公司成为上市公司的现象极为常见，许多业绩较差的上市公司很容易成为被并购对象，这些被作为并购对象的上市公司也因此被称为壳公司（林俊荣、张秋生，2012）。关于壳公司的特征，许多研究直接推断认为绩效差、规模小是壳公司的普遍特征（赵本光，2000；杨晓刚，2003；胡冰，2005）。也有学者对壳公司的特征进行了实证检验，徐文龙（2008）通过查询上交所、深交所和证监会网站，对 2006~2007 年发生的 52 个借壳上市案例进行分析，发现第一大股东持股比例低、股本小和每股净资产低是壳公司的共同特征。

在我国并购市场，借壳上市是企业并购的主要动机之一，学者们在考察并购目标公司特征时，由于并未将"壳公司"的影响予以剔除，因此，我国关于目标公司特征的研究呈现与"壳公司"特征相类似的结论。赵勇和朱武祥（2000）采用 Palepu（1986）的模型将我国 1998~1999 年发生国有法人控股权协议转让的 A 股上市公司作为研究对象，发现股权分散、股本较小、每股净资产和市净率较低的公司更容易成为并购目标公司。李善民和曾昭灶（2003）以我国 1999~2001 年 A 股市场有偿转移控制权的上市公司为样本，考察我国控制权转移公司的特征，发现股权分散、股权流动性高、市净率高、资产规模小和财务资源有限的公司更容易发生控制权的转移。马海峰和蔡阳（2006）采用 2003 年发生并购的横截面数据，剔除司法裁定、司法强制执行和行政划拨等非市场化并购行为的影响，发现目标公司具有股权分散、盈利能力差、成长性不足、流动性强和财务资源有限的特征。崔学刚和荆新（2006）以及许晓霞（2007）的研究也得出与马海峰和蔡阳（2006）的研究相似的结论。唐梦华（2012）以 2001~2010 年中国 A 股制造业上市公司为研究对象，发现营运能力、盈利能力、偿债能力和现金获取能力较差以及规模较小的公司更容易成为目标公司。通过对上述研究成果进行总结不难发现，股权分散、规模较小和财务资源有限是我国目标公司的主要特征，这些特征与"壳公司"的特征极为相近。

除了上述目标公司的企业特征以外，学者还指出，目标公司的行业特征也应是并购需要考虑的因素，李善民和周小春（2007）指出，行业相关并购有助于提高市场占有率、延长生产线或增强垂直整合能力，而行业无关并购可能由于并购公司对目标公司行业环境不够了解，而错估目标公司价值，因此与并购公司具有行业相关性的目标公司应被优先选择。此外，目标的地域特征也应该被考虑，地域相近可以降低并购信息的搜寻成本，因此与并购公司地域相近的企业也更容易成为目标企业（潘红波等，2008；方军雄，2008；潘红波、余明桂，2011）。

综上所述，通过对国内外的研究进行回顾和分析可以发现，并购动机是并购目标选择的重要决定因素，从目标企业的特征来看，由于地域和时代背景不同，产生并购的动机也就不同，目标企业呈现不一样的特征。但是，总的来看，与美国等发达国家的优质并购标的相比，我国目标公司的特征更接近于"壳公司"特征，在不同的资本市场并购公司做出并购目标选择决策时所关注的企业特质是不同的。此外，上述研究主要从并购公司的需求角度考虑目标公司的选择问题，关于并购双方的关系能够对目标公司选择产生怎样的影响，研究还较少。实际上，少量研究已经发现，并购双方的行业特征和地域特征会对并购目标选择产生影响，但是，并购双方其他方面的联系，如并购双方存在的董事联结，会对并购目标选择产生哪些影响还较少有研究关注。并购双方存在一定的联系能否促进并购双方的信息交流与协调合作，有效地降低信息搜寻成本，避免并购前调研给双方带来的不便，更恰当地选择对并购公司有利的目标公司，可能是未来并购目标公司选择研究的重要方向。

## 二  并购溢价

Varaiya 和 Ferris（1987）的研究发现，西方国家并购活动中平均的并购溢价水平在 50% 左右，并购溢价低于 0 或超过 100% 的并购交易也很常见。由于并购溢价存在较大的不确定性，许多企业为了完成交易，不得不支付高昂的并购溢价。在并购交易中过高的溢价支付降低了并购后的协同效应，是并购失败的重要原因之一（Sirower，1997；Hunter，Jagtiani，2003；扈文秀、贾丽娜，2014）。基于此，学者们积极致力于并购溢价的决定因素研究，以期帮助并购公司减少溢价支付，获得并购价值。

（1）国外相关研究

国外学者主要从财务、公司治理以及其他并购参与者视角揭示并购溢价的决定因素。在财务视角下，学者们对于并购溢价决定因素的考察主要包括以下三个维度：并购协同效应、被并购公司的抵制或支持策略以及被并购公司的行业特征。

Bradley（1980）最早从协同效应的角度对并购溢价进行研究，认为溢价支付产生的原因是为了使并购交易能够顺利完成，而并购公司预期并购带来的协同效应是对高价支付的补偿。其后，Walkling 和 Edmister（1985）也发现并购溢价与并购的预期协同收益正相关，支持了 Bradley（1980）的研究。Varaiya（1987）认为，并购溢价与并购后的预期收益以及被并购公司的议价能力正相关，他是第一个考察反收购修正案与并购溢价关系的学者，但是他的研究忽略了代表协同效应的变量，因而并未得到并购公司愿意支付并购溢价是为了获取协同效应的证据。Slusky 和 Caves（1991）在 Varaiya（1987）研究成果的基础上构建了反映协同效应的两种替代变量，发现并购溢价与财务协同效应正相关，但是与经营协同效应无关。Homberg 等（2009）使用 Meta 分析方法对 67 个并购案例进行分析发现，只有在特定条件下并购才会产生协同效应，支持了并购溢价与协同效应无关的观点。

并购溢价也会受到被并购公司对并购的支持和抵制策略的影响。Comment 和 Schwert（1995）发现，被并购公司会通过实施"毒丸计划"导致并购溢价上升。Cotter 等（1997）进一步证实，当独立董事比例较高时，"毒丸计划"给并购溢价带来的影响更大。Schoenberg 和 Thornton（2006）将抵制策略分为单一抵制策略和多种抵制策略，考察抵制策略对并购溢价的影响。他们发现单一抵制策略中，并购后资产重估会提高并购溢价，多种抵制策略中，管理层收购与引进"白衣骑士"会共同影响并购溢价。而Sokolyk（2011）的研究却发现，与其他反并购措施相比，对管理层的补偿计划会显著提高并购溢价。

除了实施抵制策略外，被并购公司对并购的支持策略也会对并购溢价产生影响。从保护股东利益的角度出发，被并购公司可能会采取鼓励竞标者参与并购的策略，如在并购合同中约定，如果被并购公司解约就向并购公司支付解约费用；被并购公司还可能鼓励竞标者向其他竞标者提供并购的内部消息，从而使其他竞标者愿意支付更高的并购价格，此时解约费用成为被并购公司对原竞标者提供内部消息的一种补偿。Officer（2003）发现，解约费用的存在使并购溢价提高，这一发现开辟了关于解约费用与并购溢价关系的研究。其后，Chahine 和 Ismail（2009）进一步发现，中等规模的解约费用才会提高并购溢价，而过高的解约费用反而会降低并购溢价。

当并购交易发生在不同的行业时，行业的规模、营利性、成长性以及行业的市场环境等，也可能对并购溢价产生影响。因此，一些学者开始关注被并购公司的行业特征可能给并购溢价带来的影响。Rhoades（1987）发现，银行业的高成长性以及被并购银行的低平均资本与低资产比率会提高并购溢价，而被并购银行的盈利水平与并购溢价无关。Diaz 和 Azofra（2009）考察了欧洲银行业并购溢价的决定因素，发现被并购银行越具有吸引力，并购溢价越高，被并购银行的吸引力体现在净资产回报率、权益比率和贷款比率几个方面。也有学者考察了行业的技术特点对并购溢价的影响。Laamanen（2007）认为，技术密集型公司与一般公司相比，自身的资源和能力可能对价值评估产生更大的影响，因此，当被并购公司属于技术密集型公司时，被并购公司的研发投入水平和投入增长率与并购溢价正相关。

除了财务视角外，从公司治理的视角考察并购溢价决定因素的研究也较多，主要包括以下三个维度：管理层持股对并购溢价的影响、投资者保护对并购溢价的影响以及并购公司管理层过度自信对并购溢价的影响。

管理层持股会对并购溢价产生影响。当被并购公司的管理层持股比例较高时，管理层往往会采取抵制策略，除非交易价格足以弥补控制权丧失带来的损失。Song 和 Walkling（1993）的研究发现，被并购公司管理层持股水平与并购溢价正相关。但是 Moeller（2005）认为，当被并购公司的管理层持股比例较高时，管理层具有较强的话语权，这样的股权结构会导致并购溢价下降，因为持股比例较高的 CEO，很可能为了追求个人利益，例如在并购后能够继续在被并购公司留任，而在并购谈判过程中压低并购价格，降低并购溢价，损害股东的利益。他的实证结果也证实了这一观点，CEO 持股比例较低的股权结构与并购溢价正相关。

并购公司的高管持股情况也对并购溢价产生影响。Bargeron 等（2008）以 1980~2005 年美国发生的 1667 件完全使用现金交易的并购事件为样本，发现并购公司为上市公司的平均并购溢价水平为 46.5%，而并购公司为非上市公司的平均并购溢价水平为 34.4%。对上述并购溢价差异产生的原因进行检验，发现并购交易特征和被并购公司特征无法降低上述溢价差异，但是当上市和非上市并购公司的高管持股比例均低于 1% 时，并购溢价差异达到最大值，而当两者的高管持股比例均高于 50% 时，并购溢价差异不再显著，上述结果表明，代理成本是造成上市公司和非上市公司并购溢价差异的主要原因。

良好的投资者保护环境有利于形成更为活跃的并购市场，进而提高并购的交易价格。Rossi 和 Volpin（2004）的研究发现，目标国家对投资者保护的程度越高，并购溢价越高。造成这一现象的原因是：一方面，对投资者的保护有利于资本成本的降低，并购过程中竞标者之间的竞争因此被加剧，中标价格将被抬高；另一方面，投资者保护程度高的国家，股权相对较为分散，为避免被并购公司小股东的搭便车行为，并购公司势必支付更高的并购价格。John 等（2010）的研究得到类似的结论。

并购公司管理层过度自信亦会对并购溢价产生影响。Roll（1986）提出并购公司管理层的过度自信可能是产生并购溢价的重要原因，过度自信给并购溢价带来的影响甚至可能超过经济效益动机。Hayward 和 Hambrick（1997）发现高管过度自信与并购溢价正相关，当董事会缺乏应有的警觉性时，这一正相关关系还会被进一步加强，但是他们的研究未对管理层过度自信的长期影响进行考察，并购公司管理层对并购溢价的长期影响尚待深入探讨。Lin 等（2008）也发现，在日本，并购市场管理层的过度自信会降低并购活动的回报率，进一步佐证了管理层过度自信假说。

并购过程中，除了并购双方以外，还需要一些其他的参与者才能保证并购交易顺利进行，如政府管理部门、机构投资者和咨询公司等。这些参与者的一些行为也会对并购溢价产生影响。Chahine 和 Ismail（2009）以并购咨询服务费作为投资银行参与程度的替代变量，发现被并购公司的咨询服务费与并购溢价存在正相关关系，而并购公司的咨询服务费与并购溢价存在负相关关系，就被并购公司而言，并购公司支付的咨询服务费越多，并购溢价越低。Wan 和 Wong（2009）通过对 2005 年中国海洋石油公司收购美国石油生产商 Unocal 失败的案例进行分析，认为政府反对外国并购的政治壁垒与并购溢价预期存在反向影响。

国外关于并购溢价决定因素的研究已经涉及了多方面的复杂因素，部分研究已经得到了合理的理论解释并获得了实证结果支持，但是也有部分研究尚缺乏有利的理论支持和实证检验。国内关于并购溢价决定因素的研究起步较晚，也主要围绕财务视角、公司治理视角以及其他并购参与者视角揭示并购溢价的决定因素。

（2）国内相关研究

在财务视角下，国内学者主要分析了协同效应与并购溢价的关系。董权宇（2006）通过理论和案例分析发现，协同效应的存在需要满足一定的条件，根据预期的协同效应而支付过多的并购溢价会给并购公司造成负担，甚至导致并购失败。李海霞（2008）也认为并购溢价是并购公司向被并购公司支付的协同效应价格，但是由于公司未来的发展涉及面广泛，难以进行准确的预测，因而较高的溢价支付并不意味着协同效应的存在，两者之间可能存在联系，但尚缺乏足够的证据证明两者之间的联系。宋光辉和闫大伟（2007）通过数理推导发现并购溢价的高低与预期的并购协同效应成正比例关系，并购失败的原因是过高地估计了并购后可实现的协同效应，而非由于支付了过多的并购溢价。吴益兵（2008）通过对雪津啤酒的并购案例进行分析发现，较高的预期协同效应是雪津啤酒高溢价的重要原因。

此外，由于我国壳资源的稀缺性，学者们还探讨了买壳上市与并购溢价的关系。李东明和邓世强（1999）认为并购壳公司的并购溢价高低取决于近期市场壳资源的供求状况、并购支付方式、目标公司的总股本和持股比例。游达明和彭伟（2004）指出，壳公司并购溢价水平受到交易比例、目标公司的股本大小、负债水平和盈利能力的影响。但是，上述研究结论均未进行实证检验。

我国学者关于被并购公司的行业特征对并购溢价影响的研究还较少，只有邹琳玲（2012）发现相关行业的并购溢价高于非相关行业的并购溢价。对于被并购公司的其他行业特征对并购溢价的影响，学者们还未进行深入的探讨。

国内学者们也从公司治理的视角对并购溢价的决定因素展开研究，主要包括以下两个维度：代理问题对并购溢价的影响和并购公司管理层过度自信对并购溢价的影响。我国学者发现代理问题是我国并购溢价过高的重要原因。雷玉（2006）通过实证检验发现我国并购溢价的产生主要受代理动机而非协同效应的影响，独立董事比例与并购溢价存在反向关系。黄本多和干胜道（2009）也发现管理层对私人利益的过度追求导致并购公司支付了过高的并购溢价，代理问题是我国并购溢价过高的重要原因。

关于并购公司高管过度自信与并购溢价的关系，我国学者研究较多，且得出一致的结论。李梦瑶（2014）从高管的个人层面研究行为动机对并购溢价的影响，发现高管高估自身能力和企业实力，导致并购公司支付了较高的并购溢价。杨超（2014）也发现，较理性同侪，过度自信的管理者会向被并购公司支付更高的并购溢价。杨琛如（2015）以及江乾坤和杨琛如（2015）在考察海外并购溢价的影响因素时发现，管理层的过度自信是海外并购溢价过高的原因之一。

除了并购交易双方以外，我国学者也从其他参与者的角度对并购溢价的决定因素进行了研究。朱宝宪和朱朝华（2004）发现目标公司的财务状况越不好，并购溢价反而越高，说明我国并购市场的市场化程度较低，并购行为不够规范，政府和相关部门应尽快出台完备的法律法规和相关政策，保障我国并购市场健康发展。李增泉等（2005）指出，我国上市公司并购非上市公司是控股股东和地方政府支持或掏空上市公司的一种手段，以达到帮助上市公司满足监管部门的融资资格管制要求的目的。刘杰（2011）对新兴国家银行并购溢价的决定因素进行检验，结果发现，东道国金融市场结构因素、监管因素、交易特征因素以及银行自身因素是造成高并购溢价的重要原因。

综上所述，通过对并购溢价决定因素的国内外相关研究进行回顾可以发现，国外的研究起步较早，研究成果较多，考虑的影响因素较为全面，且大都采用实证研究方法进行检验。而国内的研究起步较晚，研究成果较少，考虑的影响因素不够全面，且大都未得到实证研究方法的检验。但是，无论是国外研究还是国内研究，在许多方面仍缺乏统一结论。通过对并购溢价的决定因素进行分析不难发现，无论是财务视角、公司治理视角还是其他参与者视角，造成并购溢价过高的一个重要原因是并购双方存在信息不对称问题。如果能够降低并购双方的信息不对称程度，并购公司就可以更准确地预测并购协同效应，从而制定合理的并购价格，避免过高的并购溢价支付。但是对于如何降低并购双方的信息不对称程度，从而抑制过高的并购溢价支付，学者们还缺乏深入的研究。

### 三　并购绩效

自 20 世纪 80 年代以来，西方学者已经开展了大量的关于并购绩效的研究，1998 年以来我国学者也开始借鉴国外的研究方法，对并购绩效进行考察。本部分将基于并购绩效的评价方法对并购绩效的国内外文献进行梳理和评述。

（1）国外相关研究

①并购绩效的评价方法。Bruner（2002）在"并购是否创造价值"的文献中，概括了并购绩效的四种评价方法，分别是事件研究法、财务指标法、经理人员调查问卷法以及个案研究法，其中前两种方法是国内外学者使用的较为广泛的主流方法。

事件研究法是 Dolley J. 在 1933 年用于检验股票拆细行为的价格效应的一种方法，它的完善和推广离不开 Ball 和 Brown（1968）对会计盈余报告的市场有用性研究和 Fama 等（1969）对股票市场有效性研究对该方法的成功运用。事件研究法是通过检验上市公司并购事件公告前后若干天（如，－1 天，＋1 天）的样本平均累计超额收益率来考察流通股股东对于并购事件的市场反应。超额收益率可以使用市场模型法计算，也可以使用均值调整法或市场调整法来计算。由于事件研究法有着相对成熟的数理基础，因此，自 20 世纪 70 年代以来，这种方法已经成为学术界衡量并购绩效的主流方法。

财务指标法是 20 世纪 60 年代以来利用财务报告和会计资料，通过选取不同的财务指标，或财务指标的组合，或对多个财务指标进行因子分析，对比并购发生前后企业经营业绩的变化来衡量并购绩效的一种方法。这种方法主要用于评价中长期并购绩效，常用的经营业绩指标包括资产负债率、销售利润率、净资产收益率、每股收益以及每股现金流量等。总体而言，这种方法的优点是数据易得、计算简便，易于理解，缺点是无法对并购前后的风险变化进行考察，而且对于选取哪些经营业绩指标来反映并购绩效也缺乏客观的依据，同时也难以消除其他因素对经营业绩造成的影响。

经理人员调查问卷法，是对并购事件所涉及的当事人（通常是经理人员）进行标准化的问卷调查，了解并购能否创造价值以及影响价值创造的各种"隐性"和"非量化"原因，从大样本的统计分析中得出普适性结论的一种方法。传统的财务指标法过于笼统，无法准确反映价值创造机制之间的差异性（Capron，1999），因此学者们开始使用问卷调查的方法，了解经理人员对于企业并购是否创造价值的观点（Chatterjee，1986；Lubatkin，1987；Capron，1999）。虽然这种方法得出的结论可能会受到经理人员主观看法的影响，但是通过结合公开信息，问卷调查方法存在的噪声干扰程度可以被降低。因而，经理人员调查问卷法正在日益得到学术界和实务界的认可。

个案研究法是对一个或少数几个相关的并购事件样本进行深入分析，包括对并购事件的相关当事人进行访谈，与并购专家进行沟通，仔细考察并购的背景和其他细节问题，从而帮助研究人员对特定案例中并购绩效的动态变化过程进行深入观察，判断并购事件带来的影响。

表 2-1 对上述四种并购绩效评价方法的优缺点进行了比较，正如 Bruner（2002）所指出的，尽管有的方法相对成熟且具备较强的科学性，但没有哪种方法是完美无缺的。上述四种并购绩效评价方法中前两种方法是国内外学者使用的较为广泛的主流方法，本书接下来对基于这两种方法的并购绩效研究进行回顾和梳理。

表 2-1  四种并购绩效评价方法的比较

| 并购绩效的评价方法 | 优点 | 缺点 |
| --- | --- | --- |
| 事件研究法 | 1. 是股东价值变化最为直接的评价方法<br>2. 股价是对未来现金流量现值的预测，具有前瞻性 | 1. 需要对资本市场的运行状况进行假设，如有效性、投资者理性等<br>2. 难以排除其他事件对股价的影响 |

续表

| 并购绩效的<br>评价方法 | 优点 | 缺点 |
|---|---|---|
| 财务指标法 | 1. 由于财务报表经过审计，因此财务指标具有可靠性<br>2. 便于计算，是价值创造的间接评价指标 | 1. 会计指标选择不具有客观性<br>2. 后瞻性<br>3. 忽视了无形资产的价值<br>4. 易受物价变化的冲击<br>5. 公司没有对相关指标进行充分披露<br>6. 忽略了公司并购前后的风险变化 |
| 经理人员调查<br>问卷法 | 1. 能够获得资本市场无法直接提供的信息<br>2. 有助于发现成功并购的共同点 | 1. 经理人员与股东对于价值创造的理解可能存在观念上的差异<br>2. 对历史事件的记忆可能会模糊<br>3. 调查问卷的回收率难以保证 |
| 个案研究法 | 1. 更加客观<br>2. 更深入的研究，有助于发现新的并购模式与行为 | 1. 样本数量的限制，从而不适合对研究假设进行检验<br>2. 同一并购事件的不同研究报告可能差异较大，使分析者难以获得一致的结论 |

资料来源：翻译自 Bruner（2002）。

②基于事件研究法的并购绩效研究。按照事件期的长短，事件研究法可以分为短期事件研究法和长期事件研究法。国外学者采用短期事件研究法对短期并购绩效的研究主要围绕并购公司并购绩效、目标公司并购绩效和并购双方公司的联合绩效三个方面展开。

事件研究法下，国外学者对并购公司短期并购绩效的研究并未得到统一的结论。一些研究发现并购可以使并购公司在并购事件窗口期获得正的累计超额收益，为并购公司股东创造更多的财富（Dodd，Ruback，1977；Kummer，Hoffmeister，1978；Jarrell，Bradley，1980；Asquith et al.，1983；Loderer，Martin，1990；Eckbo，Thorburn，2000；Kohers，Kohers，2000；Leeth，Borg，2000；Masulis et al.，2007）。另一些研究却发现并购会损害并购公司股东的财富，因为并购事件窗口期的累计超额收益为负（Dodd，

1980；Varaiya，Ferris，1987；Healy et al.，1992；Mitchell，Stafford，2000；Walker，2000；Delong，2001；Houston et al.，2001；Fuller et al.，2002；Moeller et al.，2004；Wang，Xie，2009；Cai，Sevilir，2012）。还有一些研究表明，并购不会给并购公司的股东财富带来影响，因为并购在并购窗口期并未使并购公司获得显著为正或为负的累计超额收益（Bradley，1980；Lang et al.，1989；Morck et al.，1990；Franks et al.，1991；Mulherin，Boone，2000）。Bruner（2002）对关于并购公司股东短期收益的 44 篇文献进行整理后指出，总体上并购公司在并购事件窗口期获得的累计超额收益几乎为零。这一结果表明并购交易具有公平性，并购公司获得了与风险相对应的风险溢酬。

事件研究法下，国外学者对目标公司并购绩效的研究得出了较为一致的结论，并购可以增加目标公司股东的财富，平均超额收益在 10%~30%。Dodd 和 Ruback（1977）以 1973~1976 年发生要约收购的并购事件为样本，发现目标公司股东获得了 19%~21% 的超额收益。Jensen 和 Ruback（1983）通过对 1977~1983 年发表的 13 篇关于并购绩效的文献进行总结后发现，不成功的并购能够给目标公司股东带来 20% 的超额收益，而成功的并购能将这一收益提高到 30%。Bruner（2002）总结并分析了 1971~2001 年发表的关于并购绩效的 130 余篇文献，得出并购会使目标公司的股价上涨，目标公司股东在并购事件窗口期获得 10%~30% 的累计超额收益的结论。其他学者的研究也得到类似的结论（Healy et al.，1992；Wu，2011；Ishii，Xuan，2014）。学者们的研究还指出，并购创造的价值大部分被目标公司获得（Jensen，Ruback，1983；Jarrell et al.，1988；Andrade et al.，2001）。Ahern（2012）以及 Cai 和 Sevilir（2012）以并购事件发生前特定交易日的并购双方公司市值为权重，通过加权的方法对目标公司相较于并购公司的相对并购绩效进行测度，发现目标公司的相对并购绩效为正。

并购双方公司的联合绩效将并购公司和目标公司二者作为一个整体考虑，反映了整个并购中的总体净经济收益。尽管绝大多数研究表明目标公司在并购事件窗口期的累计超额收益大于零，而并购公司在并购事件窗口期的累计超额收益总体上几乎为零，但是由于并购公司的规模一般会超过目标公司很多，目标公司较高的正累计超额收益可能会被并购公司较小的负累计超额收益所抵销，因此不能简单地认为并购双方公司的联合绩效在并购事件窗口期一定大于零。许多研究选取并购事件发生前特定交易日的并购双方公司市值为权重，计算将并购双方视为一个投资组合的加权平均收益率，从而消除并购双方公司规模差异给绩效评价带来的影响（Firth，1980；Bradley et al.，1988；Kaplan，Weisbach，1992；Houston et al.，2001）。大多数研究得出了并购双方的联合绩效显著大于零的结论（Firth，1980；Bradley et al.，1988；Kaplan，Weisbach，1992；Andrade et al.，2001；Houston et al.，2001；Moeller et al.，2004；Wang，Xie，2009；Cai，Sevilir，2012）。

随着对短期并购绩效研究的不断深入，许多学者发现短期事件研究法并不能全面反映并购的价值创造结果，随着事件期的延长，更多的并购信息会反映到股价之中，学者们开始探索使用更长的事件期来研究并购绩效，长期事件研究法由此产生。与短期事件研究法的做法基本一致，传统的长期事件研究法只是简单将事件窗口期延长，计算并购事件发生后 1~5 年的累计超额收益（CAR）。还有一种方法是使用购买并持有超常收益（BHAR）来衡量并购绩效，购买并持有超常收益测量的是购买公司股票并一直持有到考察期结束，公司股票收益率超过市场组合或对应组合收益率的值。对于以上两种长期事件研究法，Conrad 和 Kaul（1993）认为，第一种方法只是将超额收益简单累加，这种累计求和的方法会导致累计超额收益存在系统性的正偏差。Barber 和 Lyon（1997）也认为，第一种方法计算出的长期并购绩效是第二种方法计算出的长期并购绩效的有偏预测值，即使基于第一种方法的结果做出的推断是正确的，所证实的程度与并购价值也是不一致的，因此他们建议使用第二种方法计算长期并购绩效。但是，Barber 和 Lyon（1997）也在研究中指出，第二种计算方法与第一种计算方法相比，虽然误差较小，但是如果配对企业组合选择不当，也会使计算结果出现新上市偏差、偏态偏差和再平衡偏差。

在配对企业组合的选择过程中，Banz（1981）以及 Dimson 和 Marsh（1986）认为公司规模能够对公司绩效产生重要影响，因此在建立企业组合时应该对公司规模因素加以控制。Barber 和 Lyon（1997）认为除了公司规模因素外，市账率（M/B）也会对股票的横截面收益产生影响，Fama 和 French（1992）以及 Carhart（1997）认为除了公司规模和市账率以外，行业因素也会对股票收益率产生影响，Gregory（1997）等学者也认为在配对企业组合选择的过程中要控制行业因素。从目前的研究来看，公司规模和市账率是学者们在使用第二种方法计算长期并购绩效，选取配对企业组合时主要考虑的两个控制因素。

国外基于长期事件研究法考察并购公司长期并购绩效的研究成果较为丰富。Loughran 和 Vijh（1997）研究发现使用现金作为支付方式的并购公司在并购后 5 年内并购绩效为正，而使用股票作为支付方式的并购公司在并购后 5 年内并购绩效为负。Gregory（1997）发现在并购后 2 年内，并购公司的累计超常收益为−11.33%，但如果并购属于相关并购，并购公司的累计超常收益为−3.48%，则两者之间的差异经检验是显著的。Agrawal 和 Jaffe（2000）对 1974~1998 年发表的关于并购公司长期并购绩效的 22 篇文献进行总结，发现并购的类型不同，长期并购绩效也不同。Bruner（2002）通过对 11 篇研究并购公司长期并购绩效的文献进行分析，发现 6 篇研究文章中的并购公司长期并购绩效显著为负，而且长期并购绩效有随时间递减的趋势。Moeller（2005）对 1980~2001 年发生的并购事件进行考察，发现并购公司的长期并购绩效显著为负，且并购公司的规模越大，并购公司股东的损失就越严重。

③基于财务指标法的并购绩效研究。第二类研究并购绩效的主流方法是财务指标法，基于财务指标法的研究大多是对并购公司并购完成后公司绩效的考察。这种方法主要是通过对比公司并购前后资产收益率、净资产收益率、资产增长率、销售利润率和销售增长率的变化来得出结论。但是，与事件研究法一样，这种研究方法也没有得出关于并购公司并购绩效的一致结论。一些研究发现，并购完成后并购公司的财务绩效变得更差（Meeks，1977；Salter，Weinhold，1979；Mueller，1985；Ravenscraft，Scherer，1987；Seth，1990；Yeh，Hoshino，2002），而另一些研究则表明，并购公司在并购完成后财务绩效得到显著改善（Seth，1990；Parrino，Harris，1999），还有一些研究认为并购公司在并购前后的财务绩效没有显著变化，或者某些方面的财务指标得到改善，而其他方面的财务指标显著下降（Herman，Lowenstein，1988；Healy et al.，1992；Ghosh，2001）。

（2）国内相关研究

国内学者对于并购绩效的研究起步较晚，在借鉴国外学者关于并购绩效研究所用方法的基础上，从并购事件的市场反应（事件研究法）和并购公司的财务业绩变化（财务指标法）两个角度对我国企业的并购绩效进行实证研究。

①基于事件研究法的并购绩效研究。与国外研究相一致，我国学者也基于短期事件研究法和长期事件研究法两种方法开展对并购绩效的研究，但是，在采用短期事件研究法对短期并购绩效进行研究的过程中，我国学者主要关注并购事件对并购公司和目标公司并购绩效产生的影响，而关于并购双方公司联合绩效以及目标相对并购绩效的研究较少。

基于短期事件研究法，我国学者也未能取得并购事件对并购公司短期并购绩效产生何种影响的一致结论。一些学者发现并购公司在并购事件窗口期可以获得正的累计超额收益（高见、陈歆玮，2000；李善民、陈玉罡，2002；陈健等，2005；朱滔，2006；宋希亮等，2008；唐建新、陈冬，2010；王江石等，2011），另一些学者却发现并购公司在并购事件窗口期获得了负的累计超额收益（张新，2003；张宗新、季雷，2003；李善民、朱滔，2005；田高良等，2013），还有一些学者发现并购不会给并购公司的股东财富带来影响，并购公司在并购事件窗口期的累计超额收益未显著异于零（余光、杨荣，2000；李婷婷、孙涛，2010）。

关于目标公司短期并购绩效的研究，我国学者与国外学者的研究成果一致，得出并购会提高目标公司并购绩效的统一结论。学者们发现在并购事件窗口期目标公司获得了正的累计超额收益（高见、陈歆玮，2000；余光、杨荣，2000；张新，2003；张春琳，2006；刘军、余鹏翼，2008；宋希亮等，2008；舒博，2008；张学平，2008；徐丹丹、刘淑莲，2010；邱伟年、欧阳静波，2011；祝文峰、左晓慧，2011）。我国学者也认为，并购产生的收益大多归目标公司股东（余光、杨荣，2000；张新，2003；张宗新、季雷，2003；李善民、朱滔，2005；祝文峰、左晓慧，2011）。但是，国内学者只针对目标公司并购绩效与并购公司并购绩效进行过简单的对比分析，并未对目标公司相对并购绩效进行过指标测度和实证检验。

关于并购双方公司的联合绩效，我国学者的研究也较少，祝文峰和左晓慧（2011）以我国2009年发生并购的51家目标公司和45家并购公司为样本，采用事件研究法检验并购活动是否能为并购双方带来并购收益，结果发现并购活动能够给并购双方股东创造财富。但是他们的研究并未考虑并购双方的规模差异会给上述结论带来的影响。田高良等（2013）以2000~2011年发生的并购双方均为A股上市公司的并购事件为样本，发现在并购事件窗口期并购后，实体可以获得正的累计超额收益。将并购公司和目标公司二者作为一个整体考虑的并购后实体并购绩效即并购双方公司的联合绩效，在他们的研究中以并购事件发生前 20 个交易日的并购双方公司权益市场价值为权重，计算将并购双方视为一个投资组合的加权平均收益率，从而消除了并购双方公司规模差异给绩效评价带来的影响。

近年来，国内学者也开始尝试使用长期事件研究法来研究并购的财富创造问题。与国外学者一样，我国学者也使用累计超额收益和购买并持有超常收益来衡量长期并购绩效。余力和刘英（2004）使用传统长期事件研究法测算长期累计超额收益，发现并购公司与目标公司的累计超额收益均为正，但是，并购公司的累计超额收益较低且缺乏持续性。李增泉等（2005）将并购分为掏空型并购和支持型并购两种类型，发现掏空型并购中的并购公司长期累计超额收益为负，而支持型并购累计超额收益为正。赖步连等（2006）也采用传统长期事件研究法测算长期累计超额收益，得出并购公司的累计超额收益在并购后的 1～3 年内呈明显下降趋势的结论，他们认为造成这一现象的主要原因是投资者异质预期。

还有一些学者使用购买并持有超常收益来衡量长期并购绩效。李善民和朱滔（2005）以公司规模和账面市值比作为分组标准，测算并购公司并购宣告当月到并购后 36 个月的购买并持有超常收益，结果表明虽然超常收益有逐年上升的趋势，但是仍然显著为负，长期来看并购并未使并购公司股东财富增加。陈收等（2005）和朱滔（2006）也采用购买并持有超常收益来衡量长期并购绩效，实证结果进一步支持了李善民和朱滔（2005）的结论。宋希亮等（2008）分别使用累计超常收益和购买并持有超常收益来衡量短期和长期并购绩效，发现短期内并购公司可以获得正的累计超常收益，但是长期内并购公司股东遭受了显著的财富损失。陈仕华等（2013）以 2004～2011 年发生的并购双方均为中国 A 股上市公司的并购事件为样本，计算并购公司并购宣告当月到并购后 24 个月的购买并持有超常收益，发现并购后 2 年内并购公司的长期并购绩效为负。朱红军和汪辉（2005）以目标公司为研究对象，发现并购后 5 年内目标公司的购买并持有超常收益显著为正。从我国学者使用长期事件研究法取得的研究成果来看，长期内并购没有为并购公司带来价值增值，但对目标公司而言，并购为它们带来了较高的超常收益。

②基于财务指标法的并购绩效研究。我国学者基于财务指标法进行的并购绩效研究成果较多，这一方面是由于财务指标法的数据处理相对简单，另一方面是由于我国学者对于我国资本市场的有效性研究尚存在争议。国内学者采用多种财务指标研究方式来考察并购绩效，主要包括单一指标研究、多指标研究和综合评分研究三种。

在单一指标研究中，王跃堂（1999）使用 ROE 作为并购绩效的衡量指标，结果发现资产重置并未像人们所预期的那样为企业带来好的重组业绩。朱乾宇（2002）也使用 ROE 作为并购绩效的衡量指标，发现并购金额相对于并购公司净资产的比例与并购绩效正相关，而承债式并购和关联并购与正常并购相比，并购绩效更差。舒强兴和郭海芳（2003）使用 EVA 作为并购绩效的衡量指标，发现中国大部分并购都使并购公司股东遭受损失。姚长辉和严欢（2004）使用现金流指标作为并购绩效的衡量指标，通过检验发现并购后并购企业的业绩并未得到提高，甚至在并购发生第一年出现了明显的下降。吴超鹏等（2008）和陈仕华等（2013）使用总资产收益率作为并购绩效的衡量指标，发现与并购发生前的会计业绩相比，并购发生后并购公司的会计业绩普遍下降。单一指标法简单易行，但是容易受到操纵或受到其他因素的噪声干扰，因此，也有学者使用多种指标来衡量并购绩效。

在多指标研究中，陈信元和原红旗（1998）以投资收益占总利润的比例、净资产收益率、每股盈余和资产负债率作为并购绩效评价指标进行实证分析，发现并购发生当年除了资产负债率有所下降以外，其余指标均有所上升。郭来生（1999）以净资产收益率及其增长率、每股收益及其增长率、净利润增长率和主营业务收入增长率等财务指标作为并购绩效评价指标进行实证分析，发现并购业绩变化与并购重组类型以及地域有关。国信证券—海通证券联合课题组（2001）选取净资产收益变化率、主营业务收入增长率和总利润增长率作为并购绩效评价指标进行实证分析，发现并购发生后除了主营业务收入增长率呈现上升趋势外，其余盈利指标的变化结果都不乐观。

在综合评分研究中，檀向球（1999）选取了多个财务指标进行主成分分析，结果发现股权转让可以有效提高并购公司的经营业绩，但是对外扩张对并购公司的经营状况改善并无显著影响。冯根福和吴林江（2001）以主营业务收入占总资产的比率、资产利润率、净资产利润率和每股收益构建综合得分模型进行实证分析，发现并购公司并购绩效整体上呈现先升后降的变化过程。方芳和闫晓彤（2002）以总资产报酬率、主营业务利润率、资产负债率、流动比率和速动比率以及每股现金流量等财务指标构建综合得分模型进行实证分析，发现并购后第一年上述业绩指标均显著上升，但是第二年业绩指标出现明显下降。张德平（2002）以主营业务利润率等19个财务指标构建综合得分模型进行实证分析，发现并购后大多数并购公司的经营业绩得到改善，这一结果还受到并购发生年度的影响。苏新龙等（2008）使用主成分分析法构建综合得分模型，选取2002年发生的重大资产重组上市公司，发现民营企业进行的重大资产重组，业绩改善程度要好于国有企业。刘大志（2010）使用因子分析法构建综合得分模型，发现流通股比率与并购绩效正相关，控股股东的国有属性和股权集中程度与并购绩效负相关，管理层持股对并购绩效不产生显著影响。

通过对国内外关于并购绩效的已有研究成果进行回顾和梳理不难发现，国内外的相关研究各有特色，但是也都存在一定的问题。从研究方法来看，虽然事件研究法和财务指标法是国内外学者进行并购绩效研究时使用的主流方法，但是国外学者更多采用事件研究法，而我国学者则主要使用财务指标法。这两种方法都存在一定的局限性，使用单一方法对并购绩效进行研究可能会由于方法自身的局限性给研究结论带来影响，因此，可以考虑同时使用多种方法对并购绩效展开全面的研究，综合考察并购事件对参与并购的双方股东带来的影响。从研究的视角来看，我国学者分别从并购公司或目标公司的角度进行并购绩效研究，却较少考察并购事件给并购双方的联合绩效带来的影响，缺乏对并购总体净经济收益的分析。此外，虽然我国学者与国外学者一样，认为并购产生的收益大多归目标公司股东，但是，国内学者只针对目标公司并购绩效与并购公司并购绩效进行过简单的对比分析，并未对目标公司相对并购绩效进行过指标测度和实证检验。本书将使用事件研究法和财务指标法两种方法，对并购绩效进行全面的考察。此外，本书的并购绩效不仅包含并购公司的并购绩效，还包含将并购公司和目标公司二者作为一个整体考虑的并购后实体并购绩效（并购双方联合绩效），以及目标公司相较于并购公司的相对并购绩效。对并购公司并购绩效的考察包含短期并购绩效和长期并购绩效两个维度。

# 第二节 董事联结相关文献综述

董事联结的研究主要沿着两个方向展开：一是董事联结为何存在？二是董事联结会对企业行为带来哪些影响？鉴于此，本书也从上述两个方面对现有文献进行回顾。

## 一 董事联结的成因

20 世纪 70 年代末，产品竞争、技术范式和管理思想发生了巨大变革，企业之间更多采用合作的方式来进行生产和交易，企业间的关系开始发生改变。Jarillo（1988）指出企业的关系将在企业战略中发挥越来越重要的作用。在众多的企业联结关系中，董事联结日益成为学术界关注的热点（Bizjak et al.，2009；Bouwman，2011；Renneboog，Zhao，2011；陈运森、谢德仁，2011；陈仕华等，2013；陆贤伟等，2013；Renneboog，Zhao，2014；臧秀清等，2016）。关于董事联结存在的原因，学者们进行了大量研究，相关文献主要从企业层面和个人层面两个角度解释董事联结的成因。

（1）企业层面的理论解释

不同理论对于董事联结的成因给出了不同的解释。企业层面的理论解释强调董事联结的成因是企业实现获取资源、降低竞争和监督控制水平等目的而与其他企业建立的联系，这些理论主要包括资源依赖理论、共谋理论、监督控制理论、金融控制理论和合法性理论等。

根据 Pfeffer（1972）提出的资源依赖理论，控制依赖的最直接的方法就是控制产生依赖的根源。但是，组织并不能总是通过兼并和所有权来实现对依赖的控制。组织间的联系可以为组织管理相互依赖提供有利的条件。与环境的联系是交流的渠道，当需要与其他组织进行交流时，联系就会出现。同时，联系还可以作为说服和协商的渠道，并通过这些途径来使相互依赖的关系稳定化。通过交换各自的活动信息，组织就处于更有预测能力的地位。通过相互取得承诺，每个组织都能确定未来相互交换的过程。可见，联系可以帮助稳定组织与环境之间的相互交换和减少不确定性。组织之间的联系方式有很多，如增选法、贸易协会、卡特尔、互惠贸易协定、协调委员会、顾问委员会、董事联结、企业联合和社会规范等。每一种都是力量共享的一种方式，以及稳定和协调相互依赖的一种社会协定。

在组织联系的所有方式中，董事联结是一种最为灵活和最容易实施的方式，这两个优点使它至今还很流行（Burt，1983）。任何组织都能够设立咨询型或指导型委员会，任命外人都能来组织担任职务。组织拥有很大的决定权，能够选择性地任命有依赖要求的环境中的代表。Mizruchi（1996）认为，董事联结源于对资源的路径依赖，资源丰富的企业有能力控制其他资源缺乏的企业而处于有利位置，而资源缺乏的企业也愿意与资源丰富的企业建立联系以获得稀缺资源。董事联结通过任命组织外部环境的代表为其董事会成员，以获取更加丰富的资源，降低环境的不确定性（Pfeffer，Salancik，1978）。这就是人们熟识的增选法，一种获取资源、相互交换信息、发展组织间承诺和建立合法性的战略（Burt，1983；Ornstein，1984；Mizruchi，Stearns，1988；Lang，Lockhart，1990；Sheard，1993；Mizruchi，1996）。董事联结的建立不仅可以帮助组织获取各种隐性信息（Beckman，Haunschild，2002；Shropshire，2010），还可以帮助企业学习其他企业的成功经验（Davis，1991；Palmer et al.，1993），此外，董事联结还向其他企业传递本企业拥有良好社会声誉的信号（Certo，2003；Certo et al.，2009）。

共谋理论认为存在竞争关系的两家企业通过建立董事联结可以达到抑制同业竞争的目的（Mizruchi，1996）。Pfeffer（1972）的研究发现，产业集中度较高时，存在竞争的企业之间会建立董事联结，从而在广告、价格或研发等方面进行良好的沟通，企业通过"共谋"获得超额利润。但是，通过共谋获得收益是以牺牲开放的市场竞争为代价的，不利于市场的发展。因此，美国于1914年颁布了克雷顿法案，禁止同行业企业之间共享联结董事。在实证研究中，董事联结是否促成了存在竞争关系的企业间的共谋，一直存在争议。Baker和Faulkner（1993）发现克雷顿法案颁布以后虽然同行业企业间的联结行为被禁止，但是企业间的同谋行为没有发生相应的减少。Burt（1983）也发现董事联结与降低行业内竞争水平不存在相关关系。

基于监督控制理论的研究认为，董事会是企业权力的枢纽，通过向企业的董事会派驻代表，可以有效实施对企业的监督控制。资源依赖理论是从资源的"获取方"解释董事联结现象，而监督控制理论则是从资源"发送方"来解释这一现象。一些学者发现，企业出于股权控制的目的，经常会向获得股权的企业派驻董事，导致董事联结产生（Berkowitz et al.，1979；Mizruchi，1982；Burt，1983；Caswell，1984；Maman，1999）。另外，还有学者发现，一些能够对企业产生影响的利益相关者，例如，银行家、机构投资者和重要客户等，也会成为企业董事会的成员，从而发挥监督作用以保障自己的利益不受损失（Aldrich，Pfeffer，1976；Stiglitz，1985；Richardson，1987；Eisenhardt，1989）。上述研究证明监督控制是董事联结产生的重要原因之一。

金融控制理论是监督控制理论的一个特例。金融机构是能够对企业产生重要影响的利益相关者，当企业与金融机构业务往来频繁时，金融机构往往会向企业派驻金融代表监督控制企业资金的使用情况（Mizruchi，1982；Maman，1999），特别是当企业经营困难时，金融机构可能会将其高管或董事派驻到企业增强监督控制效果（Richardson，1987）；而企业为了获得金融机构的支持，也会接受金融机构向企业董事会派驻的金融代表，因为这样有助于金融机构更有效地了解企业的经营和筹投资状况（Byrd，Mizruchi，2005）。Kotz（1978）还发现，金融控制是伴随着并购和接管出现的，其中银行或其他金融机构会持有实业企业较大比例的股权。

合法性理论是资源依赖理论的一个特例，该理论强调企业被社会的赞同和认可程度关系着企业的生存和发展，企业声誉是企业的重要资源之一。该理论源于董事会承载着传递企业声誉的重要功能（Parsons，1960），因为当投资者在进行投资决策时，企业的声誉会由于声誉良好的董事会或知名人物在董事会任职而得到提升，此时企业向投资者传递出值得对该企业进行投资的合法信号，企业对合法性的追求是董事联结产生的又一成因（Bazerman，Schoorman，1983）。Dimaggio 和 Powell（1983）在研究中指出，如果银行发现一位信誉良好的人员在对企业进行监督，那么银行可能更愿意把钱借给这样的企业。这一研究表明，合法性可能是确保企业获取资源的一个前提条件。虽然合法性理论是一种重要的组织理论，但是由于这种理论难以进行实证检验，且资源依赖理论认为董事联结的建立可以为企业获取合法性资源，学者们无法区分是哪一种理论导致董事联结的产生，因此，学者们往往把合法性理论合并入资源依赖理论进行研究。

在上述从企业层面探讨董事联结形成原因的理论中，共谋理论主要关注存在竞争的企业间董事联结的建立，认为企业间的联结关系会降低市场竞争水平，加强沟通与合作，这实际上与资源依赖理论通过建立董事联结控制依赖、减少环境不确定的思想相符。而且，共谋理论对于解释董事联结形成的原因具有一定的局限性，因为它对于非竞争性企业间董事联结的建立不具有任何解释力。在实证研究中，对监督控制理论和资源依赖理论进行区分几乎是不可能的。这是因为，二者都遵循资源依赖理论的理论预期，且控制和吸收资源在基于资源依赖的联结中同时发生。一个企业吸收另一个企业的资源时，也让渡了受控于这一企业的权利，企业所让渡的权利就是监督与控制（Mizruchi，1996）。金融控制理论是监督控制理论的一个特例，当实施监督控制的一方是金融机构时，金融控制理论将具有解释力。通过前文分析可知，合法性理论难以进行实证检验，且资源依赖理论认为董事联结的建立可以为企业获取合法性资源，学者们无法区分是哪一种理论使董事联结产生，因此，许多文献都将合法性理论合并入资源依赖理论进行探讨。综上分析，在从企业层面探讨董事联结形成原因的理论中，资源依赖理论具有更强的解释力，这一理论也是学者们在进行董事联结相关研究中广泛讨论和使用的一种理论（卢昌崇等，2006；段海艳、仲伟周，2008；Zona et al.，2015）。

（2）个人层面的理论解释

董事联结的产生也可能源自董事个人的原因，个人层面的理论解释强调董事联结的形成是管理层为实现对董事会的控制、董事个人为获得职业发展机会和上流社会阶层凝聚的结果，这些理论主要包括管理控制理论、职业生涯推进理论和社会凝聚理论。

支持管理控制理论的学者认为董事会对企业并不重要，没有能力改变企业的运营情况，董事会仅仅是管理层的"橡皮图章"（Dooley，1969；Mace，1971；Mariolis，1975；Richardson，1987）。由于股权极为分散，因此股东对企业的运营并不关心，高管人员通过董事的任命或替换达到控制董事会的目的，避免董事会与高层人员发生冲突而产生"不稳定性"。在这种情况下，通过董事在两家或两家以上的企业兼职而形成的企业间的联结也并不重要（Galbraith，1971），董事甚至可能成为高管的参谋，辅助高管做出决策（Koenig et al.，1979）。管理控制理论将董事联结的形成归因于董事的私人特征，而非联结企业的特征（Dooley，1969；Mariolis，1975）。

职业生涯推进理论认为，联结董事在多家企业兼职的目的是提高职业声誉，以便在未来的职业发展中获得更多机会（Stokman et al.，1988；Zajac，1988）。Useem（1984）的研究发现，身兼多家公司董事职务的个人可以获得更多进入其他董事会的机会，董事可以从他们所谓的"商圈"中获益。Stokman 等（1988）也发现，新被任命的董事拥有更丰富的经验和更专业的知识储备，这说明企业对董事的选择是基于董事的个人属性，而非组织属性。在职业生涯推进理论下，董事联结的建立并不是企业组织有目的的行为，而是董事个人无意选择的结果。

社会凝聚理论认为，董事联结是一种上流社会成员之间的社会联结（Mills，1956；Mace，1971；Useem，1984；Mizruchi，1996）。Yeo 等（2003）指出，每个国家都有一群由各类精英组成的社会团体，他们的背景、价值观和追求相似，这些相似性将他们凝聚成社会网络群体，一些重要的信息和经验会通过这种社会网络进行传播。董事成员也组成了一个社会网络群体，作为一种社会阶层，董事会为了维护自身和阶层的利益而邀请其他董事到自己的企业任职，形成利益共同体，从而捍卫自身及所在阶层的团体利益。董事联结正是在上述过程中形成的。

董事联结的建立是基于组织层面的原因，还是个人层面的原因？一些学者提出，出于组织目的建立的董事联结断裂后应该会被企业重构，而出于个人目的建立的董事联结断裂后就不会被企业重构了（Koenig et al.，1979；Palmer，1983；Ornstein，1984；Stearns，Mizruchi，1986；卢昌崇、陈仕华，2009）。在以上分析的基础上，学者们进行了相关的实证检验。Koenig 等（1979）使用 797 家大公司间的董事联结数据，仅考虑由董事死亡所导致的断裂联结，发现在 79 个断裂的董事联结中，仅有 6 个被重构，重构率为 6%[①]。Palmer（1983）考察了由联结董事死亡和退休导致的断裂联结，发现断裂联结的重构率为 15%，单连锁联结的重构率为 8.9%。Stearns 和 Mizruchi（1986）的研究也得出与 Koenig 等（1979）和 Palmer（1983）相类似的结论。Ornstein（1984）以加拿大资产排名前 100 的公司

---

① 6%为重构数与初始样本的比例，初始样本包含 102 个断裂联结，其中有 23 个为多元联结，即当一个联结断裂后还有其他联结联系这两家企业，因此这些样本被剔除，剩余 79 个断裂的联结。

的董事联结数据为样本，考察 5354 个联结断裂后重构的情况，发现 40% 的联结断裂后被重构，但是这一结果偏高的原因来自它对重构的计算方法与其他人的研究不同。我国学者也对上述问题展开了研究，卢昌崇和陈仕华（2009）发现，1999～2006 年我国上市公司董事联结断裂后的重构率仅为 28.43%。

上述研究结果表明，董事联结的建立既可能是组织层面的原因，也可能是个人层面的原因。如果董事联结的建立是出于个人层面的原因，那么董事联结可能是高管控制董事会的手段，或拥有某些技能或知识的社会精英为获得职业发展机会以及强化精英人士的社会控制权而交往联系的平台，此时，董事联结将更可能为联结董事个人提供服务。而如果董事联结的建立出于企业层面原因，那么董事联结将成为帮助组织稳定组织与环境之间的相互交换和减少不确定性，以实现经济目的的有用工具。因而，当董事联结的建立是出于董事个人的目的时，企业可能不会充分认知并有效利用董事联结给企业组织带来的有利影响。

本部分从企业层面和个人层面对董事联结的成因进行了探讨。企业层面的理论解释强调董事联结是企业获取资源、降低竞争和监督控制水平等目的而与其他企业建立的联系，个人层面的理论解释强调董事联结的形成是管理层为实现对董事会的控制、董事个人为获得职业发展机会和上流社会阶层凝聚的结果。在企业层面，资源依赖理论与其他探究董事联结成因的理论相比，具有更强的解释力，这一理论也是学者们在进行董事联结相关研究中广泛讨论和使用的一种理论。此外，学者们的研究还发现，董事联结的建立既可能是组织层面的原因，也可能是个人层面的原因。如果董事联结的建立出于个人层面的原因，那么董事联结将更可能为联结董事个人提供服务。而如果董事联结的建立出于企业层面原因，那么董事联结将成为企业组织实现经济目的的有用工具。因而，当董事联结的建立是出于董事个人目的时，企业可能不会充分认知并有效利用董事联结给企业组织带来的有利影响。本书研究董事联结对企业并购的影响，如何使存在董事联结的企业能够充分认知并有效利用董事联结在并购过程中发挥的重要作用，将是值得细致和深入研究的重要内容。

## 二　董事联结对企业行为的影响

国内外学者广泛考察了董事联结对企业行为的影响，该视角的研究主要包含如下两个方面。

（1）董事联结对模仿行为的影响

Granovetter（1985）指出，企业嵌入所处的社会网络之中，节点企业的行为决策可能因为嵌入特定企业的社会关系而受到其他企业行为决策的影响。Galaskiewicz 和 Wasserman（1989）以及 Kraatz（1998）认为，当某些行为的效果难以被有效证实时，组织内的行动更容易在公司间发生扩散。Burt（1987）也指出，当决策存在巨大的不确定性时，公司会以其他公司在面临同样情况下的行为作为参考依据。董事联结为企业间信息的传递提供了有效渠道（卢昌崇、陈仕华，2009），可以使联结企业间更好地进行信息沟通和交流，因而，公司的行为可能会受到董事联结的"传染"，使联结企业采取相似的行动。

学者们证明存在董事联结的企业会建立类似的组织结构，如事业部门和投资者关系管理部门（Palmer et al.，1993；Rao，Sivakumar，1999；Shropshire，2010）。研究也表明，董事联结也使联结企业的许多行为表现出一致性，如捐助（Mizruchi，1992；Burris，2005；陈仕华、马超，2011；Kaczmarek et al.，2014）、并购（Davis，1991；Haunschild，1993；Davis，Greve，1997；陈仕华、卢昌崇，2013）、证券交易所之间的倒戈（Rao et al.，2000）、会计政策运用以及财务造假与重述（Kang，2008；Chiu et al.，2012；李青原等，2015；Fracassi，2016）、多元化经营（Chen et al.，2009；杨跃、叶金金，2011）、控制权变更（Stuart，Yim，2010）、股票期权回溯（Bizjak et al.，2009；李留闯等，2012）、审计师选择（Johansen，Pettersson，2013；臧秀清、于江珍，2014）以及社会责任履行（Ortiz-De-Mandojana et al.，2012；韩洁等，2015）等。

（2）董事联结对投融资行为的影响

国内外学者普遍认为董事在多家公司兼职，不仅可以使联结董事获得丰富的投融资经验，还可以为企业带来信息和资源优势，从而提高企业的投融资效率和效果。在投资方面，Armstrong 等（2010）认为，董事联结可以在投资决策过程中提供信息支持，提出更有价值的建议。网络位置中心度较高的联结董事，可能拥有丰富的投资经验，甚至可能在联结企业参与过类似的投资项目，这些投资经验有助于投资效率的提高（Officer，2011；Hackbarth，Mauer，2012）。陈运森和谢德仁（2011）也发现，独立董事的网络中心性越高，对高管投资决策的监督能力就越强，可以提供的与投资有关的信息就越丰富，这样的独立董事不仅能够改善企业的投资不足问题，还能有效地抑制投资过度。在筹资方面，段海艳（2009）考察了董事整体网络与企业债务融资能力的关系，发现董事整体网络的地区趋同性能够提高企业的财务弹性。Field 等（2013）检验了董事联结对企业 IPO 的影响，结果发现，由于缺乏公开市场的相应经验，新上市的企业往往会聘请上市公司的董事到本企业任职以获得相关的经验，这种做法对 IPO 企业而言是有益的。陆贤伟等（2013）探讨了董事联结与债务融资成本的关系，发现与其他企业相比，处于董事网络中心位置的企业，债务成本更低，当信息不对称程度较高时，降低效果会更明显。Chuluun 等（2014）的研究也得到了与陆贤伟等（2013）相类似的结论。

董事联结除了对上述企业投融资行为产生影响外，还对并购行为产生重要的影响，这也是本书研究的重点，将在下一节详细阐述。

关于董事联结对企业行为的影响，国内外学者进行了较为丰富的研究。联结企业间的模仿行为体现了董事联结的外向型治理效应，董事联结为企业间信息的传递提供了有效渠道，加剧了企业间决策行为的相互"传染"，使联结企业更容易采取相似的行动。董事联结对联结企业之间的相互投融资行为的影响体现了董事联结的内向型治理效应，董事联结的建立不仅可以使联结董事获得丰富的投融资经验，还可以为企业带来信息和资源优势，从而提高企业的投融资效率和效果。但是，现有关于董事联结内向型治理效应的研究，主要从社会网络理论出发考察董事整体网络对企业投融资行为的影响，少有从投融资双方的董事联结角度研究企业间相互投融资行为的文献。

## 第三节 董事联结对并购影响的相关文献综述

本节也将从并购目标选择、并购溢价和并购绩效三个方面，梳理董事联结对企业并购的影响的相关文献。

### 一　董事联结对并购目标选择的影响

国内外关于董事联结对并购目标选择影响的研究还较少。已有研究主要分为两个分支，一类认为若企业之间存在董事联结，则企业在做出并购决策时会模仿联结中的其他企业。Haunschild（1993）依据组织模仿理论，以美国上市公司并购事件为研究对象，发现联结公司之间会相互模仿并购决策，导致存在董事联结的公司在并购目标特征、并购类型和并购频繁程度等方面表现出高度的相似性。另一类研究则认为当并购公司与潜在目标公司存在董事联结时，董事联结会降低并购双方的信息不对称程度，从而对并购目标选择产生影响。Cukurova（2015）通过构建私有信息模型，推断董事联结在解决并购信息不对称问题时可以发挥重要作用，并通过实证检验发现，与并购公司存在董事联结的公司成为目标公司的可能性更大。Rousseau 和 Stroup（2015）的研究也指出，由于董事联结可以帮助公司获得更多的私有信息，并购公司更愿意选择董事曾经兼职过的公司进行并购。国内研究也得到类似的结论，陈仕华等（2013）认为董事联结为并购公司与潜在目标公司提供了信息沟通的渠道，有助于降低双方的信息不对称程度，与并购公司存在董事联结的公司更可能成为并购的目标公司。

第一类关于董事联结对并购目标选择影响的研究主要是从组织模仿理论出发，探讨公司间的董事联结对并购目标选择决策的影响，发现并购目标选择决策会受到董事联结的"传染"。第二类关于董事联结对并购目标选择影响的研究认为，如果并购交易发生于存在董事联结的企业之间，董事联结可以为交易双方的私有信息沟通和交流提供有效渠道，降低交易双方的信息不对称程度，从而使与并购公司存在董事联结的公司更有可能成为目标公司。目前国内外学者针对后者的实证研究还较少，本书实证检验并购公司和潜在目标公司之间的董事联结对并购目标选择的影响将具有一定的研究意义。

### 二　董事联结对并购溢价的影响

关于董事联结对并购溢价的影响，一些学者认为，并购企业所做出的并购溢价决策可能会受到董事联结的"传染"，模仿联结企业的做法。

并购溢价决策往往存在较大的不确定性，这会导致高管进行决策时不再遵循方案搜寻和选择的常规化过程，而是依赖现有的信息渠道和其他参考对象采用简化的现实模型（March，Olsen，1976）。董事联结为企业间信息的传递提供了渠道，联结企业的并购溢价决策将成为焦点企业的理想参照对象（卢昌崇、陈仕华，2009）。Haunschild 和 Beckman（1998）的研究表明，对于并购活动，与其他公开来源的信息相比，通过董事联结获取的信息对并购公司溢价决策的影响更大。Beckman 和 Haunschild（2002）的研究发现，并购溢价决策在董事联结的企业之间存在模仿行为。

上述研究主要从组织模仿理论出发，考察并购公司与并购公司之间的董事联结对并购溢价决策的影响。但是，当并购公司与目标公司之间存在董事联结时，董事联结又会对并购溢价产生怎样的影响呢？陈仕华等（2013）认为，并购双方之间的董事联结在获取关于目标公司价值信息方面具有不可替代的作用，董事联结不仅有助于并购公司了解目标公司的真实情况，还能在深入分析目标公司相关信息的基础上，帮助并购公司准确评估在技术、资源和市场等方面目标公司能否与并购公司进行有效的整合，预测并购交易带来的协同收益，避免向目标公司支付过高的并购溢价。此外，如果并购双方之间存在董事联结，那么并购公司可以凭此获得有关目标公司的"私密信息"，甄别目标公司故意散布的"虚假信息"（Cai，Sevilir，2012），这也有助于并购公司在并购定价谈判中取得谈判优势，进而支付较少的并购溢价。Cukurova（2015）发现，董事联结可以有效降低并购双方的信息不对称程度，从而使并购公司支付较少的并购溢价。但是，我国学者对于存在董事联结的企业之间发生并购，董事联结会对并购溢价产生何种影响尚未进行过实证检验。

综上所述，关于董事联结对并购溢价的影响，部分学者从组织模仿理论出发，探索公司间的董事联结对并购溢价决策的影响，发现并购溢价决策会受到董事联结的"传染"。但是，上述研究关注的是并购公司与并购公司之间的董事联结对并购溢价的影响，当并购交易发生于存在董事联结的公司之间时，董事联结又会对并购溢价产生何种影响，国内外学者对此进行的实证研究还较少。实证检验并购双方的董事联结对并购溢价产生的影响，将是对该研究系列的有益补充。

### 三　董事联结对并购绩效的影响

国外关于董事联结与并购绩效关系的研究，主要有以下两种相左的观点。

第一种观点认为，董事联结有利于信息的传递与沟通，对并购绩效具有积极影响。Bruner（2004）的研究指出，并购公司在制定并购战略规划以后往往需要花费几个月的时间去寻找潜在目标公司并对目标公司进行尽职调查，任何影响搜寻成本和尽职调查成本的因素都是经济显著的。由于并购公司的董事同时在目标公司任职，通过董事联结渠道可以帮助并购公司顺利获取有关目标公司的战略、市场、技术以及财务状况等信息，降低并购公司的信息搜寻和调查成本，提高信息的可信赖程度（Nahapiet，Ghoshal，1998）。上述成本支出的减少，有利于并购公司并购绩效的提高。Schonlau 和 Singh（2009）以 1991~2005 年美国上市公司发生的并购事件为研究样本，发现董事联结的存在使并购双方拥有信息优势，董事网络中心度越高，并购公司和目标公司的并购绩效越好。Cai 和 Sevilir（2012）指出，董事联结有助于并购双方的沟通与交流，信息优势可以帮助并购双方做出更优并购决策，董事联结会对并购公司的并购绩效产生积极影响。

第二种观点认为，董事联结会对并购绩效产生消极影响。Jensen（1986）认为，董事联结会影响并购决策判断，因为并购双方的高管可能会利用董事联结谋求个人利益，做出损害并购价值的决策，导致并购绩效下降。Wu（2011）也指出，并购双方董事联结的存在会加剧代理问题，联结董事对并购双方的股东均负有受托责任，但是在个人利益的驱动下，联结董事在参与并购决策的过程中，可能会做出使一方受益，而使另一方受损或者双方公司同时受损的决策。Ishii 和 Xuan（2014）则认为，董事联结会导致并购双方产生熟悉度偏差，并购公司会降低对目标公司尽职调查的标准，或过高地估计并购产生的协同效应，错失或放弃一些更好的并购机会，从而导致并购绩效降低，其实证结果也表明，并购双方的董事联结会降低并购公司、目标公司和并购双方的联合并购绩效。

国内学者关于董事联结与公司并购绩效的研究还较少，但是与国外研究成果一样，也包含两种相反的观点。第一种观点认为，董事联结可以有效降低并购双方的信息不对称程度，从而提高并购绩效。曹廷求等（2013）

认为董事网络为并购私有信息的传递提供了有效渠道，他们的研究发现在一定范围内，公司董事网络与并购公司和目标公司的股东财富存在正相关关系，且当公司的信息披露质量较差时，董事网络对并购绩效的影响会更大。陈仕华等（2013）也发现，董事联结可以在一定程度上缓解并购双方的信息不对称问题，促进并购公司长期并购绩效的提高。第二种观点则认为，董事联结会加剧代理问题，导致并购绩效下降。田高良等（2013）的研究发现，代理冲突使董事联结对并购绩效产生负面影响，董事联结会降低并购公司、目标公司以及将二者作为一个整体考虑的并购后实体的并购绩效。魏乐等（2013）以 2006~2010 年中国上市公司发生的并购事件为研究对象，发现处于董事联结网络中心位置的企业，并购绩效较差。

上述文献表明，关于董事联结对并购绩效的影响，现有研究多从董事整体网络角度进行考察，较少有研究从并购双方的董事联结视角对并购绩效进行研究，且结论尚不统一。这些互相矛盾的结论主要归因于董事联结是一把双刃剑，董事联结既可以发挥信息渠道作用，降低并购双方的信息不对称程度，又由于联结董事同时在并购双方公司任职，为其谋取自身利益提供了更大的空间，加剧了代理冲突。那么，董事联结到底会对并购绩效产生何种影响呢？Peng 和 Luo（2000）指出，在转型经济体正式制度较为弱化的环境下，非正式制度将扮演极为重要的角色，企业管理者被迫通过各种联结关系来获取信息、解释规制和完成交易。樊纲等（2011）认为，对于经济转型期的中国而言，正式的市场制度仍不完善。

本书认为，在中国并购市场正式制度不尽完善的背景下，由于信息不对称而产生的信息摩擦问题是并购过程亟待解决的问题，当并购发生于存在董事联结的企业之间时，并购双方董事联结的信息沟通功能将发挥更大的作用。董事联结作为一种非正式的关系机制，为并购双方的私有信息沟通和交流提供了有效渠道，可以缓解由于正式制度缺失而带来的信息摩擦问题。Nahapiet 和 Ghoshal（1998）在研究中指出，与其他获取信息的渠道相比，董事联结可以通过联结董事直接参与到公司的并购决策制定过程中，获悉公司最核心的"商业秘密"，因而，通过董事联结所获取的信息可信度极高且成本更加低廉。通过董事联结而建立的企业间的联系可以有效降低并购公司的信息调查和搜寻成本，提高目标公司接受并购要约的概率，对目标公司进行较为准确的估价，提高并购双方资源要素整合的效果。即使董事联结的存在可能会加剧代理冲突，董事联结的信息沟通功能对并购绩效的积极影响也将是非常重要的。不仅如此，董事联结还可以使交易双方变得熟悉和信任，为交易双方提供良好的合作环境，促进交易双方的协调合作，改善目标公司董事会对并购交易的友善程度，从而促进并购价格谈判的顺利进行，避免过度支付造成并购价值损失（曹廷求等，2013），提高目标公司高管和员工对并购公司的信任程度，降低整合过程中目标公司高管和员工的抵制成本（陈仕华等，2013），有效缓解并购过程存在的风险和不确定性。因此，董事联结上述作用的发挥，将最终帮助并购双方股东获得更多的并购财富。

此外，国内已有研究大多从并购公司的角度考察董事联结对并购绩效的影响，董事联结对将并购公司和目标公司二者作为一个整体考虑的并购后实体并购绩效，以及目标公司相较于并购公司的相对并购绩效会产生怎样的影响，学者们却较少关注。因此，董事联结对并购绩效的影响到底如何，尚待进一步检验。

## 第四节　股权性质对并购影响的相关文献综述

本节也将从并购目标选择、并购溢价和并购绩效三个方面，梳理股权性质对企业并购的影响。

### 一　股权性质对并购目标选择的影响

中国正处于经济转型时期，并购活动的发生既有市场化特征，又有一定的计划经济痕迹，尤其是对于国有控股公司而言，政府在给予国有控股公司政策性支持的同时，也在许多方面对国有控股公司的并购决策进行干预（潘红波等，2008）。政府干预并购的动因主要来自以下三个方面。

第一，克服市场失灵。袁天荣和焦跃华（2006）指出当市场失灵时政府能够通过政策和法规等非市场手段，并利用自身的信息优势引导企业做出并购决策，减少垄断等行为带来的不利影响，促进市场合理运作。

第二，缓解地方政府的政策性负担。企业与政府做出经济决策所追求的目标存在很大的差异，企业追求的目标是实现自身经济利益最大化，而政府追求的目标则是提高就业水平、促进经济增长和维持社会稳定等。政府作为国有控股公司的所有者，可能会使国有控股公司成为政府实现政治目标的工具，导致国有控股公司承担政府的多重政治目标。在中国市场化进程中，随着民营企业的迅速发展，许多国有中小企业由于经营不善、管理不严和技术落后等原因濒临破产，政府往往通过收购和补贴两种方式进行干预从而维护社会稳定，保护国有企业中小股东的利益（王凤荣、高飞，2012）。当经济表现越差时，政府干预并购的动机就越强（唐雪松等，2010）。

第三，实现地方政府官员的政治晋升目标。Shleifer 和 Vishny（1994，1998）认为，少数政治家会为了获取自身的政治利益而通过国有企业向其政治支持者输送好处。政治晋升博弈也会导致低效的重复建设问题的出现，如在不同地区引入相同的重点项目等（周黎安，2004）。一些地方政府还会通过并购重组来迅速扩大公司规模从而塑造政绩。因此，国有控股公司的一些并购决策也可能是出于地方政府官员的政治晋升目标（潘红波等，2008）。

在上述动机的驱动下，政府会对国有控制公司的并购目标选择决策进行干预，从而实现自身的政治目的。国有控制公司虽然不愿意接受政府对并购决策的影响，但是政府拥有任免公司负责人的最终决策权（潘红波等，2008）。因此，国有控股公司所做出的并购目标选择决策会受到政府干预，为政府的政治目标服务。综上所述，虽然学者们普遍认为国有并购公司的并购决策会受到政府干预，但是关于股权性质对并购目标选择决策影响的相关研究还很少。此外，当并购公司为国有控股公司时，在政府对并购目标选择决策的干预下，并购公司与其他公司间的董事联结是否还能够有效地发挥信息传递和组织协调功能，未有学者进行深入探讨。

## 二 股权性质对并购溢价的影响

研究发现国有控股公司的并购溢价也受到政府政治目标的影响。余明桂和潘洪波（2008）的研究认为，一些地方政府通过对并购活动进行干预，从而支持或损害当地上市公司的利益。为了保住上市公司的上市资格或者为了帮助亏损上市公司提高业绩，一些地方政府会推动本地国有控制公司以较高的并购溢价收购价值较低的标的公司，这实际上是一种变相的利益输送（姜英兵，2014）。但是，当国有控股公司进行异地并购时，"利益输送"的现象将不复存在，不仅如此，异地并购还将导致地方政府对并购后企业的控制力下降，实现政治目标的成本也会增加（Fan, Goyal, 2006）。为了使这一成本得到补偿，只有足够"优惠"的并购价格才能打动地方政府批准管辖区内的国有控股公司进行异地并购（姜英兵，2014）。因此，为实现不同的政治目标，政府会通过各种"掠夺"或"支持"手段来干预国有并购公司向被并购方支付并购溢价。

综上所述，国内外学者关于股权性质对并购溢价影响的研究还较少。同样地，如果国有并购公司所支付的并购溢价容易受到政府干预，股权性质会对董事联结与并购溢价的关系产生何种影响，尚未有学者进行深入研究。

### 三 股权性质对并购绩效的影响

股权性质与并购绩效关系的研究存在不同的结论。一些学者认为，地方政府为了追求政治目标，会导致国有控股公司并购绩效降低（张雯等，2013）。还有一些学者认为，出于不同的政治动机，股权性质会对并购绩效产生不同的影响，政府会采用各种"掠夺"或"支持"手段来提高或降低国有控股公司的并购绩效（Shleifer, Vishny, 1994；潘红波、余明桂，2011）。潘红波等（2008）指出，对处于盈利状态的国有控股公司，地方政府会引导这些公司通过并购来实现政府的政治目的，掠夺效应将导致这些公司的并购绩效降低；对处于亏损状态的国有控股公司，地方政府会通过并购向这些公司输送利益，支持效应将促进这些公司并购绩效提高。王凤荣和高飞（2012）的研究发现，企业处于不同生命周期时，股权性质对并购绩效的影响也不同，对处于成长期的地方国有控股公司，地方政府会为了促进当地经济的快速发展或达到政府官员的晋升目标而违背企业经营的市场原则，使这些公司在短时期内盲目扩张，掠夺效应将导致这些公司并购绩效的降低；对处于衰退期的地方国有控股公司，地方政府为了防止这些公司给当地经济带来不利影响，会通过并购向这些公司输送利益，支持效应将促进这些公司并购绩效提高；对于处于成熟期的地方国有控股公司，由于这些公司比处于成长期的公司更具规模优势，地方政府为了能够在GDP锦标赛中顺利胜出，会更倾向于向这些公司输送利益，支持效应将促进这些公司并购绩效提高。

通过整理股权性质对并购绩效影响的文献可以发现，虽然国内外学者关于股权性质对并购绩效影响的研究结论并不相同，但是比较明显的是，股权性质会对并购绩效产生影响，无论国有并购公司的个体特征如何变化，政府都会出于一定的政治目标对国有并购公司的并购活动进行干预，进而影响并购绩效。鉴于政府对国有并购公司并购活动的干预，董事联结与并购绩效的关系是否会因此受到股权性质影响，值得学者们进一步探索。

## 第五节　联结董事并购经验对并购影响的相关文献综述

延续前文的结构，本节也将从并购目标选择、并购溢价和并购绩效三个方面，梳理联结董事并购经验对企业并购的影响。

### 一　联结董事并购经验对并购目标选择的影响

Reeves 和 Weisberg（1994）认为，在特定领域进行决策的经验会扩展人们在解决现有问题时，可以参照的前期经验目录。如果决策者拥有大量的、可参考的，与要解决的问题有关的并购经验，那么决策者就更倾向于使用类比推理来有效地解决他们遇到的并购问题（Gulati，1995；McDonald et al.，2008；郭卫锋等，2015）。Beckman 和 Haunschild（2002）指出，并购经验扩展了联结董事可以参考的"榜样"目录，有助于联结董事有效地使用类比推理，为焦点并购公司当前的并购决策做出建设性贡献（Beckman，Haunschild，2002）。因此，有学者发现，当联结董事在联结公司参与了某种类型的并购以后，也会促进焦点并购公司学习联结公司的并购行为，在当前并购中也开展同种类型的并购活动，做出类似的并购目标选择（Haunschild，1993；Bouwman，Xuan，2010）。此外，McDonald 等（2008）的研究还指出，联结董事通过参与联结企业的并购，还可以提高联结董事的抽象并购知识组织能力，从而在准确定义并购所遇问题的基础上，确定可能解决并购所遇问题一系列方案，并从中识别有效的解决方案，帮助焦点并购公司做出较为合理的并购决策。

可见，联结董事的并购经验除了可以促进焦点并购公司学习联结公司的并购行为，做出类似的并购目标选择决策以外，还能够帮助联结董事有效地组织抽象并购知识，识别解决并购所遇问题的有效方案，提高并购决策的质量。但是，在并购目标选择过程中，联结董事的并购经验能否帮助焦点并购公司做出更合理的并购目标选择，如选择把与存在董事联结的公司作为目标公司，从而降低并购双方的信息不对称程度，学者们还尚未进行深入探讨。

## 二　联结董事并购经验对并购溢价的影响

由于环境存在巨大的不确定性和非财务因素造成的影响，确定合理的并购支付价格是非常困难的。学者们认为，联结董事的并购经验会对并购溢价产生影响（Haunschild，1994；Wasserstein，1998；Beckman，Haunschild，2002）。Haspeslagh 和 Jemison（1991）指出，公司估值永远都应该被认为是主观的和不精确的行为，不确定性或许可以解释为什么并购溢价变化范围如此之大，以及为什么财务变量通常对于预测溢价都是无用的。研究表明，在存在较大的不确定性的情况下，外部的影响可能会更大（Cyert，March，1963；Dimaggio，Powell，1983）。此时，公司倾向于向外界寻求信息来评估并购目标以应对不确定性带来的影响（Haunschild，1994）。许多并购案例研究发现，联结董事依据并购经验为企业提供的建议确实对并购溢价产生重要的影响（Mahar，1990；Trachtenberg et al.，1990）。Kim 等（2011）也发现，联结董事的并购经验通常会对并购溢价产生显著的负向影响。陈仕华和卢昌崇（2013）的实证检验结果也表明，与处在网络边缘位置（网络中心度较低）的企业相比，处在网络中心位置（网络中心度较高）的企业更有可能享受到联结董事异质性并购经验带来的好处，因此并购溢价相对较低。

关于联结董事的并购经验影响并购溢价的原因，Beckman 和 Haunschild（2002）认为，在确定并购溢价的过程，如果联结董事具有并购经验，那么并购企业就可以获得与并购价格制定有关的各种非公开的和隐性的信息，从而帮助焦点并购公司进行并购价格谈判和对目标公司进行估值。Haspeslagh 和 Jemison（1991）指出，确定投标价格是非常复杂的，如果公司高管团队能够从自己的和他人的并购经验中学习，那么并购将获得较高的战略利益。Beckman 和 Haunschild（2002）通过对 12 家企业的 CEO 进行访谈，结果表明联结董事的并购经验是并购公司获得并购决策知识和信息的一个重要来源。

但是，也有学者指出，联结董事的并购经验不是影响并购溢价的唯一经验来源。公司也可以从自身过去的并购中进行学习，但是由于内部政策和泛化问题，这种学习是困难的（Haspeslagh，Jemison，1991；Haleblian，Finkelstein，1999）。Menon 等（2001）则发现，与内部人相比，公司往往可以从外部人那里学到更多，公司可能从聘请的顾问，如投资银行家，商业新闻和其他来源的公开信息学习到知识。而 Haunschild 和 Beckman（1998）的研究表明，对于并购活动，与其他公开来源的信息相比，来源于联结董事并购经验的信息对并购溢价的影响更大。这可能是由于，生动的信息（案例研究）比苍白的统计数据更易于被人接受（Nisbett，Ross，1980），而联结董事的并购经验恰好能够提供的就是生动的、案例研究类型的信息。由上述研究可知，联结董事的并购经验是能够影响并购溢价的重要经验来源。

关于联结董事并购经验对并购溢价的影响研究，国外学者发现，联结董事的并购经验有助于焦点并购公司降低并购溢价。但是，国内学者对这一问题的研究还较少。此外，当并购发生在存在董事联结的企业之间时，联结董事的并购经验会对董事联结与并购溢价的关系产生何种影响，也是值得深入研究的问题。

### 三　联结董事并购经验对并购绩效的影响

关于联结董事并购经验与并购绩效的关系，一些学者发现，联结董事的并购经验对于并购绩效的提高具有积极的促进作用。Reger 和 Huff（1993）指出，并购经验不仅可以帮助联结董事了解目标公司所在行业的相关信息，更重要的是参与过并购的联结董事还可以获得并购知识。这些并购知识的获取，可以使联结董事成为更好的监督者和建议者，从而提高并购绩效（Lorsch，Maciver，1989）。McDonald 等（2008）基于组织学习理论的研究成果构建理论框架认为，经验是专业知识的主要来源，在并购决策中具有较高专业知识水平的董事能够有效地处理复杂决策问题带来的挑战，帮助并购公司做出更加合理的并购决策，从而实现并购价值的创造。他们还指出，从其他企业获取的并购经验有助于提高联结董事的抽象并购知识组织能力和类比推理能力，这些能力的提高帮助联结董事在焦点并购公司的并购决策中做出全面的积极贡献，改善焦点并购公司的并购绩效。Miles

（2014）基于社会网络理论，检验了联结董事并购经验对并购绩效的影响，发现联结董事的并购经验能够促进焦点并购公司股东财富增加。这一研究结论与 Kroll 等（2008）的结论一致。

学者们还发现，联结董事并购经验对并购绩效的影响还需要满足一定的条件。McDonald 等（2008）的研究指出，由于在不同行业进行并购所需的能力存在差异，因而，联结董事在不同行业参与并购活动时所获取的并购知识或者并购技能也存在差异。相关并购和非相关并购的价值来源不同，需要不同的知识和技能来实现并购价值的创造，联结董事在这两种并购中所能获得的并购知识或者并购技能也将存在很大的差异。他们的研究进一步指出，通过参与特定类型的并购活动，联结董事会获得相应的并购经验，若联结董事参与过特定行业或特定产品市场并购、相关并购或非相关并购活动，联结董事会获得相应的并购专业知识或者并购技能，但是，联结董事并不会因此获得广泛的并购专业知识或者并购技能。联结董事所获取的这三种并购经验会帮助焦点并购公司在相应的并购活动中提升并购绩效。这一结论与基于组织学习理论的一些研究成果相一致，如果外部环境已经发生改变，而企业仍然从过去的经验中推断解决新问题的方案，那么通过组织间学习所得到的知识可能难以发挥作用，只有当过去的情景与现在的情景相类似时，过去的经验才能产生影响（Pinder，1984；Haleblian，Finkelstein，1999；Finkelstein，Haleblian，2002；程兆谦，2011）。

综上所述，关于联结董事并购经验与并购绩效的关系研究，部分学者发现联结董事的并购经验能够对焦点并购公司的并购绩效产生积极影响，还有部分学者进一步研究认为，联结董事并购经验上述作用的发挥需要满足联结公司前期的并购与焦点并购公司当前的并购相类似这一前提条件。本书认为，联结董事并购经验作用的发挥是应该满足这一前提条件的，因为通过并购经验所获取的并购知识和并购技能存在领域特征，通过参与特定类型的并购活动，联结董事会获得相应的并购经验，但是，联结董事并不会因此获得广泛的并购专业知识或者并购技能，不能解决所有的并购难题。联结董事的并购经验对于并购绩效的影响尚缺乏中国的经验数据予以支持，此外，当并购发生在存在董事联结的企业之间时，联结董事的并购经验又会对董事联结与并购绩效的关系产生何种影响，也值得深入探讨。

# 第六节 本章小结

为更好地理解董事联结对并购影响的研究价值和意义，本章依次对企业并购、董事联结、董事联结对并购的影响、股权性质对并购的影响以及联结董事并购经验对并购的影响五个方面的国内外文献进行回顾和梳理。这样，一方面为本书研究提供了一个坚实的理论基础和清晰的研究脉络，另一方面可以看出本书研究在整个研究领域中所占的地位和层次，另外通过对以往文献的梳理明确本书需要拓展的内容，强调本书研究的重要性和价值。

首先，本章从并购的相关文献入手，对并购目标选择、并购溢价和并购绩效三个方面的国内外文献进行梳理和评述。通过回顾并购目标选择的已有文献，本书发现，关于并购目标选择的研究主要从并购公司的需求角度考虑目标公司的选择问题，对于并购双方的关系能够对目标公司选择产生怎样的影响，研究还较少。通过对并购溢价决定因素的国内外文献进行回顾可以发现，国外的研究起步较早，研究成果较多，考虑到的影响因素较为全面，且大都采用实证研究方法进行检验。而国内的研究起步较晚，研究成果较少，考虑的影响因素不够全面，且大都未得到实证研究方法的检验。关于并购绩效的研究，总体来看国内外学者均取得了一定的研究成果，但是国内研究与国外研究相比还稍显不足。从研究方法来看，基于事件研究法或财务指标法对并购绩效进行衡量都存在一定的局限性，使用单一方法对并购绩效进行研究可能会由于方法自身的局限性给研究结论带来影响。从研究的视角来看，我国学者分别从并购公司或目标公司的角度进行并购绩效研究，却较少考察并购事件给并购双方的联合绩效带来的影响，缺乏对并购总体净经济收益的分析。此外，虽然我国学者与国外学者一样，认为并购产生的收益大多归目标公司股东，但是，国内学者只针对目标公司并购绩效与并购公司并购绩效进行过简单的对比分析，并未对目标公司相对并购绩效进行指标测度和实证检验。综上，国内外学者对并购相关问题的研究还存在诸多不足，在并购交易的不同阶段如何促进并购价值创造的相关研究将持续具有理论和现实意义。并购无法创造价值的一个重要原因是并购双方存在信息不对称问题，如果并购双方存在董事联结，就可能有助于并购双方进行有效的信息沟通与交流，提高双方的协同合作水平，促进并购价值的创造。而目前关于并购价值效应的研究主要从并购公司或目标公司单独一方的视角展开，从并购双方之间关系角度探究并购价值效应的文献还相对较少，更鲜少有研究从并购双方的董事联结角度对这一议题进行考察。从这一角度来看，本书从并购公司与目标公司的董事联结角度出发考察并购的价值效应问题，丰富了该领域的相关研究。

其次，本章对董事联结的国内外文献进行了总结，厘清了董事联结存在的成因及其对企业行为的影响。不同理论从企业层面和个人层面对董事联结的成因进行了探讨，在企业层面资源依赖理论与其他探究董事联结成因的理论相比，具有更强的解释力，这一理论也是学者们在进行董事联结相关研究中被广泛讨论和使用的一种理论。在对董事联结的成因研究中，学者们还发现，董事联结的存在既可能是组织层面的原因，也可能是个人层面的原因。如果董事联结的建立出于个人层面原因，那么董事联结将更可能为联结董事个人提供服务。而如果董事联结的建立是出于企业层面原因，那么董事联结将成为企业组织实现经济目的的有用工具。因而，当董事联结的建立是出于董事个人目的时，企业可能不会充分认知并有效利用董事联结给企业组织带来的有利影响。本书研究董事联结对企业并购的影响，如何使存在董事联结的企业充分认知并有效利用董事联结在并购过程中能发挥的重要作用，将是值得细致深入研究的重要内容。关于董事联结对企业行为的影响，国内外学者进行了较为丰富的研究。联结企业间的模仿行为体现了董事联结的外向型治理效应，董事联结为企业间信息的传递提供了有效渠道，加剧了企业间决策行为的相互"传染"，使联结企业更容易采取相似的行动。董事联结对联结企业之间的相互投融资行为的影响体现了董事联结的内向型治理效应，董事联结的建立不仅可以使联结董事获得丰富的投融资经验，还可以为企业带来信息和资源优势，从而提高企业的投融资效率和效果。但是，现有关于董事联结内向型治理效应的研究主要从社会网络理论出发考察董事整体网络对企业投融资行为的影响，少有从投融资双方的董事联结角度研究企业间相互投融资行为的文献。

再次，本章回顾了董事联结对并购影响的国内外文献，分析了董事联结对并购目标选择、并购溢价和并购绩效影响研究的成果与不足。与董事联结对企业行为影响的研究一致，在并购过程中，董事联结对并购目标选择和并购溢价影响的研究也分为两类：一类研究发现企业做出的并购决策受到董事联结的"传染"，存在董事联结的企业之间会模仿彼此的并购决策；另一类研究发现董事联结可以作为并购双方私有信息传递的合法渠道，并购双方的董事联结能够对并购目标选择和并购溢价产生直接影响。本书认为，当存在董事联结的公司同为并购公司时，公司之间可能会相互模仿，做出类似的并购目标选择和并购溢价决策，体现了董事联结的外向型治理效应。但是，当存在董事联结的公司，一方为并购公司，而另一方为目标公司时，组织模仿理论将不具有解释效力，董事联结对于并购目标选择和并购溢价产生影响是因为董事联结能够促进并购双方的沟通交流与协调合作，体现了董事联结的内向型治理效应。目前，国内外学者关于董事联结内向型治理效应的研究还较少。本书基于董事联结的信息传递和组织协调功能，实证检验并购双方的董事联结对并购目标选择和并购溢价影响，具有重要价值和意义。

关于董事联结对并购绩效的影响，现有研究多从董事整体网络角度进行考察，较少有研究从并购双方的董事联结视角对并购绩效进行分析，且结论尚不统一。这些互相矛盾的结论主要归因于董事联结是一把双刃剑，董事联结既可以发挥信息渠道作用，降低并购双方的信息不对称程度，又由于联结董事同时在并购双方公司任职，为其谋取自身利益提供了更大的空间，加剧了代理冲突。本书认为，在中国并购市场正式制度不尽完善的背景下，由于信息不对称而产生的信息摩擦问题是并购过程中亟待解决的问题，当并购发生于存在董事联结的企业之间时，并购双方董事联结的信息沟通功能将发挥更大的作用。董事联结作为一种非正式的关系机制，为并购双方的私有信息沟通和交流提供了有效渠道，可以缓解由于正式制度缺失而带来的信息摩擦问题。Nahapiet 和 Ghoshal（1998）在研究中指出，与其他获取信息的渠道相比，董事联结可以通过联结董事直接参与到公司的并购决策制定过程中，获悉公司最核心的"商业秘密"，因而，通过董事联结所获取的信息可信度极高且成本更加低廉。通过董事联结而建立的企业间的联系可以有效降低并购公司的信息调查和搜寻成本，提高目标公司接受并购要约的概率，对目标公司进行较为准确的估价，提高并购双方资源要素整合的效果。即使董事联结的存在可能会加剧代理冲突，董事联结的信息沟通功能对并购绩效的积极影响也将是非常重要的。不仅如此，董事联结还可以使交易双方变得熟悉和信任，为交易双方提供良好的合作环境，促进交易双方协调合作，提高目标公司董事会对并购交易的友善程度，从而促进并购价格谈判顺利进行，避免过度支付造成并购价值损失，提高目标公司高管和员工对并购公司的信任程度，降低整合过程中目标公司高管和员工的抵制成本，有效减少并购过程中存在的风险和不确定性。董事联结上述作用的发挥，将最终帮助并购双方股东获得更多的并购财富。此外，现有国内研究大多从并购公司的角度考察董事联结对并购绩效的影响，董事联结对将并购公司和目标公司二者作为一个整体考虑的并购后实体并购绩效，以及目标公司相较于并购公司的相对并购绩效会产生怎样的影响，学者们却较少关注。本书在后续研究中，将全面考察董事联结对并购公司、并购后实体和目标公司相对并购绩效的影响，丰富此系列的研究文献。

　　然后，本章整理了股权性质对并购影响的国内外文献，分析了股权性质对并购目标选择、并购溢价和并购绩效影响研究的成果与不足。关于股权性质对并购目标选择影响的研究，虽然学者们普遍认为国有并购公司的并购决策会受到政府干预，但是关于股权性质对并购目标选择决策影响的相关研究还很少。关于股权性质对并购溢价影响的研究，学者们认为，为实现不同的政治目标，政府会通过各种"掠夺"或"支持"手段来干预国有并购公司向被并购方支付的并购溢价，但是，与股权性质对并购目标选择影响的研究一样，目前国内外学者关于股权性质对并购溢价影响的研究也较少。通过整理股权性质对并购绩效影响的文献可以发现，虽然国内外学者关于股权性质对并购绩效影响的研究结论并不一致，但是比较明显的是，股权性质会对并购绩效产生影响，无论国有并购公司的个体特征如何变化，政府都会出于一定的政治目标对国有并购公司的并购活动进行干预，进而影响并购绩效。总的来说，国有控股公司的并购活动易受到政府的干预，政府有能力对国有控股公司的并购活动进行干预以实现其政治目标，从而对国有控股公司的股东产生"掠夺"或"支持"效应。鉴于政府对国有并购公司并购活动的干预，在并购过程中董事联结的信息传递和组织协调功能能否得到有效的发挥，学者们还尚未进行深入的探讨。本书将在后续的研究中，考察股权性质对董事联结与企业并购（并购目标选择、并购溢价和并购绩效）关系的影响，拓展转型经济和新兴市场国家的企业并购相关研究。

最后，本章梳理了联结董事并购经验对并购影响的国内外文献，发现国内外学者对上述问题的研究还较少。关于联结董事并购经验对并购目标选择的影响，有学者发现，联结董事并购经验会促使焦点并购公司学习联结公司的并购决策，做出类似的并购目标选择；也有学者认为，联结董事的并购经验还能够帮助联结董事有效地组织抽象并购知识，提高并购决策的质量。关于联结董事并购经验对并购溢价的影响，学者们发现，联结董事的并购经验能够帮助焦点并购公司降低并购溢价。关于联结董事并购经验对并购绩效的影响，学者们发现联结董事的并购经验能够对焦点并购公司的并购绩效产生积极影响。总的来说，虽然国外学者们已经开始关注联结董事并购经验对企业并购的影响，但国内学者对上述问题的研究还较少。此外，还有研究指出，联结董事并购经验能够对并购产生有利影响需要满足联结公司前期的并购与焦点并购公司当前的并购相类似这一前提条件。联结董事并购经验作用的发挥是否需要满足这一前提条件，当这一前提条件得到满足以后，联结董事的并购经验会对董事联结与企业并购（并购目标选择、并购溢价和并购绩效）的关系产生怎样的影响，尚缺乏相关文献检验。本书将对联结董事并购经验、董事联结与企业并购这三者之间的关系进行深入考察，拓展董事联结与企业并购关系的研究视角。

# 第三章　董事联结、联结董事并购经验与企业并购的相关理论分析

  本章综合运用信息不对称理论和资源依赖理论，探讨在中国并购市场正式制度不尽完善的背景下，董事联结作为一种非正式的关系机制可以发挥的信息沟通和组织协调功能。本章系统分析了并购双方的董事联结对并购交易前期的并购目标选择、并购交易中期的并购溢价支付和并购交易后期取得的并购绩效的影响，阐明了董事联结促进并购价值创造的作用机理。在上述分析的基础上，将并购公司的股权性质纳入董事联结与企业并购（并购目标选择、并购溢价和并购绩效）关系的研究之中，阐释并购公司的股权性质对董事联结与企业并购（并购目标选择、并购溢价和并购绩效）关系产生的影响。本章结合组织学习理论，分析了联结董事并购经验帮助焦点并购公司充分认知和有效利用董事联结的信息传递和组织协调功能，促进并购价值创造的重要作用，探讨了联结董事并购经验发挥上述作用需满足的前提条件。本章的研究为后续研究的顺利开展提供理论基础。

## 第一节　信息不对称理论

  信息不对称理论产生于 20 世纪 70 年代，是微观信息经济学研究的核心内容。信息不对称理论是由三位诺贝尔经济学奖得主乔治·阿克尔洛夫（G. A. Akerlof）、迈克尔·斯宾塞（A. M. Spence）和约瑟夫·斯蒂格利茨（J. E. Stiglitz）提出的。该理论认为：在交易过程中，卖方往往比买方了解更多的各种商品信息；通过向掌握信息较贫乏的一方传递可靠信息，掌握信息较充分的一方可以在市场中获益；买卖双方中信息掌握较少的一方会

试图从另一方获取信息；市场信号显示可以在一定程度上弥补信息不对称的问题；信息不对称是市场经济的弊病，政府应在市场体系中发挥强有力的作用减少信息不对称的问题。很多市场现象都可以从这一理论找到解释，三位信息不对称理论的提出者分别从商品交易、劳动力和金融市场三个不同领域研究信息不对称问题，最后殊途同归。

信息不对称问题的产生既可能是由主观原因造成的，也可能是由客观原因造成的。在主观方面，不同的经济个体获取的信息不同是由于不同经济个体获取信息的能力存在差异造成的，即不同的经济个体获取信息的能力存在不对称性是信息不对称问题产生的主观原因。在客观方面，社会因素对经济个体可以获取的信息量产生影响，社会劳动分工和专业化是影响经济个体可获取信息量的重要社会因素，行业专业人士与非专业人士所能获取的信息差别会随着社会分工的发展和专业化水平的提高而变得越来越大，信息在社会成员间的分布状况也将变得越来越不对称。因而，在经济领域，信息不对称问题是客观存在的。

按照信息不对称发生的时间，可以把信息不对称分为事前信息不对称和事后信息不对称。发生在交易双方签订合同之前的信息不对称为事前信息不对称，发生在交易双方签订合同之后的信息不对称为事后信息不对称。事前信息不对称会产生逆向选择问题，而事后信息不对称会产生道德风险问题。产生事前信息不对称的原因是占有信息优势的一方隐藏对自己不利的信息或知识，产生事后信息不对称的原因是占有信息优势的一方隐藏不利于对方的行动，无论哪一种方式的隐藏对另一方都是不利的。交易双方的信息不对称分布不仅会影响市场交易行为，而且会影响市场运行效率。信息不对称理论可以被看作一种工具，通过对这种工具的合理设计和有效运用，帮助交易双方实现信息均衡和利益均衡。也就是当信息不对称问题存在时，交易双方制定合理的合同和契约以及对交易双方的行为进行规范，因此，信息不对称理论又被称为机制设计理论或契约理论。对机制或契约进行合理设计和有效运用的目的是实现信息相关方的利益均衡，这就是信息不对称理论的本质。

约瑟夫·斯蒂格利茨于20世纪80年代将信息不对称理论应用于金融市场，认为与其他市场相比，金融市场更加复杂，参与者关于资产价值信息的了解是不完整和非对称的，信息不对称使利益冲突增加。因此，在金融市场中，信息不对称理论是一个有用的概念背景框架。信息不对称现象普遍存在于金融市场的各个方面，并购市场也不例外。并购市场的信息不对称主要表现如下。①并购公司对目标公司各方面的真实情况不够了解，导致并购公司对目标公司的估值过高。并购公司需要对目标公司的如下情况进行了解，才能对目标公司进行较为准确的估值：目标公司所处行业的竞争状况和发展趋势，目标公司在同行业中的竞争地位，目标公司的营销和销售组织及网络，目标公司主要客户及分布状况，目标公司客户的满意程度和购买力，目标公司产品质量以及新产品开发的能力，目标公司对外书面契约和所涉及的诉讼案件，目标公司管理者素质、组织管理能力和员工情况，目标公司的资产、负债、销售收入、利润和现金流量等财务状况等。当并购公司无法获取上述情况的相关信息时，将影响其对目标公司估值的准确性。②并购尽职调查发生在并购交易之前，而并购协同收益的创造却发生在并购交易完成后的整合过程中，因此并购双方还存在由于时间差距所产生的信息不对称问题。这些信息不对称主要表现为并购后高管或普通员工士气低落、信任度不足、文化冲突和人才流失等。③并购交易与其他商品交易不同，基本上属于一次性购买行为，因此由重复购买而产生的惩戒效应无法在并购交易中得以实现。为获取更多并购价值补偿的目标公司可能会隐藏不利于价值评估的信息，甚至会散布虚增自身价值的信息，这么做的后果将进一步加剧并购双方的信息不对称程度。④目标公司为了保护股东和员工的利益不受损害，也会对并购公司的基本情况和并购的真实意图进行了解，不过上述任务对于目标公司来说也具有较强的挑战性，导致目标公司对并购公司的相关信息了解不够充分。

并购双方的信息不对称会影响并购价值的创造。首先，信息不对称会导致并购交易成本增加。在并购目标选择决策过程中，并购公司需要搜寻潜在目标公司的相关信息（Davies，2011）。Bruner（2004）指出并购交易是高成本的商业行为，其中一部分高额的成本来源于收集丰富的与并购相关的交易信息，尤其是非公开信息的搜集。当潜在目标公司的信息透明度较低时，并购公司搜集潜在目标公司信息的难度会增加，信息的真实性也会下降，并购公司需要付出更高的信息搜寻与调查成本（Bruner，2004；Kropf，Robinson，2008）。而且，如果并购公司在并购前对目标公司的调查过于详细或者调查手段选择不当，可能会导致目标公司产生不满情绪，进而终止并购交易，使原本可以成功的并购交易计划因此落空（Hansen，1987）。其次，信息不对称会导致并购溢价增加。一方面，目标公司只会接受高于或等于自身价值的标价，并购公司为使标价能够被目标公司接受，在不了解目标公司真实价值的情况下，将因此支付更多的并购溢价（陈仕华等，2013）。另一方面，当并购公司采用股权融资方式进行并购时，市场可能会认为这是一个"馊主意"，因为只有股价被高估时，公司才会进行股票增发（Myers，Majluf，1984）。因此，如果并购公司使用股票而非现金作为支付方式，目标公司不了解并购公司的真实价值，可能导致并购公司的股票价值被低估（Eckbo et al.，1990），目标公司会因此向并购公司索要更高的并购溢价（Hansen，1987）。最后，信息不对称会导致并购整合成本增加。在并购整合的过程中，并购公司缺乏对目标公司的了解，可能会使并购公司制定不恰当的整合方案，导致并购后人才流失和企业文化水土不服，甚至出现目标公司管理人员或核心员工不遵循事前承诺恶意破坏双方合作等问题，增加并购整合成本（Depamphilis，2005）。上述成本的增加，最终将导致并购公司难以取得令人满意的并购绩效，影响并购价值的创造（Aliberti，Green，1999；Faccio，Masulis，2005）。

目前，中国正处于经济转型时期，这一时期制度尚不成熟，在交易过程中信息的透明度较低，企业之间获取信息的成本较为高昂，企业在这一环境下的交易成本和交易风险远高于制度成熟的发达国家。Peng 和 Luo（2000）指出，在转型经济体正式制度较为弱化的环境下，非正式制度将扮演极为重要的角色，企业管理者被迫通过各种网络联结关系来获取信息、解释规制和完成交易。董事联结建立了企业与企业之间的联系，董事联结可以作为不健全交易制度的一种替代机制，为联结企业的信息传递提供渠道（Pfeffer，Salancik，1978；Koenig et al.，1979；Useem，1984；Palmer et al.，1986；Lorsch，Maciver，1989；Davis，1991；Mizruchi，1992；Haunschild，1993；Palmer et al.，1993；Haunschild，1994；卢昌崇、陈仕华，2009；曹廷求等，2013；陈仕华等，2013；韩洁等，2014；李善民等，2015）。有研究指出，在中国目前的制度背景下，交易双方的私交关系可以有效地减少交易双方的信息摩擦，降低由于信息摩擦而增加的交易成本和交易风险，减少机会主义行为的发生（韩洁等，2014）。

在并购交易过程中，如果并购双方存在董事联结，那么在两家企业同时任职的联结董事有助于并购双方获取对方的重要私有信息，并且通过联结董事与其他董事成员进行正式和非正式的信息交流，并购双方也会加强对彼此的基本情况和并购意向的了解。因此，董事联结可以在并购交易过程中起到传递并购相关信息的渠道作用，降低并购双方的信息不对称程度。随着并购双方信息不对称程度的降低，并购的交易成本、并购溢价和整合成本也会随之减少，并购的绩效将得到提高，并购的协同效应能够得以实现，并购将为并购双方创造更多的价值。而且，与其他信息获取的渠道相比，通过董事联结获取的并购信息还具有成本低廉且可信程度高的特征（Nahapiet，Ghoshal，1998）。因而，在中国并购市场正式制度不尽完善的背景下，董事联结可以作为一种非正式的关系机制，为并购双方的私有信息沟通和交流提供有效渠道，缓解由于正式制度缺失而带来的信息摩擦问题，为并购双方股东创造更多的财富。

## 第二节　资源依赖理论

早期的组织理论研究认为组织是一个封闭的系统，并不考虑外部的环境因素可能给组织运行带来的影响，研究的主题主要围绕组织的内部规则、组织成员的激励、沟通和控制过程等内容。20 世纪 60 年代以来，组织理论注意到了环境对组织的影响，认为组织应该是一个开放的系统，对组织问题的研究离不开对环境问题的思考，组织与环境之间的关系以及环境对组织的影响等问题开始成为组织研究领域的主要问题。在这一背景下，资源依赖理论产生并开始盛行。资源依赖理论扎根开放系统框架，认为组织存在于由其他组织组成的环境之中，组织所进行的一切活动都是为了适应所处的环境，是对环境的适应和调整的结果。资源依赖理论的基本假设是，任何组织都无法做到自给自足或对自己的生存条件具有完全的控制力，为了生存，所有组织都要与环境进行交换。在与环境的交换过程中，组织可以从环境中获取关键资源（稀缺资源），没有这些资源组织将难以运转。因而，对资源的需求造成了组织对环境的依赖。资源的稀缺程度和重要程度决定了组织对外部环境的依赖程度，进而使权力成为显像。扎尔德（Zald）和汤普森（Tompson）是资源依赖理论的早期研究者，费佛尔（Pfeffer）和萨兰奇科（Salancik）在综合资源依赖理论早期研究的基础上，于1977年出版了《组织的外部控制》一书，资源依赖理论自此成为组织理论和战略管理领域中最具有影响力的理论之一（Hillman et al., 2009）。资源依赖理论被用于解释组织如何减少对环境的依赖和不确定性，关注组织基于与环境中其他组织的相互依赖而采取的行动策略。

资源依赖理论的主要观点包括以下三个方面。首先，组织根植于由其他组织构成的环境之中，任何组织都难以在自给自足的情况下得以生存和发展，组织需要从环境中获取赖以生存的各种稀缺和珍贵的资源。因而，所有组织在一定程度上都依托所处的环境。为了满足生存和发展的需要，组织需要从环境中获取各种资源，包括财政资源、物质资源、信息资源以及社会和政治的合法性支持等。资源交换被资源依赖理论视为联系组织与环境关系的重要纽带。

其次，由于组织需要与控制资源的其他组织相互联系以获取所需的资源，因此，那些控制资源的组织就获得了相对于本组织的权力。组织的生存和发展能力在很大程度上取决于组织与外部环境（控制资源的组织）相互联系和交往的能力。组织的机构设置、运行和未来发展会受到外部环境的影响和制约。为了更有效地获得所需的资源，减少外部环境对组织的影响，组织需要改变自己的组织结构和行为模式，以获得更多的临时自主权，从而获取更多符合组织利益的权力等。权力是资源依赖学派的一个重要词语，组织取得成功的关键在于最大化其权力，权力的获取意味着焦点组织对外部环境（其他组织）依赖性的降低和外部环境（其他组织）对焦点组织依赖性的增加。

最后，为减少组织对外部环境的依赖，组织会为解决外部限制性因素而设计战略和行动。组织可以通过减少对单一关键交换的依赖来削弱其他组织的优势，通过对控制的环境进行控制改变组织的相互依赖状态，上述战略设计充分体现了组织在处理与环境的关系时所具有的积极性和主动性，这也是资源依赖理论的最大贡献之处。

资源依赖理论的核心是阐述如何减少组织间的互依及探讨组织可以减少对环境依赖的策略。组织可以采用多种策略来处理互依关系，除了通过兼并和所有权来实现对依赖的控制以外，组织还可以通过非正式的机制和半正式的组织间的联系来处理互依，协调各种社会参与者的利益。可以将相互依赖的参与者之间的社会合作作为管理相互依赖的方法。在这种情况下，行为不是由分等级的命令所决定的，而是根据协议采取特定的方式和行动。这些协议也许是默许的，呈现社会规范的特点。其他的或多或少地具有外在性。有多种合作方式可供组织选择，如贸易协会、互惠贸易协定、协调委员会、董事联结、企业联合等。每一种都是力量共享的一种方式，以及稳定和协调相互依赖的一种社会协定。

董事联结是较为常见的一种组织间合作方式，通过任命组织外部环境的代表为其董事会成员，以获取更加丰富的资源，降低环境的不确定性。友谊的建立、信息的交流和对焦点组织的认同，都对稳定的组织间关系有帮助。这就是人们熟识的增选法，一种获取资源、相互交换信息、发展组织间承诺和建立合法性的战略。在组织合作的所有方式中，董事联结是一种最为灵活和最容易实施的方式，这两个优点使它至今还很流行。任何组织都能够设立咨询型或指导型委员会，都能够任命外人来担任职务。组织拥有很大的决定权，能够选择性地任命有依赖要求的环境中的代表。当然，个人有可能拒绝参加董事会的邀请，但如果这些联结对个人或个人所在的组织有利，这些邀请就不会遭到拒绝。董事联结的做法为实现稳定的集体框架提供了机遇，能够通过对相互依赖的管理来协调行动，其主要作用表现在以下几个方面。

（1）通过董事联结建立的联系可以为焦点组织提供可能对其产生影响或者冲击的相关活动信息。当企业面临较强的竞争压力时，企业的盈利能力会变差，其所面临的风险会增加。为了降低经营风险和克服外部环境的不确定性，企业会积极谋求与其他企业建立董事联结以获取重要信息。存在竞争关系的联结企业可以相互提供有关成本、定价和市场战略计划等方面的信息。如，美国航空业管制放松时期，企业间通过建立董事联结从而规避不确定因素，缓解竞争的激烈性（Lang，Lockhart，1990）。

（2）董事联结可以促进一个企业与其他企业之间交流，从而获取更多的资源。企业对某一因素所提供资源的需求越大，就越需要采取行动来缓解、适应和管理这一依赖（Burt，1979）。Burt（1980，1983）利用这一原理和结构自主性理论，证明企业为了降低和减少资源获取的不确定性和限制而倾向于与其他相关企业建立董事联结。大量研究证明，偿债能力较差的企业与金融企业建立了广泛的董事联结，以缓解自身的财务危机

（Pfeffer，1972；Allen，1974；Mariolis，1975；Koenig et al.，1979；Mizruchi，Stearns，1988；Lang，Lockhart，1990）。

（3）董事联结的建立可以帮助企业拥有管理技能的人才，为组织提供管理专家意见。各公司纷纷邀请知名专家、学者以及业界精英担任董事。由于资源的稀缺性，这些专业管理人才往往在多个董事会担任联结董事。社会名流的加入不仅可以为企业带来丰富的资源，与环境建立更多的联系，还能够为企业提供更加准确和专业的管理意见。

（4）董事联结是从环境的重要因素中获得支持性承诺的第一步。联结董事清楚焦点组织的问题和观点，并依据董事会成员的身份保持着和组织的一致性，自然而然地就赞成焦点组织的观点和需要，为组织与外界环境达成共识提供帮助，也为组织与环境的一致性行动提供良好的基础。

可见，董事联结可以帮助稳定组织与环境之间的相互交换和减少不确定性。在并购活动中，如果并购公司和目标公司存在董事联结，那么，董事联结不仅为并购公司与（潜在）目标公司的沟通与交流提供了合法途径，还有助于加强并购双方的协调合作，降低并购活动存在的不确定性，保障并购活动的顺利开展，促进并购价值的创造。

首先，董事联结的存在为促进并购公司与（潜在）目标公司的沟通与交流提供了合法途径。在并购目标选择过程中，如果并购公司与潜在目标公司存在董事联结，那么由于并购公司的董事同时在潜在目标公司任职，通过董事联结渠道可以帮助并购公司顺利获取关于潜在目标公司的运营能力、财务状况和资源技术等方面的信息（陈仕华等，2013），降低并购公司的信息搜寻成本。当然，并购公司也可以通过其他渠道获取潜在目标公司的相关信息，如新闻传媒的相关报道、资产评估机构的评估报告和咨询机构的咨询报告等，但是与这些通过外围途径获取潜在目标公司信息的渠道相比，董事联结可以通过联结董事直接参与到公司的并购决策制定过程，获悉公司最核心的"商业秘密"，因而，通过董事联结所获取的信息可信度极高且成本更加低廉（Nahapiet，Ghoshal，1998）。董事联结还可以降低并购公司对投资银行的依赖程度，董事联结的存在可以免去并购公司在评估协同收益方面对投资银行的需求，需求的减少会降低并购公司支付给投资银行的咨询费用。同时，通过董事联结，并购公司也可以向潜在目标公司提供相关信息，加强潜在目标公司对并购公司真实情况的了解。在并购定价过程中，由于并购溢价存在较大的不确定性（Haunschild，1993；陈仕华、卢昌崇，2013），许多企业为了完成交易，不得不支付高昂的并购溢价，致使并购公司遭受损失，影响并购价值的最终创造。由于并购公司董事同时在目标公司任职，通过董事联结不仅可以帮助并购公司获取目标公司的市场发展前景和产品供求状况等外部信息，还可以使其充分了解目标公司的财务、经营、技术和资源等方面的内部信息，从而使并购公司能够对目标公司的真实价值进行全面而准确的评估，降低和减少并购溢价的不确定性和超额支付风险。在并购整合过程中，并购公司需要对目标公司的资产、人力资源、管理体系、组织结构和企业文化等资源要素信息进行更为全面详细的了解，才能将两个企业不同的运作体系（管理、生产、营销、服务和企业文化）有机地结合成一个运作体系（崔永梅等，2013）。此时，信息的沟通和交流更加重要，董事联结可以帮助并购公司真实、有效地获知上述重要信息，而且，目标公司的管理层和员工也可以通过董事联结，把一些需求和想法转达给并购公司，从而帮助并购公司制定合理的整合方案，提高并购后企业资源要素整合效果，避免并购后的人才流失和企业文化水土不服，降低整合成本。

其次，董事联结的存在有助于加强并购双方的协调合作。在并购目标选择过程中，董事联结的存在不仅可以向交易双方传递彼此的并购相关信息，通过董事联结并购公司还可以向潜在目标公司说明真实的并购意图，帮助潜在目标公司做出正确的判断，提高并购要约被接受的概率，保证并购得以顺利开展。在并购定价和并购整合过程中，董事联结有助于减少并购双方的冲突和矛盾，有效缓解并购过程存在的风险和不确定性。根据Palmer 等（1986）研究，董事联结可以促进两种联系的产生：一阶联系和二阶联系。这两种联系类似于 Granovetter（1973）在"弱连带优势"中所提出的"朋友"和"朋友的朋友"。当焦点企业的一名董事同时也在另一家企业担任董事职务时，这名董事就会与另一家企业发生经常性的联系，一阶联系由此而产生（"认识了朋友"）。该名董事逐渐与另一家企业的所有董事熟悉以后，焦点企业的其他董事成员也会慢慢与另一家企业的董事会成员熟悉起来，二阶联系由此而产生（"认识了朋友的朋友"）。二阶联系的产生将使两家企业的董事变得更加熟悉，企业间的相互信任也会逐步形成。因此，从该视角来看，董事联结有助于加强并购双方的协调合作，减少并购双方的冲突和矛盾，将潜在的敌对因素中立化，改善目标公司董事会对并购交易的友善程度，提高目标公司高管和员工对并购公司的信任程度，从而促进并购价格谈判的顺利进行，避免过度支付造成并购价值损失，降低整合过程中目标公司高管和员工的抵制成本，有效缓解并购过程存在的风险和不确定性，为并购双方股东创造财富。

通过综合运用信息不对称理论和资源依赖理论进行分析可知，董事联结作为一种非正式的关系机制，为交易双方的私有信息沟通和交流提供了合法途径，有助于缓解由于正式制度缺失而带来的信息摩擦问题。不仅如此，董事联结还可以使交易双方变得熟悉和信任，促进交易双方协调合作，减少交易过程中充斥的各种风险和不确定性。因此，董事联结具有的信息传递和组织协调功能，能够帮助并购公司在并购交易前期做出恰当的并购目标选择，降低并购交易成本，在并购交易中期进行合理的并购定价，减少并购溢价支付，在并购交易后期提高并购整合效果，降低目标公司高管和员工的抵制成本，最终促进并购价值的创造。

但是，学者们还发现，政府在给予国有控股公司政策性支持的同时，也在许多方面对国有控股公司的经济决策进行干预（王红领等，2001；李增泉等，2005；袁天荣、焦跃华，2006；潘红波等，2008；方军雄，2008；杨记军等，2010；陈仕华、卢昌崇，2014；姜英兵，2014；张钰，2014）。在中国市场化进程中，尽管政府已经下放许多经营管理权给企业的董事会和管理层，但是对于公司负责人的任免和并购活动的开展，政府仍拥有最终决策权（陈信元、黄俊，2007；潘红波等，2008）。因此，政府能够为了实现其政治目标而对国有控股公司的并购活动进行干预，从而使政府在国有控股公司的并购活动中发挥"掠夺"或"支持"作用。我国加入 WTO 以后，国家为了增强国有控股公司的国际竞争力出台了相应的政策，积极推进中央国有控股公司进行并购重组，从而实现产业结构调整，增强国有资本在特定行业和领域的控制力，因此，中央国有控股公司开展并购活动的主要目的是增强国有资本的控制力（方军雄，2008；唐建新、陈冬，2010）。

由于国有并购公司所做出的并购决策易受到政府干预，国有并购公司在进行并购目标选择时，与存在董事联结的公司进行并购所带来信息优势和合作优势，对国有并购公司而言将不再那么重要，董事联结可能不会对并购目标选择决策产生影响。但是，如果并购公司为非国有控股公司，那么政府对企业并购决策的干预就较少。此时，并购公司与其他公司的董事联结能够对并购目标选择决策产生影响，选择与存在董事联结的公司进行并购将有利于降低并购公司的信息搜寻与调查成本，提高潜在目标公司接受并购要约的可能性，保障并购交易顺利开展。

除了并购目标选择决策会受到政府干预以外，研究还发现国有并购公司支付的并购溢价也受到政府政治目标的影响。为了实现政府的不同政治目标，政府会通过各种"掠夺"或"支持"手段来干预国有并购公司向被并购方支付的并购溢价（姜英兵，2014）。余明桂和潘洪波（2008）的研究指出，地方政府通过对并购活动进行干预，从而支持或损害当地上市公司的利益。张钰（2014）认为，政府干预能够对董事联结的影响产生替代作用，董事联结仅能在政府干预之外传递信息和资源。在并购定价过程中，由于国有并购公司所支付的并购溢价易受到政府干预，并购双方的董事联结所带来的信息优势和合作优势，对国有并购公司而言将不再那么重要，董事联结可能不会对并购溢价产生影响。但是，如果并购公司为非国有控股公司，那么政府对企业溢价支付的干预就较少。此时，董事联结将提高并购公司对目标公司估价的准确性和并购公司的议价能力，避免并购公司的股票价值被低估，提高目标公司与并购公司合作的意愿，从而更有效地降低并购溢价支付，提高并购定价的合理性。

由于国有控股公司能够从政府手中获得更多的资源，这可能会导致国有控股公司产生良好的预期，即能够不断地从政府手中获得资源，就非国有控股公司而言，国有控股公司面临的压力相对较小，国有控股公司的并购效率往往低于非国有控股公司（张雯等，2013）。在并购整合过程中，国有控股公司可能不会积极地利用董事联结对并购双方的资源进行有效的整合，降低目标公司高管和员工的抵制成本。但是，如果并购公司为非国有控股公司，由于面临较大的竞争压力，并购公司会积极利用董事联结获取目标公司的资源要素信息，制定合理的整合方案，降低并购双方的冲突和矛盾，董事联结将有助于并购整合效果的提高。

综合以上分析，本书认为，如果并购公司为国有控股公司，那么并购公司的并购活动会受到政府干预，在并购目标选择、并购定价和并购整合过程中，董事联结的信息传递和组织协调功能将难以有效发挥，董事联结不会对企业并购活动产生影响。但是，如果并购公司为非国有控股公司，那么政府对企业并购活动的干预就较少，董事联结可以发挥信息优势和合作优势，降低并购交易成本，减少并购溢价，提高并购整合效果，最终促进并购绩效提高。并购公司的股权性质会对董事联结与企业并购的关系产生影响。

## 第三节　组织学习理论

20 世纪 70 年代，国外学者阿吉瑞斯（Argyris）和谢恩（Schon）从管理学的角度出发，首次提出组织学习的概念。Argyris 和 Schon（1978）认为，组织学习是对组织内部的各类信息进行归类、整理和分析，进而优化组织行为活动的过程。此后，学者们从不同的视角对组织学习进行了更加深入的探讨和研究。20 世纪 80 年代，学者费罗（Fiol）和莱尔斯（Lyles）从组织行为学的角度出发，指出组织学习是通过提高组织对知识的理解能力，从而提升组织行为能力的过程。20 世纪 90 年代，学者野中郁次郎（Nonaka）从知识创新的角度出发，提出组织学习实际上是组织推动知识和先进技术的获取、交流与创新的过程。进入 21 世纪，学者盖拉尔迪（Gherardi）和尼科利尼（Nicolini）从社会学的角度出发，认为组织学习是在组织所处的社会化关系中不断学习进步的一个社会化进程。组织学习理论现已成为管理学、经济学、心理学、社会学、政治学和人类学等社会科学研究的一个重要研究方向。与此同时，在实践领域许多专业咨询机构也纷纷以组织学习理论为指导，辅助和指导企业转变为学习型组织[①]。目前，组织学习理论已经在企业实际运行中得到广泛的应用，组织学习被学术界和实务界认为是组织产生和保持竞争优势的主要源泉。

Levitt 和 March（1988）指出，组织学习是一个"经历—推断—积累"的动态迭代过程。过去的经验帮助企业获取相关知识，此时这些知识属于默会知识被储存到企业组织的记忆之中，经过企业组织对这些默会知识的理解和加工，这部分默会知识才能转变为显性知识（Levitt，March，1988）。

---

[①] 如荷兰的 Squarewise 管理咨询公司和欧洲学习型组织协会都在积极向企业传播组织学习理论，并指导和辅助企业转变为学习型组织。

显性知识能够被企业所识别和运用以指导企业的决策和行动（Levitt, March，1988；Miner，Mezias，1996）。此外，信息的反馈机制还可以帮助企业组织识别和纠正错误，从而提高组织学习的效果，改进组织学习机制。组织学习的能力会受到许多因素的影响，如重复次数、类似事件发生的密度以及相关的知识储备等（Vermeulen，Barkema，2001）。并且，组织学习能力会随着相关经验的不断积累而得到一定的提高和改善（Hayward，2002；Zollo，Singh，2004）。当企业组织具备了一定的学习能力以后，就会被运用到企业经营的众多环节中去，如营运惯例、系统规范和操作流程等（Haleblian，Finkelstein，1999）。学习能力的发展，有助于提高企业未来的管理水平，减少错误决策的发生，促进专门化和标准化惯例形成，改善规则执行的效果（Levinthal，March，1993），使企业组织对所拥有的资源进行更有效的运用，创造新知识、新技能和新的管理办法，帮助企业发现和论证进入新市场的机会（Cohen，Levinthal，1990；Zahra，George，2002）。企业组织对经验的学习遵循贝叶斯更新过程（Aktas et al.，2009），因此，企业所拥有的现有经验是解决未来可能遇到问题的知识来源（Huber，1991）。学者们的研究还发现，企业过去积累的经验越丰富，具备的组织学习能力越强，在未来就越能有效地利用手中的资源获得更高的回报（陈国权、马萌，2000；陈国权，2002，2007，2008）。可见，组织学习应被视为一种动态能力，具备这种能力的企业组织将在竞争中获得优势，也会在经营中获得更高的收益（Zahra，George，2002；Zollo et al.，2002；陈国权、宁南，2009）。

　　早期的组织学习理论研究关注企业经营管理领域，认为随着生产经验的积累，组织成员可以学习怎样处理类似的问题，日常重复性经营活动的工作效率将随着经验的积累而得到显著提高，帮助企业降低生产成本（Argote et al.，1990）。与企业日常的经营活动相比，市场扩张、兼并重组和战略联盟等战略属于离散式的偶发性事件，这类事件本身具有一定的特殊性，事件和事件之间也具有一定的差异性。Levinthal 和 March（1993）将战略管理视为一种组织智慧搜寻基础上的，尽量使企业行为结果符合事前预期的意图和尝试。因而，在战略管理领域组织，学习理论的研究主要围绕组织学习能否帮助企业组织提高战略决策的合理性和战略执行的有效性，哪些经验的积累和知识的学习能够提高战略决策的合理性，以及哪些经验的积累和知识的学习能够提高战略执行的效果。本书的研究主要关注战略管理领域的组织学习，而非一般意义的组织学习。

企业学习知识的途径有两种：自身经验的传承和外部经验的观察和模仿（Huber，1991）。因而，根据知识的来源，组织学习可被划分为内部组织学习和外部组织学习两种类型。根据企业组织与被学习对象关系的紧密程度，外部组织学习可以被进一步划分为组织间学习和观测式学习两种类型。内部组织学习是指组织总结和吸收自身的直接经验，从过去的经验中学习知识并进行推断，将那些便于复制的知识储存起来以用于未来决策的过程（Zahra，George，2002）。内部组织学习的过程是迭代和重复的。组织间学习是指在与其他组织的接触和合作中，组织获得更确切、更相关和更高级的知识的过程。观测式学习是指在观察了其他个体或其他组织的行为及行为结果以后，组织自身的态度或行为随即发生改变的学习过程，观测式学习也因此被称为感应式学习。当组织缺乏自身经验的积累或组织内学习成本较高时，组织会首先考虑通过组织间学习以获取知识和经验。

组织间学习有利于知识的传递，使企业能够将各自掌握的知识带给学习伙伴，使已有的知识能够在学习伙伴中共享。如果企业学习的对象曾经做出过某种战略决策，那么企业就能够从学习对象那里学到管理该类型战略决策的相关知识。这些知识被企业吸收并储存在组织记忆中，在潜移默化中逐步形成不断更新制度化的惯例，为企业未来的战略决策提供指导（Zollo，Singh，2004）。当企业未来需要做出类似的战略决策时，搜寻问题解决方案的过程将变得更加程序化，搜寻速度也将得到提高（Levitt，March，1988），因为企业已经学习到选择哪些方案是最有效的（Levinthal，March，1993）。因此，通过组织间学习所获取的经验性知识将有助于提高企业战略决策的合理性。以往的研究表明，企业可以通过合资企业、战略联盟、关联企业以及如贸易协会、行业协会和协调委员会等社会网络，学习其他企业在生产经营、技术研发、市场拓展、并购重组以及多元化等方面的有关战略决策的相关知识（Liebeskind et al.，1996；Powell et al.，1996；Martin et al.，1998；Hitt et al.，2000；Zollo et al.，2002）。如果两家企业存在董事联结，那么董事联结也将成为两家企业进行组织间学习的重要渠道。

并购决策是较为典型的一种战略决策，如果焦点企业的联结企业曾经发生过并购，那么焦点企业可以通过董事联结进行与组织间的并购决策相关知识的学习。若联结董事拥有较为丰富的并购经验，就将有助于焦点并购公司做出较为合理的并购决策。

首先，并购经验可以帮助联结董事识别解决并购所遇问题的有效方案。从其他企业获取的并购经验有利于董事更好地组织抽象并购知识，对抽象并购知识的有效组织有助于董事形成因果关系思维模式，从而提高董事的并购信息筛选能力（McDonald et al.，2008）。决策者在具备信息筛选能力以后，就能够快速而准确地实现如下过程：①准确地定义问题；②确定可能解决问题的一系列方案；③从中选择有效的解决方案（March，1994）。那么，当联结董事通过参与联结企业的并购，具备一定的并购信息筛选能力以后，就可以在准确定义并购所遇问题的基础上，确定可能解决并购所遇问题的一系列方案，并从中识别有效的解决方案（McDonald et al.，2008）。同时，并购经验也可以帮助联结董事应用类比推理，识别解决并购所遇问题的有效方案。在特定领域进行决策的经验扩展了人们在解决现有问题时，可以参照的前期经验目录（Reeves，Weisberg，1994）。如果联结董事拥有大量的、可以参考的、与要解决的问题有关的经验，那么联结董事能够在一定程度上更好地使用类比推理来有效地解决他们遇到的问题。因此，当联结董事拥有丰富的并购经验时，联结董事就可以将当前并购所面临的问题与前期并购已解决的问题相对比，通过类比推理识别解决当前并购所遇问题的有效方案。综上，当联结董事拥有丰富的并购经验时，并购经验能够帮助联结董事有效地组织抽象并购知识并运用类比推理识别解决并购所遇问题的有效方案。

其次，联结董事的并购经验可以帮助焦点并购公司做出正确的并购方案选择。联结董事的并购经验对并购决策将产生重要的影响。如果焦点公司过去进行过并购，那么焦点公司也可能从过去的并购中进行经验学习，但是由于存在内部政策和泛化问题，对这种经验的学习是困难的（Haspeslagh，Jemison，1991；Haleblian，Finkelstein，1999）。此外，Menon等（2001）也发现，与内部人相比，公司往往可以从外部人那里学到更多东西。当然，公司也可以从聘请的顾问、商业新闻和其他来源获得信息从而做出并购决策。但是，学者们发现，与从其他外部来源获取的信息相比，从联结董事处获得的信息对决策会产生更重要的影响（Davis，1991；

Haunschild，Beckman，1998）。因此，当联结董事根据过去参与联结企业并购所积累的并购经验拿出解决并购所遇问题的有效方案以后，联结董事的建议很可能被并购公司采纳，从而帮助并购公司做出正确的并购方案选择。Stuart 和 Yim（2010）发现，在焦点并购公司的董事会中，有过并购经验的联结董事会被董事会的其他成员视为并购方面的专家，他们的建议会被视为更加专业和更有说服力的建议，而被焦点并购公司采纳。

此外，联结董事拥有较为丰富的并购经验，还有助于提高焦点并购公司对并购过程的管理能力。并购公司做出合理的并购决策只是取得好的并购结果的条件之一，并购公司管理并购过程的能力也将对并购的最终结果产生重要影响（Kogut，Zander，1992）。Haspeslagh 和 Jemison（1991）认为，管理并购过程的能力是并购公司成功完成并购这一复杂组织活动的先决条件。正如学习曲线揭示的，经验能够帮助企业学习如何清晰地定义问题，并对被定义的问题进行更加有效的处理，从而降低执行过程的搜寻成本，提高运营效率。Zollo 和 Winter（2002）指出，企业可以根据并购经验对并购过程进行编撰，明确并购过程各环节的具体内容和详细要求，生成和不断改进并购惯例，保证并购活动沿着既定目标顺利执行，提高并购公司对并购过程的管理能力。Lieberman 和 Montgomery（1988）认为，与内部组织学习相比，组织间学习的优势在于只需要投入极少的成本，花费极少的时间和精力，通过观察和模仿其他企业的先进管理经验和技术而帮助企业在实践活动中获得竞争优势。这种观察和模仿获益性产品和实践的能力被他们称为后动者优势。因而，联结董事从联结公司获取的并购经验，能够使焦点并购公司获得后动者优势，掌握处理类似并购活动的相关知识，学习如何去管理并购过程，使并购过程变得有章可循，从而提高焦点并购公司对并购过程的管理能力。

在中国并购市场正式制度不尽完善的背景下，解决由于并购双方的信息不对称而产生的信息摩擦问题显得尤为重要。董事联结作为一种非正式的关系机制，为交易双方的私有信息沟通和交流提供了合法途径（Pfeffer，Salancik，1978；Koenig et al.，1979；Useem，1984；Palmer et al.，1986；Lorsch，Maciver，1989；Davis，1991；Mizruchi，1992；Haunschild，1993；Palmer et al.，1993；Haunschild，1994；卢昌崇、陈仕华，2009；曹廷求等，2013；陈仕华等，2013；韩洁等，2014；李善民等，2015），有助于缓解由于正式制度缺失而带来的信息摩擦问题（韩洁等，2014）。不仅如此，董事联结还可以使交易双方变得熟悉和信任，为交易双方提供良好的合作环境，促进交易双方协调合作，减少交易过程中充斥的各种风险和不确定性（Pfeffer，Salancik，1978；Koenig et al.，1979；Burt，1983；Palmer，1983；Palmer et al.，1986；Mizruchi，1996；Keister，1998；Maman，1999；任兵等，2004；卢昌崇、陈仕华，2009；陈仕华等，2013）。

　　但是，在实际经济活动中，许多企业未能对董事联结的信息传递和组织协调功能进行充分的认知和有效的利用。卢昌崇和陈仕华（2009）的研究指出，我国只有 1/3 的董事联结被用于促进组织间的协调和信息传递。也就是说，即使并购双方存在董事联结，并购公司也可能没有充分认知和有效利用董事联结的信息传递和组织协调功能，并购双方的董事联结可能因此难以对企业并购产生积极影响。联结董事前期并购经验的积累，有助于联结董事提高自身的抽象并购知识组织能力和类比推理能力，这些能力的增强可以帮助联结董事发现，与存在董事联结的企业进行并购是解决并购双方信息沟通不畅和合作效率低下问题的有效方案，并将这一重要发现告知焦点并购公司，使焦点并购公司能够充分认知董事联结带来的信息优势和合作优势。鉴于拥有并购经验的联结董事在焦点并购公司的并购决策中可以产生的重要影响，焦点并购公司很可能采纳联结董事的建议，做出正确的并购方案选择以对董事联结的功能进行有效的利用。不仅如此，联结董事从联结公司获得的并购经验，还能够帮助焦点并购公司取得后动者优势，掌握处理类似并购交易的相关知识，提高焦点并购公司对并购过程的管理能力，促进董事联结信息传递和组织协调功能的更有效发挥，为并购双方股东创造更多的财富。综合上述分析，本书认为，联结董事的并购经验能够帮助焦点并购公司充分认知并有效利用董事联结带来的信息优势和合作优势，在并购决策和并购执行过程中促进董事联结功能更有效地发挥。

　　需要注意的是，进行有效并购所需的能力是存在行业差异的（Haleblian，Finkelstein，1999；Finkelstein，Haleblian，2002；Kroll et al.，2008；McDonald et al.，2008；程兆谦，2011）。目标公司与并购公司所在行业或产品市场相关程度也决定了进行有效并购所需能力的差异性（Jemison，Sitkin，1986；Datta，Grant，1990；Haspeslagh，Jemison，1991；Graebner，

2004）。McDonald 等（2008）的研究指出，由于在不同行业进行并购所需的能力存在差异，因而，联结董事在参与不同行业的并购活动时所获取的并购知识或者并购技能也存在差异。相关并购和非相关并购的价值来源不同，需要不同的知识和技能来实现并购价值的创造，联结董事在这两种并购中所能获得的并购知识或者并购技能也将存在很大的差异。他们的研究进一步指出，通过参与特定类型的并购活动，联结董事会获得相应的并购经验，若联结董事参与过特定行业或特定产品市场并购、相关并购或非相关并购活动，联结董事会获得相应的并购专业知识或者并购技能，但是，联结董事并不会因此获得广泛的并购专业知识或者并购技能。

Haleblian 和 Finkelstein（1999）认为，虽然组织间学习有助于知识在企业间有效传递，为企业未来的战略活动提供指导，但是从经验中获取相关知识的学习效果会由于社会和环境的复杂性而发生系统性误差。如果外部环境已经发生改变，而企业仍然从过去的经验中推断解决新问题的方案，那么通过组织间学习所得到的知识可能难以发挥作用，只有当过去的情景与现在的情景类似时，过去的经验才能产生影响（Pinder，1984）。若当前并购与已发生的并购高度类似，那么并购经验将对当前并购产生积极影响，而错误的差异化则对当前并购无影响（Haleblian，Finkelstein，1999；Finkelstein，Haleblian，2002；程兆谦，2011）。因此，联结董事并购经验能够对焦点并购公司的并购活动产生积极影响，应该满足联结公司前期的并购与焦点并购公司当前的并购相类似这一前提条件，只有满足这一前提条件，联结董事的并购经验才能帮助焦点并购公司充分认知并有效利用董事联结带来的信息优势和合作优势，在并购决策和并购执行过程中促进董事联结功能更有效地发挥。

## 第四节　本章小结

本章综合运用信息不对称理论和资源依赖理论，明确了在并购价值创造过程中，董事联结的信息传递和组织协调功能可以发挥的积极作用，系统分析了并购双方的董事联结对并购交易前期的并购目标选择、并购交易中期的并购溢价支付和并购交易后期取得的并购绩效的影响，阐明了董事联结促进并购价值创造的作用机理。在上述分析的基础上，进一步阐释了并购公司的股权性质对董事联结与企业并购（并购目标选择、并购溢价和并购绩效）关系产生的影响。结合组织学习理论，分析了联结董事并购经验帮助焦点并购公司充分认知和有效利用董事联结的信息传递和组织协调功能，促进并购价值创造的重要作用，探讨了联结董事并购经验发挥上述作用需满足的前提条件。本章的研究为后续研究的顺利开展提供理论基础。

信息不对称理论认为，信息不对称现象普遍存在于金融市场的各个方面，也包括并购市场。在中国并购市场正式制度不尽完善的背景下，由并购双方的信息不对称而产生的信息摩擦问题尤为严重。信息摩擦问题会影响并购价值的创造，导致并购交易成本、并购溢价和整合成本增加。在中国并购市场正式制度不尽完善的背景下，董事联结可以作为一种非正式的关系机制，为并购双方的私有信息沟通和交流提供有效渠道，可以有效缓解由于正式制度缺失而带来的信息摩擦问题，促进并购价值的创造。

资源依赖理论的核心是阐述如何减少企业对环境的依赖，即探讨多种减少依赖的战略。董事联结是较为常见的一种组织间合作方式，通过任命组织外部环境的代表为其董事会成员，以获取更加丰富的资源，帮助稳定组织与环境之间的"相互交换"和减少不确定性。在并购活动中，如果并购公司和目标公司存在董事联结，那么，董事联结不仅为并购公司与（潜在）目标公司的沟通与交流提供了合法途径，还有助于加强并购双方的协调合作，降低并购活动存在的不确定性，保障并购活动顺利开展，促进并购价值创造。

通过综合运用信息不对称理论和资源依赖理论进行分析可知，董事联结具有信息传递和组织协调功能，能够帮助并购公司在并购交易前期做出恰当的并购目标选择，降低并购交易成本，在并购交易中期进行合理的并购定价，减少并购溢价支付，在并购交易后期提高并购整合效果，降低目标公司高管和员工的抵制成本，最终促进并购价值创造。

但是，如果并购公司为国有控股公司，那么并购公司的并购活动会受到政府干预，在并购目标选择、并购定价和并购整合过程中，董事联结的信息传递和组织协调功能将难以有效发挥，董事联结不会对企业并购活动产生影响。但是，如果并购公司为非国有控股公司，那么政府对企业并购活动的干预就会较少，董事联结可以发挥信息优势和合作优势，降低并购交易成本，减少并购溢价支付，提高并购整合效果，最终促进并购绩效提高。并购公司的股权性质会对董事联结与企业并购的关系产生影响。

组织学习理论认为，组织间学习所获取的经验性知识将有助于提高企业战略决策的合理性。如果两家企业存在董事联结，那么董事联结就成为两家企业进行组织间学习的重要渠道，焦点企业可以通过董事联结学习联结企业并购决策的相关知识，从而提高并购决策的合理性。此外，联结董事从联结公司获取的并购经验，还能够使焦点并购公司获得后动者优势，提高焦点并购公司对并购过程的管理能力。当焦点并购公司未能对并购双方董事联结的信息沟通和组织协调功能进行充分认知和有效利用时，联结董事的并购经验能够帮助焦点并购公司充分认知并有效利用董事联结带来的信息优势和合作优势，在并购决策和并购执行过程中促进董事联结功能更有效地发挥，为并购双方股东创造更多的财富。

但是，关于组织学习理论的研究还指出，若当前并购与已发生的并购高度类似，那么并购经验将对并购活动产生积极影响，而错误的差异化则对当前并购无影响。因此，联结董事并购经验能够对焦点并购公司的并购活动产生有益影响，应该满足联结公司前期的并购与焦点并购公司当前的并购相类似这一前提条件。只有满足这一前提条件，联结董事的并购经验才能帮助并购公司充分认知并有效利用董事联结的信息传递和组织协调功能，提高并购决策的合理性和并购执行的有效性，促进并购价值的创造。

# 第四章　董事联结、联结董事并购经验
# 与并购目标选择

　　许多学者认为在并购交易过程中，目标公司的选择至关重要（Palepu，1986；张金鑫，2006；肖翔，2007）。进行合理的并购目标选择是并购创造价值的前提。但是，在并购市场中，并购双方信息不对称问题的存在会影响并购决策的效率和效果。近年来，一些学者的研究发现，董事联结能够对公司间的共同经济决策产生重要影响（Granovetter，1985；Haunschild，1993；陈仕华等，2013）。并购公司与潜在目标公司的董事联结作为一种非正式的关系机制，可以为联结双方的私有信息沟通和交流提供合法途径，也可以缓解由于正式制度缺失而带来的信息摩擦问题。不仅如此，并购公司与潜在目标公司的董事联结还可以加强联结双方的协调合作，有效降低并购过程中的风险和不确定性。基于董事联结的信息传递和组织协调功能，与并购公司存在董事联结的潜在目标公司是否更容易成为并购目标公司，值得学术界进行深入研究。

## 第一节　研究假设的提出

　　并购市场存在信息摩擦的问题已经被学术界广泛证明（Akerlof，1970；Hansen，1987）。为了减少信息不对称问题带来的影响，在进行并购目标选择时，并购公司需要搜寻潜在目标公司的相关信息（Davies，2011）。并购公司通常会对潜在目标公司的战略定位、公司文化、产品市场、核心技术以及财务状况等信息进行搜寻与调查，并付出相应的信息搜寻与调查成本，而当潜在目标公司的信息透明度较低时，并购公司搜集潜在目标公司信息的难度会加大，信息的真实性会降低，信息搜寻与调查成本也会更高（Bruner，2004；Kropf，Robinson，2008）。Haunschild 和 Beckman（1998）认为并购中的信息分为私有信息和公开信息，其中私有信息是指潜在的交易双方未公开的信息。Bruner（2004）指出并购交易的成本非常高昂，收集与并购相关的交易信息是产生高额成本的重要原因之一，当需要搜集的信息为非公开信息时，交易成本会更高。就潜在目标公司而言，在并购发生前，出于对自身利益的考虑，潜在目标公司也会搜寻并购公司的相关信息，了解并购公司的基本情况和发展战略，判断并购公司的并购意图，而当并购公司的信息透明度较低时，潜在目标公司可能无法做出正确的判断，拒绝接受对自己有益的并购要约（Rousseau，Stroup，2015）。

资源依赖理论认为，董事联结可以促进组织与其他企业之间的信息交流和协调合作，是较为常见的一种管理环境的方式（Burt，1983）。董事联结产生的动机是建立组织与外部环境的联系，通过友谊的建立、信息的交流和对焦点组织的认同，降低组织与外界交易的风险和不确定性（Pfeffer，Salancik，1978）。在进行并购目标选择时，董事联结的存在为促进并购公司与潜在目标公司的沟通与交流提供了合法途径，也为相关信息的传递提供了重要渠道，可以有效地降低并购双方的信息不对称程度。由于并购公司的董事同时在潜在目标公司任职，通过董事联结渠道可以帮助并购公司顺利获取关于潜在目标公司的运营能力、财务状况和资源技术等方面的信息（陈仕华等，2013），降低并购公司的信息搜寻和调查成本，提高信息的可信赖程度。当然，并购公司也可以通过其他渠道获取潜在目标公司的相关信息，如新闻传媒的相关报道、资产评估机构的评估报告和咨询机构的咨询报告等，但是与这些通过外围途径获取潜在目标公司信息的渠道相比，董事联结可以通过联结董事直接参与到公司的并购决策制定过程中，获悉公司最核心的"商业秘密"，因而，通过董事联结所获取的信息可信度极高且成本更加低廉（Nahapiet，Ghoshal，1998）。此外，并购公司还可以通过董事联结向潜在目标公司说明并购公司的基本信息、发展战略以及真实的并购意图，帮助潜在目标公司做出正确的判断，提高并购要约被接受的概率。

由上述分析可知，并购公司与潜在目标公司董事联结的存在，可以降低并购公司的信息搜寻与调查成本，增加并购公司选择潜在目标公司作为并购目标的可能；并购公司也会通过董事联结向潜在目标公司说明并购公司的基本情况和并购意图，提高潜在目标公司接受并购要约的概率。由此，本书提出如下假设。

假设 1：其他情况相同时，与并购公司存在董事联结的潜在目标公司成为并购目标公司的可能性更大。

学者们发现，政府在给予国有控股公司政策性支持的同时，也在许多方面对国有控股公司的经济决策进行干预（王红领等，2001；李增泉等，2005；袁天荣、焦跃华，2006；潘红波等，2008；方军雄，2008；杨记军等，2010；陈仕华、卢昌崇，2014；姜英兵，2014；张钰，2014）。在中国市场化进程中，尽管政府已经下放许多经营管理权给企业的董事会和管理层，但是对于公司负责人的任免和并购活动的开展，政府仍拥有最终决策权（陈信元、黄俊，2007；潘红波等，2008）。因此，政府能够为了实现其政治目标而对国有控股公司的并购活动进行干预，从而使政府在国有控股公司的并购活动中发挥"掠夺"或"支持"作用。我国加入 WTO 以后，国家为了增强国有控股公司的国际竞争力出台了相应的政策，积极推进中央国有控股公司进行并购重组，从而实现产业结构调整，增强国有资本在特定行业和领域的控制力，因此，中央国有控股公司开展并购活动的主要目的是增强国有资本的控制力（方军雄，2008；唐建新、陈冬，2010）。由于国有并购公司所做出的并购决策易受到政府干预，因此，国有并购公司在进行并购目标选择时，与存在董事联结的公司进行并购所带来的信息优势和合作优势将不再那么重要，董事联结可能不会对并购目标选择决策产生影响。但是，如果并购公司为非国有控股公司，那么政府对企业并购决策的干预就会较少，董事联结的信息传递和组织协调功能将得到有效发挥。此时，选择与存在董事联结的公司进行并购将有利于降低并购公司的信息搜寻与调查成本，提高潜在目标公司接受并购要约的可能性，保障并购交易顺利开展。由此，本书提出如下假设。

假设 2：其他情况相同时，当并购公司为非国有控股公司时，与并购公司存在董事联结的潜在目标公司成为并购目标公司的可能性更大。

虽然研究组织间关系的学者普遍认为，董事联结有助于组织间的信息传递和协调合作（Pfeffer, Salancik, 1978；Koenig et al., 1979；Burt, 1983；Palmer et al., 1986；卢昌崇、陈仕华，2009；陈仕华等，2013），但是，在实际经济活动中，许多企业未能对董事联结的功能进行充分的认知和有效的利用。卢昌崇和陈仕华（2009）的研究指出，我国只有 1/3 的董事联结被用于促进组织间的协调和信息传递。也就是说，即使并购公司与潜在目标公司存在董事联结，并购公司也可能没有充分认知和有效利用董事联结的信息传递和组织协调功能。当企业进行并购目标选择决策时，并购公司可能由于未有效认知董事联结所带来的信息优势和合作优势，而做出了不合理的并购目标选择决策。

根据组织学习理论，若联结董事拥有较为丰富的并购经验，就将有助于焦点并购公司做出更合理的并购决策（Beckman，Haunschild，2002；Kroll et al.，2008；McDonald et al.，2008）。丰富的并购经验能够帮助联结董事有效地组织抽象并购知识并运用类比推理识别解决并购所遇问题的有效方案（McDonald et al.，2008）。在识别出解决并购问题的有效方案以后，联结董事的建议还很可能被焦点并购公司所采纳，从而帮助焦点并购公司做出更合理的并购方案选择。Menon 等（2001）发现，与内部人相比，公司往往可以从外部人那里学到更多。当然，公司也可以从聘请的顾问，商业新闻和其他来源获得信息从而进行并购决策。但是，学者们发现，与从其他外部来源获取的信息相比，从联结董事处获得的信息对决策会产生更重要的影响（Davis，1991；Haunschild，Beckman，1998）。Stuart 和 Yim（2010）发现，在焦点并购公司的董事会中，有过并购经验的联结董事会被董事会的其他成员视为并购领域的专家，他们的建议会被视为更加专业和更有说服力的建议，而被焦点并购公司采纳。因此，并购经验不仅可以帮助联结董事识别解决并购所遇问题的有效方案，还能帮助焦点并购公司做出更合理的并购方案选择。

当企业在进行并购目标选择决策时，如何选择恰当的并购目标，缓解由于并购双方的信息不对称而带来的信息摩擦问题，降低并购公司的信息搜寻与调查成本，避免潜在目标公司拒绝接受并购要约，是并购公司需要解决的重要问题。若联结董事在兼职的过程中积累了丰富的并购经验，那么，这些并购经验可以帮助联结董事有效地组织抽象并购知识并运用类比推理识别解决并购目标选择所遇问题的有效方案。董事联结可以促进组织与其他企业之间的信息交流和协调合作，选择与并购公司存在董事联结的潜在目标公司作为目标公司，能够有效降低并购双方的信息不对称程度，帮助并购公司以较低的成本获取可信度较高的信息（Nahapiet，Ghoshal，1998），提高潜在目标公司接受并购要约的可能性，为解决并购目标选择所遇问题提供了有效途径。因此，本书认为，丰富的并购经验可以帮助联结董事更全面地发现问题，董事联结的信息传递和协调合作功能有助于缓解由于并购双方的信息不对称而产生的信息摩擦问题，降低并购公司的信息搜寻与调查成本，提高潜在目标公司接受要约的可能性，与存在董事联结的潜在目标公司进行并购是解决并购目标选择所遇问题的有效方案，并将这一重要发现告知焦点并购公司，使焦点并购公司能够充分认知董事联结所能带来的信息优势和合作优势。不仅如此，而且鉴于拥有并购经验的联结董事在焦点并购公司的并购决策中可以产生的重要影响，联结董事所提出的选择与存在董事联结的潜在目标公司进行并购的建议，很可能被焦点并购公司采纳，以帮助其做出更合理的并购目标选择决策，对董事联结的功能进行有效的利用。

基于组织学习理论的一些研究还指出，做出有效并购决策所需的能力是存在行业差异的（Haleblian，Finkelstein，1999；Finkelstein，Haleblian，2002；Kroll et al.，2008；McDonald et al.，2008；程兆谦，2011）。首先，并购决策需要详细了解潜在目标公司所在行业的资源与能力信息。其次，并购决策需要评估的并购目标信息的内容因行业而异（Szulanski，2000）。例如，当潜在目标公司属于银行业时，信息系统的兼容性可能是需要评估的一个关键问题，而当潜在目标公司属于服务行业时，服务人员的专业性可能才是需要评估的重点问题（Greenwood et al.，1994）。不熟悉某一行业，不仅会缺乏对该行业中企业信息的了解，而且还会缺乏对什么样的信息才是最相关信息的了解（Szulanski，2000）。最后，在并购交易中进行有效谈判所需的能力也存在行业差异（Coff，1999）。

目标公司与并购公司所在行业或产品市场是否相关也决定了进行有效并购所需能力的差异性。相关并购和非相关并购的价值来源不同，需要不同的知识和技能来实现并购价值的创造。相关并购所创造的价值通常源于经营协同和增强市场力量（Teece，1980；Baumol，1982；Scherer，Ross，1990），而非相关并购的价值创造取决于管理或财务协同效应的实现（Levy，Sarnat，1970；Lewellen，1971；Jensen，1986）。因此，相关并购需要更大程度的一体化以实现它的价值，在决策过程要提高对如文化兼容性等问题的关注水平，而非相关并购决策过程中则需要对并购双方公司的管理活动和财务状况非常熟悉（Jemison，Sitkin，1986；Datta，Grant，1990；Haspeslagh，Jemison，1991；Graebner，2004）。

McDonald 等（2008）的研究指出，由于在不同行业进行并购所需的能力存在差异，因而，联结董事在参与不同行业的并购活动时所获取的并购知识或者并购技能也存在差异。相关并购和非相关并购的价值来源不同，需要不同的知识和技能来实现并购价值的创造，联结董事在这两种并购中所能获得的并购知识或者并购技能也将存在很大的差异。他们的研究进一步指出，通过参与特定类型的并购活动，联结董事会获得相应的并购经验，若联结董事参与过特定行业或特定产品市场并购、相关并购或非相关并购活动，联结董事会获得相应的并购专业知识或者并购技能，但是，联结董事并不会因此获得广泛的并购专业知识或者并购技能。

Haleblian 和 Finkelstein（1999）认为，虽然组织间学习有助于知识在企业间有效传递，为企业未来的战略活动提供指导，但是从经验中获取相关知识的学习效果会由于社会和环境的复杂性而发生系统性误差。如果外部环境已经发生改变，而企业仍然从过去的经验中推断解决新问题的方案，那么通过组织间学习所得到的知识可能难以发挥作用，只有当过去的情景与现在的情景相类似时，过去的经验才能产生影响（Pinder，1984）。若当前并购与已发生的并购高度类似，那么并购经验将对当前并购产生积极影响，而错误的差异化则对当前并购无影响（Haleblian，Finkelstein，1999；Finkelstein，Haleblian，2002；程兆谦，2011）。因此，联结董事并购经验能够对焦点并购公司的并购活动产生积极影响，应该满足联结公司前期的并购与焦点并购公司当前的并购相类似这一前提条件，只有满足这一前提条件，联结董事的并购经验才能使焦点并购公司充分认知董事联结所带来的信息优势和合作优势，并推动焦点并购公司与存在董事联结的潜在目标公司进行并购。

借鉴 McDonald 等（2008）的研究，按照联结董事从并购活动中获取并购知识或者并购技能的差异性，联结董事的并购经验可分为联结董事同行业或同产品市场并购经验、联结董事相关并购经验和联结董事非相关并购经验三种类型。由于联结董事并购经验类型不同，联结董事对并购关键因素的掌握也不同，为并购公司的并购活动做出建设性贡献的能力也存在差异。本书认为，在并购目标选择过程中，只有联结董事拥有某种并购经验，而焦点并购公司也进行类似的并购时，该种并购经验才能帮助焦点并购公司做出更合理的并购目标选择决策，对董事联结的功能进行有效的利用。具体而言：若联结公司曾经对某行业或某产品市场中的公司进行过并购，而焦点并购公司也在该行业或该产品市场进行并购，那么，联结董事的同行业或同产品市场并购经验将帮助焦点并购公司充分认知董事联结所能带来的信息优势和合作优势，推动焦点并购公司选择存在董事联结的潜在目标公司作为目标公司；若联结董事曾经在联结公司参与过相关并购活动，那么，联结董事的相关并购经验将在相关并购中帮助焦点并购公司充分认知董事联结所能带来的信息优势和合作优势，推动焦点并购公司选择存在董事联结的潜在目标公司作为目标公司；若联结董事曾经在联结公司参与过非相关并购活动，那么，联结董事的非相关并购经验将在非相关并购中帮助焦点并购公司充分认知董事联结所能带来的信息优势和合作优势，推动焦点并购公司选择存在董事联结的潜在目标公司作为目标公司。由此，本书提出如下假设。

假设 3-1：其他情况相同时，联结董事拥有的同行业或同产品市场并购经验越丰富，在同行业或同产品市场并购中，与焦点并购公司存在董事联结的潜在目标公司成为并购目标公司的可能性越大。

假设 3-2：其他情况相同时，联结董事拥有的相关并购经验越丰富，在相关并购中，与焦点并购公司存在董事联结的潜在目标公司成为并购目标公司的可能性越大。

假设 3-3：其他情况相同时，联结董事拥有的非相关并购经验越丰富，在非相关并购中，与焦点并购公司存在董事联结的潜在目标公司成为并购目标公司的可能性越大。

# 第二节　研究设计

## 一　样本选择和数据来源

本章所使用的数据来自国泰安（CSMAR）数据库，对个别缺失的数据通过巨潮资讯网和新浪财经查找手工补充。董事联结数据在查询 CSMAR 数据库高管兼职信息的基础上，通过对上市公司间具有相同姓名董事的年龄、性别和简历进行逐一匹配获得。CSMAR 数据库中高管兼职信息的最早披露年度为 2001 年，因此本书董事联结数据样本区间为 2001～2014 年。学者们认为，董事联结正式形成后才能对并购产生一定的影响，并购事件数据的选择应滞后董事联结数据 1 年（陈仕华等，2013；田高良等，2013 等），因此，本书确定并购事件的样本区间为 2002～2015 年。并购事件样本按照如下原则进行筛选：①剔除并购双方不是中国 A 股上市公司的样本；②剔除并购交易未取得成功的样本；③剔除属于资产剥离、资产置换、债务重组和股份回购的重组样本；④剔除并购双方一天中发生多笔交易的样本；⑤剔除交易金额小于 500 万元的样本；⑥剔除其他变量缺失的样本。经过上述处理，本书最终的并购样本数量为 631 个，其中，并购双方存在董事联结的样本数量为 123 个。

本章参照学者们（Capron，Shen，2007；Bodnaruk et al.，2009；陈仕华等，2013；韩洁等，2014）的普遍做法，通过构造配对样本方法来检验本章的假设。具体做法是：将上述处理获得的 631 个并购交易样本作为实验组，并按照行业与规模标准构造控制组。本章选择与目标公司属于同一行业［根据证监会颁布的《上市公司行业分类指引》（2001），将所有上市公司分为 22 个行业子类，其中制造业按照二级代码分类，其他行业按照一级代码分类］且规模相似（公司市值处于真实目标公司市值的 70%～130%）的 A 股上市公司作为配对样本构造控制组，共得到 15937 个配对样本，16568 个总体样本。由于本书认为，联结董事并购经验能够对焦点并购公司的并购活动产生积极影响，应该满足联结公司前期的并购与焦点并购公司当前的并购相类似这一前提条件，为了满足这一前提条件，检验联结董事相关并购经验在焦点并购公司的相关并购中，以及联结董事非相关并购经验在焦点并购公司的非相关并购中，对董事联结与并购目标选择关系的影响，本书根据前人的研究，将并购事件分为相关并购和非相关并购两个子样本，相关并购为并购双方属于同一行业（行业划分原则同上）的并购，其他并购则为非相关并购（Fowler，Schmidt，1989；Robins，Wiersema，1995；Krishnan et al.，1997；李善民、周小春，2007；McDonald et al.，2008；乔薇，2012）。总体并购样本中包含 4983 个相关并购样本，11585 个非相关并购样本。其中，实际并购交易样本中包含 189 个相关并购样本，

442 个非相关并购样本；配对并购样本中包含 4794 个相关并购样本，11143 个非相关并购样本。为消除异常值的影响，本章对所有连续变量进行了上下 1% 的 Winsorize 处理。研究中使用 Excel 软件进行基础数据的整理工作，使用 STATA12.0 软件进行统计分析工作。

## 二　变量选取及操作性定义

（1）被解释变量

目标公司 *TC*。参照 Bodnaruk 等（2009）、韩洁等（2014）和 Cukurova（2015）的研究，公司是否成为并购中的目标公司，是为 1，否为 0。

（2）解释变量

①董事联结 *BI*。董事联结即两家或多家企业因聘请相同的董事会成员（一位或者以上）而形成的联结关系。根据 Mizruchi（1996）、Beckman 和 Haunschild（2002）以及陈仕华等（2013）的研究，若并购公司与（潜在）目标公司存在董事联结，取值为 1，否则为 0。

②内部董事联结 *BI_IN*。内部董事和外部董事在企业中的职能不同，由这两种联结董事建立的董事联结在信息传递和组织协调方面发挥的作用也存在一定的差异。内部董事由于同时担任管理职务，因此可以获取企业更多的私有信息，而且，内部董事在企业决策过程中也拥有更大的话语权，并有可能直接参与某些决策的具体执行，因此，内部董事联结会在企业间的信息传递和组织协调方面发挥更重要的作用。根据陈运森等（2012）和陈仕华等（2013）的研究，满足至少有一位联结董事在一方或同时在两方担任内部董事这一条件的企业间的联结关系为内部董事联结。若并购公司与（潜在）目标公司存在内部董事联结，取值为 1，否则为 0。

③外部董事联结 *BI_OUT*。外部董事并不参与公司日常事务的管理，主要责任是履行对股东的信托业务，加强董事会对管理者的监督。在并购决策和并购执行过程中，外部董事主要发挥监督和建议的作用。根据陈运森等（2012）和陈仕华等（2013）的研究，满足联结董事全部在两方担任外部董事这一条件的企业间的联结关系为外部董事联结。若并购公司与（潜在）目标公司存在外部董事联结，取值为 1，否则为 0。

④股权性质 *NATURE*。参照 Shleifer 和 Vishny（1994）以及黄志忠

（2009）对股权性质的定义，公司控股股东为非国有性质定义为 1，控股股东为国有性质定义为 0。

⑤联结董事同行业或同产品市场并购经验 *IAE*。借鉴 Kroll 等（2008）和 McDonald 等（2008）的研究，在年度 *y*（*t*-5≤*y*≤*t*-1，*t* 为焦点并购公司发生并购交易的年度）与焦点并购公司存在董事联结的联结公司所发生的并购，其目标公司与焦点并购公司进行并购交易的目标公司属于同一行业（行业分类与行业虚拟变量标准相同），焦点并购公司的所有联结公司发生上述并购的次数之和，为联结董事同行业或同产品市场并购经验。

⑥联结董事相关并购经验 *RAE*。借鉴 Fowler 和 Schmidt（1989）、Haleblian 和 Finkelstein（1999）以及 McDonald 等（2008）的研究，在年度 *y*（*t*-5≤*y*≤*t*-1，*t* 为焦点并购公司发生并购交易的年度）与焦点并购公司存在董事联结的所有联结公司进行相关并购的次数之和，为联结董事相关并购经验。

⑦联结董事非相关并购经验 *UAE*。借鉴 Fowler 和 Schmidt（1989）、Haleblian 和 Finkelstein（1999）以及 McDonald 等（2008）的研究，在年度 *y*（*t*-5≤*y*≤*t*-1，*t* 为焦点并购公司发生并购交易的年度）与焦点并购公司存在董事联结的所有联结公司进行非相关并购的次数之和，为联结董事非相关并购经验。

（3）控制变量

①公司并购经验 *FAE*。一些学者提出，公司层面的并购经验会对并购活动产生影响（Gulati，1995；Beckman，Haunschild，2002）。因此，本书使用并购公司在当前并购交易发生前 5 年至前 1 年，曾经发生并购交易的次数衡量公司并购经验。根据 McDonald 等（2008）的研究，公司层面的并购经验也可以分为公司同行业或同产品市场并购经验、公司相关并购经验和公司非相关并购经验三种类型。公司同行业或同产品市场并购经验使用并购公司在当前并购交易发生前 5 年至前 1 年，曾经发生的并购交易中目标公司与当前并购交易中的目标公司属于同一行业（行业划分标准与行业虚拟变量设置相同）的并购交易次数衡量（Haunschild，1994；Haleblian，Finkelstein，1999）。公司相关并购经验使用并购公司在当前并购交易发生前 5 年至前 1 年，曾经发生的相关并购交易次数来衡量（Gulati，1995；Beckman，Haunschild，

2002；McDonald et al., 2008）。公司层面的非相关并购经验使用并购公司在当前并购交易发生前 5 年至前 1 年，曾经发生的非相关并购交易次数来衡量（Gulati，1995；Beckman，Haunschild，2002；McDonald et al., 2008）。当考察联结董事不同类型的并购经验对董事联结与并购目标选择关系的影响时，使用相应类型的公司并购经验作为控制变量，否则不对公司并购经验进行分类。

②营利性 ROE。根据 Capron 和 Shen（2007），营利性用并购公告前一年（潜在）目标公司的净资产收益率衡量。

③资产质量 BM。根据 Bodnaruk 等（2009）和韩洁等（2014），资产质量用交易宣告前一年末（潜在）目标公司权益的账面价值与市场价值之比衡量。

④负债比率 DE。根据王宏利（2005）和 Almazan 等（2010），负债比率为交易宣告前一年末（潜在）目标公司负债权益比率。

⑤公司规模 MV。根据 Bodnaruk 等（2009）和韩洁等（2014）的研究，公司规模为交易宣告前一年末（潜在）目标公司总市值的自然对数。

⑥高管持股 SHARE。根据 Jensen 和 Ruback（1983）以及 Hayward 和 Hambrick（1997）的研究，高管持股使用交易宣告前一年末（潜在）目标公司高管（包括董事）持股比例合计衡量。

⑦股权集中度 CRL。根据 Jensen 和 Ruback（1983）、Shen 和 Reuer（2005）以及 Cukurova（2015），股权集中度为交易宣告前一年末，（潜在）目标公司第一大股东持股的比例。

⑧成长性 GROWTH。根据 Pagano 等（1998），成长性为交易宣告前一年，（潜在）目标公司的主营业务收入增长率。

⑨价值高估程度 PER。根据赵勇和朱武祥（2000），价值高估程度可用市盈率表示，通过计算交易宣告前一年末，（潜在）目标公司每股市价与每股收益比值得到。

⑩行业竞争程度 HHI。本书借鉴姜付秀等（2009）的做法，采用赫芬达尔—赫希曼指数来度量行业竞争强度：

$$HHI = \sum (X_i/X)^2 \qquad (公式 4.1)$$

根据公式计算赫芬达尔—赫希曼指数，其中，$X = \sum X_i$，$X_i$ 为交易宣告前一年末，（潜在）目标公司 $i$ 的销售额。根据统计学的知识，当一个行业的公司数目一定时，赫芬达尔—赫希曼指数越小，说明（潜在）目标公司行业内相同产出规模的公司就越多，行业内公司之间的竞争就越激烈。

⑪股票波动率 *STD*。Kang 和 Kim（2008）指出，股票收益的标准差越大，预示着公司未来的发展前景越不确定，不确定性的提高意味着风险的扩大，信息不对称程度也会因此而提高。依据他们的研究，本书选取（潜在）目标公司交易宣告前两年的月股票报酬回报率标准差来衡量股票波动率。

⑫融资约束 *ACR*。本书使用交易宣告前一年末的财务柔性衡量并购公司的融资约束。财务柔性是企业通过适当的财务政策安排而建立起来的获取和调用内外部资金的能力。根据定义可知，财务柔性越高，并购公司的融资约束越小，反之亦然。因此，借鉴曾爱民等（2013）的做法，财务柔性＝负债融资柔性＋现金柔性，其中负债融资柔性＝Max（0，行业平均负债比率–企业负债比率），现金柔性＝企业现金比率–行业平均现金比率。

⑬两职情况 *DUAL*。根据 Capron 和 Shen（2007）以及陈仕华等（2013），若交易宣告前一年末，（潜在）目标公司董事长与总经理两职兼任，则为 1，否则为 0。

⑭董事会独立性 *IND*。根据 Capron 和 Shen（2007）以及陈仕华等（2013），董事会独立性用独立董事比例表示，为交易宣告前一年末，（潜在）目标公司独立董事人数占董事会成员总数的比例。

⑮董事会规模 *SCALE*。根据 Capron 和 Shen（2007）以及陈仕华等（2013），董事会规模为交易宣告前一年末，（潜在）目标公司董事会成员数量。

⑯自由现金流 *CASH*。根据赵勇和朱武祥（2000），用交易宣告前一年末，（潜在）目标公司自由现金流与总资产的比值衡量（潜在）目标公司的自由现金流状况。

⑰相同地区 *SP*。根据 Aliberti 和 Green（1999）以及 Portes 和 Rey（2005），若并购双方处于相同地区（地区划分以各省份为标准），则为 1，否则为 0。

此外，本书还把年份（*YEAR*）和行业（*INDUSTRY*）作为文中模型的控制变量。变量定义及说明如表 4-1 所示。

表 4-1 变量定义及说明

| | 变量名称 | 代码 | 变量说明 | 文献依据 |
|---|---|---|---|---|
| 被解释变量 | 目标公司 | TC | 公司是否成为并购中的目标公司，是为 1，否为 0 | Bodnaruk et al., 2009；韩洁等，2014 |
| 解释变量 | 董事联结 | BI | 并购公司与（潜在）目标公司是否存在董事联结，是为 1，否为 0 | Mizruchi, 1996；陈仕华等，2013 |
| | 内部董事联结 | BI_IN | 并购公司与（潜在）目标公司是否存在内部董事联结，是为 1，否为 0 | 陈运森等，2012；陈仕华等，2013 |
| | 外部董事联结 | BI_OUT | 并购公司与（潜在）目标公司是否存在外部董事联结，是为 1，否为 0 | 陈运森等，2012；陈仕华等，2013 |
| | 股权性质 | NATURE | 公司控股股东为非国有性质定义为 1，控股股东为国有性质定义为 0 | Shleifer, Vishny, 1994；黄志忠，2009 |
| | 联结董事同行业或同产品市场并购经验 | IAE | 在年度 $y$（$t-5 \leqslant y \leqslant t-1$，$t$ 为焦点并购公司发生并购交易的年度）与焦点并购公司存在董事联结的联结公司所发生的并购，其目标公司与焦点并购公司进行并购交易的目标公司属于同一行业（行业分类与行业虚拟变量标准相同），焦点并购公司的所有联结公司发生上述并购的次数之和 | Kroll et al., 2008；McDonald et al., 2008 |
| | 联结董事相关并购经验 | RAE | 在年度 $y$（$t-5 \leqslant y \leqslant t-1$，$t$ 为焦点并购公司发生并购交易的年度）与焦点并购公司存在董事联结的所有联结公司进行相关并购的次数之和 | Fowler, Schmidt, 1989；Haleblian, Finkelstein, 1999；McDonald et al., 2008 |
| | 联结董事非相关并购经验 | UAE | 在年度 $y$（$t-5 \leqslant y \leqslant t-1$，$t$ 为焦点并购公司发生并购交易的年度）与焦点并购公司存在董事联结的所有联结公司进行非相关并购的次数之和 | Fowler, Schmidt, 1989；Haleblian, Finkelstein, 1999；McDonald et al., 2008 |

| 变量名称 | 代码 | 变量说明 | 文献依据 |
|---|---|---|---|
| 控制变量 公司并购经验 | FAE | 并购公司在当前并购交易发生前 5 年至前 1 年，曾经发生并购交易的次数。公司并购经验可分为公司同行业或同产品市场并购经验、公司相关并购经验和公司非相关并购经验三种类型。公司同行业或同产品市场并购经验为并购公司在当前并购交易发生前 5 年至前 1 年，曾经发生的并购交易中目标公司与当前并购交易中的目标公司属于同一行业（行业划分标准与行业虚拟变量设置相同）的并购交易次数。公司（非）相关并购经验为并购公司在当前并购交易发生前 5 年至前 1 年，曾经发生的（非）相关并购交易次数 | Haunschild, 1994; Gulati, 1995; Haleblian, Finkelstein, 1999; Beckman, Haunschild, 2002; McDonald et al., 2008 |
| 营利性 | ROE | 并购公告前一年（潜在）目标公司的净资产收益率 | Capron, Shen, 2007 |
| 资产质量 | BM | 交易宣告前一年末（潜在）目标公司权益的账面价值与市场价值之比 | Bodnaruk et al., 2009; 韩洁等, 2014 |
| 负债比率 | DE | 交易宣告前一年末（潜在）目标公司负债权益比率 | 王宏利, 2005; Almazan et al., 2010 |
| 公司规模 | MV | 交易宣告前一年末（潜在）目标公司总市值的自然对数 | Bodnaruk et al., 2009; 韩洁等, 2014 |
| 高管持股 | SHARE | 交易宣告前一年末（潜在）目标公司高管（包括董事）持股比例合计 | Jensen, Ruback, 1983; Hayward, Hambrick, 1997 |
| 股权集中度 | CRL | 交易宣告前一年末（潜在）目标公司第一大股东持股比例 | Shen, Reuer, 2005; Cukurova, 2015 |
| 成长性 | GROWTH | 交易宣告前一年（潜在）目标公司主营业务收入增长率 | Pagano et al., 1998 |
| 价值高估程度 | PER | 交易宣告前一年末（潜在）目标公司每股市价与每股收益比值 | 赵勇、朱武祥, 2000 |
| 行业竞争程度 | HHI | 公式 4.1 | 姜付秀等, 2009 |

续表

| 变量名称 | 代码 | 变量说明 | 文献依据 |
|---|---|---|---|
| 股票波动率 | *STD* | （潜在）目标公司交易宣告前两年的月股票报酬回报率的标准差 | Kang，Kim，2008 |
| 融资约束 | *ACR* | 财务柔性＝负债融资柔性＋现金柔性，其中负债融资柔性＝Max（0，行业平均负债比率−企业负债比率），现金柔性＝企业现金比率−行业现金比率 | Byoun，2011；曾爱民等，2013 |
| 两职情况 | *DUAL* | 交易宣告前一年末（潜在）目标公司董事长与总经理两职兼任情况，兼任为1，否则为0 | Capron，Shen，2007；陈仕华等，2013 |
| 董事会独立性 | *IND* | 交易宣告前一年末（潜在）目标公司独立董事人数占董事会成员总数的比例 | Capron，Shen，2007；陈仕华等，2013 |
| 董事会规模 | *SCALE* | 交易宣告前一年末（潜在）目标公司董事成员数量 | Capron，Shen，2007；陈仕华等，2013 |
| 自由现金流 | *CASH* | 交易宣告前一年末（潜在）目标公司自由现金流与总资产的比值 | 赵勇、朱武祥，2000 |
| 相同地区 | *SP* | 并购双方是否处于相同地区（地区划分以各省份为标准），是为1，否为0 | Portes，Rey，2005 |
| 年份 | *YEAR* | 并购交易发生在2002～2015年14个年份，设置13个年份虚拟变量 | Cukurova，2015 |
| 行业 | *INDUSTRY* | 根据中国证监会《上市公司行业分类指引》（2001）的行业标准，制造业采用二级代码分类，其他行业按一级代码分类，共分为22个行业子类，设置21个行业虚拟变量 | 蒋丽娜等，2011 |

（控制变量）

## 三　计量模型构建

在对已有文献（Bodnaruk et al.，2009；陈仕华等，2013；Cukurova，2015）进行回顾和理论分析的基础上，本书将目标公司作为被解释变量，将董事联结作为解释变量，并根据已有的研究结论设置了相关控制变量，从而构建如下 Probit 回归方程，以检验董事联结对并购目标选择的影响：

$$TC = \alpha_0 + \alpha_1 BI + \alpha_2 FAE + \alpha_3 ROE + \alpha_4 BM + \alpha_5 DE + \alpha_6 SHARE + \alpha_7 CRL +$$
$$\alpha_8 GROWTH + \alpha_9 PER + \alpha_{10} HHI + \alpha_{11} STD + \alpha_{12} ACR + \alpha_{13} DUAL + \alpha_{14} IND + \quad \text{（模型 4.1）}$$
$$\alpha_{15} SCALE + \alpha_{16} CASH + \alpha_{17} SP + \sum_i YEAR_i + \sum_j INDUSTRY_j + \varepsilon$$

模型 4.1 中，$TC$ 为目标公司，$BI$ 为董事联结，$\alpha_0$ 为截距项，$\alpha_1 \sim \alpha_{17}$ 为各变量的估计系数，$\varepsilon$ 为随机误差项。

本书将董事联结进一步划分为内部董事联结和外部董事联结，并分别考察内部董事联结（$BI\_IN$）和外部董事联结（$BI\_OUT$）对并购目标选择的影响，形成模型 4.2 和模型 4.3：

$$TC = \chi_0 + \chi_1 BI\_IN + \chi_2 FAE + \chi_3 ROE + \chi_4 BM + \chi_5 DE + \chi_6 SHARE + \chi_7 CRL +$$
$$\chi_8 GROWTH + \chi_9 PER + \chi_{10} HHI + \chi_{11} STD + \chi_{12} ACR + \chi_{13} DUAL + \chi_{14} IND + \quad \text{（模型 4.2）}$$
$$\chi_{15} SCALE + \chi_{16} CASH + \chi_{17} SP + \sum_i YEAR_i + \sum_j INDUSTRY_j + \varepsilon$$

$$TC = \varphi_0 + \varphi_1 BI\_OUT + \varphi_2 FAE + \varphi_3 ROE + \varphi_4 BM + \varphi_5 DE + \varphi_6 SHARE +$$
$$\varphi_7 CRL + \varphi_8 GROWTH + \varphi_9 PER + \varphi_{10} HHI + \varphi_{11} STD + \varphi_{12} ACR + \varphi_{13} DUAL + \quad \text{（模型 4.3）}$$
$$\varphi_{14} IND + \varphi_{15} SCALE + \varphi_{16} CASH + \varphi_{17} SP + \sum_i YEAR_i + \sum_j INDUSTRY_j + \varepsilon$$

模型 4.2 中，$TC$ 为目标公司，$BI\_IN$ 为内部董事联结，$\chi_0$ 为截距项，$\chi_1 \sim \chi_{17}$ 为各变量的估计系数，$\varepsilon$ 为随机误差项。

模型 4.3 中，$TC$ 为目标公司，$BI\_OUT$ 为外部董事联结，$\varphi_0$ 为截距项，$\varphi_1 \sim \varphi_{17}$ 为各变量的估计系数，$\varepsilon$ 为随机误差项。

为检验股权性质对董事联结与并购目标选择关系的影响，将股权性质（$NATURE$）和董事联结与股权性质的交互项（$BI \times NATURE$）引入模型 4.1 中，构建模型 4.4：

$$TC = \beta_0 + \beta_1 BI + \beta_2 NATURE + \beta_3 BI \times NATURE + \beta_4 FAE + \beta_5 ROE +$$
$$\beta_6 BM + \beta_7 DE + \beta_8 SHARE + \beta_9 CRL + \beta_{10} GROWTH + \beta_{11} PER + \beta_{12} HHI +$$
$$\beta_{13} STD + \beta_{14} ACR + \beta_{15} DUAL + \beta_{16} IND + \beta_{17} SCALE + \beta_{18} CASH + \beta_{19} SP + \quad \text{（模型 4.4）}$$
$$\sum_i YEAR_i + \sum_j INDUSTRY_j + \varepsilon$$

模型 4.4 中，*TC* 为目标公司，*BI* 为董事联结，*NATURE* 为股权性质，*BI×NATURE* 为董事联结与股权性质的交互项，$\beta_0$ 为截距项，$\beta_1 \sim \beta_{19}$ 为各变量的估计系数，$\varepsilon$ 为随机误差项。

借鉴 McDonald 等（2008）的研究，按照联结董事从并购活动中获取并购知识或者并购技能的差异性，联结董事的并购经验可以分为联结董事同行业或同产品市场并购经验、联结董事相关并购经验和联结董事非相关并购经验三种类型。为检验联结董事同行业或同产品市场并购经验对董事联结与并购目标选择关系的影响，将联结董事同行业或同产品市场并购经验（*IAE*）和董事联结与联结董事同行业或同产品市场并购经验的交互项（*BI×IAE*）引入模型 4.1 中，构建模型 4.5：

$$
\begin{aligned}
TC = &\eta_0 + \eta_1 BI + \eta_2 IAE + \eta_3 BI \times IAE + \eta_4 FAE + \eta_5 ROE + \eta_6 BM + \\
&\eta_7 DE + \eta_8 SHARE + \eta_9 CRL + \eta_{10} GROWTH + \eta_{11} PER + \eta_{12} HHI + \\
&\eta_{13} STD + \eta_{14} ACR + \eta_{15} DUAL + \eta_{16} IND + \eta_{17} SCALE + \eta_{18} CASH + \\
&\eta_{19} SP + \sum_i YEAR_i + \sum_j INDUSTRY_j + \varepsilon
\end{aligned}
\qquad (\text{模型 4.5})
$$

模型 4.5 中，*TC* 为目标公司，*BI* 为董事联结，*IAE* 为联结董事同行业或同产品市场并购经验，*BI×IAE* 为董事联结与联结董事同行业或同产品市场并购经验的交互项，*FAE* 为公司同行业或同产品市场并购经验，$\eta_0$ 为截距项，$\eta_1 \sim \eta_{19}$ 为各变量的估计系数，$\varepsilon$ 为随机误差项。

由于本书认为，联结董事并购经验能够对焦点并购公司的并购活动产生积极影响，应该满足联结公司前期的并购与焦点并购公司当前的并购相类似这一前提条件，为了满足这一前提条件，检验联结董事相关并购经验和非相关并购经验对董事联结与并购目标选择关系的影响，本书根据前人的研究，将并购事件样本分为相关并购和非相关并购两个子样本（Fowler，Schmidt，1989；Krishnan et al.，1997；冯根福、吴林江，2001；张新，2003；McDonald et al.，2008），分别考察在相关并购中，联结董事相关并购经验对董事联结与并购目标选择关系的影响，以及在非相关并购中，联结董事非相关并购经验对董事联结与并购目标选择关系的影响。将联结董事相关并购经验（*RAE*）和董事联结与联结董事相关并购经验的交互项（*BI×RAE*）引入模型 4.1 中，构建模型 4.6：

$$TC = \gamma_0 + \gamma_1 BI + \gamma_2 RAE + \gamma_3 BI \times RAE + \gamma_4 FAE + \gamma_5 ROE + \gamma_6 BM +$$
$$\gamma_7 DE + \gamma_8 SHARE + \gamma_9 CRL + \gamma_{10} GROWTH + \gamma_{11} PER + \gamma_{12} HHI +$$
$$\gamma_{13} STD + \gamma_{14} ACR + \gamma_{15} DUAL + \gamma_{16} IND + \gamma_{17} SCALE + \gamma_{18} CASH +$$
$$\gamma_{19} SP + \sum_i YEAR_i + \sum_j INDUSTRY_j + \varepsilon$$

（模型 4.6）

模型 4.6 中，$TC$ 为目标公司，$BI$ 为董事联结，$RAE$ 为联结董事相关并购经验，$BI \times RAE$ 为董事联结与联结董事相关并购经验的交互项，$FAE$ 为公司相关并购经验，$\gamma_0$ 为截距项，$\gamma_1 \sim \gamma_{19}$ 为各变量的估计系数，$\varepsilon$ 为随机误差项。

将联结董事非相关并购经验（$UAE$）和董事联结与联结董事非相关并购经验的交互项（$BI \times UAE$）引入模型 4.1 中，构建模型 4.7：

$$TC = \theta_0 + \theta_1 BI + \theta_2 UAE + \theta_3 BI \times UAE + \theta_4 FAE + \theta_5 ROE + \theta_6 BM +$$
$$\theta_7 DE + \theta_8 SHARE + \theta_9 CRL + \theta_{10} GROWTH + \theta_{11} PER + \theta_{12} HHI +$$
$$\theta_{13} STD + \theta_{14} ACR + \theta_{15} DUAL + \theta_{16} IND + \theta_{17} SCALE + \theta_{18} CASH +$$
$$\theta_{19} SP + \sum_i YEAR_i + \sum_j INDUSTRY_j + \varepsilon$$

（模型 4.7）

模型 4.7 中，$TC$ 为目标公司，$BI$ 为董事联结，$UAE$ 为联结董事非相关并购经验，$BI \times UAE$ 为董事联结与联结董事非相关并购经验的交互项，$FAE$ 为公司非相关并购经验，$\theta_0$ 为截距项，$\theta_1 \sim \theta_{19}$ 为各变量的估计系数，$\varepsilon$ 为随机误差项。

为了对比在相关并购和非相关并购两个子样本中，联结董事相关并购经验和非相关并购经验对董事联结与并购目标选择关系的影响，本书还将联结董事相关并购经验（$RAE$）、董事联结与联结董事相关并购经验的交互项（$BI \times RAE$）、联结董事非相关并购经验（$UAE$）以及董事联结与联结董事非相关并购经验的交互项（$BI \times UAE$）引入模型 4.1 中，构建模型 4.8：

$$TC = \lambda_0 + \lambda_1 BI + \lambda_2 RAE + \lambda_3 BI \times RAE + \lambda_4 UAE + \lambda_5 BI \times UAE +$$
$$\lambda_6 FAE + \lambda_7 ROE + \lambda_8 BM + \lambda_9 DE + \lambda_{10} SHARE + \lambda_{11} CRL + \lambda_{12} GROWTH +$$
$$\lambda_{13} PER + \lambda_{14} HHI + \lambda_{15} STD + \lambda_{16} ACR + \lambda_{17} DUAL + \lambda_{18} IND + \lambda_{19} SCALE +$$
$$\lambda_{20} CASH + \lambda_{21} SP + \sum_i YEAR_i + \sum_j INDUSTRY_j + \varepsilon$$

（模型 4.8）

模型 4.8 中，*TC* 为目标公司，*BI* 为董事联结，*RAE* 为联结董事相关并购经验，*BI×RAE* 为董事联结与联结董事相关并购经验的交互项，*UAE* 为联结董事非相关并购经验，*BI×UAE* 为董事联结与联结董事非相关并购经验的交互项，当并购事件样本为相关并购子样本时，*FAE* 为公司相关并购经验，当并购事件样本为非相关并购子样本时，*FAE* 为公司非相关并购经验，$\lambda_0$ 为截距项，$\lambda_1 \sim \lambda_{21}$ 为各变量的估计系数，$\varepsilon$ 为随机误差项。

为避免多重共线性，本书对模型中的所有交互项均进行了中心化处理。回归前，笔者查看了每个连续自变量的正态性，对不符合正态性的连续变量进行了正态性转化。此外，在回归后，本章对回归模型进行了 Linktest 检定，确保模型无设定误差（Specification Error）。

## 第三节　实证结果分析

### 一　描述性统计分析

（1）并购样本描述性统计分析

表 4-2 给出了按年度划分的并购样本和相对应的董事联结样本概况。2007 年至 2009 年是中国 A 股上市公司并购较为活跃的年份，这是因为 2005 年 5 月股权分置改革之后，并购和新股发行成为中国证券市场资源配置的两大主要方式。2010 年以后，尽管并购交易发生数量有所减少，但是并购活动较 2006 年以前仍热度不减。2014 年以来，证监会逐步放宽了对并购的政策限制，国家发改委等部门也陆续出台一系列有助于降低并购重组交易成本的法规，2014 年中国 A 股上市公司并购交易又开始呈现反弹增长趋势，2015 年并购交易数量达到 2002 年以来的最大峰值。相对应地，2007～2009 年并购双方存在的董事联结样本也相对较多，2010 年以后联结数量有所减少，但是 2013 年开始董事联结数量回升。整体而言，联结样本占并购样本的比重达到 19.49%。鉴于中国上市公司并购行为的活跃现状，以及并购双方之间董事联结存在的常见性，本书的研究将具有重要意义。

表4-2 按年度分类的并购样本描述性统计

单位：个，%

| 年份 | 并购样本 | 样本比重 | 联结样本 | 非联结样本 | 联结样本比重 |
|------|---------|---------|---------|-----------|-------------|
| 2002 | 20 | 3.17 | 2 | 18 | 10.00 |
| 2003 | 24 | 3.80 | 3 | 21 | 12.50 |
| 2004 | 24 | 3.80 | 1 | 23 | 4.17 |
| 2005 | 20 | 3.17 | 4 | 16 | 20.00 |
| 2006 | 31 | 4.91 | 5 | 26 | 16.13 |
| 2007 | 64 | 10.14 | 8 | 56 | 12.50 |
| 2008 | 71 | 11.25 | 13 | 58 | 18.31 |
| 2009 | 63 | 9.98 | 19 | 44 | 30.16 |
| 2010 | 35 | 5.55 | 7 | 28 | 20.00 |
| 2011 | 40 | 6.34 | 7 | 33 | 17.50 |
| 2012 | 40 | 6.34 | 11 | 29 | 27.50 |
| 2013 | 40 | 6.34 | 14 | 26 | 35.00 |
| 2014 | 50 | 7.92 | 8 | 42 | 16.00 |
| 2015 | 109 | 17.27 | 21 | 88 | 19.27 |
| 合计 | 631 | 100.00 | 123 | 508 | 19.49 |

（2）变量全样本描述性统计分析

表4-3显示了配对形成的16568个总体样本的描述性统计结果。其中，并购双方存在董事联结的样本数量为149个，无董事联结的样本数量为16419个，真正发生并购事件的联结样本数量为109个，通过配对产生的联结样本数量为40个，存在内部董事联结的样本数量为106个，存在外部董事联结的样本数量为43个。股权性质（NATURE）的均值为0.36，说明样本中并购公司为非国有控股公司的样本数量为总样本数量的36%，这与我国上市公司中非国有控股公司和国有控股公司之间的构成比重相类似。联结董事所拥有的同行业或同产品市场并购经验（IAE）均值为0.15，最大值为3.00，说明联结公司曾经对某行业或某产品市场中的公司进行过并购，而焦点并购公司也在该行业或该产品市场进行

并购的情况较少，联结董事在焦点并购公司的当前并购中可以贡献的，与目标公司所处行业或产品市场最为相关的并购经验稍显不足，但最大值为 3.00，说明在一些公司中，联结董事的同行业或同产品市场并购经验还是可以对焦点并购公司当前进行的并购产生一定的影响。联结董事相关并购经验（$RAE$）均值为 0.38，最大值为 5.00，联结董事非相关并购经验（$UAE$）均值为 0.65，最大值为 10.00，表明联结董事在兼职过程中，参与的较多的是非相关并购，能够为非相关并购带来更多的并购专业知识和技能。公司并购经验（$FAE$）的均值为 0.62，最大值为 8.00，说明并购公司在过去的并购中也积累了一定的并购经验。目标公司并购前一年的价值高估程度（$PER$）均值为 99.09，说明目标公司的市值存在较严重的高估现象。并购公司交易宣告前一年末的融资约束（$ACR$）均值为 -0.12，说明并购公司存在一定程度的融资约束问题，此时选择存在董事联结的公司作为目标公司，可以有效地降低信息不对称程度，当选择股票作为并购支付方式时，可以有效地避免低估并购支付成本。

表 4-3　变量全样本描述性统计

| 变量 | 均值 | 标准差 | 中位数 | 最小值 | 最大值 |
| --- | --- | --- | --- | --- | --- |
| $TC$ | 0.04 | 0.18 | 0.00 | 0.00 | 1.00 |
| $BI$ | 0.01 | 0.09 | 0.00 | 0.00 | 1.00 |
| $BI\_IN$ | 0.01 | 0.08 | 0.00 | 0.00 | 1.00 |
| $BI\_OUT$ | 0.00 | 0.05 | 0.00 | 0.00 | 1.00 |
| $NATURE$ | 0.36 | 0.48 | 0.00 | 0.00 | 1.00 |
| $IAE$ | 0.15 | 0.53 | 0.00 | 0.00 | 3.00 |
| $RAE$ | 0.38 | 0.88 | 0.00 | 0.00 | 5.00 |
| $UAE$ | 0.65 | 1.39 | 0.00 | 0.00 | 10.00 |
| $FAE$ | 0.62 | 3.16 | 1.00 | 0.00 | 8.00 |
| $ROE$ | 0.05 | 0.68 | 0.06 | -29.88 | 23.27 |
| $BM$ | 0.77 | 1.34 | 0.48 | -17.49 | 48.95 |
| $DE$ | 1.32 | 8.32 | 0.40 | 0.00 | 335.10 |

| 变量 | 均值 | 标准差 | 中位数 | 最小值 | 最大值 |
|------|------|--------|--------|--------|--------|
| *SHARE* | 0.06 | 0.14 | 0.00 | 0.00 | 0.82 |
| *CRL* | 0.34 | 14.97 | 0.32 | 0.03 | 0.89 |
| *GROWTH* | 0.21 | 0.64 | 0.10 | −0.70 | 3.88 |
| *PER* | 99.09 | 361.40 | 40.64 | −72.00 | 420.00 |
| *HHI* | 0.05 | 0.07 | 0.04 | 0.02 | 0.90 |
| *STD* | 0.13 | 0.05 | 0.12 | 0.02 | 0.68 |
| *ACR* | −0.12 | 2.52 | −0.03 | −0.40 | 0.33 |
| *DUAL* | 0.23 | 0.42 | 0.00 | 0.00 | 1.00 |
| *IND* | 0.35 | 0.08 | 0.33 | 0.00 | 0.71 |
| *SCALE* | 8.93 | 1.93 | 9.00 | 3.00 | 20.00 |
| *CASH* | 0.01 | 0.11 | 0.01 | −0.61 | 0.39 |
| *SP* | 0.07 | 0.25 | 0.00 | 0.00 | 1.00 |

（3）变量分组样本描述性统计分析

本书以焦点并购公司与潜在目标公司是否存在董事联结为标准，将样本分为联结样本和非联结样本，对两组样本间的差异性进行了均值 T 检验和秩和检验，表 4-4 给出了按董事联结情况分组的描述性统计结果。有无董事联结样本之间存在显著的差异：与焦点并购公司存在董事联结的潜在目标公司成为目标公司（*TC*）的可能性显著大于不存在董事联结的潜在目标公司，符合本书的理论预期；联结样本中的联结董事的同行业或同产品市场并购经验（*IAE*）、相关并购经验（*RAE*）和非相关并购经验（*UAE*）显著高于非联结样本组；联结样本中的目标公司的营利性（*ROE*）、资产质量（*BM*）、负债比率（*DE*）、价值高估程度（*PER*）、行业竞争程度（*HHI*）、公司治理水平［主要体现在董事会独立性（*IND*）和董事会规模（*SCALE*）两个指标］以及并购双方处于相同地区（*SP*）的可能性均显著高于非联结样本组，公司并购经验（*FAE*）和高管持股（*SHARE*）水平显著低于非联结样本组。

表 4-4 联结样本和非联结样本描述性统计

| 变量 | 联结样本 | | 非联结样本 | | T 检验 | 秩和检验 |
|---|---|---|---|---|---|---|
| | 均值 | 中位数 | 均值 | 中位数 | | |
| TC | 0.73 | 1.00 | 0.03 | 0.00 | 49.83*** | 46.47*** |
| NATURE | 0.34 | 0.00 | 0.36 | 0.00 | -0.66 | -0.66 |
| IAE | 0.35 | 0.00 | 0.15 | 0.00 | 4.50*** | 5.75*** |
| RAE | 0.45 | 0.00 | 0.38 | 0.00 | 0.97 | 2.23** |
| UAE | 1.10 | 1.00 | 0.65 | 0.00 | 3.96*** | 6.23*** |
| FAE | 0.42 | 0.00 | 0.62 | 0.00 | -2.40** | -0.40 |
| ROE | 0.25 | 0.07 | 0.05 | 0.06 | 3.67*** | 2.63*** |
| BM | 0.78 | 0.58 | 0.77 | 0.48 | 0.16 | 2.18** |
| DE | 1.37 | 0.79 | 1.32 | 0.40 | 0.07 | 4.67*** |
| SHARE | 0.02 | 0.00 | 0.06 | 0.00 | -4.11*** | -4.92*** |
| CRL | 0.33 | 0.30 | 0.34 | 0.32 | -1.39 | -1.74* |
| GROWTH | 0.15 | 0.12 | 0.21 | 0.16 | -0.13 | -0.20 |
| PER | 99.30 | 33.93 | 99.09 | 40.70 | 9.68*** | 1.86* |
| HHI | 0.07 | 0.05 | 0.05 | 0.04 | 2.82*** | 2.85*** |
| STD | 0.13 | 0.11 | 0.13 | 0.12 | -0.91 | -1.44 |
| ACR | 0.11 | -0.31 | -0.12 | -0.32 | 1.10 | 0.18 |
| DUAL | 0.18 | 0.00 | 0.23 | 0.00 | -1.32 | -1.32 |
| IND | 0.37 | 0.35 | 0.35 | 0.33 | 2.02** | 2.10** |
| SCALE | 9.72 | 9.00 | 8.93 | 9.00 | 4.94*** | 3.97*** |
| CASH | 0.02 | 0.01 | 0.01 | 0.01 | 0.16 | -0.64 |
| SP | 0.51 | 1.00 | 0.06 | 0.00 | 22.39*** | 22.06*** |
| 样本数（个） | 149 | 149 | 16419 | 16419 | — | — |

注：*、**、*** 分别代表 10%、5% 和 1% 的显著性水平。

　　本书还以焦点公司进行的并购是否为相关并购为标准，将样本分为相关并购样本和非相关并购样本，对两组样本间的差异性进行了均值 T 检验和秩和检验，表 4-5 给出了按相关并购情况分组的描述性统计结果。是否相关并购样本之间存在如下显著差异：相关并购样本中并购双方存在董事联结（*BI*）、内部董事联结（*BI_IN*）以及外部董事联结（*BI_OUT*）的可能性与非相关并购样本组相同；相关并购样本中股权性质（*NATURE*）为非国有控股公司的并购公司显著低于非相关并购样本组；相关并购样本中联结董事相关并购经验（*RAE*）显著高于非相关并购样本组，说明在相关并购中联结董事具有较多的相关并购经验，联结董事的相关并购经验可能在相关并购中发挥更大的作用；非相关并购样本中联结董事非相关并购经验（*UAE*）显著高于相关并购样本组，说明在非相关并购中联结董事具有较多的非相关并购经验，联结董事的非相关并购经验可能在非相关并购中发挥更大的作用；相关并购样本中联结董事同行业或同产品市场并购经验（*IAE*）显著高于非相关并购样本组；相关并购样本中目标公司的营利性（*ROE*）、资产质量（*BM*）、行业竞争程度（*HHI*）、股票波动率（*STD*）、融资约束（*ACR*）、公司治理水平［主要体现在股权集中度（*CRL*）、董事会独立性（*IND*）和董事会规模（*SCALE*）三个指标］和并购双方处于相同地区（*SP*）的可能性均显著高于非相关并购样本组，公司并购经验（*FAE*）和高管持股（*SHARE*）均显著低于非相关并购样本组。

表 4-5　相关并购样本和非相关并购样本描述性统计

| 变量 | 相关并购样本 | | 非相关并购样本 | | T 检验 | 秩和检验 |
|---|---|---|---|---|---|---|
| | 均值 | 中位数 | 均值 | 中位数 | | |
| *TC* | 0.04 | 0.00 | 0.03 | 0.00 | 0.05 | 0.05 |
| *BI* | 0.01 | 0.00 | 0.01 | 0.00 | 5.24 *** | 5.24 *** |
| *BI_IN* | 0.01 | 0.00 | 0.01 | 0.00 | 4.70 *** | 4.70 *** |
| *BI_OUT* | 0.00 | 0.00 | 0.00 | 0.00 | 2.35 ** | 2.35 ** |
| *NATURE* | 0.32 | 0.00 | 0.38 | 0.00 | -7.16 *** | -7.15 *** |
| *IAE* | 0.30 | 0.00 | 0.09 | 0.00 | 3.27 *** | 4.09 *** |
| *RAE* | 0.41 | 0.00 | 0.37 | 0.00 | 2.88 *** | 1.13 |
| *UAE* | 0.45 | 0.00 | 0.74 | 0.00 | -12.42 *** | -4.38 *** |

续表

| 变量 | 相关并购样本 | | 非相关并购样本 | | T 检验 | 秩和检验 |
|---|---|---|---|---|---|---|
| | 均值 | 中位数 | 均值 | 中位数 | | |
| FAE | 0.33 | 0.00 | 0.74 | 0.00 | −17.90 *** | −10.33 *** |
| ROE | 0.06 | 0.07 | 0.04 | 0.06 | 1.50 | 8.19 *** |
| BM | 0.78 | 0.50 | 0.76 | 0.47 | 0.71 | 3.25 *** |
| DE | 1.05 | 0.44 | 1.44 | 0.38 | −2.76 *** | 5.27 *** |
| SHARE | 0.05 | 0.00 | 0.07 | 0.00 | −5.14 *** | −5.02 *** |
| CRL | 0.35 | 0.33 | 0.34 | 0.32 | 3.81 *** | 3.23 *** |
| GROWTH | 0.19 | 0.12 | 0.22 | 0.14 | −0.60 | −0.22 |
| PER | 156.02 | 36.25 | 74.61 | 43.16 | 1.32 | −6.92 *** |
| HHI | 0.06 | 0.04 | 0.05 | 0.04 | 2.76 *** | 7.28 *** |
| STD | 0.14 | 0.13 | 0.13 | 0.12 | 5.25 *** | 4.16 *** |
| ACR | 0.04 | −0.31 | −0.19 | −0.32 | 5.21 *** | 0.63 |
| DUAL | 0.23 | 0.00 | 0.23 | 0.00 | −0.33 | −0.33 |
| IND | 0.36 | 0.33 | 0.35 | 0.33 | 4.20 *** | 1.18 |
| SCALE | 9.01 | 9.00 | 8.90 | 9.00 | 3.11 *** | 3.41 *** |
| CASH | 0.01 | 0.01 | 0.02 | 0.02 | −0.34 | −1.29 |
| SP | 0.07 | 0.00 | 0.06 | 0.00 | 2.90 *** | 2.90 *** |
| 样本数（个） | 4983 | 4983 | 11585 | 11585 | — | — |

注：*、**、*** 分别代表 10%、5% 和 1% 的显著性水平。

## 二　相关性检验

表 4-6 展示的是研究变量之间的相关系数矩阵。矩阵的下三角部分为 Pearson 检验结果，上三角部分为 Spearman 检验结果。通过对矩阵进行观察本书发现，董事联结（BI）和内部董事联结（BI_IN）与目标公司（TC）存在显著正相关关系，与并购公司存在董事联结的公司更有可能成为并购目标公司，初步验证了前文假设 1。联结董事的同行业或同产品市场并购经验（IAE）与目标公司（TC）存在显著正相关关系，说明当联结董事拥有某行业或产品市场的并购经验时，这些并购经验会促进联结董事推动焦点并购公司在同行业或同产品市场选择并购目标开展并购活动。公司的资产质

表4-6 变量的相关性分析

| 变量 | 1. TC | 2. BI | 3. BI_IN | 4. BI_OUT | 5. NATURE | 6. IAE | 7. RAE | 8. UAE | 9. FAE | 10. ROE | 11. BM | 12. DE |
|---|---|---|---|---|---|---|---|---|---|---|---|---|
| 1. TC | 1 | 0.416*** | 0.396*** | 0.085 | 0.007 | 0.041** | 0.019 | −0.024 | 0.001 | 0.056*** | 0.030 | 0.090*** |
| 2. BI | 0.416*** | 1 | 0.842*** | 0.535*** | −0.022 | 0.040** | 0.016 | 0.034* | −0.019 | 0.016 | 0.041** | 0.062*** |
| 3. BI_IN | 0.396*** | 0.842*** | 1 | −0.004 | −0.012 | 0.059*** | 0.029** | 0.055*** | 0.011 | 0.012 | 0.039*** | 0.051*** |
| 4. BI_OUT | 0.085 | 0.535*** | −0.004 | 1 | −0.021 | 0.021 | 0.005 | 0.017 | −0.026* | 0.009 | 0.000 | 0.0063 |
| 5. NATURE | 0.007 | −0.022 | −0.012 | −0.021 | 1 | −0.074*** | −0.112*** | −0.198*** | 0.013 | −0.000 | −0.169*** | −0.163*** |
| 6. IAE | 0.041** | 0.041** | 0.044*** | 0.025* | −0.044*** | 1 | 0.636 | 0.510*** | 0.081*** | 0.060*** | 0.001 | −0.014 |
| 7. RAE | 0.030 | 0.015 | 0.017 | 0.004 | −0.136*** | 0.652*** | 1 | 0.242*** | 0.157*** | 0.048*** | −0.067*** | −0.080*** |
| 8. UAE | −0.019 | 0.027 | 0.048*** | 0.004 | −0.189*** | 0.404*** | 0.191*** | 1 | 0.177*** | 0.006 | −0.076*** | −0.078*** |
| 9. FAE | 0.023 | −0.026 | −0.006 | −0.018 | −0.079*** | 0.090*** | 0.131*** | 0.132*** | 1 | −0.021 | −0.020 | −0.007 |
| 10. ROE | 0.013 | −0.002 | −0.001 | 0.003 | −0.015 | −0.005 | 0.017 | −0.002 | −0.101*** | 1 | −0.087*** | −0.150*** |
| 11. BM | 0.052*** | 0.023 | 0.022 | −0.002 | −0.096*** | −0.027 | −0.074*** | −0.077*** | −0.027 | 0.007 | 1 | 0.163*** |
| 12. DE | 0.084*** | 0.010 | 0.007 | 0.002 | −0.009 | −0.018 | −0.032* | −0.028 | −0.075*** | 0.002 | 0.190*** | 1 |
| 13. SHARE | −0.061*** | −0.037* | −0.032** | −0.021 | 0.047*** | 0.049*** | 0.040*** | 0.083*** | 0.078*** | 0.033* | −0.076*** | −0.035** |
| 14. CRL | −0.040** | −0.033* | −0.027** | −0.005 | −0.076*** | −0.032* | −0.036* | −0.061*** | −0.038** | 0.022 | 0.122*** | 0.072*** |
| 15. GROWTH | 0.018 | −0.002 | −0.002 | −0.002 | −0.012 | −0.006 | −0.014 | −0.003 | −0.078*** | 0.002 | 0.008 | 0.009 |
| 16. PER | −0.007 | −0.005 | −0.008 | 0.010 | 0.022 | −0.001 | 0.001 | −0.003 | 0.039** | 0.010 | −0.021 | −0.011 |

续表

| 变量 | 1. TC | 2. BI | 3. BI_IN | 4. BI_OUT | 5. NATURE | 6. IAE | 7. RAE | 8. UAE | 9. FAE | 10. ROE | 11. BM | 12. DE |
| --- | --- | --- | --- | --- | --- | --- | --- | --- | --- | --- | --- | --- |
| 17. HHI | 0.129*** | 0.013 | 0.013 | -0.001 | -0.031** | -0.032* | -0.095*** | 0.009 | -0.013 | 0.010 | 0.0724*** | 0.127*** |
| 18. STD | 0.001 | -0.013 | -0.010 | -0.008 | 0.005 | 0.004 | -0.078*** | 0.035* | -0.070*** | 0.016 | -0.079*** | -0.014 |
| 19. ACR | 0.018 | 0.029 | 0.009 | 0.044 | 0.081*** | -0.148*** | -0.146*** | -0.176*** | -0.186*** | 0.007 | -0.028 | -0.007 |
| 20. DUAL | -0.031* | 0.010 | -0.001 | 0.006 | 0.022 | 0.016 | 0.011 | 0.022 | 0.012 | 0.014 | -0.067*** | -0.030 |
| 21. IND | -0.005 | 0.061*** | 0.024* | 0.010 | 0.041*** | 0.022 | 0.001 | 0.017 | 0.019 | 0.016 | -0.071*** | -0.040** |
| 22. SCALE | 0.139*** | 0.056*** | 0.048*** | 0.016 | -0.059*** | -0.017 | -0.023 | -0.035* | -0.046** | 0.012 | 0.163*** | 0.159*** |
| 23. CASH | -0.034* | -0.005 | 0.006 | -0.003 | 0.002 | -0.009 | 0.028 | -0.023 | -0.001 | -0.041** | 0.048*** | -0.008 |
| 24. SP | 0.181*** | 0.190*** | 0.164*** | 0.103*** | 0.014 | 0.009 | 0.026 | 0.026 | 0.005 | 0.008 | -0.010 | -0.005 |

| 变量 | 13. SHARE | 14. CRL | 15. GROWTH | 16. PER | 17. HHI | 18. STD | 19. ACR | 20. DUAL | 21. IND | 22. SCALE | 23. CASH | 24. SP |
| --- | --- | --- | --- | --- | --- | --- | --- | --- | --- | --- | --- | --- |
| 1. TC | -0.053 | -0.031* | 0.054*** | -0.065*** | 0.117*** | 0.011 | 0.005 | -0.031* | -0.005 | 0.084*** | -0.040** | 0.182*** |
| 2. BI | -0.046** | -0.030 | 0.019 | -0.017 | 0.048*** | -0.026 | -0.001 | 0.010 | 0.051*** | 0.043** | -0.006 | 0.190*** |
| 3. BI_IN | -0.039*** | -0.029* | 0.013 | -0.023* | 0.028** | -0.016 | 0.002 | -0.001 | 0.017 | 0.019 | -0.001 | 0.164*** |
| 4. BI_OUT | -0.033** | -0.007 | 0.002 | -0.004 | 0.009 | -0.009 | 0.012 | 0.006 | 0.015 | 0.029** | 0.000 | 0.103*** |
| 5. NATURE | 0.089*** | -0.077*** | -0.067*** | 0.070*** | 0.042*** | 0.019 | 0.197*** | 0.022 | 0.041*** | -0.063*** | 0.002 | 0.014 |
| 6. IAE | 0.056*** | -0.027 | 0.031* | 0.002 | -0.021 | 0.001 | -0.116*** | 0.025 | 0.018 | -0.011 | -0.033* | 0.029 |
| 7. RAE | 0.072*** | -0.023 | 0.027 | 0.016 | -0.033* | -0.036* | -0.187*** | 0.021 | -0.012 | -0.006 | 0 | 0.056** |
| 8. UAE | 0.106*** | -0.058*** | 0.016 | 0.032* | 0.119*** | 0.021 | -0.107*** | 0.037* | 0.030 | -0.028 | -0.037** | 0.035* |

续表

| 变量 | 13. SHARE | 14. CRL | 15. GROWTH | 16. PER | 17. HHI | 18. STD | 19. ACR | 20. DUAL | 21. IND | 22. SCALE | 23. CASH | 24. SP |
|---|---|---|---|---|---|---|---|---|---|---|---|---|
| 9. FAE | 0.122*** | −0.048 | −0.026 | 0.007 | 0.022 | −0.084*** | −0.123*** | 0.035* | 0.012 | −0.049*** | 0.022 | 0.029 |
| 10. ROE | 0.154*** | 0.083*** | 0.215*** | −0.149*** | 0.155*** | 0.019 | −0.016 | 0.022 | −0.016 | 0.026 | 0.094*** | 0.038** |
| 11. BM | −0.175*** | 0.157*** | 0.011 | −0.250*** | −0.131*** | −0.224*** | 0.023 | −0.094*** | −0.051*** | 0.177*** | 0.024 | −0.004 |
| 12. DE | −0.128*** | 0.124*** | 0.034* | −0.181*** | −0.144*** | −0.140*** | 0.025 | −0.145*** | −0.047*** | 0.243*** | −0.064*** | −0.010 |
| 13. SHARE | 1 | −0.156*** | 0.109*** | 0.122*** | 0.050*** | 0.061*** | −0.046** | 0.204*** | 0.090*** | −0.149*** | 0.052*** | −0.014 |
| 14. CRL | −0.071*** | 1 | 0.064*** | −0.056*** | −0.022 | −0.030 | 0.029 | −0.075*** | −0.039*** | −0.006 | 0.103*** | 0.016 |
| 15. GROWTH | 0.012 | 0.066*** | 1 | 0.027 | 0.112*** | 0.004 | −0.032* | 0.045*** | −0.018 | 0.050*** | −0.041** | 0.048** |
| 16. PER | 0.019 | −0.030 | −0.008 | 1 | 0.063*** | 0.089*** | −0.004 | 0.113*** | 0.064*** | −0.120*** | −0.048** | −0.017 |
| 17. HHI | 0.011 | 0.026 | 0.029 | −0.009 | 1 | 0.027 | 0.057*** | 0.092*** | 0.041** | 0.001 | −0.091*** | 0.091*** |
| 18. STD | 0.037** | −0.014 | 0.013 | 0.035* | −0.004 | 1 | 0 | −0.010 | 0.018 | −0.016 | −0.076*** | 0.052*** |
| 19. ACR | −0.056*** | 0.001 | −0.023 | 0.007 | −0.017 | −0.024 | 1 | 0.005 | 0.002 | 0.004 | 0.014 | −0.007 |
| 20. DUAL | 0.192*** | −0.082*** | −0.003 | −0.001 | −0.003 | −0.002 | 0.035* | 1 | 0.079*** | 0.004 | −0.005 | −0.027 |
| 21. IND | 0.112*** | −0.031 | 0.007 | 0.003 | −0.026 | 0.003 | 0.005 | 0.092*** | 1 | −0.190*** | −0.051*** | −0.039*** |
| 22. SCALE | −0.166*** | −0.009 | 0.003 | −0.007 | 0.193*** | −0.009 | −0.015 | −0.182*** | −0.172*** | 1 | −0.223*** | 0.033* |
| 23. CASH | 0.021 | 0.085*** | −0.034 | −0.024 | −0.033* | −0.066*** | 0.027 | −0.051*** | −0.065*** | −0.014 | 1 | −0.007 |
| 24. SP | −0.004 | 0.018 | 0.007 | −0.001 | 0.046** | 0.045** | 0.003 | −0.027 | −0.027 | 0.033* | 0.005 | 1 |

注：*、**、***分别代表10%、5%和1%的显著性水平。

量（*BM*）与目标公司（*TC*）存在显著正相关关系，这说明公司的资产质量越高，其越容易成为并购目标公司。公司的负债比率（*DE*）与目标公司（*TC*）存在显著正相关关系，这说明公司的高负债状况可能会使公司更容易成为并购目标。公司高管持股（*SHARE*）与目标公司（*TC*）存在显著负相关关系，这说明公司的高管持股水平越高，其越不愿意被并购。股权集中度（*CRL*）与目标公司（*TC*）存在显著负相关关系，两职情况（*DUAL*）与目标公司（*TC*）存在显著负相关关系，董事会规模（*SCALE*）与目标公司（*TC*）存在显著正相关关系，这说明并购公司更愿意选择治理效果好的公司进行并购。公司的行业竞争程度（*HHI*）与目标公司（*TC*）存在显著正相关关系，这说明公司所处行业的竞争越激烈，其越容易成为并购目标。公司的自由现金流（*CASH*）与目标公司（*TC*）存在显著负相关关系，这说明并购公司可能不愿意选择自由现金流充裕的公司进行并购。并购双方是否处于相同地区（*SP*）与目标公司（*TC*）存在显著正相关关系，这说明并购公司可能会出于信息获取便捷性的考虑，更愿意选择同地区的公司作为并购目标。公司的营利性（*ROE*）与目标公司（*TC*）存在显著正相关关系（Pearson 检验不显著，Spearman 检验显著），这说明公司的盈利能力越强，其越容易成为并购目标公司。公司的价值高估程度（*PER*）与目标公司（*TC*）存在显著负相关关系（Pearson 检验不显著，Spearman 检验显著），这说明并购公司更愿意选择股票价值能够反映真实状况的公司进行并购。

董事联结（*BI*）与内部董事联结（*BI_IN*）和外部董事联结（*BI_OUT*）存在显著的正相关关系，且相关系数较高，这是因为内部董事联结（*BI_IN*）以及外部董事联结（*BI_OUT*）是根据联结董事的职务特征对董事联结（*BI*）进行的进一步分类，上述董事联结不会同时出现在同一模型之中，因此，不会影响模型的回归结果。联结董事的同行业或同产品市场并购经验（*IAE*）与联结董事相关并购经验（*RAE*）（Pearson 检验显著，Spearman 检验不显著）和联结董事非相关并购经验（*UAE*）之间也存在显著的正相关关系，且相关系数较高，这是因为联结在董事获得同行业或同产品市场并购经验的同时，也必然会增加相关并购经验或非相关并购经验，但是由于联结董事的同行业或同产品市场并购经验与其他两种并购经验不会同时出现在同一模型之中，因此，不会影响模型的回归结果。其他变量之间的系数都在0.3 以下，说明这些变量之间并不存在严重的多重共线性问题。

### 三　回归结果分析

董事联结与并购目标选择的 Probit 回归结果如表 4-7 所示，表 4-7 给出了以行业相同和规模相似为原则选择配对样本的回归结果。本书使用方差扩大因子法对每个模型中的自变量进行了共线性检验，检验结果显示各模型的方差膨胀因子（VIF）均值均小于 2，最大值均小于 10，表明自变量之间无严重共线性问题。表 4-7 的第一列为控制变量构成的基准模型回归结果。模型 4.1 将董事联结（*BI*）引入基准模型之中，回归结果表明：董事联结（*BI*）的回归系数在 1% 的水平上显著为正，说明与并购公司存在董事联结的潜在目标公司成为目标公司的可能性更高，假设 1 得到验证。本书将董事联结进一步划分为内部董事联结和外部董事联结，并分别将内部董事联结（*BI_IN*）和外部董事联结（*BI_OUT*）引入基准模型中，形成模型 4.2 和模型 4.3。模型 4.2 的回归结果表明：内部董事联结（*BI_IN*）的回归系数在 1% 的水平上显著为正，说明与并购公司存在内部董事联结的潜在目标公司成为目标公司的可能性更高。模型 4.3 的回归结果表明：外部董事联结（*BI_OUT*）的回归系数为正，但未达到 10% 的显著性水平，说明当董事联结是由外部董事建立时，董事联结对并购目标选择没有显著影响。

为了检验股权性质对董事联结与并购目标选择关系的调节作用，本书在模型 4.1 的基础上，引入股权性质（*NATURE*）和董事联结与股权性质的交互项（*BI×NATURE*），形成模型 4.4。回归结果表明：董事联结与股权性质交互项（*BI×NATURE*）的回归系数在 5% 水平上显著为正，说明当并购公司为非国有控股公司时，与并购公司存在董事联结的潜在目标公司成为目标公司的可能性更大，假设 2 得到验证。

为了检验联结董事同行业或同产品市场并购经验对董事联结与并购目标选择关系的调节作用，本书在模型 4.1 的基础上，引入联结董事同行业或同产品市场并购经验（*IAE*）和董事联结与联结董事同行业或同产品市场并购经验的交互项（*BI×IAE*），形成模型 4.5。董事联结与联结董事同行业或同产品市场并购经验交互项（*BI×IAE*）的回归系数在 10% 水平上显著为正，说明若联结公司曾经对某行业或某产品市场中的公司进行过并购，而焦点并购公司也在该行业或该产品市场进行并购，则焦点并购公司联结董事的同

表4-7　董事联结与潜在目标公司选择的回归结果

| 变量 | 基准 | 模型 4.1 | 模型 4.2 | 模型 4.3 | 模型 4.4 | 模型 4.5 | 模型 4.6 | 模型 4.7 | 模型 4.8 (1) | 模型 4.8 (2) |
|---|---|---|---|---|---|---|---|---|---|---|
| BI | — | 2.319*** (10.11) | — | — | 1.840*** (5.48) | 2.274*** (8.34) | 2.700*** (5.98) | 1.993*** (4.41) | 2.629*** (5.79) | 1.884*** (3.95) |
| BI_IN | — | — | 2.873*** (10.86) | — | — | — | — | — | — | — |
| BI_OUT | — | — | — | 1.105 (1.61) | — | — | — | — | — | — |
| NATURE | — | — | — | — | 0.246 (0.31) | — | — | — | — | — |
| IAE | — | — | — | — | — | 0.064*** (2.82) | — | — | — | — |
| RAE | — | — | — | — | — | — | 0.106** (2.55) | — | 0.098** (2.38) | 0.033 (1.26) |
| UAE | — | — | — | — | — | — | — | 0.072** (2.51) | 0.024 (0.96) | 0.069** (2.47) |
| BI×NATURE | — | — | — | — | 0.459** (2.37) | — | — | — | — | — |
| BI×IAE | — | — | — | — | — | 0.588* (1.67) | — | — | — | — |
| BI×RAE | — | — | — | — | — | — | 0.182* (1.74) | — | 0.187* (1.79) | 0.076 (1.35) |
| BI×UAE | — | — | — | — | — | — | — | 0.106** (1.96) | 0.029 (1.35) | 0.115** (1.99) |

续表

| 变量 | 基准 | 模型 4.1 | 模型 4.2 | 模型 4.3 | 模型 4.4 | 模型 4.5 | 模型 4.6 | 模型 4.7 | 模型 4.8 (1) | 模型 4.8 (2) |
|---|---|---|---|---|---|---|---|---|---|---|
| FAE | 0.093* (1.91) | 0.089* (1.87) | 0.092* (1.93) | 0.081* (1.72) | 0.124* (1.78) | 0.083 (0.99) | -0.263 (-0.02) | 0.163* (1.88) | -0.258 (-0.06) | 0.156* (1.73) |
| ROE | 0.163 (0.47) | 0.219 (0.64) | 0.278 (0.324) | 0.246 (0.73) | 0.246 (0.69) | 0.376 (0.41) | 0.167 (0.96) | -0.021 (-0.70) | 0.158 (0.93) | -0.032 (-0.62) |
| BM | -0.033 (-0.49) | -0.010 (-0.16) | -0.021 (-0.32) | -0.009 (-0.14) | -0.001 (-0.02) | -0.025 (-0.79) | -0.434* (-1.86) | -0.067 (-0.60) | -0.418* (-1.84) | -0.047 (-0.67) |
| DE | -0.071 (-1.38) | -0.091* (-1.95) | -0.062 (-1.39) | -0.081* (-1.83) | -0.100** (-2.12) | -0.131* (-1.93) | -0.062 (-0.67) | -0.185*** (-3.82) | -0.059 (-0.79) | -0.159** (-2.76) |
| SHARE | -2.845** (-2.49) | -2.708** (-2.37) | -3.006** (-2.54) | -3.149*** (-2.63) | -2.754** (-2.34) | -2.807** (-2.35) | -2.656 (-0.99) | -2.985** (-1.97) | -2.894 (-1.25) | -2.723** (-2.04) |
| CRL | -0.006* (-1.80) | -0.006* (-1.86) | -0.006* (-1.92) | -0.008*** (-2.61) | -0.006* (-1.78) | -0.004 (-1.20) | -0.013** (-2.14) | -0.002 (-0.49) | -0.018* (-1.81) | -0.008 (-0.67) |
| GROWTH | -0.112 (-0.99) | -0.115 (-1.00) | -0.102 (-0.91) | -0.157 (-1.40) | -0.115 (-1.00) | 0.117 (1.05) | 0.168 (1.10) | -0.172 (-1.19) | 0.178 (1.37) | -0.151 (-0.82) |
| PER | -0.000 (-0.49) | -0.000 (-0.51) | -0.000 (-0.45) | -0.000 (-0.44) | -0.000 (-0.44) | -0.000 (-0.49) | 0.000 (0.06) | -0.000 (-0.02) | 0.000 (0.08) | -0.000 (-0.06) |
| HHI | 1.047* (1.65) | 1.209* (1.91) | 1.272** (2.00) | 1.287** (2.09) | 1.031* (1.94) | 0.889 (0.90) | 1.218 (1.61) | 0.637 (0.40) | 1.362 (1.53) | 0.859 (0.98) |
| STD | 2.644** (2.11) | 2.280* (1.91) | 2.538** (2.15) | 1.496 (1.29) | 2.303* (1.89) | 1.508 (1.20) | 6.163*** (2.60) | 2.255*** (3.02) | 6.254*** (2.85) | 2.933*** (3.41) |
| ACR | -0.031 (-0.79) | -0.005 (-0.10) | -0.012 (-0.25) | -0.111 (-0.25) | -0.009 (-0.19) | -0.034 (-0.82) | 0.081 (0.71) | -0.069 (-0.91) | 0.069 (0.35) | -0.057 (-0.82) |

续表

| 变量 | 基准 | 模型 4.1 | 模型 4.2 | 模型 4.3 | 模型 4.4 | 模型 4.5 | 模型 4.6 | 模型 4.7 | 模型 4.8 (1) | 模型 4.8 (2) |
|---|---|---|---|---|---|---|---|---|---|---|
| DUAL | -0.200 | -0.203 | -0.174 | -0.215* | -0.186 | -0.182 | -0.581** | -0.177 | -0.459* | -0.149 |
| | (-1.53) | (-1.55) | (-1.35) | (-1.72) | (-1.42) | (-1.37) | (-1.97) | (-1.13) | (-1.86) | (-1.35) |
| IND | -0.202 | -0.186 | -0.166 | -0.584 | -0.251 | -0.108 | -0.175 | -0.440 | -0.157 | -0.454 |
| | (-0.22) | (-0.21) | (-0.18) | (-0.48) | (-0.27) | (-0.11) | (-0.52) | (-0.43) | (-0.68) | (-0.58) |
| SCALE | 0.033 | 0.036 | 0.042* | 0.041* | 0.038 | 0.064** | 0.039 | 0.024 | 0.053 | 0.036 |
| | (1.41) | (1.54) | (1.79) | (1.84) | (1.58) | (2.11) | (0.91) | (0.82) | (0.94) | (0.85) |
| CASH | 0.104 | 0.126 | 0.093 | 0.105 | 0.170 | 0.160 | 0.610 | -0.051 | 0.659 | -0.047 |
| | (0.36) | (0.44) | (0.33) | (0.38) | (0.58) | (0.54) | (1.11) | (-0.16) | (0.48) | (-0.25) |
| SP | 0.878*** | 0.889*** | 0.951*** | 1.082*** | 0.890*** | 0.883*** | 0.825*** | 0.884*** | 0.819*** | 0.894*** |
| | (7.74) | (7.87) | (8.85) | (10.35) | (7.77) | (7.68) | (6.57) | (7.74) | (7.93) | (7.45) |
| YEAR | 控制 | 控制 | 控制 | 控制 | 控制 | 控制 | 控制 | 控制 | 控制 | 控制 |
| INDUSTRY | 控制 | 控制 | 控制 | 控制 | 控制 | 控制 | 控制 | 控制 | 控制 | 控制 |
| C | -10.127** | -9.823** | -7.922** | -9.064** | -8.930** | -7.621* | -5.593* | -4.121** | -5.352** | -4.037** |
| | (-1.97) | (-2.06) | (-1.91) | (-2.04) | (-2.06) | (-1.79) | (-1.75) | (-1.96) | (-1.92) | (-1.99) |
| Pseudo R² | 0.206 | 0.273 | 0.276 | 0.219 | 0.275 | 0.281 | 0.251 | 0.281 | 0.256 | 0.284 |
| LR | 353.36 | 399.73 | 400.36 | 364.64 | 399.83 | 411.94 | 202.12 | 290.62 | 203.64 | 292.59 |
| Prob (LR) | 0.000 | 0.000 | 0.000 | 0.000 | 0.000 | 0.000 | 0.000 | 0.000 | 0.000 | 0.000 |
| 样本 | 全部样本 | 全部样本 | 全部样本 | 全部样本 | 全部样本 | 全部样本 | 相关并购 | 非相关并购 | 相关并购 | 非相关并购 |
| 样本数（个） | 16568 | 16568 | 16568 | 16568 | 16568 | 16568 | 4983 | 11585 | 4983 | 11585 |

注：模型 4.8 (1) 针对的是相关并购样本，模型 4.8 (2) 针对的是非相关并购样本；括号内为 Z 统计量，Z 值已经过 White (1980) 异方差稳健性修正；*、**、*** 分别代表 10%、5% 和 1% 的显著性水平。

行业或同产品市场并购经验越丰富，与并购公司存在董事联结的潜在目标公司成为目标公司的可能性越大，假设 3-1 得到验证。

为了检验相关并购中联结董事相关并购经验对董事联结与并购目标选择关系的调节作用，本书在模型 4.1 的基础上，引入联结董事相关并购经验（$RAE$）和董事联结与联结董事相关并购经验的交互项（$BI \times RAE$），形成模型 4.6。董事联结与联结董事相关并购经验交互项（$BI \times RAE$）的回归系数在 10% 水平上显著为正，说明焦点并购公司联结董事的相关并购经验越丰富，在相关并购中，与并购公司存在董事联结的潜在目标公司成为目标公司的可能性越大。假设 3-2 得到验证。

为了检验非相关并购中联结董事非相关并购经验对董事联结与并购目标选择关系的调节作用，本书在模型 4.1 的基础上，引入联结董事非相关并购经验（$UAE$）和董事联结与联结董事非相关并购经验的交互项（$BI \times UAE$），形成模型 4.7。董事联结与联结董事非相关并购经验交互项（$BI \times UAE$）的回归系数在 5% 水平上显著为正，说明焦点并购公司联结董事的非相关并购经验越丰富，在非相关并购中，与并购公司存在董事联结的潜在目标公司成为目标公司的可能性越大，假设 3-3 得到验证。

为了对比联结董事相关并购经验和非相关并购经验在相关并购和非相关并购两个子样本中对董事联结与并购目标选择关系的影响，本书还将联结董事相关并购经验（$RAE$）、董事联结与联结董事相关并购经验的交互项（$BI \times RAE$）、联结董事非相关并购经验（$UAE$）以及董事联结与联结董事非相关并购经验的交互项（$BI \times UAE$）引入模型 4.1 中，构建模型 4.8。模型 4.8（1）针对的是相关并购样本，回归结果表明：董事联结与联结董事相关并购经验交互项（$BI \times RAE$）的回归系数在 10% 水平上显著为正，董事联结与联结董事非相关并购经验交互项（$BI \times UAE$）的回归系数为正，但未达到 10% 的显著性水平。这说明在相关并购中，联结董事的相关并购经验能够对董事联结与并购目标选择的关系产生正向调节作用，但是联结董事的非相关并购经验未能对董事联结与并购目标选择的关系产生显著影响。模型 4.8（2）针对的是非相关并购样本，回归结果表明：董事联结与联结董事非相关并购经验交互项（$BI \times UAE$）的回归系数在 5% 水平上显著为正，董事联结与联结董事相关并购经验交互项（$BI \times RAE$）的回归系数为正，但未达到 10% 的显著性水平。这说明在非相关并购中，联结董事的非相关并购经验能够对董事联结与并购目标选择的关系产生正向调节作用，但是联结董事的相关并购经验未能对董事联结与并购目标选择的关系产生显著影响。

模型 4.5～模型 4.8 的回归结果说明：如果联结公司前期的并购与焦点并购公司当前的并购相类似，联结董事的并购经验就能够帮助焦点并购公司充分认知董事联结所能带来的信息优势和合作优势，推动焦点并购公司选择存在董事联结的潜在目标公司作为目标公司。

## 第四节　稳健性检验

为确保本章实证结果的可靠性，通过使用不同标准重新选取配对样本，以及对董事联结和联结董事并购经验变量进行替换等方法，对本章相关结论进行了稳健性检验。

1. 重新选取配对样本

为避免配对样本的选择偏差对回归结果造成的影响，本书使用四种不同标准重新选择配对样本。Cremers 等（2009）认为，行业、规模、负债比率和资产质量是并购公司进行目标选择的决定性因素。前文中，已经使用行业与规模作为配对依据，进行了潜在目标公司配对样本选择。此处，本书选择与目标公司属于同一行业（行业划分标准与行业虚拟变量标准相同）且负债比率相似（公司负债权益比率处于真实目标公司负债权益比率的 90%～110%）的 A 股上市公司作为配对样本，共得到 3631 个配对样本，4151 个总体样本。其中，总体并购样本中包含 1384 个相关并购样本，2767 个非相关并购样本；实际并购交易样本中包含 159 个相关并购样本，361 个非相关并购样本；配对并购样本中包含 1225 个相关并购样本，2406 个非相关并购样本，回归结果见表 4-8。

通过观察表 4-8 发现：模型 4.1 中董事联结（$BI$）的回归系数在 1% 的水平上显著为正；模型 4.2 中内部董事联结（$BI\_IN$）的回归系数在 1% 的水平上显著为正；模型 4.3 中外部董事联结（$BI\_OUT$）的回归系数为正，但未达到 10% 的显著性水平；模型 4.4 中董事联结与股权性质交互项（$BI×NATURE$）的回归系数在 5% 水平上显著为正；模型 4.5 中董事联结与联结董事同行业或同产品市场并购经验交互项（$BI×IAE$）的回归系数在 5% 水平上显著为正；模型 4.6 中董事联结与联结董事相关并购经验交互项（$BI \times RAE$）的回归系数在 5% 水平上显著为正；模型 4.7 中董事联结与联结董事非相关并购经验交互项（$BI \times UAE$）的回归系数在 10% 水平上显著为正；模型 4.8（1）中董事联结与联结董事相关并购经验交互项（$BI \times RAE$）的回归系数在 5% 水平上显著为正，董事联结与联结董事非相关并购经验交互项（$BI \times UAE$）的回归系数为正，但未达到 10% 的显著性水平；模型 4.8（2）中董事联结与联结董事非相关并购经验交互项（$BI \times UAE$）的回归系数在 10% 水平上显著为正，董事联结与联结董事相关并购经验交互项（$BI \times RAE$）的回归系数为正，但未达到 10% 的显著性水平。综上所述，在以行业和负债比率为标准选取配对样本以后，前文的结果均未发生实质性改变。

本书还选择与目标公司属于同一行业（行业划分标准与行业虚拟变量标准相同）且资产质量相似（公司账面市值比处于真实目标公司账面市值比的 90%~110%）的 A 股上市公司作为配对样本，共得到 6236 个配对样本，6788 个总体样本。其中，总体并购样本中包含 2236 个相关并购样本，4552 个非相关并购样本；实际并购交易样本中包含 165 个相关并购样本，387 个非相关并购样本；配对并购样本中包含 2071 个相关并购样本，4165 个非相关并购样本，回归结果见表 4-9。

通过观察表 4-9 发现：模型 4.1 中董事联结（$BI$）的回归系数在 1% 的水平上显著为正；模型 4.2 中内部董事联结（$BI\_IN$）的回归系数在 1% 的水平上显著为正；模型 4.3 中外部董事联结（$BI\_OUT$）的回归系数为正，但未达到 10% 的显著性水平；模型 4.4 中董事联结与股权性质交互项（$BI \times NATURE$）的回归系数在 5% 水平上显著为正；模型 4.5 中董事联结与联结董事同行业或同产品市场并购经验交互项（$BI \times IAE$）的回归系数在 5% 水平上显著为正；模型 4.6 中董事联结与联结董事相关并购经验交互项（$BI \times RAE$）的回归系数在 10% 水平上显著为正；模型 4.7 中董事联结与联结董事非相关并购经验交互项（$BI \times UAE$）的回归系数在 5% 水平上显著为正；模型 4.8（1）中董事联结与联结董事相关并购经验交互项（$BI \times RAE$）的回归系数在 10% 水平上显著为正，董事联结与联结董事非相关并购经验交互项（$BI \times UAE$）的回归系数为正，但未达到 10% 的显著性水平；模型 4.8（2）中董事联结与联结董事非相关并购经验交互项（$BI \times UAE$）的回归系数在 5% 水平上显著为正，董事联结与联结董事相关并购经验交互项

（*BI×RAE*）的回归系数为正，但未达到 10% 的显著性水平。综上所述，在以行业和资产质量为标准选取配对样本以后，前文的结果均未发生实质性改变。

此外，公司治理水平的相似性也可能是并购公司选择并购目标的一个重要因素，因此，本书参考 Linck 等（2008）和 Cremers 等（2009）的研究，选取董事会规模和董事会独立性作为公司治理特征构建配对样本。本书选择与目标公司属于同一行业（行业划分标准与行业虚拟变量标准相同）且董事会规模相似（公司董事会规模处于真实目标公司董事会规模的 90%～110%）的 A 股上市公司作为配对样本，共得到 19745 个配对样本，20359 个总体样本。其中，总体并购样本中包含 5896 个相关并购样本，14463 个非相关并购样本；实际并购交易样本中包含 187 个相关并购样本，427 个非相关并购样本；配对并购样本中包含 5709 个相关并购样本，14036 个非相关并购样本，回归结果见表 4-10。

通过观察表 4-10 发现：模型 4.1 中董事联结（*BI*）的回归系数在 1% 的水平上显著为正；模型 4.2 中内部董事联结（*BI_IN*）的回归系数在 1% 的水平上显著为正；模型 4.3 中外部董事联结（*BI_OUT*）的回归系数为正，但未达到 10% 的显著性水平；模型 4.4 中董事联结与股权性质交互项（*BI×NATURE*）的回归系数在 5% 水平上显著为正；模型 4.5 中董事联结与联结董事同行业或同产品市场并购经验交互项（*BI×IAE*）的回归系数在 1% 水平上显著为正；模型 4.6 中董事联结与联结董事相关并购经验交互项（*BI×RAE*）的回归系数在 5% 水平上显著为正；模型 4.7 中董事联结与联结董事非相关并购经验交互项（*BI×UAE*）的回归系数在 10% 水平上显著为正；模型 4.8 中（1）董事联结与联结董事相关并购经验交互项（*BI×RAE*）的回归系数在 5% 水平上显著为正，董事联结与联结董事非相关并购经验交互项（*BI×UAE*）的回归系数为正，但未达到 10% 的显著性水平；模型 4.8（2）中董事联结与联结董事非相关并购经验交互项（*BI×UAE*）的回归系数在 10% 水平上显著为正，董事联结与联结董事相关并购经验交互项（*BI×RAE*）的回归系数为正，但未达到 10% 的显著性水平。综上所述，在以行业和董事会规模为标准选取配对样本以后，前文的结果均未发生实质性改变。

本书还选择与目标公司属于同一行业（行业划分标准与行业虚拟变量标准相同）且董事会独立性相似（公司董事会独立性处于真实目标公司董

事会独立性的 90%~110%）的 A 股上市公司作为配对样本，共得到 29089
个配对样本，29683 个总体样本。其中，总体并购样本中包含 8853 个相关
并购样本，20830 个非相关并购样本；实际并购交易样本中包含 179 个相关
并购样本，415 个非相关并购样本；配对并购样本中包含 8674 个相关并购
样本，20415 个非相关并购样本，回归结果见表 4-11。

通过观察表 4-11 发现：模型 4.1 中董事联结（*BI*）的回归系数在 1%
的水平上显著为正；模型 4.2 中内部董事联结（*BI_IN*）回归系数在 1% 的
水平上显著为正；模型 4.3 中外部董事联结（*BI_OUT*）回归系数为正，但
未达到 10% 的显著性水平；模型 4.4 中董事联结与股权性质交互项（*BI×*
*NATURE*）的回归系数在 5% 水平上显著为正；模型 4.5 中董事联结与联结
董事同行业或同产品市场并购经验交互项（*BI×IAE*）的回归系数在 5% 水平
上显著为正；模型 4.6 中董事联结与联结董事相关并购经验交互项（*BI×*
*RAE*）的回归系数在 5% 水平上显著为正；模型 4.7 中董事联结与联结董事
非相关并购经验交互项（*BI×UAE*）的回归系数在 1% 水平上显著为正；模
型 4.8（1）中董事联结与联结董事相关并购经验交互项（*BI×RAE*）的回归
系数在 5% 水平上显著为正，董事联结与联结董事非相关并购经验交互项
（*BI×UAE*）的回归系数为正，但未达到 10% 的显著性水平；模型 4.8（2）
中董事联结与联结董事非相关并购经验交互项（*BI×UAE*）的回归系数在
1% 水平上显著为正，董事联结与联结董事相关并购经验交互项（*BI×RAE*）
的回归系数为正，但未达到 10% 的显著性水平。综上所述，在以行业和董
事会独立性为标准选取配对样本以后，前文的结果均未发生实质性改变。

表 4-8~表 4-11 的回归结果表明，使用不同标准选取配对样本，结果
依旧稳健，排除了样本选取偏差的影响。

2. 更换董事联结代理变量

本书参照田高良等（2013）以及 Ishii 和 Xuan（2014）的研究，使用连
续变量作为董事联结的替代变量。将两家公司所有的董事组成一个矩阵，
一家公司的任意一个董事与另一家公司的任意一个董事配对为矩阵中的元
素。董事联结即为两家公司拥有联结董事的个数与董事会成员矩阵元素总
数之比，如两家公司存在 2 名联结董事，其中一家公司有 5 名董事，另一家
公司有 4 名董事，则董事联结为 10%。更换董事联结代理变量的回归结果如
表 4-12 所示。

表 4-8 以负债比率为标准选择潜在目标公司样本的回归结果

| 变量 | 基准 | 模型 4.1 | 模型 4.2 | 模型 4.3 | 模型 4.4 | 模型 4.5 | 模型 4.6 | 模型 4.7 | 模型 4.8 (1) | 模型 4.8 (2) |
|---|---|---|---|---|---|---|---|---|---|---|
| BI | — | 2.211*** (7.00) | — | — | 1.422*** (3.19) | 1.816*** (5.00) | 1.672** (1.99) | 1.979*** (4.64) | 1.639** (2.14) | 1.916*** (4.28) |
| BI_IN | — | — | 2.824*** (5.87) | — | — | — | — | — | — | — |
| BI_OUT | — | — | — | 0.976 (1.31) | — | — | — | — | — | — |
| NATURE | — | — | — | — | 0.393 (1.51) | — | — | — | — | — |
| IAE | — | — | — | — | — | 0.167** (2.35) | — | — | — | — |
| RAE | — | — | — | — | — | — | 0.089** (2.12) | — | 0.073** (2.02) | 0.022 (0.45) |
| UAE | — | — | — | — | — | — | — | 0.052 (0.93) | 0.017 (0.33) | 0.043 (0.88) |
| BI×NATURE | — | — | — | — | 0.725** (2.35) | — | — | — | — | — |
| BI×IAE | — | — | — | — | — | 0.216** (2.44) | — | — | — | — |
| BI×RAE | — | — | — | — | — | — | 0.133** (2.05) | — | 0.142** (1.97) | 0.041 (0.49) |
| BI×UAE | — | — | — | — | — | — | — | 0.061* (1.70) | 0.019 (0.46) | 0.064* (1.79) |

续表

| 变量 | 基准 | 模型 4.1 | 模型 4.2 | 模型 4.3 | 模型 4.4 | 模型 4.5 | 模型 4.6 | 模型 4.7 | 模型 4.8 (1) | 模型 4.8 (2) |
|---|---|---|---|---|---|---|---|---|---|---|
| FAE | 0.134 | 0.128 | 0.112* | 0.095 | 0.117 | 0.034 | 0.046 | 0.159 | 0.051 | 0.142 |
|  | (1.62) | (1.46) | (1.69) | (1.37) | (1.53) | (0.29) | (0.07) | (0.97) | (0.28) | (0.84) |
| ROE | 0.116 | 0.124 | 0.079 | 0.178 | 0.114 | 0.146 | 0.191 | -0.132 | 0.087 | -0.125 |
|  | (0.22) | (0.22) | (0.17) | (0.35) | (0.07) | (0.28) | (0.19) | (-0.72) | (0.24) | (-0.79) |
| BM | 0.290** | 0.305** | 0.257** | 0.284** | 0.254 | 0.621** | 0.705** | 0.275 | 0.689** | 0.258 |
|  | (2.24) | (2.29) | (2.00) | (2.22) | (1.32) | (2.00) | (2.50) | (0.17) | (2.35) | (0.29) |
| MV | 0.170 | 0.181 | 0.191 | 0.148 | 0.328* | 0.201 | 0.788** | 0.062 | 0.732** | 0.083 |
|  | (1.21) | (1.26) | (1.38) | (1.09) | (1.76) | (0.96) | (2.01) | (0.40) | (2.31) | (0.86) |
| SHARE | -3.086** | -3.327** | -2.724* | -2.889** | -3.874** | -3.504** | -6.058 | -1.960** | -5.889 | -1.938** |
|  | (-2.05) | (-2.21) | (1.84) | (-1.98) | (-2.37) | (-2.38) | (-0.80) | (-2.11) | (-0.98) | (-2.47) |
| CRL | -0.013*** | -0.012*** | -0.011** | -0.013*** | -0.011** | -0.015*** | -0.042** | -0.008** | -0.034** | -0.018** |
|  | (-2.76) | (-2.63) | (2.31) | (-2.96) | (-2.30) | (-2.81) | (-2.33) | (-2.14) | (-2.36) | (-2.39) |
| GROWTH | -0.212 | -0.220 | -0.201 | -0.283 | -0.130 | -0.255 | -0.671* | -0.180 | -0.522* | -0.175 |
|  | (-0.92) | (-0.94) | (-0.90) | (-1.23) | (-1.14) | (-0.11) | (-1.84) | (-0.51) | (-1.93) | (-0.65) |
| PER | 0.000 | 0.000 | 0.000 | 0.000 | 0.000 | 0.000 | -0.000 | -0.000 | -0.000 | -0.000 |
|  | (1.19) | (1.37) | (1.03) | (1.19) | (1.61) | (0.84) | (-0.35) | (-0.10) | (-0.39) | (-0.31) |
| HHI | 3.286** | 3.031** | 3.279** | 3.092** | 3.143 | 3.050 | 1.871 | 2.297 | 2.081 | 2.353 |
|  | (2.32) | (2.15) | (2.32) | (2.24) | (1.39) | (1.34) | (1.08) | (1.49) | (1.54) | (1.42) |
| STD | 3.870** | 4.287** | 3.494* | 2.879* | 3.514* | 3.867** | 2.221 | 4.829*** | 2.385* | 4.952*** |
|  | (2.08) | (2.20) | (1.89) | (1.67) | (1.85) | (2.02) | (1.03) | (3.17) | (1.84) | (2.82) |
| ACR | -0.112 | -0.061 | -0.105 | -0.109 | -0.049 | -0.055 | -0.032** | -0.103 | -0.042** | -0.088 |
|  | (-1.47) | (-1.25) | (-1.41) | (-1.54) | (-1.75) | (-1.12) | (-1.99) | (-1.55) | (-2.35) | (-1.61) |

续表

| 变量 | 基准 | 模型 4.1 | 模型 4.2 | 模型 4.3 | 模型 4.4 | 模型 4.5 | 模型 4.6 | 模型 4.7 | 模型 4.8 (1) | 模型 4.8 (2) |
|---|---|---|---|---|---|---|---|---|---|---|
| DUAL | -0.117 | -0.097 | -0.121 | -0.134 | -0.108 | -0.057 | -0.066 | -0.255 | -0.075 | -0.274 |
|  | (-0.60) | (-0.50) | (-0.63) | (-0.72) | (-0.54) | (-0.28) | (-0.87) | (-1.55) | (-0.65) | (-1.34) |
| IND | -0.468 | -0.697 | -0.214 | -0.751 | -0.227* | -0.492 | -0.880 | 0.354 | -0.858 | 0.361 |
|  | (-0.35) | (-0.51) | (-0.15) | (-0.61) | (-1.82) | (-0.63) | (-0.63) | (0.32) | (-0.56) | (0.36) |
| SCALE | 0.065* | 0.055* | 0.061* | 0.068** | 0.142*** | 0.131*** | 0.068 | 0.004 | 0.057 | 0.003 |
|  | (1.82) | (1.80) | (1.65) | (2.01) | (3.27) | (2.92) | (1.51) | (0.12) | (1.26) | (0.37) |
| CASH | 0.534 | 0.552 | 0.589 | 0.829 | 1.599* | 0.876 | 1.303 | -0.537 | 1.294 | -0.597 |
|  | (1.02) | (1.06) | (1.12) | (1.58) | (1.81) | (1.43) | (0.69) | (-0.17) | (0.67) | (-0.29) |
| SP | 1.016*** | 1.012*** | 1.085*** | 1.185*** | 1.044*** | 1.058*** | 2.184*** | 0.785*** | 2.162*** | 0.823*** |
|  | (5.44) | (5.42) | (5.86) | (6.83) | (5.36) | (5.33) | (2.75) | (4.57) | (2.98) | (4.65) |
| YEAR | 控制 | 控制 | 控制 | 控制 | 控制 | 控制 | 控制 | 控制 | 控制 | 控制 |
| INDUSTRY | 控制 | 控制 | 控制 | 控制 | 控制 | 控制 | 控制 | 控制 | 控制 | 控制 |
| C | 2.888 | 1.173 | 1.024 | 0.359 | 2.822 | 3.397 | 7.537 | -6.367 | 7.689 | -6.395 |
|  | (0.24) | (0.989) | (0.19) | (0.35) | (0.32) | (0.83) | (1.14) | (-0.99) | (1.07) | (-1.28) |
| Pseudo R² | 0.286 | 0.304 | 0.311 | 0.295 | 0.308 | 0.316 | 0.242 | 0.317 | 0.247 | 0.322 |
| LR | 226.39 | 229.19 | 230.64 | 227.99 | 229.95 | 232.10 | 145.80 | 201.28 | 146.32 | 203.42 |
| Prob (LR) | 0.000 | 0.000 | 0.000 | 0.000 | 0.000 | 0.000 | 0.000 | 0.000 | 0.000 | 0.000 |
| 样本 | 全部样本 | 全部样本 | 全部样本 | 全部样本 | 全部样本 | 全部样本 | 相关并购 | 非相关并购 | 相关并购 | 非相关并购 |
| 样本数（个） | 4151 | 4151 | 4151 | 4151 | 4151 | 4151 | 1384 | 2767 | 1384 | 2767 |

注：模型 4.8 (1) 针对的是相关并购样本，模型 4.8 (2) 针对的是非相关并购样本；括号内为 Z 统计量，Z 值已经过 White（1980）异方差稳健性修正；*、**、*** 分别代表 10%、5% 和 1% 的显著性水平。

表 4-9 以资产质量为标准选择潜在目标公司样本的回归结果

| 变量 | 基准 | 模型 4.1 | 模型 4.2 | 模型 4.3 | 模型 4.4 | 模型 4.5 | 模型 4.6 | 模型 4.7 | 模型 4.8 (1) | 模型 4.8 (2) |
|---|---|---|---|---|---|---|---|---|---|---|
| BI | — | 1.731*** (7.06) | — | — | 1.082*** (2.93) | 1.430*** (4.88) | 1.337** (2.11) | 1.396*** (3.08) | 1.245** (2.14) | 1.313*** (2.89) |
| BI_IN | — | — | 2.434*** (6.77) | — | — | — | — | — | — | — |
| BI_OUT | — | — | — | 0.612 (1.58) | — | — | — | — | — | — |
| NATURE | — | — | — | — | 2.475 (0.94) | — | — | — | — | — |
| IAE | — | — | — | — | — | 0.240 (1.29) | — | — | — | — |
| RAE | — | — | — | — | — | — | 0.105* (1.84) | — | 0.098* (1.87) | 0.036 (0.76) |
| UAE | — | — | — | — | — | — | — | 0.165 (0.42) | 0.058 (0.39) | 0.159 (0.25) |
| BI×NATURE | — | — | — | — | 0.399** (2.47) | — | — | — | — | — |
| BI×IAE | — | — | — | — | — | 0.374** (2.35) | — | — | — | — |
| BI×RAE | — | — | — | — | — | — | 0.104* (1.95) | — | 0.111* (1.93) | 0.042 (1.16) |
| BI×UAE | — | — | — | — | — | — | — | 0.066** (2.38) | 0.028 (1.33) | 0.069** (2.41) |

续表

| 变量 | 基准 | 模型 4.1 | 模型 4.2 | 模型 4.3 | 模型 4.4 | 模型 4.5 | 模型 4.6 | 模型 4.7 | 模型 4.8（1） | 模型 4.8（2） |
|---|---|---|---|---|---|---|---|---|---|---|
| *FAE* | 0.170 | 0.186 | 0.197 | 0.164 | 0.176 | 0.255** | -1.205 | 0.042 | -1.218 | 0.039 |
| | (1.41) | (1.53) | (1.38) | (1.34) | (1.28) | (2.23) | (-0.70) | (0.19) | (-0.68) | (0.28) |
| *ROE* | -0.504 | -0.534 | -0.694 | -0.757 | -0.533 | -0.550 | -2.860** | -0.417 | -2.796** | -0.408 |
| | (-0.92) | (-0.97) | (-1.27) | (-1.44) | (-1.04) | (-0.45) | (-2.11) | (-0.59) | (-1.98) | (-0.53) |
| *DE* | 0.227*** | 0.228*** | 0.224*** | 0.254*** | 0.251*** | 0.256* | 0.314 | 0.420*** | 0.307 | 0.427*** |
| | (2.67) | (2.66) | (2.65) | (3.09) | (2.89) | (1.71) | (1.35) | (3.40) | (1.42) | (3.39) |
| *MV* | 0.089 | 0.083 | 0.129 | 0.088 | 0.099 | 0.167 | 0.602 | 0.360* | 0.594 | 0.358* |
| | (0.71) | (0.65) | (1.03) | (0.73) | (0.77) | (0.94) | (1.44) | (1.81) | (1.49) | (1.78) |
| *SHARE* | -2.588** | -2.600** | -2.564** | -2.865*** | -2.452** | -2.755*** | -0.458 | -1.844* | -0.449 | -1.856* |
| | (-2.49) | (-2.49) | (-2.47) | (-2.74) | (-2.35) | (-2.58) | (-0.02) | (-1.93) | (-0.04) | (-1.88) |
| *CRL* | -0.009** | -0.010** | -0.008** | -0.011*** | -0.009** | -0.011*** | -0.023** | -0.007 | -0.025** | -0.008 |
| | (-2.42) | (-2.47) | (-1.99) | (-2.89) | (-2.34) | (-2.66) | (-2.44) | (-1.45) | (-2.39) | (-1.47) |
| *GROWTH* | -0.301* | -0.299* | -0.179 | -0.273* | -0.312* | -0.204 | 0.245 | -0.630** | 0.261 | -0.624** |
| | (-1.88) | (-1.87) | (-1.17) | (-1.75) | (-1.92) | (-1.20) | (0.89) | (-2.43) | (0.93) | (-2.39) |
| *PER* | -0.000 | -0.000 | -0.000 | -0.000 | -0.000 | -0.000 | -0.000 | 0.000 | -0.000 | 0.000 |
| | (-0.32) | (-0.24) | (-0.54) | (-0.32) | (-0.14) | (-0.33) | (-0.49) | (0.65) | (-0.27) | (0.62) |
| *HHI* | 3.055*** | 3.012*** | 3.022*** | 3.041*** | 3.186*** | 3.149*** | 3.758** | 2.531 | 3.741** | 2.527 |
| | (3.30) | (3.26) | (3.24) | (3.41) | (3.39) | (3.40) | (2.44) | (1.62) | (2.36) | (1.54) |
| *STD* | 4.526*** | 4.694*** | 4.073*** | 3.989*** | 4.780*** | 3.997** | 11.203** | 6.516*** | 10.953** | 6.551*** |
| | (2.91) | (2.89) | (2.59) | (2.61) | (3.05) | (2.51) | (2.23) | (3.55) | (2.36) | (3.42) |
| *ACR* | -0.076 | -0.040 | -0.062 | -0.061 | -0.081 | -0.029 | 0.104 | -0.193* | 0.095 | -0.187* |
| | (-1.20) | (-0.98) | (-0.96) | (-0.98) | (-1.27) | (-0.69) | (0.55) | (-1.72) | (0.57) | (-1.69) |

续表

| 变量 | 基准 | 模型 4.1 | 模型 4.2 | 模型 4.3 | 模型 4.4 | 模型 4.5 | 模型 4.6 | 模型 4.7 | 模型 4.8 (1) | 模型 4.8 (2) |
|---|---|---|---|---|---|---|---|---|---|---|
| DUAL | -0.175 | -0.181 | -0.194 | -0.196 | -0.178 | -0.147 | -0.156 | -0.353 | -0.146 | -0.367 |
| | (-1.08) | (-1.12) | (-1.19) | (-1.26) | (-1.08) | (-0.89) | (-0.43) | (-1.64) | (-0.64) | (-1.62) |
| IND | -0.389 | -0.418 | -0.119 | -0.285 | -0.422 | -0.251 | -0.851 | 0.306 | -0.827 | 0.295 |
| | (-0.34) | (-0.37) | (-0.10) | (-1.01) | (-0.36) | (-0.90) | (-0.34) | (0.22) | (-0.61) | (0.31) |
| SCALE | 0.033 | 0.036 | 0.029 | 0.033 | 0.043 | 0.078 ** | 0.045 | 0.011 | 0.039 | 0.018 |
| | (1.11) | (1.21) | (0.95) | (1.17) | (1.40) | (2.18) | (0.66) | (0.28) | (0.68) | (0.36) |
| CASH | 0.312 | 0.311 | 0.362 | 0.409 | 0.351 | 0.546 | 0.629 | 0.463 | 0.624 | 0.489 |
| | (0.80) | (0.80) | (0.91) | (1.09) | (0.89) | (1.35) | (0.74) | (1.01) | (0.72) | (1.03) |
| SP | 0.857 *** | 0.862 *** | 0.949 *** | 1.029 *** | 0.922 *** | 0.920 *** | 1.269 *** | 1.004 *** | 1.245 *** | 1.018 *** |
| | (5.80) | (5.82) | (6.48) | (7.35) | (6.14) | (6.15) | (3.41) | (5.32) | (3.49) | (5.34) |
| YEAR | 控制 | 控制 | 控制 | 控制 | 控制 | 控制 | 控制 | 控制 | 控制 | 控制 |
| INDUSTRY | 控制 | 控制 | 控制 | 控制 | 控制 | 控制 | 控制 | 控制 | 控制 | 控制 |
| C | -7.666 | -6.982 | -6.299 | -7.928 | -7.806 | -5.965 | 4.282 | -14.487 * | 4.252 | -14.142 * |
| | (-0.88) | (-0.81) | (-0.72) | (-0.94) | (-0.90) | (-1.40) | (1.26) | (-1.84) | (1.37) | (-1.68) |
| Pseudo R² | 0.241 | 0.270 | 0.279 | 0.258 | 0.273 | 0.282 | 0.252 | 0.270 | 0.261 | 0.277 |
| LR | 251.43 | 260.73 | 263.25 | 256.24 | 261.92 | 264.35 | 160.79 | 215.01 | 161.57 | 216.84 |
| Prob (LR) | 0.000 | 0.000 | 0.000 | 0.000 | 0.000 | 0.000 | 0.000 | 0.000 | 0.000 | 0.000 |
| 样本 | 全部样本 | 全部样本 | 全部样本 | 全部样本 | 全部样本 | 全部样本 | 相关并购 | 非相关并购 | 相关并购 | 非相关并购 |
| 样本数（个） | 6788 | 6788 | 6788 | 6788 | 6788 | 6788 | 2236 | 4552 | 2236 | 4552 |

注：*、**、*** 分别代表 10%、5% 和 1% 的显著性水平。模型 4.8 (1) 针对的是相关并购样本，模型 4.8 (2) 针对的是非相关并购样本；括号内为 Z 统计量，Z 值已经过 White（1980）异方差稳健性修正。

表 4-10 以董事会规模为标准选择潜在目标公司样本的回归结果

| 变量 | 基准 | 模型 4.1 | 模型 4.2 | 模型 4.3 | 模型 4.4 | 模型 4.5 | 模型 4.6 | 模型 4.7 | 模型 4.8 (1) | 模型 4.8 (2) |
|---|---|---|---|---|---|---|---|---|---|---|
| BI | — | 2.208*** (5.67) | — | — | 1.829*** (2.72) | 1.847*** (4.07) | 1.186* (1.90) | 1.223*** (2.88) | 1.006* (1.91) | 1.038** (2.49) |
| BI_IN | — | | 2.858*** (6.85) | | | | | | | |
| BI_OUT | — | | | 1.089 (1.48) | | | | | | |
| NATURE | — | | | | 0.327 (0.43) | | | | | |
| IAE | — | | | | | 0.688** (2.36) | | | | |
| RAE | — | | | | | | 0.393** (2.06) | | 0.386** (2.14) | 0.117 (1.07) |
| UAE | — | | | | | | | 0.091 (1.20) | 0.037 (0.52) | 0.082 (1.03) |
| BI×NATURE | — | | | | 0.389** (2.26) | | | | | |
| BI×IAE | — | | | | | 0.263*** (2.72) | | | | |
| BI×RAE | — | | | | | | 0.165** (2.17) | | 0.179** (2.12) | 0.063 (1.27) |
| BI×UAE | — | | | | | | | 0.076* (1.89) | 0.029 (0.88) | 0.081* (1.92) |

续表

| 变量 | 基准 | 模型 4.1 | 模型 4.2 | 模型 4.3 | 模型 4.4 | 模型 4.5 | 模型 4.6 | 模型 4.7 | 模型 4.8 (1) | 模型 4.8 (2) |
|---|---|---|---|---|---|---|---|---|---|---|
| FAE | -0.099 | -0.118 | -0.124 | -0.083 | -0.114 | -0.035 | -0.341 | -0.009 | -0.329 | -0.007 |
| | (-0.42) | (-0.58) | (-0.62) | (-0.37) | (-0.39) | (-0.30) | (-0.59) | (-0.09) | (-0.53) | (-0.11) |
| ROE | 0.059 | 0.042 | 0.212 | 0.182 | 0.356 | 0.033 | 0.090** | -0.032 | 0.085** | -0.037 |
| | (0.14) | (0.12) | (0.63) | (0.55) | (0.18) | (0.19) | (2.34) | (-0.46) | (2.18) | (-0.51) |
| BM | 0.277** | 0.269** | 0.251** | 0.289* | 0.213* | 0.606* | 0.540*** | -0.018 | 0.516*** | -0.023 |
| | (2.14) | (2.02) | (2.08) | (1.78) | (1.80) | (1.94) | (2.66) | (-0.18) | (2.72) | (-0.27) |
| DE | -0.069 | -0.093** | -0.051 | -0.069 | -0.101** | -0.129* | -0.057 | -0.179** | -0.062 | -0.166** |
| | (-1.35) | (-1.96) | (-1.16) | (-1.62) | (-2.34) | (-1.89) | (-0.78) | (-2.25) | (-0.61) | (-2.13) |
| MV | 0.209 | 0.180 | 0.195 | 0.206 | 0.303 | 0.226 | 0.267 | 0.066 | 0.255 | 0.081 |
| | (1.52) | (1.29) | (1.34) | (1.25) | (1.63) | (1.09) | (1.47) | (0.49) | (1.39) | (0.53) |
| SHARE | -3.010** | -2.969** | -2.981** | -3.156*** | -2.787** | -3.475** | -3.838 | -1.774* | -3.816 | -1.765** |
| | (-2.01) | (-1.98) | (-2.53) | (-2.65) | (-2.34) | (-2.35) | (-0.97) | (-1.96) | (-0.83) | (-1.98) |
| CRL | -0.013*** | -0.012*** | -0.006* | -0.007** | -0.011** | -0.015*** | -0.046*** | -0.011*** | -0.038*** | -0.015** |
| | (-2.69) | (-2.65) | (-1.82) | (-2.53) | (-2.26) | (-2.82) | (-2.62) | (-2.60) | (-2.68) | (-2.57) |
| GROWTH | -0.190 | -0.186 | -0.088 | -0.141 | -0.133 | -0.057 | -0.090** | -0.089 | -0.093** | -0.091 |
| | (-0.85) | (-0.86) | (-0.81) | (-1.29) | (-1.17) | (-1.24) | (-2.05) | (-0.56) | (-1.99) | (-0.59) |
| PER | -0.000 | -0.000 | -0.000 | -0.000 | -0.000* | -0.000 | -0.000 | 0.000 | -0.000 | 0.000 |
| | (-1.21) | (-1.38) | (-0.48) | (-0.47) | (-1.67) | (-0.86) | (-0.39) | (0.23) | (-0.35) | (0.25) |
| HHI | 3.213** | 3.015** | 3.157** | 3.258** | 2.123 | 2.024 | 1.865 | 1.630 | 1.856 | 1.637 |
| | (2.28) | (2.17) | (2.06) | (2.05) | (1.38) | (1.32) | (0.07) | (1.03) | (0.11) | (1.12) |
| STD | 3.451* | 3.642* | 2.451** | 3.586* | 3.352* | 3.537* | 4.566 | 4.828*** | 4.739 | 4.824*** |
| | (1.85) | (1.90) | (2.10) | (1.85) | (1.76) | (1.85) | (0.66) | (3.14) | (0.72) | (3.07) |

续表

| 变量 | 基准 | 模型 4.1 | 模型 4.2 | 模型 4.3 | 模型 4.4 | 模型 4.5 | 模型 4.6 | 模型 4.7 | 模型 4.8 (1) | 模型 4.8 (2) |
|---|---|---|---|---|---|---|---|---|---|---|
| ACR | -0.096 | -0.064 | -0.097 | -0.105 | -0.041 | -0.040 | 0.488 | -0.137* | 0.467 | -0.126* |
|  | (-1.27) | (-1.40) | (-0.92) | (-1.33) | (-1.57) | (-0.87) | (1.58) | (-1.95) | (1.42) | (-1.85) |
| DUAL | -0.096 | -0.106 | -0.182 | -0.219* | -0.098 | -0.047 | -0.606 | -0.254 | -0.597 | -0.263 |
|  | (-0.50) | (-0.55) | (-1.42) | (-1.76) | (-0.36) | (-0.23) | (-0.76) | (-1.48) | (-0.78) | (-1.37) |
| IND | -0.487 | -0.427 | -0.109 | -0.695 | -0.403 | -0.591 | -0.355* | -0.155 | -0.354* | -0.172 |
|  | (-0.36) | (-0.31) | (-0.12) | (-0.86) | (-0.74) | (-0.33) | (-1.90) | (-1.17) | (-1.73) | (-1.26) |
| CASH | 0.574 | 0.553 | 0.645 | 0.758 | 0.741** | 0.933 | 2.166 | 1.027 | 2.147 | 1.031 |
|  | (1.08) | (1.04) | (1.25) | (0.88) | (1.96) | (1.52) | (1.11) | (1.09) | (1.08) | (1.04) |
| SP | 1.088*** | 1.091*** | 0.936*** | 1.068*** | 1.065*** | 1.110*** | 2.329*** | 1.089*** | 2.279*** | 1.103*** |
|  | (5.90) | (5.93) | (6.15) | (6.85) | (5.46) | (5.67) | (3.21) | (7.06) | (3.03) | (6.98) |
| YEAR | 控制 | 控制 | 控制 | 控制 | 控制 | 控制 | 控制 | 控制 | 控制 | 控制 |
| INDUSTRY | 控制 | 控制 | 控制 | 控制 | 控制 | 控制 | 控制 | 控制 | 控制 | 控制 |
| C | -12.497* | -12.827* | -11.658* | -13.489* | -13.236 | -12.825* | -12.911* | -7.116 | -12.894* | -7.107 |
|  | (-1.86) | (-1.85) | (-1.92) | (-1.88) | (-1.42) | (-1.68) | (-1.75) | (-1.10) | (-1.74) | (-1.27) |
| Pseudo R² | 0.214 | 0.253 | 0.261 | 0.227 | 0.279 | 0.268 | 0.228 | 0.236 | 0.232 | 0.241 |
| LR | 353.54 | 408.85 | 422.74 | 371.09 | 459.68 | 437.12 | 287.26 | 316.54 | 288.75 | 317.74 |
| Prob (LR) | 0.000 | 0.000 | 0.000 | 0.000 | 0.000 | 0.000 | 0.000 | 0.000 | 0.000 | 0.000 |
| 样本 | 全部样本 | 全部样本 | 全部样本 | 全部样本 | 全部样本 | 全部样本 | 相关并购 | 非相关并购 | 相关并购 | 非相关并购 |
| 样本数（个） | 20359 | 20359 | 20359 | 20359 | 20359 | 20359 | 5896 | 14463 | 5896 | 14463 |

注：模型 4.8（1）针对的是相关并购样本，模型 4.8（2）针对的是非相关并购样本；括号内为 Z 统计量，Z 值已经过 White（1980）异方差稳健性修正；*，**，*** 分别代表 10%，5% 和 1% 的显著性水平。

表4-11 以董事会独立性为标准选择潜在目标公司样本的回归结果

| 变量 | 基准 | 模型4.1 | 模型4.2 | 模型4.3 | 模型4.4 | 模型4.5 | 模型4.6 | 模型4.7 | 模型4.8（1） | 模型4.8（2） |
|---|---|---|---|---|---|---|---|---|---|---|
| BI | — | 2.054*** (5.60) | — | — | 1.851** (2.17) | 1.253*** (3.66) | 3.250* (1.87) | 3.840*** (2.95) | 3.194* (1.90) | 3.767*** (2.83) |
| BI_IN | — | — | 2.839*** (6.80) | — | — | — | — | — | — | — |
| BI_OUT | — | — | — | 1.079 (1.58) | — | — | — | — | — | — |
| NATURE | — | — | — | — | 0.182 (0.51) | — | — | — | — | — |
| IAE | — | — | — | — | — | 0.232 (1.24) | — | — | — | — |
| RAE | — | — | — | — | — | — | 0.097* (1.68) | — | 0.088* (1.72) | 0.021 (1.42) |
| UAE | — | — | — | — | — | — | — | 0.115 (0.69) | 0.034 (0.49) | 0.104 (0.66) |
| BI×NATURE | — | — | — | — | 0.313** (2.23) | — | — | — | — | — |
| BI×IAE | — | — | — | — | — | 0.296** (2.54) | — | — | — | — |
| BI×RAE | — | — | — | — | — | — | 0.156** (2.21) | — | 0.162** (2.17) | 0.067 (1.28) |
| BI×UAE | — | — | — | — | — | — | — | 0.082*** (3.26) | 0.035 (1.39) | 0.089*** (3.37) |

续表

| 变量 | 基准 | 模型 4.1 | 模型 4.2 | 模型 4.3 | 模型 4.4 | 模型 4.5 | 模型 4.6 | 模型 4.7 | 模型 4.8 (1) | 模型 4.8 (2) |
|---|---|---|---|---|---|---|---|---|---|---|
| FAE | 0.242* | 0.264* | 0.239** | 0.205* | 0.255* | 0.283** | -4.662 | 0.276* | -4.657 | 0.281* |
|  | (1.95) | (1.93) | (1.97) | (1.94) | (1.90) | (2.47) | (-0.49) | (1.81) | (-0.51) | (1.80) |
| ROE | -0.599 | -0.624 | -0.547 | -0.361 | -0.587 | -0.667 | -0.819** | -0.606 | -0.806** | -0.612 |
|  | (-1.10) | (-1.14) | (-1.19) | (-1.15) | (-1.07) | (-0.56) | (-2.12) | (-0.89) | (-1.99) | (-0.82) |
| BM | -0.038 | -0.007 | -0.015 | -0.033 | -0.005 | -0.028 | -0.485 | -0.089 | -0.478 | -0.093 |
|  | (-0.53) | (-0.23) | (-0.23) | (-0.55) | (-0.03) | (-0.83) | (-0.57) | (-0.89) | (-0.63) | (-0.81) |
| DE | 0.220*** | 0.222*** | 0.208** | 0.212** | 0.249*** | 0.219 | -0.111 | 0.273 | -0.103 | 0.277 |
|  | (2.61) | (2.60) | (2.44) | (2.27) | (2.86) | (1.47) | (-0.53) | (1.55) | (-0.88) | (1.43) |
| MV | 0.138 | 0.131 | 0.282 | 0.311 | 0.133 | 0.187 | 0.327 | 0.198 | 0.315 | 0.202 |
|  | (1.09) | (1.04) | (1.19) | (1.07) | (1.02) | (1.06) | (0.99) | (1.09) | (0.87) | (1.08) |
| SHARE | -2.601** | -2.894** | -3.021** | -3.231*** | -2.575** | -2.775*** | -0.372 | -2.755* | -0.355 | -2.768* |
|  | (-2.49) | (-2.57) | (-2.49) | (-2.61) | (-2.41) | (-2.59) | (-0.16) | (-1.83) | (-0.18) | (-1.87) |
| CRL | -0.009** | -0.012** | -0.006* | -0.008*** | -0.009** | -0.010** | -0.023** | -0.007** | -0.016** | -0.009** |
|  | (-2.21) | (-2.27) | (-1.84) | (-2.57) | (-2.33) | (-2.51) | (-2.45) | (-2.39) | (-2.41) | (-2.26) |
| GROWTH | -0.282* | -0.278* | -0.189* | -0.145 | -0.315* | -0.218 | -0.238 | -0.550** | -0.242 | -0.545** |
|  | (-1.78) | (-1.75) | (-1.83) | (-1.35) | (-1.95) | (-1.28) | (-0.84) | (-2.19) | (-0.69) | (-2.12) |
| PER | -0.000 | -0.000 | -0.000 | -0.000 | -0.000 | -0.000 | -0.000 | 0.000 | -0.000 | 0.000 |
|  | (-0.01) | (-0.09) | (-0.64) | (-0.66) | (-0.04) | (-0.32) | (-0.60) | (0.47) | (-0.64) | (0.28) |
| HHI | 2.977*** | 3.177*** | 2.887** | 2.933** | 2.995*** | 3.147*** | 3.160** | 1.966** | 3.178** | 1.981** |
|  | (3.24) | (3.63) | (2.43) | (2.16) | (3.24) | (3.42) | (2.47) | (2.26) | (2.36) | (2.08) |
| STD | 4.244*** | 4.613*** | 3.989*** | 3.584** | 4.475** | 3.787** | 9.078*** | 6.504*** | 9.085*** | 6.526*** |
|  | (2.73) | (2.87) | (2.70) | (2.35) | (2.85) | (2.39) | (2.95) | (3.57) | (3.02) | (3.61) |

续表

| 变量 | 基准 | 模型 4.1 | 模型 4.2 | 模型 4.3 | 模型 4.4 | 模型 4.5 | 模型 4.6 | 模型 4.7 | 模型 4.8 (1) | 模型 4.8 (2) |
|---|---|---|---|---|---|---|---|---|---|---|
| ACR | -0.054 | -0.033 | -0.011 | -0.015 | -0.080 | -0.023 | -0.108 | -0.031 | -0.087 | -0.042 |
|  | (-0.84) | (-0.82) | (-1.00) | (-1.40) | (-1.28) | (-0.56) | (-0.58) | (-1.14) | (-0.68) | (-1.37) |
| DUAL | -0.164 | -0.166 | -0.201 | -0.237* | -0.152 | -0.149 | -0.266 | -0.300 | -0.265 | -0.287 |
|  | (-1.02) | (-1.03) | (-1.56) | (-1.89) | (-0.93) | (-0.91) | (-0.71) | (-1.43) | (-0.82) | (-1.41) |
| SCALE | 0.037 | 0.040 | 0.044 | 0.042** | 0.046 | 0.083** | 0.047*** | 0.023 | 0.053** | 0.037 |
|  | (1.24) | (1.36) | (1.36) | (1.99) | (1.51) | (2.31) | (2.68) | (0.62) | (2.37) | (0.63) |
| CASH | 0.362 | 0.260 | 0.426 | 0.266 | 0.360 | 0.577 | -0.503 | 0.525 | -0.524 | 0.519 |
|  | (0.93) | (0.48) | (0.15) | (0.24) | (0.92) | (1.44) | (-0.59) | (1.16) | (-0.61) | (1.05) |
| SP | 0.907*** | 0.912*** | 0.933*** | 1.059*** | 0.924*** | 0.941*** | 1.218*** | 0.976*** | 1.222*** | 0.962*** |
|  | (6.21) | (6.24) | (8.38) | (8.18) | (6.21) | (6.34) | (3.36) | (5.28) | (3.62) | (5.14) |
| YEAR | 控制 | 控制 | 控制 | 控制 | 控制 | 控制 | 控制 | 控制 | 控制 | 控制 |
| INDUSTRY | 控制 | 控制 | 控制 | 控制 | 控制 | 控制 | 控制 | 控制 | 控制 | 控制 |
| C | -8.010* | -8.255** | -7.503** | -8.676*** | -8.074* | -5.247 | 15.109 | -14.661* | 15.085 | -14.652* |
|  | (-1.77) | (-1.97) | (-2.03) | (-2.16) | (-1.92) | (-1.25) | (1.45) | (-1.92) | (1.58) | (-1.85) |
| Pseudo R² | 0.218 | 0.262 | 0.275 | 0.236 | 0.272 | 0.277 | 0.234 | 0.271 | 0.239 | 0.274 |
| LR | 388.67 | 426.89 | 439.77 | 407.21 | 437.63 | 442.54 | 324.17 | 368.29 | 325.08 | 369.88 |
| Prob (LR) | 0.000 | 0.000 | 0.000 | 0.000 | 0.000 | 0.000 | 0.000 | 0.000 | 0.000 | 0.000 |
| 样本 | 全部样本 | 全部样本 | 全部样本 | 全部样本 | 全部样本 | 全部样本 | 相关并购 | 非相关并购 | 相关并购 | 非相关并购 |
| 样本数（个） | 29683 | 29683 | 29683 | 29683 | 29683 | 29683 | 8853 | 20830 | 8853 | 20830 |

注：模型 4.8 (1) 针对的是相关并购样本，模型 4.8 (2) 针对的是非相关并购样本；括号内为 Z 统计量，Z 值已经过 White (1980) 异方差稳健性修正；*，**，*** 分别代表 10%、5% 和 1% 的显著性水平。

表4-12　更换董事联结代理变量回归结果

| 变量 | 模型4.1 | 模型4.2 | 模型4.3 | 模型4.4 | 模型4.5 | 模型4.6 | 模型4.7 | 模型4.8（1） | 模型4.8（2） |
|---|---|---|---|---|---|---|---|---|---|
| BI | 144.647*** (8.43) | — | — | 149.894*** (7.72) | 138.422*** (7.22) | 140.270*** (4.89) | 116.884*** (3.14) | 134.241** (4.31) | 107.056*** (3.29) |
| BI_IN | — | 166.709*** (8.48) | — | — | — | — | — | — | — |
| BI_OUT | — | — | 98.073 (1.58) | — | — | — | — | — | — |
| NATURE | — | — | — | 0.142 (0.32) | — | — | — | — | — |
| IAE | — | — | — | — | 0.067*** (2.88) | — | — | — | — |
| RAE | — | — | — | — | — | 0.179** (2.33) | — | 0.171** (2.36) | 0.039 (1.31) |
| UAE | — | — | — | — | — | — | 0.073** (2.50) | 0.035 (0.92) | 0.065** (2.51) |
| BI×NATURE | — | — | — | 25.254* (1.79) | — | — | — | — | — |
| BI×IAE | — | — | — | — | 43.730* (1.91) | — | — | — | — |
| BI×RAE | — | — | — | — | — | 18.254** (2.08) | — | 20.591** (1.97) | 7.253 (0.86) |
| BI×UAE | — | — | — | — | — | — | 10.501** (2.19) | 3.837 (1.32) | 12.538** (2.07) |

续表

| 变量 | 模型 4.1 | 模型 4.2 | 模型 4.3 | 模型 4.4 | 模型 4.5 | 模型 4.6 | 模型 4.7 | 模型 4.8 (1) | 模型 4.8 (2) |
|---|---|---|---|---|---|---|---|---|---|
| FAE | 0.091 | 0.092* | 0.098* | 0.095 | 0.097 | -0.316 | 0.183* | -0.294 | 0.173* |
|  | (1.52) | (1.67) | (1.70) | (1.63) | (1.15) | (-0.11) | (1.80) | (-0.08) | (1.74) |
| ROE | 0.198 | 0.184 | 0.136 | 0.231 | 0.329 | 0.151 | -0.099* | 0.164 | -0.087* |
|  | (0.59) | (0.55) | (0.41) | (0.66) | (0.36) | (1.00) | (-1.69) | (0.92) | (-1.72) |
| BM | -0.019 | -0.017 | -0.025 | -0.004 | -0.028 | -0.549** | -0.075 | -0.538** | -0.081 |
|  | (-0.29) | (-0.27) | (-0.38) | (-0.06) | (-0.99) | (-2.22) | (-0.67) | (-2.19) | (-0.58) |
| DE | -0.090** | -0.088* | -0.077* | -0.096** | -0.144 | -0.052 | -0.184*** | -0.059 | -0.175*** |
|  | (-1.96) | (-1.94) | (-1.72) | (-2.06) | (-1.10) | (-0.58) | (-3.80) | (-0.95) | (-2.82) |
| SHARE | -2.791** | -2.811** | -2.769** | -2.884** | -2.949** | -2.717 | -2.516** | -2.751 | -2.508** |
|  | (-2.43) | (-2.46) | (-2.42) | (-2.40) | (-2.42) | (-1.01) | (-1.98) | (-1.26) | (-2.07) |
| CRL | -0.006* | -0.006* | -0.005* | -0.005* | -0.004 | -0.012* | -0.002 | -0.017* | -0.005 |
|  | (-1.82) | (-1.82) | (-1.73) | (-1.74) | (-1.14) | (-1.95) | (-0.44) | (-1.84) | (-0.39) |
| GROWTH | -0.108 | -0.095 | -0.113 | -0.103 | -0.142 | 0.175 | -0.174 | 0.168 | -0.163 |
|  | (-0.96) | (-0.87) | (-0.85) | (-0.92) | (-1.29) | (1.14) | (-1.20) | (1.24) | (-1.18) |
| PER | -0.000 | -0.000 | -0.000 | -0.000 | -0.000 | 0.000 | -0.000 | 0.000 | -0.000 |
|  | (-0.65) | (-0.64) | (-0.70) | (-0.50) | (-0.59) | (0.09) | (-0.08) | (0.06) | (-0.04) |
| HHI | 1.186* | 1.202* | 1.254* | 0.961 | 0.554 | 1.325 | 0.485 | 1.316 | 0.498 |
|  | (1.88) | (1.95) | (1.82) | (1.49) | (0.84) | (1.63) | (0.30) | (1.54) | (0.34) |
| STD | 2.290* | 1.004 | 2.256* | 2.287* | 1.555 | 5.604** | 4.371*** | 5.567** | 4.179*** |
|  | (1.92) | (0.28) | (1.91) | (1.88) | (1.24) | (2.38) | (3.10) | (2.49) | (3.16) |
| ACR | -0.005 | -0.011 | -0.064 | -0.005 | -0.041 | 0.098 | -0.064 | 0.084 | -0.058 |
|  | (-0.11) | (-0.24) | (-1.13) | (-0.10) | (-0.99) | (0.88) | (-0.81) | (0.76) | (-0.79) |

续表

| 变量 | 模型 4.1 | 模型 4.2 | 模型 4.3 | 模型 4.4 | 模型 4.5 | 模型 4.6 | 模型 4.7 | 模型 4.8 (1) | 模型 4.8 (2) |
|---|---|---|---|---|---|---|---|---|---|
| DUAL | -0.182 | -0.185 | -0.189 | -0.178 | -0.168 | -0.579** | -0.178 | -0.567** | -0.186 |
|  | (-1.41) | (-1.44) | (-1.47) | (-1.36) | (-1.27) | (-1.96) | (-1.13) | (-1.99) | (-1.25) |
| IND | -0.046 | -0.097 | -0.158 | -0.108 | -0.263 | -0.419 | -0.336 | -0.413 | -0.327 |
|  | (-0.05) | (-0.11) | (-0.18) | (-0.12) | (-0.23) | (-0.25) | (-0.33) | (-0.62) | (-0.29) |
| SCALE | 0.047** | 0.049** | 0.052** | 0.049** | 0.076** | 0.048 | 0.032 | 0.063 | 0.039 |
|  | (2.02) | (2.12) | (2.24) | (2.07) | (2.51) | (1.14) | (1.11) | (1.02) | (0.98) |
| CASH | 0.092 | 0.114 | 0.076 | 0.166 | 0.143 | 0.494 | -0.037 | 0.482 | -0.044 |
|  | (0.33) | (0.37) | (0.27) | (0.57) | (0.48) | (0.88) | (-0.11) | (0.67) | (-0.34) |
| SP | 0.949*** | 0.941*** | 0.938*** | 0.916*** | 0.940*** | 0.925*** | 0.914*** | 0.891*** | 0.909*** |
|  | (8.55) | (8.50) | (8.52) | (8.04) | (8.31) | (8.11) | (8.57) | (7.96) | (7.62) |
| YEAR | 控制 | 控制 | 控制 | 控制 | 控制 | 控制 | 控制 | 控制 | 控制 |
| INDUSTRY | 控制 | 控制 | 控制 | 控制 | 控制 | 控制 | 控制 | 控制 | 控制 |
| C | -15.476** | 16.189** | -17.211** | -15.209* | -14.882* | -13.173* | -10.409** | -13.087* | -10.716** |
|  | (-2.31) | (-2.15) | (-2.22) | (-1.94) | (-1.69) | (-1.91) | (-2.01) | (-1.86) | (-1.99) |
| Pseudo $R^2$ | 0.272 | 0.274 | 0.224 | 0.273 | 0.291 | 0.237 | 0.282 | 0.243 | 0.291 |
| LR | 395.39 | 395.98 | 371.85 | 395.76 | 411.80 | 195.66 | 291.76 | 196.82 | 293.74 |
| Prob (LR) | 0.000 | 0.000 | 0.000 | 0.000 | 0.000 | 0.000 | 0.000 | 0.000 | 0.000 |
| 样本 | 全部样本 | 全部样本 | 全部样本 | 全部样本 | 全部样本 | 相关并购 | 非相关并购 | 相关并购 | 非相关并购 |
| 样本数 (个) | 16568 | 16568 | 16568 | 16568 | 16568 | 4983 | 11585 | 4983 | 11585 |

注：模型 4.8 (1) 针对的是相关并购样本，模型 4.8 (2) 针对的是非相关并购样本；括号内为 Z 统计量，Z 值已经过 White（1980）异方差稳健性修正。

*、**、*** 分别代表 10%、5% 和 1% 的显著性水平。

通过观察表 4-12 发现：模型 4.1 中董事联结（$BI$）的回归系数在 1% 的水平上显著为正；模型 4.2 中内部董事联结（$BI\_IN$）的回归系数在 1% 的水平上显著为正；模型 4.3 中外部董事联结（$BI\_OUT$）的回归系数为正，但未达到 10% 的显著性水平；模型 4.4 中董事联结与股权性质交互项（$BI{\times}NATURE$）的回归系数在 10% 水平上显著为正；模型 4.5 中董事联结与联结董事同行业或同产品市场并购经验交互项（$BI{\times}IAE$）的回归系数在 10% 水平上显著为正；模型 4.6 中董事联结与联结董事相关并购经验交互项（$BI{\times}RAE$）的回归系数在 5% 水平上显著为正；模型 4.7 中董事联结与联结董事非相关并购经验交互项（$BI{\times}UAE$）的回归系数在 5% 水平上显著为正；模型 4.8（1）中董事联结与联结董事相关并购经验交互项（$BI{\times}RAE$）的回归系数在 5% 水平上显著为正，董事联结与联结董事非相关并购经验交互项（$BI{\times}UAE$）的回归系数为正，但未达到 10% 的显著性水平；模型 4.8（2）中董事联结与联结董事非相关并购经验交互项（$BI{\times}UAE$）的回归系数在 5% 水平上显著为正，董事联结与联结董事相关并购经验交互项（$BI{\times}RAE$）的回归系数为正，但未达到 10% 的显著性水平。综上所述，在改变董事联结变量的衡量方法以后，前文的结果均未发生实质性改变。

3. 更换联结董事并购经验代理变量

有学者认为并购经验的运用具有一定的时效性（Meschi，Métais，2013），因此，本章将联结董事并购经验获取的期间由焦点并购公司并购交易发生前 5 年至前 1 年，缩减至并购交易发生前 3 年至前 1 年，重新衡量联结董事的同行业或同产品市场并购经验、相关并购经验和非相关并购经验。更换联结董事并购经验代理变量的回归结果如表 4-13 所示。

表 4-13　更换联结董事并购经验代理变量的回归结果

| 变量 | 模型 4.5 | 模型 4.6 | 模型 4.7 | 模型 4.8（1） | 模型 4.8（2） |
|---|---|---|---|---|---|
| $BI$ | 2.368 *** | 2.482 *** | 1.851 *** | 2.317 *** | 1.676 *** |
| | (6.02) | (4.29) | (3.68) | (4.30) | (3.82) |
| $IAE$ | 0.103 *** | — | — | — | — |
| | (2.88) | | | | |
| $RAE$ | — | 0.239 ** | — | 0.233 ** | 0.081 |
| | | (2.38) | | (2.17) | (1.34) |

续表

| 变量 | 模型 4.5 | 模型 4.6 | 模型 4.7 | 模型 4.8（1） | 模型 4.8（2） |
|---|---|---|---|---|---|
| UAE | — | — | 0.134 *** <br> (2.58) | 0.057 <br> (0.83) | 0.132 *** <br> (2.76) |
| BI×IAE | 0.684 * <br> (1.76) | — | — | — | — |
| BI×RAE | — | 0.261 * <br> (1.66) | — | 0.269 * <br> (1.74) | 0.093 <br> (1.38) |
| BI×UAE | — | — | 0.235 * <br> (1.66) | 0.105 <br> (1.28) | 0.248 * <br> (1.75) |
| FAE | 0.187 <br> (0.65) | −0.504 <br> (−0.01) | 0.274 * <br> (1.84) | −0.512 <br> (−0.04) | 0.261 * <br> (1.82) |
| ROE | 0.118 <br> (1.63) | 0.212 <br> (0.53) | −0.063 <br> (−1.08) | 0.229 <br> (0.47) | −0.071 <br> (−1.29) |
| BM | −0.038 <br> (−1.05) | −0.787 * <br> (−1.67) | −0.305 <br> (−0.95) | −0.804 * <br> (−1.69) | −0.314 <br> (−0.67) |
| DE | −0.063 <br> (−0.38) | −0.077 <br> (−0.32) | −0.099 <br> (−0.65) | −0.068 <br> (−0.41) | −0.087 <br> (−0.62) |
| SHARE | −2.586 * <br> (−1.89) | −1.978 * <br> (−1.67) | −2.329 * <br> (−1.68) | −1.964 * <br> (−1.76) | −2.315 * <br> (−1.76) |
| CRL | −0.015 * <br> (−1.83) | −0.029 *** <br> (−2.68) | −0.022 <br> (−1.31) | −0.036 *** <br> (−2.73) | −0.033 <br> (−1.42) |
| GROWTH | 0.194 <br> (1.00) | 0.175 <br> (0.78) | −0.137 <br> (−1.16) | 0.162 <br> (0.63) | −0.149 <br> (−1.20) |
| PER | −0.000 <br> (−1.07) | 0.000 <br> (0.83) | −0.000 <br> (−1.02) | 0.000 <br> (0.75) | −0.000 <br> (−0.85) |
| HHI | 0.661 <br> (0.46) | 1.201 <br> (1.01) | 0.785 <br> (0.68) | 1.193 <br> (1.16) | 0.790 <br> (0.57) |
| STD | 2.303 <br> (1.64) | 7.628 *** <br> (2.68) | 2.119 *** <br> (2.68) | 7.637 *** <br> (2.72) | 2.135 *** <br> (2.82) |
| ACR | 0.097 <br> (0.81) | 0.306 <br> (1.29) | −0.037 <br> (−0.24) | 0.291 <br> (1.34) | −0.051 <br> (−0.37) |
| DUAL | −0.220 <br> (−0.96) | −0.806 * <br> (−1.91) | −0.292 <br> (−1.63) | −0.824 * <br> (−1.83) | −0.286 <br> (−1.50) |
| IND | −0.019 <br> (−0.17) | −0.162 <br> (−0.14) | −0.530 <br> (−0.22) | −0.158 <br> (−0.13) | −0.539 <br> (−0.28) |
| SCALE | 0.067 * <br> (1.69) | 0.043 <br> (1.19) | 0.038 <br> (1.45) | 0.047 <br> (1.25) | 0.041 <br> (1.29) |

续表

| 变量 | 模型 4.5 | 模型 4.6 | 模型 4.7 | 模型 4.8（1） | 模型 4.8（2） |
|---|---|---|---|---|---|
| *CASH* | 0.271 | 0.739 | −0.076 | 0.748 | −0.059 |
| | (0.40) | (1.43) | (−0.21) | (1.62) | (−0.38) |
| *SP* | 0.834*** | 1.098*** | 1.042*** | 0.969*** | 1.104*** |
| | (6.22) | (3.06) | (3.42) | (2.92) | (3.25) |
| *YEAR* | 控制 | 控制 | 控制 | 控制 | 控制 |
| *INDUSTRY* | 控制 | 控制 | 控制 | 控制 | 控制 |
| *C* | −9.249* | −17.983** | −13.480* | −17.858** | −13.424* |
| | (−1.67) | (−1.97) | (−1.79) | (−2.04) | (−1.83) |
| Pseudo R² | 0.316 | 0.284 | 0.359 | 0.292 | 0.366 |
| *LR* | 369.81 | 163.54 | 252.70 | 164.55 | 254.92 |
| Prob（*LR*） | 0.000 | 0.000 | 0.000 | 0.000 | 0.000 |
| 样本 | 全部样本 | 相关并购 | 非相关并购 | 相关并购 | 非相关并购 |
| 样本数（个） | 16568 | 4983 | 11585 | 4983 | 11585 |

注：模型 4.8（1）针对的是相关并购样本，模型 4.8（2）针对的是非相关并购样本；括号内为 Z 统计量，Z 值已经过 White（1980）异方差稳健性修正；*、**、*** 分别代表 10%、5% 和 1% 的显著性水平。

模型 4.5 中董事联结与联结董事同行业或同产品市场并购经验交互项（*BI×IAE*）的回归系数在 10% 水平上显著为正；模型 4.6 中董事联结与联结董事相关并购经验交互项（*BI×RAE*）的回归系数在 10% 水平上显著为正；模型 4.7 中董事联结与联结董事非相关并购经验交互项（*BI×UAE*）的回归系数在 10% 水平上显著为正；模型 4.8（1）中董事联结与联结董事相关并购经验交互项（*BI×RAE*）的回归系数在 10% 水平上显著为正，董事联结与联结董事非相关并购经验交互项（*BI×UAE*）的回归系数为正，但未达到 10% 的显著性水平；模型 4.8（2）中董事联结与联结董事非相关并购经验交互项（*BI×UAE*）的回归系数在 10% 水平上显著为正，董事联结与联结董事相关并购经验交互项（*BI×RAE*）的回归系数为正，但未达到 10% 的显著性水平。综上所述，在改变联结董事并购经验变量的衡量方法以后，前文的结果均未发生实质性改变。

# 第五节　本章小结

2002~2015 年，高达 19.49% 的中国上市公司选择与其存在董事联结的公司作为并购目标。并购公司与潜在目标公司的董事联结作为一种非正式的关系机制，可以为联结双方的私有信息沟通和交流提供合法途径，也可以缓解由于正式制度缺失而带来的信息摩擦问题。不仅如此，并购公司与潜在目标公司的董事联结还可以加强联结双方的协调合作，有效降低并购过程中的风险和不确定性。并购公司与潜在目标公司董事联结的存在，可以降低并购公司的信息搜寻与调查成本，增加并购公司选择潜在目标公司作为并购目标的可能；并购公司也会通过董事联结向潜在目标公司说明并购公司的基本情况和并购意图，提高潜在目标公司接受并购要约的概率。根据上述分析，本章以 2002 ~ 2015 年并购双方均为中国 A 股上市公司的并购事件为真实样本，以配对的方式选取行业相同和规模相似的 A 股上市公司作为潜在并购样本，检验董事联结对并购目标选择的影响。结果显示：与并购公司存在董事联结的潜在目标公司更有可能成为目标公司，当董事联结是由内部董事建立时，与并购公司存在董事联结的潜在目标公司成为目标公司的可能性更大，但是，当董事联结是由外部董事建立时，董事联结对并购目标选择没有显著直接影响。董事联结会对并购目标选择产生重要影响，但是，其影响程度在不同董事联结类型间存在差异。

　　如果并购公司为国有控股公司，那么并购公司所做出的并购决策可能会受到政府干预，开展并购活动的目标是帮助政府实现政治目标，而非实现企业利益的增加，国有并购公司与潜在目标公司的董事联结可能不会对并购目标选择产生影响。但是，如果并购公司为非国有控股公司，那么政府对企业并购决策的干预就较少。此时，并购公司与潜在目标公司的董事联结能够对并购目标选择决策产生影响，选择与存在董事联结的潜在目标公司进行并购将有利于降低并购公司的信息搜寻与调查成本，提高潜在目标公司接受并购要约的可能，保障并购交易顺利开展。基于上述分析，本章检验了并购公司的股权性质对董事联结与并购目标选择关系的影响。结果显示：当并购公司为非国有控股公司时，与并购公司存在董事联结的潜在目标公司成为目标公司的可能性更高。董事联结作用的发挥受到并购公司股权性质的影响，当并购公司为非国有控股公司时，其更依赖于自身的董事联结进行并购目标公司选择，董事联结将发挥更大的作用。

基于组织学习理论的研究指出，联结董事从联结企业获取的并购经验，有助于联结董事提高自身的抽象并购知识组织能力和类比推理能力，这些能力的增强可以帮助联结董事发现与存在董事联结的公司进行并购是解决并购目标选择所遇问题的有效方案，并将这一重要发现告知焦点并购公司，使焦点并购公司能够充分认知董事联结所带来的信息优势和合作优势。不仅如此，而且鉴于拥有并购经验的联结董事在焦点并购公司的并购决策中可以产生的重要影响，联结董事所提出的，选择与存在董事联结的潜在目标公司进行并购的建议，很可能被焦点并购公司采纳，帮助其做出更合理的并购目标选择决策，对董事联结的功能进行有效的利用。但是，通过分析本书还发现，联结董事并购经验能够对焦点并购公司的并购活动产生积极影响，应该满足联结公司前期的并购与焦点并购公司当前的并购相类似这一前提条件。

借鉴 McDonald 等（2008）的研究，按照联结董事从并购活动中获取并购知识或者并购技能的差异性，联结董事的并购经验可分为联结董事同行业或同产品市场并购经验、联结董事相关并购经验和联结董事非相关并购经验三种类型。本书分别检验了联结董事不同类型的并购经验对董事联结与并购目标选择关系的影响。结果显示：若联结公司曾经对某行业或某产品市场中的公司进行过并购，而焦点并购公司也在该行业或该产品市场进行并购，联结董事拥有的同行业或同产品市场并购经验越丰富，与焦点并购公司存在董事联结的潜在目标公司成为目标公司的可能性越大；在相关并购中，联结董事拥有的相关并购经验越丰富，与焦点并购公司存在董事联结的潜在目标公司成为目标公司的可能性越大，但是联结董事的非相关并购经验未能对董事联结与并购目标选择的关系产生显著影响；在非相关并购中，联结董事拥有的非相关并购经验越丰富，与焦点并购公司存在董事联结的潜在目标公司成为目标公司的可能性越大，但是联结董事的相关并购经验未能对董事联结与并购目标选择的关系产生显著影响。上述结果说明，如果联结公司前期的并购与焦点公司当前的并购相类似，那么联结董事的并购经验能够帮助焦点并购公司充分认知董事联结所能带来的信息优势和合作优势，推动焦点并购公司选择存在董事联结的潜在目标公司作为目标公司。

为确保本章实证结果的可靠性，通过使用不同标准重新选择配对样本，以及更换董事联结和联结董事并购经验代理变量等方法，对本章相关结论进行了稳健性检验。稳健性检验的结果仍支持本章的结论。

以往的研究主要围绕目标公司的财务指标等特征考察哪些公司更容易成为目标公司。本章的研究发现，并购双方的董事联结也会对并购目标选择产生重要影响，但是，其影响程度在不同董事联结类型间存在差异。此外，当并购公司为非国有控股公司或联结董事拥有与当前并购相似的并购经验时，董事联结对并购目标选择的影响会更大。并购公司（尤其是非国有并购公司）在做出并购目标选择决策时，除了需要考虑潜在目标公司的财务指标等因素外，还应充分考虑并购公司与潜在目标公司的董事联结（特别是内部董事联结）能够带来信息优势和合作优势，并购公司与潜在目标公司的董事联结形成的"关系并购"也将对并购目标选择产生重要影响。除此之外，当焦点并购公司的联结董事拥有与当前并购相似的并购经验时，焦点并购公司应认真听取这些联结董事的分析和建议，因为在并购目标选择过程中他们的并购经验能够帮助焦点并购公司做出更合理的并购决策。

# 第五章 董事联结、联结董事并购经验与并购溢价

研究指出，在并购交易中过高的溢价支付降低了并购后的协同效应，是并购失败的重要原因之一（Sirower，1997；Hunter，Jagtiani，2003；扈文秀、贾丽娜，2014）。并购溢价水平是并购定价合理性的直接体现，合理的并购定价是企业并购成功的重要保证（宋光辉、闫大伟，2007）。因此，本章接下来关注董事联结与联结董事并购经验对并购溢价的影响。

## 第一节 研究假设的提出

并购溢价即并购公司为标的支付的交易价格与标的本身内在价值（并购宣告前的标的市值）之间差额的百分比（陈仕华、卢昌崇，2013）。并购溢价存在很大的波动空间（Haunschild，1993）。Varaiya 和 Ferris（1987）的研究发现，西方国家并购活动中平均的并购溢价水平在 50% 左右，并购溢价低于 0 或超过 100% 的并购交易也很常见（本书使用的样本并购溢价最小值为 -98.8%，最大值为 1170.8%）。由于并购溢价存在较大的不确定性，许多企业为了完成交易，不得不支付高昂的并购溢价，致使并购公司遭受损失，影响并购价值的最终创造。

并购交易双方的信息不对称问题是造成并购溢价存在较大不确定性的重要原因（Cukurova，2015）。信息不对称问题的存在将导致并购公司难以准确评估目标公司的真实价值，目标公司也可能会拒绝并购公司提出的较为合理的并购价格（陈仕华等，2013）。董事联结的存在为促进并购公司与目标公司的沟通与交流提供了合法途径，也为并购过程中信息的传递提供

了有效渠道，有助于并购公司对目标公司进行较为准确的估价，也有利于目标公司了解并购公司的股票价值，降低并购公司采用股票作为支付方式时，股票价值被低估的可能性。同时，董事联结还能够加强并购双方的协调合作，增加目标公司与并购公司合作的意愿，促进并购价格谈判的顺利完成，帮助并购公司以较为合理的价格完成并购交易。因此，并购双方的董事联结将有助于减少并购溢价支付，提高并购定价的合理性，其作用机理如下。

第一，由于并购公司董事同时在目标公司任职，通过董事联结不仅可以帮助并购公司获取目标公司的市场发展前景和产品供求状况等外部信息，还可以使其充分了解目标公司的财务、经营、技术和资源等方面的内部信息（陈仕华等，2013），信息优势地位有助于并购公司对目标公司进行较为准确的估价，避免向目标公司支付过高的并购溢价。第二，如果并购双方之间存在董事联结，那么并购公司可以凭此获得目标公司的"私密信息"，甄别目标公司故意散布的"虚假信息"（Cai，Sevilir，2012），这也有助于并购公司在并购交易价格的谈判中取得谈判优势，进而支付较少的并购溢价。第三，并购公司采用股票而非现金作为支付方式可能会导致并购公司的股票价值被低估（Eckbo et al.，1990），目标公司可能因此向并购公司索要更高的并购溢价（Hansen，1987）。如果并购双方存在董事联结，目标公司能够较为准确地了解并购公司的股票价值，就有利于并购价格谈判的顺利开展，避免不合理的并购溢价支付。第四，董事联结的存在还会使两家公司的董事变得更加熟悉（陈仕华等，2013），提高目标公司董事会对并购公司的认可程度，增加目标公司与并购公司合作的意愿，减少并购价格谈判的阻碍，使目标公司更容易接受并购公司提出的较为合理的并购交易价格。综合上述分析，本书认为，并购双方的董事联结有助于减少并购溢价支付。由此，本书提出如下假设。

假设1：其他情况相同时，与目标公司存在董事联结的并购公司支付的并购溢价较低。

研究发现国有控股公司支付的并购溢价会受到政府政治目标的影响，为了实现政府的不同政治目标，政府会通过各种"掠夺"或"支持"手段来干预国有并购公司向被并购方支付的并购溢价（姜英兵，2014）。余明桂和潘洪波（2008）的研究指出，地方政府通过对并购活动进行干预，从而支持或损害当地上市公司的利益。张钰（2014）认为，政府干预能够对董事联结的影响产生替代作用，董事联结仅能在政府干预之外传递信息和资源。在并购定价过程中，由于国有并购公司所支付的并购溢价易受到政府干预，并购双方的董事联结所带来信息优势和合作优势，对国有并购公司而言将不再那么重要，董事联结可能不会对并购溢价产生影响。但是，如果并购公司为非国有控股公司，那么政府对并购溢价支付的干预就较少，董事联结的信息传递和组织协调功能将得到有效发挥。此时，董事联结将提高并购公司对目标公司估价的准确性和并购公司的议价能力，避免并购公司的股票价值被低估，增加目标公司与并购公司合作的意愿，从而更有效地减少并购溢价支付，提高并购定价的合理性。由此，本书提出如下假设。

假设2：其他情况相同时，当并购公司为非国有控股公司时，并购双方的董事联结对并购溢价的负向影响更强。

虽然学者们认为，董事联结有助于组织间的信息传递和协调合作（Pfeffer，Salancik，1978；Koenig et al.，1979；Burt，1983；Palmer et al.，1986；卢昌崇、陈仕华，2009；陈仕华等，2013），但是，在实际经济活动中，许多企业未能对董事联结的功能进行充分的认知和有效的利用。卢昌崇和陈仕华（2009）的研究指出，我国只有1/3的董事联结被用于促进组织间的协调和信息传递。也就是说，即使并购双方存在董事联结，并购公司也可能没有充分认知和有效利用董事联结的信息传递和组织协调功能，董事联结可能因此难以对并购溢价产生影响。

根据组织学习理论，当联结董事拥有丰富的并购经验时，并购经验能够帮助联结董事有效地组织抽象并购知识并运用类比推理识别解决当前并购所遇问题的有效方案（McDonald et al.，2008），不仅如此，在识别出有效方案以后，拥有并购经验的联结董事提出的建议还很可能被焦点并购公司采纳（Stuart，Yim，2010），帮助焦点并购公司做出正确的并购方案选择。在并购定价过程中，如何减少并购溢价支付，提高并购定价的合理性，是并购公司所面临的难题。而当并购公司与存在董事联结的企业进行并购时，董事联结能够为并购过程中信息的传递提供有效渠道，加强并购双方协调合作，从而有助于并购公司对目标公司进行较为准确的估价，获得目标公司的"私密信息"，甄别"虚假信息"，取得并购价格谈判优势，避免并购公司的股票价值被低估，促进并购价格谈判的顺利开展，增加目标公司与并购公司合作的意愿，使目标公司更容易接受并购公司提出的较为合理的并购交易价格。因此，丰富的并购经验会帮助联结董事更全面地发现董事联结的信息传递和组织协调功能有助于减少并购溢价支付，提高并购定价的合理性，利用董事联结带来的信息优势和合作优势是解决并购定价所遇问题的有效方案，并将这一重要发现告知焦点并购公司，使焦点并购公司能够充分认知董事联结在并购定价过程中可以做出的积极贡献。鉴于拥有并购经验的联结董事在焦点并购公司的并购过程中可以产生的重要影响，焦点并购公司很可能采纳联结董事关于合理利用董事联结降低并购溢价的建议，使董事联结能够在并购定价过程中发挥应有的作用。

此外，董事联结的并购经验还能够使焦点并购公司获得后动者优势，掌握处理类似并购交易的相关知识，提高焦点并购公司对并购过程的管理能力，促进董事联结作用更有效地发挥，对并购溢价产生进一步的影响。首先，联结董事的并购经验有助于董事联结进一步提高焦点并购公司对目标公司估价的准确性。与目标公司存在董事联结可以降低并购双方的信息不对称程度，通过董事联结并购公司可以获取目标公司的运营能力、财务状况和资源技术等方面的信息（陈仕华等，2013）。而联结董事过去的并购经验能够帮助焦点并购公司更有效地获取与价值评估相关的信息，并对所获取的目标公司价值信息进行更高效的处理和分析，从而对并购目标的价值进行更加准确的评估，这是因为：前期并购经验能够提高联结董事的抽象并购知识组织能力，使联结董事拥有更完善的因果关系思维模式（McDonald et al.，2008），帮助焦点并购公司区分哪些信息对价值评估而言是相关的信息，哪些是无关的信息，使并购公司能够更有效地利用董事联结去获取与价值评估相关的信息；前期并购经验还能够提高联结董事的类比推理能力（Beckman，Haunschild，2002），根据以往的并购经验目录，联结董事的并购经验可以帮助焦点并购公司提高处理和分析目标公司价值信息的速度和准确性，并合理推测目标公司的未来战略价值。

其次，联结董事的并购经验有助于董事联结进一步提高焦点并购公司的议价能力。并购双方之间存在董事联结，可以帮助并购公司获知目标公司较多的"私密信息"，甄别目标公司故意散布的"虚假信息"（Cai，Sevilir，2012）。前期并购经验能够提高联结董事的抽象并购知识组织能力，将焦点并购公司通过联结董事所获取的"私密信息"、甄别的"虚假信息"与并购标的价值相联系，更加快速准确地发现影响目标公司议价能力的重要信息，找到目标公司的谈判弱点，以此为突破口进一步提高焦点并购公司的议价能力；前期并购经验还能够提高联结董事的类比推理能力，在找到目标公司的谈判弱点以后，根据以往的并购经验目录，将过去利用目标公司的类似弱点取得谈判优势的成功经验应用到本次并购价格谈判中，进一步提高焦点并购公司的议价能力。

综上所述，联结董事的并购经验不仅能够帮助焦点并购公司充分认知董事联结在降低并购溢价方面可以做出的积极贡献，从而对董事联结进行合理利用，而且，联结董事的并购经验还能促进董事联结作用更有效发挥，进一步提高焦点并购公司对目标公司估价的准确性和议价能力。因此，本书认为，联结董事的并购经验会帮助焦点并购公司充分认知并有效利用董事联结在并购定价过程中的积极作用，更有效地减少并购溢价支付。

然而，基于组织学习理论的一些研究还发现，进行有效并购所需的能力是存在行业差异的（Haleblian，Finkelstein，1999；Finkelstein，Haleblian，2002；Kroll et al.，2008；McDonald et al.，2008；程兆谦，2011）。目标公司与并购公司所在行业或产品市场是否相关也决定了进行有效并购所需能力的差异性（Jemison，Sitkin，1986；Datta，Grant，1990；Haspeslagh，Jemison，1991；Graebner，2004）。McDonald等（2008）的研究指出，由于在不同行业进行并购所需的能力存在差异，因而，联结董事在参与不同行业的并购活动时所获取的并购知识或者并购技能也存在差异。相关并购和非相关并购的价值来源不同，需要不同的知识和技能来实现并购价值的创造，联结董事在这两种并购中所能获得的并购知识或者并购技能也将存在很大的差异。他们的研究进一步指出，通过参与特定类型的并购活动，联结董事会获得相应的并购经验，若联结董事参与过特定行业或特定产品市场并购、相关并购或非相关并购活动，联结董事会获得相应的并购专业知识或者并购技能，但是，联结董事并不会因此获得广泛的并购专业知识或者并购技能。

Haleblian和Finkelstein（1999）认为，虽然组织间学习有助于知识在企业间有效传递，为企业未来的战略活动提供指导，但是从经验中获取相关知识的学习效果会由于社会和环境的复杂性而发生系统性误差。如果外部环境已经发生改变，而企业仍然从过去的经验中推断解决新问题的方案，那么通过组织间学习所得到的知识可能难以发挥作用，只有当过去的情景与现在的情景相类似时，过去的经验才能产生影响（Pinder，1984）。若当前并购与已发生的并购高度类似，那么并购经验将对当前并购产生积极影响，而错误的差异化则对当前并购无影响（Haleblian，Finkelstein，1999；Finkelstein，Haleblian，2002；程兆谦，2011）。因此，联结董事并购经验能够对焦点并购公司的并购活动产生有利影响，应该满足联结公司前期的并购与焦点并购公司当前的并购相类似这一前提条件，只有满足这一前提条件，联结董事的并购经验才能使焦点并购公司充分认知并有效利用董事联结在并购定价过程中的积极作用，更有效地减少并购溢价支付。

借鉴 McDonald 等（2008）的研究，按照联结董事从并购活动中获取并购知识或者并购技能的差异性，联结董事的并购经验可分为联结董事同行业或同产品市场并购经验、联结董事相关并购经验和联结董事非相关并购经验三种类型。由于联结董事并购经验类型不同，联结董事对并购关键因素的掌握也不同，为并购公司的并购活动做出建设性贡献的能力也存在差异。本书认为，只有联结董事拥有某种并购经验，而焦点并购公司也进行类似的并购时，该种并购经验才能帮助董事联结在并购定价过程中发挥积极作用，更有效地降低并购溢价。具体而言：若联结公司曾经对某行业或某产品市场中的公司进行过并购，而焦点并购公司也在该行业或该产品市场进行并购，那么，联结董事的同行业或同产品市场并购经验能够帮助焦点并购公司充分认知并有效利用董事联结在并购定价过程中的积极作用，进一步降低并购溢价；若联结董事曾经在联结公司参与过相关并购活动，那么，联结董事的相关并购经验能够在相关并购中帮助焦点并购公司充分认知并有效利用董事联结在并购定价过程中的积极作用，进一步降低并购溢价；若联结董事曾经在联结公司参与过非相关并购活动，那么，联结董事的非相关并购经验能够在非相关并购中帮助焦点并购公司充分认知并有效利用董事联结在并购定价过程中的积极作用，进一步降低并购溢价。由此，本书提出如下假设。

假设 3-1：其他情况相同时，联结董事拥有的同行业或同产品市场并购经验越丰富，在同行业或同产品市场并购中，并购双方的董事联结对并购溢价的负向影响越大。

假设 3-2：其他情况相同时，联结董事拥有的相关并购经验越丰富，在相关并购中，并购双方的董事联结对并购溢价的负向影响越大。

假设 3-3：其他情况相同时，联结董事拥有的非相关并购经验越丰富，在非相关并购中，并购双方的董事联结对并购溢价的负向影响越大。

## 第二节 研究设计

### 一 样本选择和数据来源

本章所使用的并购溢价数据通过手工查询上海证券交易所和深圳证券交易所网站的并购交易信息获得，董事联结数据、联结董事并购经验数据和其他变量数据来自国泰安（CSMAR）数据库，对个别缺失的数据通过巨潮资讯网和新浪财经查找手工补充。董事联结数据在查询 CSMAR 数据库高管兼职信息的基础上，通过对上市公司间具有相同姓名董事的年龄、性别和简历进行逐一匹配获得。CSMAR 数据库中高管兼职信息的最早披露年度为 2001 年，因此本书董事联结数据样本区间为 2001～2014 年。学者们认为，董事联结正式形成后才能对并购产生一定的影响，并购事件数据的选择应滞后董事联结数据 1 年（陈仕华等，2013；田高良等，2013），因此，本书确定并购事件的样本区间为 2002～2015 年。并购事件样本按照如下原则进行筛选：①剔除并购双方不是中国 A 股上市公司的样本；②剔除并购交易未取得成功的样本；③剔除属于资产剥离、资产置换、债务重组和股份回购的重组样本；④剔除并购双方一天中发生多笔交易的样本；⑤剔除交易金额小于 500 万元的样本；⑥剔除计算并购溢价所需数据缺失的样本；⑦剔除其他变量缺失的样本。经过上述处理，本章最终的并购样本数量为 382 个，其中并购双方存在董事联结的样本数量为 82 个。

由于本书认为，联结董事并购经验能够对焦点并购公司的并购活动产生积极影响，应该满足联结公司前期的并购与焦点并购公司当前的并购相类似这一前提条件，为了满足这一前提条件，检验联结董事相关并购经验在焦点并购公司的相关并购中，以及联结董事非相关并购经验在焦点并购公司的非相关并购中，对董事联结与并购溢价关系的影响，本书根据前人的研究，将并购事件分为相关并购和非相关并购两个子样本，相关并购为并购双方属于同一行业（行业划分原则与行业变量相同）的并购，其他并购则为非相关并购（Fowler，Schmidt，1989；Robins，Wiersema，1995；Krishnan et al.，1997；李善民、周小春，2007；McDonald et al.，2008；乔薇，2012）。本章总体并购样本中包含 129 个相关并购样本，253 个非相关并购样本。为消除异常值的影响，本章对所有连续变量进行了上下 1% 的 Winsorize 处理。研究中使用 Excel 软件进行基础数据的整理工作，使用 STATA12.0 软件进行统计分析工作。

## 二　变量选取及操作性定义

（1）被解释变量

并购溢价 *PREM*。国外学者（Barclay，Holderness，1989；Kim et al.，2011；Cai，Sevilir，2012）计算并购溢价的方法是，用每股收购价格减去交易前标的公司的每股市价后再除以交易前标的公司的每股市价［并购溢价＝（每股收购价格−每股市价）÷每股市价］。不过，这种测量方法在完善的资本市场环境下较为适用，在我国由于制度环境较为复杂，不适合采用上述方法对并购溢价进行测量。我国资本市场的诸多因素都会导致采用股票价格计算并购溢价的市场测量方法失效，例如，政府（地方政府和中央政府）对并购活动的政治干预、壳资源的稀缺性、大股东攫取控制权收益、市场投资者非理性跟风以及投机炒作等。目前，中国并购市场并购交易主要通过协议转让方式进行，净资产是交易双方进行定价谈判的基础，因此，国内学者考虑到我国并购交易市场的特殊性，以净资产为基础对并购溢价进行计算测量（唐宗明、蒋位，2002；陈仕华、卢昌崇，2013；陈仕华、李维安，2016），本书沿用国内学者的这种计算方法。并购溢价的测量公式如下：

$$并购溢价＝（交易总价−交易标的净资产）÷交易标的净资产 \qquad （公式 5.1）$$

（2）解释变量

①董事联结 *BI*。董事联结即两家或多家企业因聘请相同的董事会成员（一位或者以上）而形成的联结关系。根据 Mizruchi（1996）、Beckman 和 Haunschild（2002）以及陈仕华等（2013）的研究，若并购公司与目标公司存在董事联结，取值为 1，否则为 0。

②内部董事联结 *BI_IN*。内部董事和外部董事在企业中的职能不同，由这两种联结董事建立的董事联结在信息传递和组织协调方面发挥的作用也存在一定的差异。内部董事由于同时担任管理职务，因此可以获取企业更多的私有信息，而且，内部董事在企业决策过程中也拥有更大的话语权，并有可能直接参与某些决策的具体执行，因此，内部董事联结会在企业间的信息传递和组织协调方面发挥更重要的作用。根据陈运森等（2012）和陈仕华等（2013）的研究，满足至少有一位联结董事在一方或同时在两方担任内部董事这一条件的企业间的联结关系为内部董事联结。若并购公司与目标公司存在内部董事联结，取值为1，否则为0。

③外部董事联结 *BI_OUT*。外部董事并不参与公司日常事务的管理，主要责任是履行对股东的信托业务责任，提高董事会对管理者的监督。在并购决策和并购执行过程中，外部董事主要发挥监督和建议的作用。根据陈运森等（2012）和陈仕华等（2013）的研究，满足联结董事全部在两方担任外部董事这一条件的企业间的联结关系为外部董事联结。若并购公司与目标公司存在外部董事联结，取值为1，否则为0。

④股权性质 *NATURE*。参照 Shleifer 和 Vishny（1994）以及黄志忠（2009）对股权性质的定义，公司控股股东为非国有性质定义为1，控股股东为国有性质定义为0。

⑤联结董事同行业或同产品市场并购经验 *IAE*。借鉴 Kroll 等（2008）和 McDonald 等（2008）的研究，在年度 $y$（$t-5 \leqslant y \leqslant t-1$，$t$ 为焦点并购公司发生并购交易的年度）与焦点并购公司存在董事联结的联结公司所发生的并购，其目标公司与焦点并购公司进行并购交易的目标公司属于同一行业（行业分类与行业虚拟变量标准相同），焦点并购公司的所有联结公司发生上述并购的次数之和，为联结董事同行业或同产品市场并购经验。

⑥联结董事相关并购经验 *RAE*。借鉴 Fowler 和 Schmidt（1989）、Haleblian 和 Finkelstein（1999）以及 McDonald 等（2008）的研究，在年度 $y$（$t-5 \leqslant y \leqslant t-1$，$t$ 为焦点并购公司发生并购交易的年度）与焦点并购公司存在董事联结的所有联结公司进行相关并购的次数之和，为联结董事相关并购经验。

⑦联结董事非相关并购经验 *UAE*。借鉴 Fowler 和 Schmidt（1989）、Haleblian 和 Finkelstein（1999）以及 McDonald 等（2008）的研究，在年度 $y$

（$t-5 \leqslant y \leqslant t-1$，$t$ 为焦点并购公司发生并购交易的年度）与焦点并购公司存在董事联结的所有联结公司进行非相关并购的次数之和，为联结董事非相关并购经验。

（3）控制变量

①公司并购经验 *FAE*。一些学者提出，公司层面的并购经验会对并购活动产生影响（Gulati，1995；Beckman，Haunschild，2002）。因此，本书使用并购公司在当前并购交易发生前 5 年至前 1 年，曾经发生并购交易的次数衡量公司并购经验。根据 McDonald 等（2008）的研究，公司层面的并购经验也可以分为公司同行业或同产品市场并购经验、公司相关并购经验和公司非相关并购经验三种类型。公司同行业或同产品市场并购经验使用并购公司在当前并购交易发生前 5 年至前 1 年，曾经发生的并购交易中目标公司与当前并购交易中的目标公司属于同一行业（行业划分标准与行业虚拟变量设置相同）的并购交易次数衡量（Haunschild，1994；Haleblian，Finkelstein，1999）。公司相关并购经验使用并购公司在当前并购交易发生前 5 年至前 1 年，曾经发生的相关并购交易次数来衡量（Gulati，1995；Beckman，Haunschild，2002；McDonald et al.，2008）。公司层面的非相关并购经验使用并购公司在当前并购交易发生前 5 年至前 1 年，曾经发生的非相关并购交易次数来衡量（Gulati，1995；Beckman，Haunschild，2002；McDonald et al.，2008）。当考察联结董事不同类型的并购经验对董事联结与并购溢价关系的影响时，使用相应类型的公司并购经验作为控制变量，否则不对公司并购经验进行分类。

②交易比例 *RATIO*。根据徐信忠等（2006）以及陈仕华和卢昌崇（2013）的研究，交易比例使用标的股权（资产）占目标公司总股权（总资产）的比例衡量。

③支付方式 *METHOD*。Slusky 和 Caves（1991）研究表明，支付方式会对并购溢价产生一定的影响，一般而言，与股票支付方式相比，现金支付方式的并购溢价更低。因此，本书根据 Slusky 和 Caves（1991）与陈仕华和李维安（2016）的研究，支付方式使用是否采用现金支付方式衡量，是为 1，否为 0。

④财务顾问 *CON*。Haunschild 和 Miner（1997）、Kim 等（2011）以及陈仕华和卢昌崇（2013）认为，并购交易中并购公司若聘任财务顾问，支付的并购溢价可能更低。本书使用名义变量衡量财务顾问，并购公司在并

购交易中聘用财务顾问，则为 1，否则为 0。

⑤自由现金流 *CASH*。根据赵勇和朱武祥（2000），用交易宣告前一年末，并购公司自由现金流与总资产的比值衡量自由现金流状况。

⑥成长性 *GROWTH*。根据 Pagano 等（1998），成长性为交易宣告前一年，并购公司的主营业务收入增长率。

⑦股权集中度 *CRL*。根据 Jensen 和 Ruback（1983）、Shen 和 Reuer（2005）以及 Cukurova（2015），股权集中度为交易宣告前一年末，并购公司第一大股东持股的比例。

⑧高管持股 *SHARE*。根据 Hayward 和 Hambrick（1997）以及陈仕华和卢昌崇（2013），高管持股为交易宣告前一年末目标公司高管（包括董事）持股比例合计。

⑨相对绩效 *ROE_R*。根据 Hayward 和 Hambrick（1997），相对绩效为交易宣告前一年，目标公司净资产收益率减去同行业（行业划分标准与行业虚拟变量设置相同）平均净资产收益率。

⑩相对规模 *SIZE_R*。根据 Hayward 和 Hambrick（1997）的研究，相对规模为交易宣告前一年末，目标公司总资产除以并购公司总资产。

⑪两职情况 *DUAL*。根据 Capron 和 Shen（2007）的研究，若交易宣告前一年末，并购公司董事长与总经理两职兼任，则为 1，否则为 0。

⑫董事会独立性 *IND*。根据 Capron 和 Shen（2007）的研究，董事会独立性用独立董事比例表示，为交易宣告前一年末，并购公司独立董事人数占董事会成员总数的比例。

⑬董事会规模 *SCALE*。根据 Capron 和 Shen（2007）的研究，董事会规模为交易宣告前一年末，并购公司董事会成员数量。

⑭相同地区 *SP*。根据 Aliberti 和 Green（1999）以及 Portes 和 Rey（2005），若并购双方处于相同地区（地区划分是以各省份为标准），则为 1，否则为 0。

⑮市场周期 *MC*。根据姜英兵（2014）的研究，中国 A 股市场处于牛市的 2006 年、2007 年和 2014 年三年取值为 1，其他年份取值为 0。

此外，本书还控制了年份（*YEAR*）和行业（*INDUSTRY*）作为文中模型的控制变量。根据并购交易发生在 2002~2015 年，设置 13 个年份虚拟变量。行业划分标准根据中国证监会《上市公司行业分类指引》（2001）

制定的标准，制造业采用二级代码分类，其他行业按一级代码分类，共分为 22 个行业子类，设置 21 个行业虚拟变量。变量定义及说明如表 5-1 所示。

表 5-1　变量定义及说明

| | 变量名称 | 代码 | 变量说明 | 文献依据 |
|---|---|---|---|---|
| 被解释变量 | 并购溢价 | PREM | 公式 5.1 | 唐宗明、蒋位，2002；陈仕华、卢昌崇，2013；陈仕华、李维安，2016 |
| 解释变量 | 董事联结 | BI | 并购公司与目标公司是否存在董事联结，是为 1，否为 0 | Mizruchi，1996；陈仕华等，2013 |
| | 内部董事联结 | BI_IN | 并购公司与目标公司是否存在内部董事联结，是为 1，否为 0 | 陈运森等，2012；陈仕华等，2013 |
| | 外部董事联结 | BI_OUT | 并购公司与目标公司是否存在外部董事联结，是为 1，否为 0 | 陈运森等，2012；陈仕华等，2013 |
| | 股权性质 | NATURE | 公司控股股东为非国有性质定义为 1，控股股东为国有性质定义为 0 | Shleifer，Vishny，1994；黄志忠，2009 |
| | 联结董事同行业或同产品市场并购经验 | IAE | 在年度 $y$（$t-5 \leqslant y \leqslant t-1$，$t$ 为焦点并购公司发生并购交易的年度）与焦点并购公司存在董事联结的联结公司所发生的并购，其目标公司与焦点并购公司进行并购交易的目标公司属于同一行业（行业分类与行业虚拟变量标准相同），焦点并购公司的所有联结公司发生上述并购的次数之和 | Kroll et al.，2008；McDonald et al.，2008 |
| | 联结董事相关并购经验 | RAE | 在年度 $y$（$t-5 \leqslant y \leqslant t-1$，$t$ 为焦点并购公司发生并购交易的年度）与焦点并购公司存在董事联结的所有联结公司进行相关并购的次数之和 | Fowler，Schmidt，1989；Haleblian，Finkelstein，1999；McDonald et al.，2008 |
| | 联结董事非相关并购经验 | UAE | 在年度 $y$（$t-5 \leqslant y \leqslant t-1$，$t$ 为焦点并购公司发生并购交易的年度）与焦点并购公司存在董事联结的所有联结公司进行非相关并购的次数之和 | Fowler，Schmidt，1989；Haleblian，Finkelstein，1999；McDonald et al.，2008 |

**续表**

| | 变量名称 | 代码 | 变量说明 | 文献依据 |
| --- | --- | --- | --- | --- |
| 控制变量 | 公司并购经验 | *FAE* | 并购公司在当前并购交易发生前 5 年至前 1 年，曾经发生并购交易的次数。公司并购经验可分为公司同行业或同产品市场并购经验、公司相关并购经验和公司非相关并购经验三种类型。公司同行业或同产品市场并购经验为并购公司在当前并购交易发生前 5 年至前 1 年，曾经发生的并购交易中目标公司与当前并购交易中的目标公司属于同一行业（行业划分标准与行业虚拟变量设置相同）的并购交易次数。公司（非）相关并购经验为并购公司在当前并购交易发生前 5 年至前 1 年，曾经发生的（非）相关并购交易次数 | Haunschild，1994；<br>Gulati，1995；<br>Haleblian，Finkelstein，1999；<br>Beckman，Haunschild，2002；<br>McDonald et al.，2008 |
| | 交易比例 | *RATIO* | 标的股权（资产）占目标公司总股权（总资产）的比例 | 徐信忠等，2006；<br>陈仕华、卢昌崇，2013 |
| | 支付方式 | *METHOD* | 是否采用现金支付方式，是为 1，否为 0 | Slusky，Caves，1991；<br>陈仕华、李维安，2016 |
| | 财务顾问 | *CON* | 并购公司在并购交易中是否聘用财务顾问，是为 1，否为 0 | Haunschild，Miner，1997；<br>陈仕华、卢昌崇，2013 |
| | 自由现金流 | *CASH* | 交易宣告前一年末，并购公司自由现金流与总资产的比值 | 赵勇、朱武祥，2000 |
| | 成长性 | *GROWTH* | 交易宣告前一年，并购公司主营业务收入增长率 | Pagano et al.，1998 |
| | 股权集中度 | *CRL* | 交易宣告前一年末，并购公司第一大股东持股比例 | Shen，Reuer，2005；<br>Cukurova，2015 |
| | 高管持股 | *SHARE* | 交易宣告前一年末，目标公司高管（包括董事）持股比例合计 | Jensen，Ruback，1983；<br>陈仕华、卢昌崇，2013 |
| | 相对绩效 | *ROE_R* | 交易宣告前一年，目标公司净资产收益率减去同行业（行业划分标准与行业虚拟变量设置相同）平均净资产收益率 | Hayward，Hambrick，1997 |

| 变量名称 | 代码 | 变量说明 | 文献依据 |
|---|---|---|---|
| 相对规模 | SIZE_R | 交易宣告前一年末，目标公司总资产除以并购公司总资产 | Hayward，Hambrick，1997 |
| 两职情况 | DUAL | 交易宣告前一年末，并购公司董事长与总经理两职兼任情况，兼任为1，否则为0 | Capron，Shen，2007 |
| 董事会独立性 | IND | 交易宣告前一年末，并购公司独立董事人数占董事会成员总数的比例 | Capron，Shen，2007 |
| 董事会规模 | SCALE | 交易宣告前一年末，并购公司董事成员数量 | Capron，Shen，2007 |
| 相同地区 | SP | 并购双方是否处于相同地区（地区划分是以各省份为标准），是为1，否为0 | Aliberti，Green，1999 Portes，Rey，2005 |
| 市场周期 | MC | 中国 A 股市场处于牛市的 2006 年、2007 年和 2014 年三年取值为1，其他年份取值为0 | 姜英兵，2014 |
| 年份 | YEAR | 并购交易发生在 2002～2015 年，设置 13 个年份虚拟变量 | Beckenstein，1979 吴联生、白云霞，2004 |
| 行业 | INDUSTRY | 根据中国证监会《上市公司行业分类指引》（2001）的行业标准，制造业采用二级代码分类，其他行业按一级代码分类，共分为 22 个行业子类，设置 21 个行业虚拟变量 | 蒋丽娜等，2011 |

（注：上述各行归属于"控制变量"）

## 三　计量模型构建

在对已有文献（Varaiya，Ferris，1987；Haunschild，1994；Cai，Sevilir，2012；陈仕华、卢昌崇，2013）进行回顾和理论分析的基础上，本书将并购溢价作为被解释变量，将董事联结作为解释变量，并根据已有的研究结论设置了相关控制变量，从而构建如下回归方程，以检验董事联结对并购溢价的影响：

$$PREM = \alpha_0 + \alpha_1 BI + \alpha_2 FAE + \alpha_3 RATIO + \alpha_4 METHOD + \alpha_5 CON + \alpha_6 CASH + \alpha_7 GROWTH +$$
$$\alpha_8 CRL + \alpha_9 SHARE + \alpha_{10} ROE\_R + \alpha_{11} SIZE\_R + \alpha_{12} DUAL + \alpha_{13} IND +$$
$$\alpha_{14} SCALE + \alpha_{15} SP + \alpha_{16} MC + \sum_i YEAR_i + \sum_j INDUSTRY_j + \varepsilon \quad （模型 5.1）$$

模型 5.1 中，*PREM* 代表并购溢价，*BI* 为董事联结，$\alpha_0$ 为截距项，$\alpha_1 \sim \alpha_{16}$ 为各变量的估计系数，$\varepsilon$ 为随机误差项。

本书将董事联结进一步划分为内部董事联结和外部董事联结，并分别考察内部董事联结（*BI\_IN*）和外部董事联结（*BI\_OUT*）对并购溢价的影响，形成模型 5.2 和模型 5.3：

$$PREM = \chi_0 + \chi_1 BI\_IN + \chi_2 FAE + \chi_3 RATIO + \chi_4 METHOD + \chi_5 CON + \chi_6 CASH +$$
$$\chi_7 GROWTH + \chi_8 CRL + \chi_9 SHARE + \chi_{10} ROE\_R + \chi_{11} SIZE\_R + \chi_{12} DUAL +$$
$$\chi_{13} IND + \chi_{14} SCALE + \chi_{15} SP + \chi_{16} MC + \sum_i YEAR_i + \sum_j INDUSTRY_j + \varepsilon$$
$$（模型 5.2）$$

$$PREM = \varphi_0 + \varphi_1 BI\_OUT + \varphi_2 FAE + \varphi_3 RATIO + \varphi_4 METHOD + \varphi_5 CON + + \varphi_6 CASH +$$
$$\varphi_7 GROWTH + \varphi_8 CRL + \varphi_9 SHARE + \varphi_{10} ROE\_R + \varphi_{11} SIZE\_R + \varphi_{12} DUAL +$$
$$\varphi_{13} IND + \varphi_{14} SCALE + \varphi_{15} SP + \varphi_{16} MC + \sum_i YEAR_i + \sum_j INDUSTRY_j + \varepsilon$$
$$（模型 5.3）$$

模型 5.2 中，*PREM* 代表并购溢价，*BI\_IN* 为内部董事联结，$\chi_0$ 为截距项，$\chi_1 \sim \chi_{16}$ 为各变量的估计系数，$\varepsilon$ 为随机误差项。

模型 5.3 中，*PREM* 代表并购溢价，*BI\_OUT* 为外部董事联结，$\varphi_0$ 为截距项，$\varphi_1 \sim \varphi_{16}$ 为各变量的估计系数，$\varepsilon$ 为随机误差项。

为检验股权性质对董事联结与并购溢价关系的影响，将股权性质（*NATURE*）和董事联结与股权性质的交互项（*BI×NATURE*）引入模型 5.1 中，构建模型 5.4：

$$PREM = \beta_0 + \beta_1 BI + \beta_2 NATURE + \beta_3 BI \times NATURE + \beta_4 FAE + \beta_5 RATIO + \beta_6 METHOD +$$
$$\beta_7 CON + \beta_8 CASH + \beta_9 GROWTH + \beta_{10} CRL + \beta_{11} SHARE + \beta_{12} ROE\_R + \beta_{13} SIZE\_R +$$
$$\beta_{14} DUAL + \beta_{15} IND + \beta_{16} SCALE + \beta_{17} SP + \beta_{18} MC + \sum_i YEAR_i + \sum_j INDUSTRY_j + \varepsilon$$
$$（模型 5.4）$$

模型 5.4 中，*PREM* 代表并购溢价，*BI* 为董事联结，*NATURE* 为股权性质，$BI \times NATURE$ 为董事联结与股权性质的交互项，$\beta_0$ 为截距项，$\beta_1 \sim \beta_{18}$ 为各变量的估计系数，$\varepsilon$ 为随机误差项。

借鉴 McDonald 等（2008）的研究，按照联结董事从并购活动中获取并购知识或者并购技能的差异性，将联结董事的并购经验细分为联结董事同行业或同产品市场并购经验、联结董事相关并购经验和联结董事非相关并购经验三种类型。为检验联结董事同行业或同产品市场并购经验对董事联结与并购溢价关系的影响，将联结董事同行业或同产品市场并购经验（$IAE$）和董事联结与联结董事同行业或同产品市场并购经验的交互项（$BI \times IAE$）引入模型 5.1 中，构建模型 5.5：

$$PREM = \eta_0 + \eta_1 BI + \eta_2 IAE + \eta_3 BI \times IAE + \eta_4 FAE + \eta_5 RATIO + \eta_6 METHOD + \eta_7 CON +$$
$$\eta_8 CASH + \eta_9 GROWTH + \eta_{10} CRL + \eta_{11} SHARE + \eta_{12} ROE\_R + \eta_{13} SIZE\_R +$$
$$\eta_{14} DUAL + \eta_{15} IND + \eta_{16} SCALE + \eta_{17} SP + \eta_{18} MC + \sum_i YEAR_i + \sum_j INDUSTRY_j + \varepsilon$$

（模型 5.5）

模型 5.5 中，$PREM$ 代表并购溢价，$BI$ 为董事联结，$IAE$ 为联结董事同行业或同产品市场并购经验，$BI \times IAE$ 为董事联结与联结董事同行业或同产品市场并购经验的交互项，$FAE$ 为公司同行业或同产品市场并购经验，$\eta_0$ 为截距项，$\eta_1 \sim \eta_{18}$ 为各变量的估计系数，$\varepsilon$ 为随机误差项。

由于本书认为，联结董事并购经验能够对焦点并购公司的并购活动产生积极影响，应该满足联结公司前期的并购与焦点并购公司当前的并购相类似这一前提条件，为了满足这一前提条件，检验联结董事相关并购经验和非相关并购经验对董事联结与并购溢价关系的影响，本章根据前人的研究，将并购事件样本分为相关并购和非相关并购两个子样本（Fowler, Schmidt, 1989；Krishnan et al., 1997；冯根福、吴林江，2001；张新，2003；McDonald et al., 2008），分别考察在相关并购中，联结董事相关并购经验对董事联结与并购溢价关系的影响，以及在非相关并购中，联结董事非相关并购经验对董事联结与并购溢价关系的影响。将联结董事相关并购经验（$RAE$）和董事联结与联结董事相关并购经验的交互项（$BI \times RAE$）引入模型 5.1 中，构建模型 5.6：

$$PREM = \gamma_0 + \gamma_1 BI + \gamma_2 RAE + \gamma_3 BI \times RAE + \gamma_4 FAE + \gamma_5 RATIO + \gamma_6 METHOD + \gamma_7 CON +$$
$$\gamma_8 CASH + \gamma_9 GROWTH + \gamma_{10} CRL + \gamma_{11} SHARE + \gamma_{12} ROE\_R + \gamma_{13} SIZE\_R +$$

$$\gamma_{14}DUAL + \gamma_{15}IND + \gamma_{16}SCALE + \gamma_{17}SP + \gamma_{18}MC + \sum_i YEAR_i +$$

$$\sum_j INDUSTRY_j + \varepsilon \qquad\qquad (模型5.6)$$

模型 5.6 中，$PREM$ 代表并购溢价，$BI$ 为董事联结，$RAE$ 为联结董事相关并购经验，$BI \times RAE$ 为董事联结与联结董事相关并购经验的交互项，$FAE$ 为公司相关并购经验，$\gamma_0$ 为截距项，$\gamma_1 \sim \gamma_{18}$ 为各变量的估计系数，$\varepsilon$ 为随机误差项。

将联结董事非相关并购经验（$UAE$）和董事联结与联结董事非相关并购经验的交互项（$BI \times UAE$）引入模型 5.1 中，构建模型 5.7：

$$PREM = \theta_0 + \theta_1 BI + \theta_2 UAE + \theta_3 BI \times UAE + \theta_4 FAE + \theta_5 RATIO + \theta_6 METHOD + \theta_7 CON +$$

$$\theta_8 CASH + \theta_9 GROWTH + \theta_{10} CRL + \theta_{11} SHARE + \theta_{12} ROE\_R + \theta_{13} SIZE\_R +$$

$$\theta_{14} DUAL + \theta_{15} IND + \theta_{16} SCALE + \theta_{17} SP + \theta_{18} MC + \sum_i YEAR_i + \sum_j INDUSTRY_j + \varepsilon$$

$$(模型5.7)$$

模型 5.7 中，$PREM$ 代表并购溢价，$BI$ 为董事联结，$UAE$ 为联结董事非相关并购经验，$BI \times UAE$ 为董事联结与联结董事非相关并购经验的交互项，$FAE$ 为公司非相关并购经验，$\theta_0$ 为截距项，$\theta_1 \sim \theta_{18}$ 为各变量的估计系数，$\varepsilon$ 为随机误差项。

为了对比联结董事相关并购经验和非相关并购经验在相关并购和非相关并购两个子样本中对董事联结与并购溢价关系的影响，本书还将联结董事相关并购经验（$RAE$）、董事联结与联结董事相关并购经验的交互项（$BI \times RAE$）、联结董事非相关并购经验（$UAE$）以及董事联结与联结董事非相关并购经验的交互项（$BI \times UAE$）引入模型 5.1 中，构建模型 5.8：

$$PREM = \lambda_0 + \lambda_1 BI + \lambda_2 RAE + \lambda_3 BI \times RAE + \lambda_4 UAE + \lambda_5 BI \times UAE + \lambda_6 FAE + \lambda_7 RATIO +$$

$$\lambda_8 METHOD + \lambda_9 CON + \lambda_{10} CASH + \lambda_{11} GROWTH + \lambda_{12} CRL + \lambda_{13} SHARE +$$

$$\lambda_{14} ROE\_R + \lambda_{15} SIZE\_R + \lambda_{16} DUAL + \lambda_{17} IND + \lambda_{18} SCALE + \lambda_{19} SP +$$

$$\lambda_{20} MC + \sum_i YEAR_i + \sum_j INDUSTRY_j + \varepsilon \qquad\qquad (模型5.8)$$

模型 5.8 中，$PREM$ 代表并购溢价，$BI$ 为董事联结，$RAE$ 为联结董事相关并购经验，$BI \times RAE$ 为董事联结与联结董事相关并购经验的交互项，

$UAE$ 为联结董事非相关并购经验，$BI \times UAE$ 为董事联结与联结董事非相关并购经验的交互项，当并购事件样本为相关并购子样本时，$FAE$ 为公司相关并购经验，当并购事件样本为非相关并购子样本时，$FAE$ 为公司非相关并购经验，$\lambda_0$ 为截距项，$\lambda_1 \sim \lambda_{20}$ 为各变量的估计系数，$\varepsilon$ 为随机误差项。

为避免多重共线性，本书对模型中的所有交互项均进行了中心化处理。回归前，笔者查看了每个连续自变量的正态性，对不符合正态性的连续变量进行了正态性转化。此外，在回归后，本章对回归模型进行了 Linktest 检定，确保模型无设定误差（Specification Error）。

## 第三节　实证结果分析

### 一　描述性统计分析

因为本章主要研究董事联结对并购溢价的影响，所以，首先对并购溢价展开详细的描述性统计分析，得到中国上市公司并购溢价的年度数据特征，以便进一步揭示本章所研究内容的价值和意义。为了更加真实地反映中国上市公司并购溢价实际情况，这部分描述性统计分析没有针对异常值进行处理。其次，本章对所使用的代理变量进行细致的全样本描述性统计分析。因为这些代理变量都将在后续的模型检验中加以使用，所以，为了消除异常值的影响，对这部分样本进行了 Winsorize 截尾处理。最后，本章还根据主要解释变量的特征，将样本分为存在董事联结和不存在董事联结的样本、相关并购和非相关并购样本，对上述分组样本的全部变量进行了描述性统计分析和比较，为后续的实证检验提供依据和基础。这部分数据按照实证设计部分的内容，也进行了 Winsorize 截尾处理。

因此，本章描述性统计分析部分包括如下三个主要部分：并购溢价描述性统计分析、变量全样本描述性统计分析和变量分组样本描述性统计分析。

（1）并购溢价描述性统计分析

表 5-2 给出了并购溢价按照年度分组的描述性统计结果。根据表 5-2，从并购溢价的均值来看，除了 2003 年、2008 年、2013 年和 2015 年并

购溢价高于 1 以外，其他年度并购溢价均小于 1，且随着时间的推移，均值变化较为频繁，并购溢价并不随时间发展呈现规律式的变动；从并购溢价的最大值和最小值以及分位数统计数据可以看到，并购溢价在 25% 和 75% 之间的变化范围较小（主要在 -0.124~2.122 波动），但是并购溢价的最小值为 -0.988，最大值为 11.708，变化范围较大，标准差总体上数值也偏高，表明中国上市公司并购溢价存在一定的两端分化特征。上述结果说明我国上市公司并购溢价普遍偏高，且具有较大的不确定性。因此，降低并购双方信息的不对称程度，加强并购双方的协调合作，从而避免不合理的并购溢价支付，将有助于并购公司降低并购成本，促进并购价值的创造。

表 5-2  并购溢价描述性统计分析结果

| 会计年份 | 样本数（个） | 均值 | 标准差 | 最小值 | 最大值 | 分位数 | | |
| --- | --- | --- | --- | --- | --- | --- | --- | --- |
| | | | | | | 25% | 50% | 75% |
| 2002 | 11 | 0.386 | 0.911 | 0.000 | 1.170 | 0.000 | 0.171 | 0.751 |
| 2003 | 14 | 1.859 | 7.844 | 0.000 | 11.708 | 0.082 | 0.167 | 1.038 |
| 2004 | 16 | 0.671 | 2.773 | -0.133 | 4.498 | 0.000 | 0.012 | 0.475 |
| 2005 | 15 | 0.285 | 0.996 | -0.423 | 1.611 | -0.001 | 0.054 | 0.539 |
| 2006 | 19 | 0.211 | 0.638 | -0.988 | 0.798 | 0.001 | 0.082 | 0.500 |
| 2007 | 27 | 0.773 | 2.740 | -0.877 | 6.212 | 0.148 | 0.480 | 0.888 |
| 2008 | 24 | 1.015 | 4.022 | -0.972 | 6.212 | -0.124 | 0.105 | 1.503 |
| 2009 | 27 | 0.627 | 3.234 | -0.071 | 8.866 | 0.004 | 0.129 | 0.891 |
| 2010 | 26 | 0.355 | 1.538 | -0.936 | 2.859 | -0.025 | 0.100 | 0.447 |
| 2011 | 26 | 0.868 | 3.349 | -0.859 | 6.950 | 0.106 | 0.269 | 0.791 |
| 2012 | 28 | 0.676 | 3.734 | -0.805 | 9.029 | -0.005 | 0.093 | 0.250 |
| 2013 | 20 | 1.003 | 4.829 | -0.367 | 8.425 | 0.000 | 0.054 | 0.203 |
| 2014 | 35 | 0.976 | 3.348 | -0.840 | 5.830 | 0.057 | 0.336 | 1.102 |
| 2015 | 94 | 1.204 | 3.444 | -0.982 | 6.297 | 0.316 | 0.754 | 2.122 |
| 合计 | 382 | 0.779 | 3.405 | -0.988 | 11.708 | 0.000 | 0.180 | 0.943 |

注：为了更好地反映中国上市公司并购溢价特征，此表数据使用未经过 Winsorize 截尾处理。

（2）变量全样本描述性统计分析

表 5-3 显示了所有变量全样本的描述性统计结果。并购双方的董事联结（BI）的均值为 0.21，说明样本中 21% 的并购交易是在并购公司与其联结公司间发生，并购双方的董事联结可能对并购溢价产生重要影响。内部董事联结（BI_IN）的均值为 0.19，外部董事联结（BI_OUT）的均值为 0.02，说明样本中由内部董事建立的并购双方的董事联结比重较高，内部董事联结可能对并购溢价产生较大的影响。股权性质（NATURE）的均值为 0.37，说明样本中并购公司为非国有控股公司的样本数量为总样本数量的 37%，这与我国上市公司中非国有控股公司和国有控股公司之间的构成比重相类似。联结董事所拥有的同行业或同产品市场并购经验（IAE）均值为 0.12，最大值为 3，说明联结公司曾经对某行业或某产品市场中的公司进行过并购，而焦点并购公司在该行业或该产品市场进行并购的情况较少，联结董事在焦点并购公司的当前并购中可以贡献的，与目标公司所处行业或产品市场最为相关的并购经验稍显不足，但最大值为 3，说明在一些公司中，联结董事的同行业或同产品市场并购经验还是可以对焦点并购公司当前进行的并购产生一定影响的。联结董事相关并购经验（RAE）均值为 0.28，最大值为 5。联结董事非相关并购经验（UAE）均值为 0.60，最大值为 10，表明联结董事在兼职过程中，参与较多的是非相关并购，能够为非相关并购带来更多的并购专业知识和技能。公司并购经验（FAE）的均值为 0.58，最大值为 8，说明并购公司在过去的并购中也积累了一定的并购经验。交易比例（RATIO）的均值为 0.38，说明样本中大宗股权转让的交易较多，这可能会导致并购交易价格的提升。支付方式（METHOD）的均值 0.81，说明样本中 81% 的并购交易以现金作为支付方式，这可能对并购溢价具有一定的抑制作用。财务顾问（CON）均值为 0.08，说明样本中聘请财务顾问的公司较少，财务顾问的专业意见可能对并购溢价具有一定的抑制作用，样本中财务顾问对并购溢价的影响可能较为有限。自由现金流（CASH）的均值为 0.04，说明样本中并购公司的自由现金流量相对充足，能够支付较高的并购溢价。成长性（GROWTH）的均值为 0.24，说明样本中并购公司的成长压力较小，并购公司可能因此不愿意支付过高的并购溢价。股权集中度（CRL）的均值为 0.29，说明样本中并购公司股权较为集中，能够对限制不合理的并购溢价支付发挥一定的作

用。高管持股（*SHARE*）的均值为 0.02，说明样本中目标公司高管持股数量较低，能够对并购溢价产生的影响可能较小。相对绩效（*ROE_R*）的均值为 0.01，说明样本中目标公司与行业内其他公司的获利能力差异较小，对并购溢价的影响也将较小。相同地区（*SP*）的均值为 0.31，并购双方处于相同地区有利于信息的有效传递，说明样本中处于异地的并购双方可能需要其他渠道有效的传递并购信息，从而制定合理的并购价格。

表 5-3  变量全样本描述性统计

| 变量 | 样本数 | 均值 | 标准差 | 中位数 | 最小值 | 最大值 |
|---|---|---|---|---|---|---|
| *PREM* | 382 | 0.75 | 3.28 | 0.18 | −0.96 | 9.43 |
| *BI* | 382 | 0.21 | 0.39 | 0 | 0 | 1 |
| *BI_IN* | 382 | 0.19 | 0.40 | 0 | 0 | 1 |
| *BI_OUT* | 382 | 0.02 | 0.13 | 0 | 0 | 1 |
| *NATURE* | 382 | 0.37 | 0.48 | 0 | 0 | 1 |
| *IAE* | 382 | 0.12 | 0.46 | 0 | 0 | 3 |
| *RAE* | 382 | 0.28 | 0.64 | 0 | 0 | 5 |
| *UAE* | 382 | 0.60 | 1.22 | 0 | 0 | 10 |
| *FAE* | 382 | 0.58 | 2.48 | 0 | 0 | 8 |
| *RATIO* | 382 | 0.38 | 0.36 | 0.24 | 0 | 1 |
| *METHOD* | 382 | 0.81 | 0.39 | 1 | 0 | 1 |
| *CON* | 382 | 0.08 | 0.26 | 0 | 0 | 1 |
| *CASH* | 382 | 0.04 | 0.12 | 0.03 | −0.31 | 0.50 |
| *GROWTH* | 382 | 0.24 | 0.70 | 0.10 | −0.57 | 4.79 |
| *CRL* | 382 | 0.29 | 19.03 | 0.28 | 0 | 0.74 |
| *SHARE* | 382 | 0.02 | 0.06 | 0 | 0 | 0.37 |
| *ROE_R* | 382 | 0.01 | 0.12 | 0 | −0.50 | 0.59 |
| *SIZE_R* | 382 | 0.96 | 0.31 | 0.98 | 0 | 1.55 |
| *DUAL* | 382 | 0.16 | 0.37 | 0 | 0 | 1 |
| *IND* | 382 | 0.35 | 0.08 | 0.33 | 0 | 0.60 |

续表

| 变量 | 样本数 | 均值 | 标准差 | 中位数 | 最小值 | 最大值 |
|---|---|---|---|---|---|---|
| *SCALE* | 382 | 10.06 | 3.04 | 9 | 5 | 19 |
| *MC* | 382 | 0.21 | 0.49 | 0 | 0 | 1 |
| *SP* | 382 | 0.31 | 0.46 | 0 | 0 | 1 |

（3）变量分组样本描述性统计分析

本书以焦点并购公司与目标公司是否存在董事联结为标准，将样本分为联结样本和非联结样本，对两组样本间的差异性进行了均值 T 检验和秩和检验，表 5-4 给出了两组样本的描述性统计结果。有无董事联结样本之间存在显著的差异：与目标公司存在董事联结的公司并购溢价（*PREM*）显著小于不存在董事联结的公司，符合本书的理论预期；联结样本中联结董事同行业或同产品市场并购经验（*IAE*）、相关并购经验（*RAE*）和非相关并购经验（*UAE*）显著高于非联结样本组；联结样本中的并购双方相对绩效（*ROE_R*）、公司治理水平［主要体现在股权集中度（*CRL*）、两职情况（*DUAL*）和董事会独立性（*IND*）三个指标］和并购双方处于相同地区（*SP*）的可能性均显著高于非联结样本组；公司并购经验（*FAE*）和高管持股水平（*SHARE*）均显著低于非联结样本组。

表 5-4　联结样本和非联结样本描述性统计

| 变量 | 联结样本 | | 非联结样本 | | T 检验 | 秩和检验 |
|---|---|---|---|---|---|---|
| | 均值 | 中位数 | 均值 | 中位数 | | |
| *PREM* | 0.49 | 0.08 | 0.82 | 0.22 | −2.12 *** | −2.424 *** |
| *NATURE* | 0.40 | 0.00 | 0.36 | 0.00 | 0.76 | 0.76 |
| *IAE* | 0.32 | 0.00 | 0.07 | 0.00 | 5.98 *** | 5.80 *** |
| *RAE* | 0.48 | 0.00 | 0.23 | 0.00 | 3.74 *** | 3.85 *** |
| *UAE* | 0.95 | 0.00 | 0.51 | 0.00 | 3.62 *** | 5.29 *** |
| *FAE* | 0.42 | 0.00 | 0.62 | 0.00 | −2.40 ** | −0.40 |
| *RATIO* | 0.40 | 0.27 | 0.37 | 0.23 | 0.49 | 0.15 |
| *METHOD* | 0.79 | 1.00 | 0.82 | 1.00 | −0.54 | −0.54 |

| 变量 | 联结样本 | | 非联结样本 | | T 检验 | 秩和检验 |
|---|---|---|---|---|---|---|
| | 均值 | 中位数 | 均值 | 中位数 | | |
| *CON* | 0.09 | 0.00 | 0.08 | 0.00 | 0.28 | 0.28 |
| *CASH* | 0.05 | 0.04 | 0.04 | 0.02 | 0.78 | 0.97 |
| *GROWTH* | 0.23 | 0.15 | 0.24 | 0.08 | −0.08 | 0.94 |
| *CRL* | 0.31 | 0.29 | 0.29 | 0.30 | 1.79* | 1.65* |
| *SHARE* | 0.01 | 0.00 | 0.02 | 0.00 | −1.82* | −0.49 |
| *ROE_R* | 0.03 | 0.00 | 0.00 | 0.00 | 2.44** | 1.52 |
| *SIZE_R* | 0.94 | 0.95 | 0.97 | 0.99 | −0.88 | −2.19 |
| *DUAL* | 0.23 | 0.00 | 0.14 | 0.00 | 2.32** | 2.31** |
| *IND* | 0.37 | 0.33 | 0.35 | 0.33 | 1.81* | 2.00** |
| *SCALE* | 9.71 | 9.00 | 10.15 | 9.00 | −1.37 | −1.06 |
| *MC* | 0.16 | 0.00 | 0.22 | 0.00 | −1.55 | −1.55 |
| *SP* | 0.56 | 1.00 | 0.24 | 0.00 | 6.83*** | 6.60*** |
| 样本数（个） | 82 | 82 | 300 | 300 | — | — |

注：* 、** 、*** 分别代表 10%、5% 和 1% 的显著性水平。

本书还以焦点并购公司进行的并购是否为相关并购为标准，将样本分为相关并购样本和非相关并购样本，对两组样本间的差异性进行了均值 T 检验和秩和检验，表 5-5 给出了两组样本的描述性统计结果。是否相关并购样本之间存在如下显著差异：相关并购样本中的并购溢价（*PREM*）显著低于非相关并购样本组；相关并购样本中并购双方存在董事联结（*BI*）、内部董事联结（*BI_IN*）以及外部董事联结（*BI_OUT*）的可能性显著高于非相关并购样本组；相关并购样本中联结董事相关并购经验（*RAE*）显著高于非相关并购样本组，说明在相关并购中，联结董事具有较多的相关并购经验，联结董事相关并购经验可能在相关并购中发挥更大的作用；非相关并购样本中，联结董事非相关并购经验（*UAE*）显著高于相关并购样本组，说明在非相关并购中，联结董事具有较多的非相关并购经验，联结董事的非相关并购经验可能在非相关并购中发挥更大的作用；

相关并购样本中，联结董事同行业或同产品市场并购经验（*IAE*）、交易比例（*RATIO*）、董事会独立性（*IND*）和并购双方处于相同地区（*SP*）的可能性均显著高于非相关并购样本组，公司并购经验（*FAE*）和并购双方相对规模（*SIZE_R*）均显著低于非相关并购样本组。

表 5-5　相关并购样本和非相关并购样本描述性统计

| 变量 | 相关并购样本 | | 非相关并购样本 | | T 检验 | 秩和检验 |
|---|---|---|---|---|---|---|
| | 均值 | 中位数 | 均值 | 中位数 | | |
| *PREM* | 0.54 | 0.10 | 0.86 | 0.27 | −2.36 ** | −2.26 ** |
| *BI* | 0.30 | 0.00 | 0.17 | 0.00 | 3.28 *** | 3.24 *** |
| *BI_IN* | 0.26 | 0.00 | 0.16 | 0.00 | 2.65 *** | 2.63 *** |
| *BI_OUT* | 0.04 | 0.00 | 0.01 | 0.00 | 2.13 ** | 2.12 ** |
| *NATURE* | 0.34 | 0.00 | 0.38 | 0.00 | −0.73 | −0.74 |
| *IAE* | 0.25 | 0.00 | 0.06 | 0.00 | 5.14 *** | 4.06 *** |
| *RAE* | 0.55 | 0.00 | 0.14 | 0.00 | 2.70 *** | 3.11 *** |
| *UAE* | 0.45 | 0.00 | 0.67 | 0.00 | −1.97 ** | −1.95 * |
| *FAE* | 0.33 | 0.00 | 0.71 | 0.00 | −17.90 *** | −10.33 *** |
| *RATIO* | 0.43 | 0.36 | 0.35 | 0.20 | 2.35 ** | 2.17 ** |
| *METHOD* | 0.77 | 1.00 | 0.83 | 1.00 | −1.74 * | −1.74 * |
| *CON* | 0.09 | 0.00 | 0.07 | 0.00 | 0.12 | 0.12 |
| *CASH* | 0.04 | 0.02 | 0.05 | 0.03 | −1.22 | −1.31 |
| *GROWTH* | 0.23 | 0.07 | 0.24 | 0.11 | −0.31 | −0.99 |
| *CRL* | 0.30 | 0.29 | 0.29 | 0.30 | 0.33 | 0.17 |
| *SHARE* | 0.01 | 0.00 | 0.02 | 0.00 | −1.45 | 0.43 |
| *ROE_R* | 0.03 | 0.00 | 0.00 | 0.00 | 0.91 | 0.03 |
| *SIZE_R* | 0.91 | 0.98 | 0.99 | 0.99 | −3.09 *** | −2.30 ** |
| *DUAL* | 0.17 | 0.00 | 0.15 | 0.00 | 0.41 | 0.41 |
| *IND* | 0.36 | 0.33 | 0.35 | 0.33 | 1.73 * | 0.94 |
| *SCALE* | 9.63 | 9.00 | 10.28 | 9.00 | −1.37 | −1.64 |

| 变量 | 相关并购样本 | | 非相关并购样本 | | T 检验 | 秩和检验 |
|---|---|---|---|---|---|---|
| | 均值 | 中位数 | 均值 | 中位数 | | |
| MC | 0.17 | 0.00 | 0.23 | 0.00 | -1.64 | -1.64 |
| SP | 0.44 | 0.00 | 0.24 | 0.00 | 4.58 *** | 4.51 *** |
| 样本数（个） | 129 | 129 | 253 | 253 | - | - |

注：＊、＊＊、＊＊＊分别代表 10%、5% 和 1% 的显著性水平。

## 二 相关性检验

表 5-6 展示的是研究变量之间的相关系数矩阵。矩阵的下三角部分为 Pearson 检验结果，上三角部分为 Spearman 检验结果。通过对矩阵进行观察本书发现，内部董事联结（BI_IN）与并购溢价（PREM）存在显著负相关关系，与目标公司存在董事联结的焦点并购公司支付的并购溢价更低，初步验证了前文假设 1。联结董事相关并购经验（RAE）与并购溢价（PREM）存在显著负相关关系，说明联结董事拥有的上述两种并购经验有助于降低并购溢价。并购交易比例（RATIO）与并购溢价（PREM）存在显著正相关关系，这意味着较高的交易比例可能会增加并购溢价支付。并购支付方式（METHOD）与并购溢价（PREM）存在显著负相关关系，这说明使用现金作为支付方式时，溢价水平会相对较低，符合 Slusky 和 Caves（1991）和葛伟杰等（2014）的研究结论。财务顾问（CON）与并购溢价（PREM）存在显著负相关关系，这说明我国上市公司的并购溢价可能会由于并购公司聘请财务顾问而下降。并购公司的成长性（GROWTH）与并购溢价（PREM）存在显著负相关关系，这说明当并购公司存在成长问题时，更愿意支付较高的溢价。目标公司高管持股（SHARE）与并购溢价（PREM）存在显著正相关关系，这说明目标公司高管持股水平较高时，倾向于索要更高的并购溢价。董事会独立性（IND）与并购溢价（PREM）存在显著负相关关系，这是因为独立董事从并购公司的利益出发会争取更低的并购溢价。市场周期（MC）与并购溢价（PREM）存在显著正相关关系，这说明当股票市场处于牛市时，大的外部环境会使并购溢价更高。

表 5-6　变量的相关性分析

| 变量 | 1. PREM | 2. BI | 3. BI_IN | 4. BI_OUT | 5. NATURE | 6. IAE | 7. RAE | 8. UAE | 9. FAE | 10. RATIO | 11. METHOD | 12. CON |
|---|---|---|---|---|---|---|---|---|---|---|---|---|
| 1. PREM | 1 | -0.095** | -0.065* | -0.091 | 0.041 | -0.003* | -0.114** | 0.041 | -0.006 | 0.135** | -0.143** | -0.184*** |
| 2. BI | -0.063** | 1 | 0.935*** | 0.281*** | 0.069 | 0.131*** | 0.078 | 0.141** | 0.127** | 0.013 | 0.020 | 0.051 |
| 3. BI_IN | -0.049* | 0.935*** | 1 | -0.079 | 0.067 | 0.226*** | 0.085 | 0.158*** | 0.121** | -0.034 | 0.047 | 0.015 |
| 4. BI_OUT | -0.042 | 0.281*** | -0.079 | 1 | 0.010 | 0.023 | -0.023 | -0.068 | 0.009 | 0.133** | -0.091 | 0.093 |
| 5. NATURE | -0.004 | 0.069 | 0.067 | 0.010 | 1 | -0.033 | -0.002 | -0.209*** | 0.009 | -0.061 | -0.045 | 0.038 |
| 6. IAE | -0.042* | 0.143*** | 0.246*** | 0.002 | -0.003 | 1 | 0.517*** | 0.274*** | 0.013 | 0.033 | -0.101* | 0.076 |
| 7. RAE | -0.022* | 0.079 | 0.089 | -0.034 | -0.002 | 0.585*** | 1 | 0.192*** | 0.064 | 0.015 | -0.022 | 0.003 |
| 8. UAE | 0.038 | 0.101** | 0.117** | -0.068 | -0.196*** | 0.207*** | 0.216*** | 1 | 0.093 | -0.029 | 0.032 | 0.049 |
| 9. FAE | 0.054 | 0.016 | 0.019 | -0.016 | -0.063 | 0.016 | 0.092 | 0.078 | 1 | -0.191*** | -0.031 | 0.024 |
| 10. RATIO | 0.090** | 0.031 | -0.013 | 0.128** | -0.050 | 0.015 | 0.028 | -0.015 | -0.106* | 1 | -0.105*** | 0.139*** |
| 11. METHOD | -0.148*** | 0.020 | 0.047 | -0.091 | -0.045 | -0.092 | -0.025 | 0.028 | 0.010 | -0.198*** | 1 | -0.189*** |
| 12. CON | -0.219*** | 0.051 | 0.015 | 0.093 | 0.038 | 0.085 | 0.012 | 0.054 | -0.020 | 0.144*** | -0.189*** | 1 |
| 13. CASH | -0.070 | -0.041 | -0.030 | -0.024 | -0.074 | -0.005 | 0.005 | -0.004 | 0.025 | -0.028 | -0.133** | -0.046 |
| 14. GROWTH | -0.241*** | -0.007 | -0.003 | -0.011 | 0.039 | 0.106* | 0.046 | -0.020 | -0.059 | -0.023 | -0.011 | 0.161*** |
| 15. CRL | 0.016 | -0.122** | -0.166*** | 0.117** | -0.137** | 0.176*** | 0.125** | 0.043 | 0.081 | 0.074 | -0.123** | 0.175 |
| 16. SHARE | 0.152*** | -0.129** | -0.117** | -0.049 | 0.246*** | -0.021 | -0.025 | -0.007 | 0.025 | 0.101* | -0.057 | 0.001 |
| 17. ROE_R | 0.058 | 0.044 | 0.069 | -0.001 | -0.053 | -0.017 | 0.056 | 0.018 | 0.033 | -0.057 | 0.022 | -0.020 |
| 18. SIZE_R | -0.057 | -0.093 | -0.106* | 0.000 | 0.104* | -0.109* | -0.085 | -0.109* | -0.168*** | 0.169*** | -0.175*** | 0.181*** |
| 19. DUAL | 0.090 | 0.057 | 0.019 | 0.093 | 0.086 | 0.018 | -0.003 | 0.006 | -0.038 | 0.003 | 0.023 | -0.056 |
| 20. IND | -0.159*** | 0.014 | 0.021 | -0.005 | 0.119** | -0.060 | 0.047 | 0.044 | 0.027 | 0.083 | -0.101* | 0.045 |
| 21. SCALE | -0.023 | 0.080 | 0.060 | 0.054 | -0.127** | 0.017 | -0.047 | 0.064 | 0.011 | -0.091 | -0.120** | 0.112* |
| 22. MC | 0.151*** | -0.103* | -0.107* | -0.017 | 0.267*** | -0.030 | 0.022 | -0.024 | 0.132*** | -0.047 | -0.102* | 0.083 |
| 23. SP | -0.003 | 0.170*** | 0.223*** | 0.136** | -0.027 | 0.010 | -0.051 | 0.009 | -0.083 | -0.004 | 0.003 | -0.008 |

续表

| 变量 | 13. CASH | 14. GROWTH | 15. CRL | 16. SHARE | 17. ROE_R | 18. SIZE_R | 19. DUAL | 20. IND | 21. SCALE | 22. MC | 23. SP |
|---|---|---|---|---|---|---|---|---|---|---|---|
| 1. PREM | -0.087 | -0.007 | 0.047 | 0.261*** | 0.039 | -0.048 | -0.003 | -0.124** | 0.056 | 0.190*** | 0.029 |
| 2. BI | -0.038 | 0.102* | -0.140** | -0.116** | 0.026 | -0.097* | 0.057 | 0.010 | 0.041 | -0.103* | 0.170*** |
| 3. BI_IN | -0.028 | 0.096* | -0.182*** | -0.102* | 0.023 | -0.106* | 0.019 | 0.014 | 0.032 | -0.107* | 0.223*** |
| 4. BI_OUT | -0.030 | 0.038 | 0.114** | -0.068 | 0.024 | -0.017 | 0.093 | 0.001 | 0.034 | -0.017 | 0.136** |
| 5. NATURE | -0.061 | -0.022 | -0.129** | 0.271*** | -0.029 | 0.129** | 0.086 | 0.113** | -0.131** | 0.267*** | -0.027 |
| 6. IAE | 0.041 | 0.007 | 0.128** | -0.038 | -0.017 | -0.138** | -0.014 | -0.063 | 0.058 | -0.031 | 0.030 |
| 7. RAE | 0.025 | -0.008 | 0.096* | -0.072 | 0.064 | -0.092 | 0.012 | -0.021 | -0.048 | -0.003 | -0.005 |
| 8. UAE | 0.032 | -0.010 | -0.007 | -0.048 | 0.045 | -0.150*** | -0.008 | 0.035 | 0.078 | -0.100* | 0.092 |
| 9. FAE | 0.071 | -0.006 | 0.025 | 0.020 | -0.053 | -0.189*** | -0.021 | 0.064 | 0.079 | 0.113* | -0.020 |
| 10. RATIO | -0.009 | -0.083 | 0.079 | -0.032 | -0.088 | 0.200*** | 0.013 | 0.071 | -0.140** | -0.078 | -0.016 |
| 11. METHOD | -0.110* | 0.054 | -0.120*** | -0.078 | 0.020 | -0.164*** | 0.023 | -0.099* | -0.048 | -0.102* | 0.003 |
| 12. CON | -0.060 | 0.033 | 0.182*** | 0.065 | 0.019 | 0.144*** | -0.056 | 0.019 | 0.061 | 0.083 | -0.008 |
| 13. CASH | 1 | -0.140** | 0.113* | 0.003 | 0.098* | -0.136** | 0.018 | -0.064 | 0.030 | 0.098* | -0.069 |
| 14. GROWTH | -0.140** | 1 | 0.051 | -0.077 | 0.135** | 0.084 | 0.017 | -0.014 | -0.061 | -0.011 | -0.067 |
| 15. CRL | 0.073 | 0.051 | 1 | -0.031 | 0.026 | 0.002 | -0.084 | -0.019 | 0.006 | 0.015 | 0.007 |
| 16. SHARE | -0.011 | -0.077 | -0.031 | 1 | 0 | -0.032 | 0.120** | 0.135** | -0.114** | 0.166*** | -0.108 |
| 17. ROE_R | 0.081 | 0.060 | -0.022 | -0.106* | 1 | -0.047 | -0.007 | -0.018 | 0.059 | 0.026 | -0.117 |
| 18. SIZE_R | -0.123** | 0.061 | 0 | -0.080 | -0.029 | 1 | -0.074 | 0.038 | 0.066 | 0.099* | -0.059 |
| 19. DUAL | 0.003 | -0.027 | -0.087 | 0.127** | 0.004 | -0.102* | 1 | 0.076 | -0.165*** | -0.001 | -0.064 |
| 20. IND | -0.065 | -0.081 | 0.017 | 0.136** | 0.055 | 0.096* | 0.117** | 1 | -0.102*** | -0.050 | 0.054 |
| 21. SCALE | 0.026 | -0.050 | 0.018 | -0.168*** | 0.049 | 0.190*** | -0.167*** | -0.148*** | 1 | -0.069 | 0.004 |
| 22. MC | 0.075 | -0.037 | 0.025 | 0.145** | -0.014 | 0.088 | -0.043 | -0.012 | -0.069 | 1 | -0.179*** |
| 23. SP | -0.067 | -0.040 | 0.020 | -0.130** | -0.045 | -0.062 | -0.064 | 0.055 | 0.030 | -0.179*** | 1 |

注：*，**，*** 分别代表 10%，5% 和 1% 的显著性水平。

董事联结（*BI*）与内部董事联结（*BI_IN*）和外部董事联结（*BI_OUT*）存在显著的正相关关系，且相关系数较高，这是因为内部董事联结（*BI_IN*）以及外部董事联结（*BI_OUT*）是根据联结董事的职务特征对董事联结（*BI*）进行的进一步分类，上述董事联结不会同时出现在同一模型之中，因此，不会影响模型的回归结果。联结董事同行业或同产品市场并购经验（*IAE*）与联结董事相关并购经验（*RAE*）和联结董事非相关并购经验（*UAE*）之间也存在显著的正相关关系，且相关系数较高，这是因为联结董事在获得同行业或同产品市场并购经验的同时，也必然会增加相关并购经验或非相关并购经验，但是由于联结董事同行业或同产品市场并购经验与其他两种并购经验不会同时出现在同一模型之中，因此，不会影响模型的回归结果。其他变量之间的系数都在 0.3 以下，说明这些变量之间并不存在严重的多重共线性问题。

## 三　回归结果分析

表 5-7 给出前文假设的回归结果。本书使用方差扩大因子法对每个模型中的自变量进行了共线性检验，检验结果显示各模型的方差膨胀因子（VIF）均值均小于 2，最大值均小于 10，表明自变量之间无严重共线性问题。表 5-7 的第一列为控制变量构成的基准模型回归结果。基准模型的回归结果显示，交易比例（*RATIO*）变量的回归系数显著为正，说明交易比例越高，并购溢价越高，这与徐信忠等（2006）的研究结论相同。财务顾问（*CON*）变量的回归系数显著为负，说明聘请财务顾问的并购公司支付了较少的并购溢价，这与 Haunschild 和 Miner（1997）、Kim 等（2011）以及 Cai 和 Sevilir（2012）的结论相符。成长性（*GROWTH*）变量的回归系数显著为负，说明当并购公司存在成长性压力时，更愿意支付较高的溢价，这与 Kim 等（2011）的结论相符。高管持股（*SHARE*）变量的回归系数显著为正，这说明高管持股水平较高的目标公司，会向并购公司索要更多的并购补偿，并购溢价也会更高，这符合 Hayward 和 Hambrick（1997）的观点。相对规模（*SIZE_R*）变量的回归系数显著为负，说明目标公司与并购公司的规模相差越大，并购溢价越少，反之亦然，与 Hayward 和 Hambrick（1997）的观点基本相符。上述控制变量的回归结果表明本书的数据具有一定的合理性及有效性。

表5-7 董事联结与并购溢价的回归结果

| 变量 | 基准 | 模型5.1 | 模型5.2 | 模型5.3 | 模型5.4 | 模型5.5 | 模型5.6 | 模型5.7 | 模型5.8(1) | 模型5.8(2) |
|---|---|---|---|---|---|---|---|---|---|---|
| $BI$ | — | -0.576*** (-2.71) | — | — | -0.333*** (-2.84) | -0.734*** (-3.21) | -0.156** (-2.06) | -0.419** (-2.50) | -0.113** (-1.97) | -0.262** (-2.36) |
| $BI\_IN$ | — | — | -0.617*** (-2.77) | — | — | — | — | — | — | — |
| $BI\_OUT$ | — | — | — | -0.338 (-1.41) | — | — | — | — | — | — |
| $NATURE$ | — | — | — | — | -0.019 (-0.85) | — | — | — | — | — |
| $IAE$ | — | — | — | — | — | -0.505* (-1.68) | — | — | — | — |
| $RAE$ | — | — | — | — | — | — | -0.263 (-1.30) | — | -0.254 (-1.35) | -0.129 (-0.76) |
| $UAE$ | — | — | — | — | — | — | — | -0.040 (-1.18) | -0.011 (-0.68) | -0.034 (-1.21) |
| $BI×NATURE$ | — | — | — | — | -0.086* (-1.83) | — | — | — | — | — |
| $BI×IAE$ | — | — | — | — | — | -0.531** (-2.25) | — | — | — | — |
| $BI×RAE$ | — | — | — | — | — | — | -0.072** (-1.99) | — | -0.066** (-1.97) | -0.030 (-0.84) |
| $BI×UAE$ | — | — | — | — | — | — | — | -0.156** (-1.97) | -0.044 (-0.76) | -0.157** (-1.99) |

续表

| 变量 | 基准 | 模型 5.1 | 模型 5.2 | 模型 5.3 | 模型 5.4 | 模型 5.5 | 模型 5.6 | 模型 5.7 | 模型 5.8 (1) | 模型 5.8 (2) |
|---|---|---|---|---|---|---|---|---|---|---|
| FAE | -0.062 | -0.064 | -0.073 | -0.061 | -0.067 | -0.077 | -0.109 | -0.150 | -0.113 | -0.143 |
|  | (-1.55) | (-1.58) | (-1.61) | (-1.50) | (-1.60) | (-0.50) | (-0.31) | (-1.09) | (-0.32) | (-1.13) |
| RATIO | 1.017*** | 0.009*** | 0.705*** | 0.724*** | 0.708*** | 0.985*** | 1.021** | 0.943*** | 1.032** | 0.932*** |
|  | (4.29) | (4.45) | (5.13) | (5.25) | (6.40) | (4.17) | (2.21) | (6.06) | (2.37) | (5.87) |
| METHOD | -0.090 | -0.184 | -0.105 | -0.124 | -0.105 | -0.145 | -0.199 | -0.317** | -0.185 | -0.321** |
|  | (-0.35) | (-0.79) | (-0.80) | (-0.98) | (-0.87) | (-0.56) | (-0.76) | (-2.03) | (-0.72) | (-1.99) |
| CON | -0.832** | -0.764** | -0.441** | -0.423** | -0.474*** | -0.785** | -0.670* | -0.293 | -0.637* | -0.289 |
|  | (-2.57) | (-2.58) | (-2.25) | (-2.15) | (-3.12) | (-2.43) | (-1.95) | (-1.51) | (-1.86) | (-1.28) |
| CASH | -0.809 | -0.172 | -0.279 | -0.272 | -0.310 | -0.826 | -0.189 | -0.396* | -0.181 | -0.357 |
|  | (-1.29) | (-0.50) | (-0.92) | (-0.88) | (-1.06) | (-1.32) | (-0.45) | (-1.69) | (-0.38) | (-1.68) |
| GROWTH | -0.175* | -0.140* | -0.076 | -0.083 | -0.071* | -0.184* | -0.176*** | -0.116 | -0.153*** | -0.121 |
|  | (-1.65) | (-1.73) | (-0.97) | (-1.01) | (-1.83) | (-1.72) | (-3.10) | (-0.67) | (-3.14) | (-0.58) |
| CRL | -0.008 | -0.008 | -0.004 | -0.003 | -0.004 | -0.008 | -0.002 | -0.005 | -0.003 | -0.005 |
|  | (-1.52) | (-1.54) | (-1.56) | (-1.28) | (-1.48) | (-1.51) | (-0.95) | (-1.21) | (-0.92) | (-1.26) |
| SHARE | 1.344* | 1.065* | 1.294 | 1.256 | 1.276 | 1.110* | 1.339** | 1.725 | 1.348** | 1.734 |
|  | (1.87) | (1.80) | (0.63) | (0.55) | (1.56) | (1.84) | (2.29) | (1.35) | (2.34) | (1.39) |
| ROE_R | 0.050 | 0.018 | 0.056 | 0.076 | 0.019 | 0.072 | -0.357 | 0.603* | -0.231 | 0.539* |
|  | (0.09) | (0.04) | (0.20) | (0.26) | (0.07) | (0.13) | (-1.07) | (1.94) | (-1.10) | (1.82) |
| SIZE_R | -0.635* | -0.901* | -0.801 | -0.735 | -0.795* | -0.562 | -0.325 | -0.801 | -0.322 | -0.738 |
|  | (-1.67) | (-1.72) | (-1.47) | (-1.35) | (-1.66) | (-1.53) | (-0.36) | (-1.20) | (-0.38) | (-1.23) |
| DUAL | 0.025 | 0.317 | 0.051 | 0.033 | 0.035 | 0.005 | 0.044 | 0.026 | 0.059 | 0.021 |
|  | (0.21) | (1.43) | (0.58) | (0.37) | (0.37) | (0.03) | (0.30) | (0.19) | (0.47) | (0.23) |

续表

| 变量 | 基准 | 模型 5.1 | 模型 5.2 | 模型 5.3 | 模型 5.4 | 模型 5.5 | 模型 5.6 | 模型 5.7 | 模型 5.8 (1) | 模型 5.8 (2) |
|---|---|---|---|---|---|---|---|---|---|---|
| IND | -1.454 | -0.718 | -1.451 | -1.383 | -1.376** | -1.351 | -1.641 | -2.061* | -1.587 | -2.447* |
|  | (-0.97) | (-0.75) | (-1.63) | (-1.53) | (-1.98) | (-0.91) | (-1.38) | (-1.95) | (-1.42) | (-1.87) |
| SCALE | -0.054 | -0.012 | -0.023 | -0.022 | -0.024 | -0.052 | -0.022 | -0.051* | -0.018 | -0.062* |
|  | (-1.36) | (-0.37) | (-1.19) | (-1.17) | (-1.27) | (-1.31) | (-0.70) | (-1.81) | (-0.81) | (-1.72) |
| MC | 0.895 | 0.760 | 0.916 | 0.852 | 0.891 | 1.113 | 0.850 | 0.850 | 0.924 | 0.935 |
|  | (0.09) | (1.11) | (0.55) | (0.63) | (0.39) | (0.11) | (0.90) | (1.09) | (0.58) | (1.02) |
| SP | 0.160 | 0.064 | 0.178 | 0.022 | 0.049 | 0.180 | -0.064 | 0.224* | -0.054 | 0.236* |
|  | (0.89) | (0.41) | (0.20) | (0.43) | (0.58) | (1.00) | (-0.52) | (1.80) | (-0.58) | (1.76) |
| YEAR | 控制 | 控制 | 控制 | 控制 | 控制 | 控制 | 控制 | 控制 | 控制 | 控制 |
| INDUSTRY | 控制 | 控制 | 控制 | 控制 | 控制 | 控制 | 控制 | 控制 | 控制 | 控制 |
| C | -0.271 | -0.191 | -0.186 | -0.572 | -0.566 | -0.214 | 0.228 | -0.724 | 0.492 | -0.744 |
|  | (-0.15) | (-0.14) | (-0.81) | (-0.83) | (-0.89) | (-0.16) | (1.19) | (-0.88) | (1.28) | (-0.84) |
| Adj. $R^2$ | 0.177 | 0.208 | 0.214 | 0.172 | 0.221 | 0.216 | 0.201 | 0.265 | 0.204 | 0.278 |
| F 值 | 2.35*** | 2.43*** | 2.47*** | 2.31*** | 2.55*** | 2.40*** | 2.26*** | 3.01*** | 2.30*** | 3.07*** |
| 样本 | 全部样本 | 全部样本 | 全部样本 | 全部样本 | 全部样本 | 全部样本 | 相关并购 | 非相关并购 | 相关并购 | 非相关并购 |
| 样本数（个） | 382 | 382 | 382 | 382 | 382 | 382 | 129 | 253 | 129 | 253 |

注：模型 5.8 (1) 针对的是相关并购样本，模型 5.8 (2) 针对的是非相关并购样本；括号内为 T 统计量，T 值已经过 White (1980) 异方差稳健性修正；*、**、*** 分别代表 10%、5% 和 1% 的显著性水平。

模型 5.1 将董事联结（*BI*）变量引入基础模型，回归系数在 1% 的水平上显著为负，说明如果并购双方存在董事联结，那么并购公司支付的并购溢价相对较低，假设 1 得到验证。本书将董事联结进一步划分为内部董事联结和外部董事联结，并分别将内部董事联结（*BI_IN*）和外部董事联结（*BI_OUT*）引入基准模型中，形成模型 5.2 和模型 5.3。模型 5.2 的回归结果表明，内部董事联结（*BI_IN*）的回归系数在 1% 的水平上显著为负，说明如果并购双方存在内部董事联结，那么并购公司支付的并购溢价相对较低。模型 5.3 的回归结果表明，外部董事联结（*BI_OUT*）的回归系数为负，但未达到 10% 的显著性水平，说明并购双方的外部董事联结对并购溢价没有显著影响。

为了检验股权性质对董事联结与并购溢价关系的调节作用，本书在模型 5.1 的基础上，引入股权性质（*NATURE*）和董事联结与股权性质的交互项（*BI×NATURE*），形成模型 5.4。回归结果表明，董事联结与股权性质交互项（*BI×NATURE*）的回归系数在 10% 水平上显著为负，说明当并购公司为非国有控股公司时，并购双方的董事联结对并购溢价的负向影响更强，假设 2 得到验证。

为了检验联结董事同行业或同产品市场并购经验对董事联结与并购溢价关系的调节作用，本书在模型 5.1 的基础上，引入董事联结同行业或同产品市场并购经验（*IAE*）和董事联结与联结董事同行业或同产品市场并购经验的交互项（*BI×IAE*），形成模型 5.5。董事联结与联结董事同行业或同产品市场并购经验交互项（*BI×IAE*）的回归系数在 5% 水平上显著为负，说明若联结公司曾经对某行业或某产品市场中的公司进行过并购，而焦点并购公司也在该行业或该产品市场进行并购，焦点并购公司联结董事的同行业或同产品市场并购经验越丰富，并购双方的董事联结对并购溢价的负向影响越大，假设 3-1 得到验证。

为了检验相关并购中联结董事相关并购经验对董事联结与并购溢价关系的调节作用，本书在模型 5.1 的基础上，引入联结董事相关并购经验（*RAE*）和董事联结与联结董事相关并购经验的交互项（*BI×RAE*），形成模型 5.6。董事联结与联结董事相关并购经验交互项（*BI×RAE*）的回归系数在 5% 水平上显著为负，说明在相关并购中，焦点并购公司联结董事的相关并购经验越丰富，并购双方的董事联结对并购溢价的负向影响越大，假设

3-2 得到验证。

为了检验非相关并购中联结董事非相关并购经验对董事联结与并购溢价关系的调节作用，本书在模型 5.1 的基础上，引入联结董事非相关并购经验（UAE）和董事联结与联结董事非相关并购经验的交互项（BI×UAE），形成模型 5.7。董事联结与联结董事非相关并购经验交互项（BI×UAE）的回归系数在 5% 水平上显著为负，说明在非相关并购中，焦点并购公司联结董事的非相关并购经验越丰富，并购双方的董事联结对并购溢价的负向影响越大，假设 3-3 得到验证。

为了对比联结董事相关并购经验和非相关并购经验，在相关并购和非相关并购两个子样本中对董事联结与并购溢价关系的影响，本书还将联结董事相关并购经验（RAE）、董事联结与联结董事相关并购经验的交互项（BI×RAE）、联结董事非相关并购经验（UAE）以及董事联结与联结董事非相关并购经验的交互项（BI×UAE）引入模型 5.1 中，构建模型 5.8。模型 5.8（1）针对的是相关并购样本，回归结果表明：董事联结与联结董事相关并购经验交互项（BI×RAE）的回归系数在 5% 水平上显著为负，董事联结与联结董事非相关并购经验交互项（BI×UAE）的回归系数为负，但未达到 10% 的显著性水平。这说明在相关并购中，联结董事的相关并购经验能够对董事联结与并购溢价的关系产生负向调节作用，但是联结董事的非相关并购经验未能对董事联结与并购溢价的关系产生显著影响。模型 5.8（2）针对的是非相关并购样本，回归结果表明：董事联结与联结董事非相关并购经验交互项（BI×UAE）的回归系数在 5% 水平上显著为负，董事联结与联结董事相关并购经验交互项（BI×RAE）的回归系数为负，但未达到 10% 的显著性水平。这说明在非相关并购中，联结董事的非相关并购经验能够对董事联结与并购溢价的关系产生负向调节作用，但是联结董事的相关并购经验未能对董事联结与并购溢价的关系产生显著影响。

模型 5.5~模型 5.8 的回归结果说明：如果联结公司前期的并购与焦点并购公司当前的并购相类似，联结董事的并购经验会帮助焦点并购公司充分认知并有效利用董事联结在并购定价过程中的积极作用，更有效地减少并购溢价支付。

## 第四节　稳健性检验

为证明本章结论的可靠性，本书对相关结论进行了以下稳健性检验。

1. 剔除发生过并购的样本

陈仕华和卢昌崇（2013）认为，若并购公司过去发生过并购，那么过去并购的溢价水平可能对当前并购溢价产生影响。因此，本书在总样本中将并购公司过去 5 年内曾经发生过并购交易的样本予以剔除，重新对剔除后样本进行假设检验。剔除并购公司曾经发生过并购交易的样本后，并购样本数量变为 253 个。其中，存在董事联结的样本数量为 46 个，不存在董事联结的样本数量为 207 个；相关并购样本数量为 87 个，非相关并购样本数量为 166 个。剔除发生过并购交易样本的回归结果如表 5-8 所示。

通过观察表 5-8 发现：模型 5.1 中董事联结（$BI$）的回归系数在 5% 的水平上显著为负；模型 5.2 中内部董事联结（$BI\_IN$）的回归系数在 5% 的水平上显著为负；模型 5.3 中外部董事联结（$BI\_OUT$）的回归系数为负，但未达到 10% 的显著性水平；模型 5.4 中董事联结与股权性质交互项（$BI×NATURE$）的回归系数在 10% 水平上显著为负；模型 5.5 中董事联结与联结董事同行业或同产品市场并购经验交互项（$BI×IAE$）的回归系数在 10% 水平上显著为负；模型 5.6 中董事联结与联结董事相关并购经验交互项（$BI×RAE$）的回归系数在 1% 水平上显著为负；模型 5.7 中董事联结与联结董事非相关并购经验交互项（$BI×UAE$）的回归系数在 5% 水平上显著为负；模型 5.8（1）中董事联结与联结董事相关并购经验交互项（$BI×RAE$）的回归系数在 1% 水平上显著为负，董事联结与联结董事非相关并购经验交互项（$BI×UAE$）的回归系数为负，但未达到 10% 的显著性水平；模型 5.8（2）中董事联结与联结董事非相关并购经验交互项（$BI×UAE$）的回归系数在 5% 水平上显著为负，董事联结与联结董事相关并购经验交互项（$BI×RAE$）的回归系数为负，但未达到 10% 的显著性水平。综上所述，在剔除并购公司曾经发生过并购交易的样本以后，前文的结果均未发生实质性改变。

2. 并购溢价标准化处理

Laamanen（2007）、蒋丽娜等（2011）以及陈仕华和卢昌崇（2013）认为，并购溢价水平具有较强的行业特征，因此，本书对并购溢价数据进行行

表 5-8 剔除发生过并购样本的回归结果

| 变量 | 基准 | 模型 5.1 | 模型 5.2 | 模型 5.3 | 模型 5.4 | 模型 5.5 | 模型 5.6 | 模型 5.7 | 模型 5.8 (1) | 模型 5.8 (2) |
|---|---|---|---|---|---|---|---|---|---|---|
| BI | — | -0.425** (-1.99) | — | — | -0.562* (-1.90) | -0.603** (-2.08) | -0.760* (-1.88) | -0.509* (-1.70) | -0.736* (-1.91) | -0.212* (-1.68) |
| BI_IN | — | — | -0.578** (-2.18) | — | — | — | — | — | — | — |
| BI_OUT | — | — | — | -0.311 (-1.55) | — | — | — | — | — | — |
| NATURE | — | — | — | — | -0.027 (-0.46) | — | — | — | — | — |
| IAE | — | — | — | — | — | -1.083** (-2.16) | — | — | — | — |
| RAE | — | — | — | — | — | — | -0.730 (-1.44) | — | -0.727 (-0.48) | -0.248 (-0.89) |
| UAE | — | — | — | — | — | — | — | -0.032 (-1.34) | -0.014 (-0.87) | -0.034 (-1.46) |
| BI×NATURE | — | — | — | — | -0.015* (-1.87) | — | — | — | — | — |
| BI×IAE | — | — | — | — | — | -0.875* (-1.71) | — | — | — | — |
| BI×RAE | — | — | — | — | — | — | -0.103*** (-3.06) | — | -0.096*** (-2.85) | -0.044 (-1.54) |
| BI×UAE | — | — | — | — | — | — | — | -0.049** (-2.59) | -0.021 (-1.20) | -0.042** (-2.31) |

续表

| 变量 | 基准 | 模型 5.1 | 模型 5.2 | 模型 5.3 | 模型 5.4 | 模型 5.5 | 模型 5.6 | 模型 5.7 | 模型 5.8（1） | 模型 5.8（2） |
|---|---|---|---|---|---|---|---|---|---|---|
| RATIO | 1.295*** | 1.143*** | 1.266** | 1.289*** | 1.342*** | 1.289*** | 1.191* | 0.657*** | 1.216* | 0.722*** |
| | (4.51) | (4.82) | (4.39) | (4.49) | (4.88) | (4.50) | (1.77) | (6.50) | (1.83) | (6.51) |
| METHOD | -0.035 | -0.117 | -0.006 | -0.025 | -0.108 | -0.073 | -0.369* | -0.174 | -0.327* | -0.185 |
| | (-0.10) | (-0.40) | (-0.20) | (-0.07) | (-0.34) | (-0.21) | (-1.75) | (-1.57) | (-1.68) | (-1.59) |
| CON | -1.088** | -0.999*** | -1.034** | -1.129** | -1.021** | -1.066** | -0.503* | -0.250* | -0.476* | -0.263* |
| | (-2.47) | (-2.62) | (-2.33) | (-2.54) | (-2.47) | (-2.41) | (-1.78) | (-1.88) | (-1.73) | (-1.86) |
| CASH | -0.752 | -0.379 | -0.709 | -0.711 | -0.547 | -0.885 | -0.991*** | -0.206 | -0.866*** | -0.214 |
| | (-1.11) | (-1.06) | (-1.04) | (-1.05) | (-0.85) | (-1.30) | (-2.77) | (-1.51) | (-2.75) | (-1.35) |
| GROWTH | -0.251** | -0.022* | -0.251** | -0.272** | -0.219* | -0.295** | -0.053 | -0.013 | -0.046 | -0.021 |
| | (-2.11) | (-1.68) | (-2.09) | (-2.28) | (-1.66) | (-2.47) | (-1.31) | (-0.26) | (-1.40) | (-0.33) |
| CRL | -0.007 | -0.007 | -0.007 | -0.005 | -0.004 | -0.006 | -0.001 | -0.001 | -0.001 | -0.001 |
| | (-1.10) | (-1.29) | (-1.14) | (-0.72) | (-0.68) | (-0.90) | (-0.40) | (-0.56) | (-0.37) | (0.53) |
| SHARE | 2.306** | 2.101** | 2.303** | 2.117* | 2.377** | 2.168* | 1.370* | 0.632** | 1.348* | 0.635** |
| | (2.04) | (2.52) | (2.02) | (1.87) | (2.17) | (1.91) | (1.79) | (2.08) | (1.82) | (2.16) |
| ROE_R | 0.461 | 0.519 | 0.537 | 0.542 | 0.485 | 0.458 | 0.318 | 0.057 | 0.306 | 0.053 |
| | (0.73) | (0.52) | (0.85) | (0.86) | (0.77) | (0.73) | (1.03) | (0.31) | (1.16) | (0.25) |
| SIZE_R | -2.547* | -1.614 | -2.513* | -2.409* | -2.706** | -2.583* | -2.307 | -2.210 | -2.271 | -2.184 |
| | (-1.84) | (-1.41) | (-1.80) | (-1.74) | (-2.03) | (-1.87) | (-0.46) | (-0.43) | (-0.53) | (-0.47) |
| DUAL | 0.141 | 0.207 | 0.137 | 0.216 | 0.182 | 0.104 | 0.081 | 0.060 | 0.077 | 0.061 |
| | (0.57) | (0.82) | (0.55) | (0.87) | (0.78) | (0.42) | (0.58) | (0.75) | (0.62) | (0.83) |
| IND | -1.577 | -1.216 | -1.603 | -1.614 | -2.373 | -1.056 | -0.360 | -0.933 | -0.398 | -0.912 |
| | (-0.90) | (-0.88) | (-0.91) | (-0.92) | (-1.40) | (-0.60) | (-0.44) | (-1.33) | (-0.43) | (-1.43) |

续表

| 变量 | 基准 | 模型 5.1 | 模型 5.2 | 模型 5.3 | 模型 5.4 | 模型 5.5 | 模型 5.6 | 模型 5.7 | 模型 5.8 (1) | 模型 5.8 (2) |
|---|---|---|---|---|---|---|---|---|---|---|
| SCALE | -0.062 | -0.010 | -0.056 | -0.068 | -0.071 | -0.057 | -0.037 | -0.009 | -0.030 | -0.010 |
|  | (-1.23) | (-0.27) | (-1.10) | (-1.34) | (-1.45) | (-1.12) | (-1.56) | (-0.43) | (-1.53) | (-0.52) |
| MC | 0.533 | 0.275 | 0.541 | 0.688 | 0.818 | 0.463 | 0.863* | 0.113 | 0.834* | 0.126 |
|  | (0.49) | (0.39) | (0.49) | (0.63) | (0.79) | (0.43) | (1.88) | (0.33) | (1.81) | (0.37) |
| SP | 0.021 | 0.123 | 0.049 | 0.057 | 0.042 | 0.043 | -0.197** | 0.011 | -0.164** | 0.021 |
|  | (0.42) | (0.68) | (0.22) | (0.26) | (0.20) | (0.19) | (-2.48) | (0.14) | (-2.58) | (0.26) |
| YEAR | 控制 | 控制 | 控制 | 控制 | 控制 | 控制 | 控制 | 控制 | 控制 | 控制 |
| INDUSTRY | 控制 | 控制 | 控制 | 控制 | 控制 | 控制 | 控制 | 控制 | 控制 | 控制 |
| C | -0.523 | -0.407 | -0.297 | -0.531 | -0.434 | -0.332 | -0.127 | -0.961* | -0.136 | -0.822* |
|  | (-0.07) | (-0.31) | (-0.21) | (-0.32) | (-0.27) | (-0.02) | (-0.12) | (-1.83) | (-0.27) | (-1.85) |
| Adj. $R^2$ | 0.148 | 0.159 | 0.183 | 0.146 | 0.204 | 0.157 | 0.176 | 0.196 | 0.184 | 0.202 |
| F 值 | 2.88*** | 3.34*** | 3.37*** | 2.86*** | 3.30*** | 2.92*** | 2.49*** | 4.25*** | 2.51*** | 4.32*** |
| 样本 | 全部样本 | 全部样本 | 全部样本 | 全部样本 | 全部样本 | 全部样本 | 相关并购 | 非相关并购 | 相关并购 | 非相关并购 |
| 样本数（个） | 253 | 253 | 253 | 253 | 253 | 253 | 87 | 166 | 87 | 166 |

注：模型 5.8 (1) 针对的是相关并购样本，模型 5.8 (2) 针对的是非相关并购样本；括号内为 T 统计量，T 值已经过 White（1980）异方差稳健性修正；*、**、*** 分别代表 10%、5% 和 1% 的显著性水平。

业调整，即对并购溢价数据按年份和行业进行标准化处理（行业分类与行业虚拟变量标准相同）。对并购溢价进行标准化处理后，样本并未发生改变，回归结果如表5-9所示。

通过观察表5-9发现：模型5.1中董事联结（BI）的回归系数在10%的水平上显著为负；模型5.2中内部董事联结（BI_IN）的回归系数在10%的水平上显著为负；模型5.3中外部董事联结（BI_OUT）的回归系数为负，但未达到10%的显著性水平；模型5.4中董事联结与股权性质交互项（BI×NATURE）的回归系数在10%水平上显著为负；模型5.5中董事联结与联结董事同行业或同产品市场并购经验交互项（BI×IAE）的回归系数在5%水平上显著为负；模型5.6中董事联结与联结董事相关并购经验交互项（BI×RAE）的回归系数在5%水平上显著为负；模型5.7中董事联结与联结董事非相关并购经验交互项（BI×UAE）的回归系数在10%水平上显著为负；模型5.8（1）中董事联结与联结董事相关并购经验交互项（BI×RAE）的回归系数在5%水平上显著为负，董事联结与联结董事非相关并购经验交互项（BI×UAE）的回归系数为负，但未达到10%的显著性水平；模型5.8（2）中董事联结与联结董事非相关并购经验交互项（BI×UAE）的回归系数在10%水平上显著为负，董事联结与联结董事相关并购经验交互项（BI×RAE）的回归系数为负，但未达到10%的显著性水平。综上所述，并购溢价按照年度和行业标准化处理以后，前文的结果均未发生实质性改变。

3. 更换董事联结代理变量

本章参照田高良等（2013）以及Ishii和Xuan（2014）的研究，使用连续变量作为董事联结的替代变量。将两家公司所有的董事组成一个矩阵，一家公司的任意一个董事与另一家公司的任意一个董事配对为矩阵中的元素。董事联结即为两家公司拥有联结董事的个数与董事会成员矩阵元素总数之比，如两家公司存在2名联结董事，其中一家公司有5名董事，另一家公司有4名董事，则董事联结为10%。更换联结董事并购经验代理变量的回归结果如表5-10所示。

通过观察表5-10发现：模型5.1中董事联结（BI）的回归系数在10%的水平上显著为负；模型5.2中内部董事联结（BI_IN）的回归系数在10%的水平上显著为负；模型5.3中外部董事联结（BI_OUT）的回归系数为负，但未达到10%的显著性水平；模型5.4中董事联结与股权性质交互项（BI×

*NATURE*）的回归系数在 10% 水平上显著为负；模型 5.5 中董事联结与联结董事同行业或同产品市场并购经验交互项（*BI×IAE*）的回归系数在 5% 水平上显著为负；模型 5.6 中董事联结与联结董事相关并购经验交互项（*BI×RAE*）的回归系数在 10% 水平上显著为负；模型 5.7 中董事联结与联结董事非相关并购经验交互项（*BI×UAE*）的回归系数在 10% 水平上显著为负；模型 5.8（1）中董事联结与联结董事相关并购经验交互项（*BI×RAE*）的回归系数在 10% 水平上显著为负，董事联结与联结董事非相关并购经验交互项（*BI×UAE*）的回归系数为负，但未达到 10% 的显著性水平；模型 5.8（2）中董事联结与联结董事非相关并购经验交互项（*BI×UAE*）的回归系数在 10% 水平上显著为负，董事联结与联结董事相关并购经验交互项（*BI×RAE*）的回归系数为负，但未达到 10% 的显著性水平。综上所述，在改变董事联结变量的衡量方法以后，前文的结果均未发生实质性改变。

4. 更换联结董事并购经验代理变量

有学者认为并购经验的运用具有一定的时效性（Meschi, Métais, 2013），因此，本章将联结董事并购经验获取的期间由焦点并购公司并购交易发生前 5 年至前 1 年，缩减至并购交易发生前 3 年至前 1 年，重新衡量联结董事同行业或同产品市场并购经验、相关并购经验和非相关并购经验。更换联结董事并购经验代理变量的回归结果如表 5-11 所示。

模型 5.5 中董事联结与联结董事同行业或同产品市场并购经验交互项（*BI×IAE*）的回归系数在 5% 水平上显著为负；模型 5.6 中董事联结与联结董事相关并购经验交互项（*BI×RAE*）的回归系数在 10% 水平上显著为负；模型 5.7 中董事联结与联结董事非相关并购经验交互项（*BI×UAE*）的回归系数在 10% 水平上显著为负；模型 5.8（1）中董事联结与联结董事相关并购经验交互项（*BI×RAE*）的回归系数在 10% 水平上显著为负，董事联结与联结董事非相关并购经验交互项（*BI×UAE*）的回归系数为负，但未达到 10% 的显著性水平；模型 5.8（2）中董事联结与联结董事非相关并购经验交互项（*BI×UAE*）的回归系数在 10% 水平上显著为负，董事联结与联结董事相关并购经验交互项（*BI×RAE*）的回归系数为负，但未达到 10% 的显著性水平。综上所述，在改变联结董事并购经验变量的衡量方法以后，前文的结果均未发生实质性改变。

表 5-9　并购溢价标准化处理的回归结果

| 变量 | 基准 | 模型 5.1 | 模型 5.2 | 模型 5.3 | 模型 5.4 | 模型 5.5 | 模型 5.6 | 模型 5.7 | 模型 5.8 (1) | 模型 5.8 (2) |
|---|---|---|---|---|---|---|---|---|---|---|
| *BI* | — | -0.290* (-1.79) | — | — | -0.378* (-1.91) | -0.419** (-2.42) | -0.548* (-1.82) | -0.577** (-2.49) | -0.481* (-1.79) | -0.312** (-2.46) |
| *BI_IN* | — | — | -0.314* (-1.73) | — | — | — | — | — | — | — |
| *BI_OUT* | — | — | — | -0.194 (-1.38) | — | — | — | — | — | — |
| *NATURE* | — | — | — | — | -0.077 (-1.26) | — | — | — | — | — |
| *IAE* | — | — | — | — | — | -0.134 (-0.61) | — | — | — | — |
| *RAE* | — | — | — | — | — | — | -0.726 (-1.38) | — | -0.702 (-1.36) | -0.218 (-1.05) |
| *UAE* | — | — | — | — | — | — | — | -0.069 (-1.38) | -0.026 (-1.17) | -0.064 (-1.43) |
| *BI×NATURE* | — | — | — | — | -0.167* (-1.77) | -0.242** (-2.30) | — | — | — | — |
| *BI×IAE* | — | — | — | — | — | — | -0.174** (-2.03) | — | — | — |
| *BI×RAE* | — | — | — | — | — | — | — | -0.153* (-1.83) | -0.169** (-1.98) | -0.060 (-1.17) |
| *BI×UAE* | — | — | — | — | — | — | — | — | -0.067 (-0.86) | -0.159* (-1.76) |

续表

| 变量 | 基准 | 模型 5.1 | 模型 5.2 | 模型 5.3 | 模型 5.4 | 模型 5.5 | 模型 5.6 | 模型 5.7 | 模型 5.8 (1) | 模型 5.8 (2) |
|---|---|---|---|---|---|---|---|---|---|---|
| FAE | -0.175 | -0.180 | -0.184 | -0.172 | -0.179 | -0.114 | -0.930 | -0.127 | -0.825 | -0.118 |
|  | (-1.55) | (-1.57) | (-1.61) | (-1.53) | (-1.59) | (-1.06) | (-0.57) | (-0.61) | (-0.52) | (-0.54) |
| RATIO | 0.585*** | 0.586*** | 0.561*** | 0.596*** | 0.212* | 0.594*** | 0.158** | 0.784*** | 0.162** | 0.762*** |
|  | (3.25) | (3.27) | (3.12) | (3.28) | (1.92) | (3.33) | (2.24) | (3.27) | (2.16) | (3.41) |
| METHOD | -0.261 | -0.259 | -0.272 | -0.305 | -0.373* | -0.243 | -0.226 | -0.358 | -0.241 | -0.337 |
|  | (-1.39) | (-1.38) | (-1.44) | (-1.63) | (-1.92) | (-1.30) | (-0.43) | (-1.52) | (-0.48) | (-1.46) |
| CON | -0.486* | -0.483** | -0.456* | -0.433* | -0.614** | -0.457* | -0.205** | -0.315** | -0.218** | -0.326** |
|  | (-1.89) | (-1.98) | (-1.86) | (-1.78) | (-2.50) | (-1.88) | (-2.32) | (-2.05) | (-2.25) | (-2.12) |
| CASH | -0.726 | -0.708 | -0.688 | -0.689 | -0.794 | -0.766 | -1.298 | -0.147 | -1.147 | -0.162 |
|  | (-1.48) | (-1.49) | (-1.43) | (-1.44) | (-1.63) | (-1.62) | (-1.28) | (-0.41) | (-1.16) | (-0.37) |
| GROWTH | -0.051* | -0.050* | -0.054 | -0.053 | -0.068* | -0.077* | -0.077 | -0.581** | -0.075 | -0.512** |
|  | (-1.69) | (-1.91) | (-0.52) | (-0.51) | (-1.68) | (-1.74) | (-0.51) | (-2.10) | (-0.49) | (-2.03) |
| CRL | -0.004 | -0.002 | -0.002 | -0.009 | -0.003 | -0.002 | -0.001 | -0.002 | -0.001 | -0.002 |
|  | (-0.45) | (-0.47) | (-0.51) | (-0.22) | (-0.05) | (-0.40) | (-0.02) | (-0.36) | (-0.05) | (-0.38) |
| SHARE | 0.544* | 0.527* | 0.509* | 0.468* | 0.419* | 0.589* | 0.728 | 0.714 | 0.734 | 0.739 |
|  | (1.72) | (1.70) | (1.67) | (1.72) | (1.83) | (1.78) | (0.31) | (0.93) | (0.36) | (0.57) |
| ROE_R | 0.253 | 0.266 | 0.275 | 0.289 | 0.005 | 0.186 | 1.088 | 0.985** | 1.021 | 0.992** |
|  | (0.62) | (0.81) | (0.66) | (0.70) | (0.04) | (0.46) | (0.74) | (2.22) | (0.57) | (2.41) |
| SIZE_R | -1.175* | -1.168* | -1.109* | -1.048** | -0.431* | -1.169** | -2.473* | -1.055** | -2.159* | -1.082** |
|  | (-1.77) | (-1.81) | (-1.94) | (-2.06) | (-1.89) | (-2.21) | (-1.72) | (-2.05) | (-1.76) | (-2.11) |
| DUAL | 0.018 | 0.006 | 0.029 | 0.006 | 0.008 | 0.006 | 0.058 | 0.046 | 0.062 | 0.055 |
|  | (0.05) | (0.04) | (0.19) | (0.08) | (0.05) | (0.04) | (0.52) | (0.69) | (0.55) | (0.82) |

续表

| 变量 | 基准 | 模型 5.1 | 模型 5.2 | 模型 5.3 | 模型 5.4 | 模型 5.5 | 模型 5.6 | 模型 5.7 | 模型 5.8 (1) | 模型 5.8 (2) |
|---|---|---|---|---|---|---|---|---|---|---|
| $IND$ | -0.418 | -0.479 | -0.435 | -0.359 | -0.247 | -0.704 | -2.061** | -0.802** | -2.013** | -0.824** |
|  | (-0.37) | (-0.43) | (-0.38) | (-0.32) | (-0.22) | (-0.63) | (-2.55) | (-2.49) | (-2.46) | (-2.36) |
| $SCALE$ | -0.011 | -0.010 | -0.014 | -0.011 | -0.037 | -0.005 | -0.103 | -0.022 | -0.083 | -0.020 |
|  | (-0.36) | (-0.33) | (-0.44) | (-0.35) | (-1.18) | (-0.16) | (-1.40) | (-0.50) | (-1.52) | (-0.46) |
| $MC$ | 0.064 | 0.070 | 0.123 | 0.295 | 0.317 | -0.064 | -0.158 | -0.406 | -0.135 | -0.375 |
|  | (0.09) | (0.10) | (0.18) | (0.45) | (0.47) | (-0.10) | (-0.22) | (-0.88) | (-0.35) | (-0.83) |
| $SP$ | 0.058 | 0.060 | 0.027 | 0.011 | 0.076 | 0.073 | 0.441 | 0.032 | 0.427 | 0.041 |
|  | (0.42) | (0.43) | (0.19) | (0.08) | (0.52) | (0.52) | (1.46) | (0.17) | (1.29) | (0.16) |
| $YEAR$ | 控制 | 控制 | 控制 | 控制 | 控制 | 控制 | 控制 | 控制 | 控制 | 控制 |
| $INDUSTRY$ | 控制 | 控制 | 控制 | 控制 | 控制 | 控制 | 控制 | 控制 | 控制 | 控制 |
| $C$ | -0.695 | -0.663 | -0.679 | -0.938 | -0.852 | -0.661 | -1.870 | -0.196 | -1.606 | -0.183 |
|  | (-0.51) | (-0.55) | (-0.56) | (-0.79) | (-0.67) | (-0.56) | (-0.64) | (-0.87) | (-0.53) | (-0.77) |
| Adj. $R^2$ | 0.177 | 0.213 | 0.221 | 0.206 | 0.215 | 0.247 | 0.180 | 0.217 | 0.184 | 0.224 |
| F 值 | 2.35*** | 2.53*** | 2.58*** | 2.37*** | 2.49*** | 2.63*** | 2.37*** | 2.52*** | 2.42*** | 2.56*** |
| 样本 | 全部样本 | 全部样本 | 全部样本 | 全部样本 | 全部样本 | 全部样本 | 相关并购 | 非相关并购 | 相关并购 | 非相关并购 |
| 样本数（个） | 382 | 382 | 382 | 382 | 382 | 382 | 129 | 253 | 129 | 253 |

注：模型 5.8 (1) 针对的是相关并购样本，模型 5.8 (2) 针对的是非相关并购样本；括号内为 T 统计量，T 值已经过 White (1980) 异方差稳健性修正；*、**、*** 分别代表 10%、5% 和 1% 的显著性水平。

表 5—10　更换董事联结代理变量的回归结果

| 变量 | 模型 5.1 | 模型 5.2 | 模型 5.3 | 模型 5.4 | 模型 5.5 | 模型 5.6 | 模型 5.7 | 模型 5.8 (1) | 模型 5.8 (2) |
|---|---|---|---|---|---|---|---|---|---|
| BI | −11.880* (−1.71) | — | — | −13.121* (−1.82) | −19.558** (−2.00) | −4.169* (−1.79) | −10.380* (−1.94) | −4.047* (−1.83) | −10.041* (−1.92) |
| BI_IN | — | −12.429* (−1.88) | — | — | — | — | — | — | — |
| BI_OUT | — | — | −9.897 (−1.24) | — | — | — | — | — | — |
| NATURE | — | — | — | −0.211 (−1.02) | — | — | — | — | — |
| IAE | — | — | — | — | −0.591* (−1.91) | — | — | — | — |
| RAE | — | — | — | — | — | −0.262 (−1.25) | — | −0.259 (−1.21) | −0.118 (−1.15) |
| UAE | — | — | — | — | — | — | −0.042 (−1.22) | −0.017 (−0.93) | −0.038 (−1.27) |
| BI×NATURE | — | — | — | −8.989* (−1.87) | — | — | — | — | — |
| BI×IAE | — | — | — | — | −6.493** (−2.10) | — | — | — | — |
| BI×RAE | — | — | — | — | — | −0.768* (−1.88) | — | −0.752* (−1.83) | −0.237 (−0.93) |
| BI×UAE | — | — | — | — | — | — | −0.226* (−1.82) | −0.103 (−0.75) | −0.217* (−1.75) |

续表

| 变量 | 模型 5.1 | 模型 5.2 | 模型 5.3 | 模型 5.4 | 模型 5.5 | 模型 5.6 | 模型 5.7 | 模型 5.8 (1) | 模型 5.8 (2) |
|---|---|---|---|---|---|---|---|---|---|
| FAE | -0.058 | -0.063 | -0.069 | -0.062 | -0.134 | -0.389 | -0.160 | -0.354 | -0.183 |
| | (-1.22) | (-1.29) | (-1.34) | (-1.26) | (-0.80) | (-0.50) | (-1.15) | (-0.48) | (-1.17) |
| RATIO | 1.015*** | 0.986*** | 1.012*** | 0.697*** | 1.106* | 0.698** | 1.942*** | 0.714** | 1.958*** |
| | (4.19) | (4.11) | (4.19) | (6.22) | (1.87) | (2.28) | (5.95) | (2.36) | (6.02) |
| METHOD | -0.110 | -0.121 | -0.161 | -0.113 | -0.386 | -0.155 | -0.008** | -0.146 | -0.011** |
| | (-0.42) | (-0.46) | (-0.62) | (-0.91) | (-1.39) | (-0.56) | (-2.20) | (-0.59) | (-2.16) |
| CON | -0.781** | -0.755** | -0.719** | -0.456*** | -0.826** | -0.564** | -1.255** | -0.545** | -1.237** |
| | (-2.36) | (-2.31) | (-2.22) | (-2.95) | (-2.43) | (-2.54) | (-2.31) | (-2.51) | (-2.48) |
| CASH | -0.758 | -0.742 | -0.732 | -0.285 | -0.986 | -0.264 | -1.410* | -0.256 | -1.436* |
| | (-1.19) | (-1.17) | (-1.16) | (-0.97) | (-1.53) | (-0.62) | (-1.74) | (-0.64) | (-1.80) |
| GROWTH | -0.176* | -0.177 | -0.188* | -0.078* | -0.190* | -0.170*** | -0.122** | -0.155*** | -0.135** |
| | (-1.69) | (-1.64) | (-1.75) | (-1.86) | (1.73) | (-2.90) | (-2.40) | (-2.72) | (-2.46) |
| CRL | -0.008 | -0.008 | -0.007 | -0.004 | -0.008 | -0.005 | -0.014 | -0.004 | -0.018 |
| | (-1.43) | (-1.43) | (-1.24) | (-1.52) | (-1.36) | (-1.06) | (-1.08) | (-1.03) | (-1.16) |
| SHARE | 1.331* | 1.244* | 1.187 | 0.648* | 0.789* | 1.054** | 1.727* | 1.069** | 1.834* |
| | (1.94) | (1.76) | (1.11) | (1.92) | (1.86) | (1.97) | (1.84) | (2.06) | (1.73) |
| ROE_R | 0.093 | 0.137 | 0.179 | 0.020 | 0.366 | 0.051 | 0.043* | 0.048 | 0.037** |
| | (0.16) | (0.24) | (0.32) | (0.07) | (0.63) | (0.23) | (2.05) | (0.36) | (2.11) |
| SIZE_R | -1.427* | -1.321* | -1.342 | -0.705* | -1.108* | -0.651* | -2.503* | -0.514* | -2.437* |
| | (-1.68) | (-1.75) | (-1.30) | (-1.88) | (-1.77) | (-1.72) | (-1.75) | (-1.79) | (-1.72) |
| DUAL | 0.013 | 0.031 | 0.004 | 0.028 | 0.005 | 0.100 | 0.009 | 0.103 | 0.008 |
| | (0.06) | (0.15) | (0.02) | (0.29) | (0.03) | (0.66) | (0.36) | (0.72) | (0.38) |

续表

| 变量 | 模型 5.1 | 模型 5.2 | 模型 5.3 | 模型 5.4 | 模型 5.5 | 模型 5.6 | 模型 5.7 | 模型 5.8 (1) | 模型 5.8 (2) |
|---|---|---|---|---|---|---|---|---|---|
| IND | -1.380 | -1.299 | -1.284 | -1.382* | -1.602* | -1.545 | -1.221 | -1.584 | -1.244 |
|  | (-0.91) | (-0.86) | (-0.85) | (-1.94) | (-1.93) | (-1.27) | (-1.48) | (-1.35) | (-1.51) |
| SCALE | -0.040 | -0.037 | -0.042 | -0.021 | -0.048 | -0.026 | -0.072 | -0.034 | -0.065 |
|  | (-0.99) | (-0.92) | (-1.05) | (-0.34) | (-1.14) | (-0.82) | (-1.01) | (-0.67) | (-1.04) |
| MC | 0.108 | 0.124 | 0.052 | 0.170 | 0.392 | 0.012 | 0.199 | 0.017 | 0.184 |
|  | (0.10) | (0.12) | (0.05) | (0.34) | (0.36) | (0.84) | (0.83) | (0.97) | (0.77) |
| SP | 0.107 | 0.077 | 0.075 | 0.035 | 0.157 | -0.094 | 0.203 | -0.086 | 0.215 |
|  | (0.59) | (0.43) | (0.42) | (0.40) | (0.84) | (-0.78) | (1.60) | (-0.74) | (1.57) |
| YEAR | 控制 | 控制 | 控制 | 控制 | 控制 | 控制 | 控制 | 控制 | 控制 |
| INDUSTRY | 控制 | 控制 | 控制 | 控制 | 控制 | 控制 | 控制 | 控制 | 控制 |
| C | -0.263 | -0.297 | -0.369 | -0.634 | -0.291 | -1.291 | -0.765 | -1.278 | -0.751 |
|  | (-0.19) | (-0.21) | (-0.27) | (-0.99) | (-0.21) | (-0.92) | (-0.93) | (-0.83) | (-0.84) |
| Adj. R² | 0.193 | 0.198 | 0.189 | 0.206 | 0.265 | 0.203 | 0.255 | 0.214 | 0.262 |
| F 值 | 2.49*** | 2.57*** | 2.48*** | 2.47*** | 2.59*** | 2.44*** | 2.93*** | 2.46*** | 2.99*** |
| 样本 | 全部样本 | 全部样本 | 全部样本 | 全部样本 | 全部样本 | 相关并购 | 非相关并购 | 相关并购 | 非相关并购 |
| 样本数 (个) | 382 | 382 | 382 | 382 | 382 | 129 | 253 | 129 | 253 |

注：模型 5.8 (1) 针对的是相关并购样本，模型 5.8 (2) 针对的是非相关并购样本；括号内为 T 统计量，T 值已经过 White (1980) 异方差稳健性修正；*，**，*** 分别代表 10%，5% 和 1% 的显著性水平。

表 5-11　更换联结董事并购经验代理变量的回归结果

| 变量 | 模型 5.5 | 模型 5.6 | 模型 5.7 | 模型 5.8（1） | 模型 5.8（2） |
|---|---|---|---|---|---|
| BI | -0.684*** | -0.231* | -0.408** | -0.148* | -0.253** |
|  | (-2.99) | (-1.72) | (-2.41) | (-1.71) | (-2.37) |
| IAE | -0.508* | — | — | — | — |
|  | (-1.69) |  |  |  |  |
| RAE | — | -0.282 | — | -0.275 | -0.116 |
|  |  | (-1.13) |  | (-1.09) | (-0.36) |
| UAE | — | — | -0.051 | -0.019 | -0.048 |
|  |  |  | (-1.22) | (-0.43) | (-1.33) |
| BI×IAE | -0.604** | — | — | — | — |
|  | (-2.19) |  |  |  |  |
| BI×RAE | — | -0.083* | — | -0.085* | -0.021 |
|  |  | (-1.81) |  | (-1.87) | (-1.14) |
| BI×UAE | — | — | -0.157* | -0.066 | -0.163* |
|  |  |  | (-1.92) | (-1.18) | (-1.94) |
| FAE | -0.036 | -0.028 | -0.164 | -0.024 | -0.154 |
|  | (-1.11) | (-0.41) | (-1.18) | (-0.52) | (-1.27) |
| RATIO | 0.972*** | 1.237*** | 0.926*** | 1.375*** | 0.958*** |
|  | (4.13) | (3.27) | (5.94) | (3.48) | (5.81) |
| METHOD | -0.143 | 0.199 | -0.336** | 0.192 | -0.345** |
|  | (-0.55) | (0.70) | (-2.14) | (0.67) | (-2.32) |
| CON | -0.777** | -0.974** | 0.317* | -0.981** | 0.314* |
|  | (-2.40) | (-2.52) | (1.92) | (-2.59) | (1.84) |
| CASH | -0.799 | -1.161 | -0.405* | -1.172 | -0.413 |
|  | (-0.96) | (-0.37) | (-1.72) | (-0.39) | (-1.55) |
| GROWTH | -0.203* | -0.191*** | -0.113 | -0.185*** | -0.147* |
|  | (-1.94) | (-2.91) | (-1.67) | (-2.96) | (-1.81) |
| CRL | -0.009 | -0.001 | -0.005 | -0.001 | -0.007 |
|  | (-1.58) | (-0.12) | (-1.32) | (-0.16) | (-1.46) |
| SHARE | 1.140** | 1.490** | 0.751* | 1.457** | 0.748* |
|  | (1.97) | (2.16) | (1.94) | (2.20) | (1.85) |
| ROE_R | 0.127 | -0.377 | 0.586* | -0.348 | 0.597* |
|  | (0.29) | (-1.13) | (1.87) | (-1.16) | (1.85) |
| SIZE_R | -1.474* | -2.285* | -0.519* | -2.248* | -0.541* |
|  | (-1.89) | (-1.77) | (-1.80) | (-1.83) | (-1.74) |
| DUAL | 0.018 | 0.068 | 0.040 | 0.073 | 0.038 |
|  | (0.09) | (0.43) | (0.29) | (0.52) | (0.46) |

续表

| 变量 | 模型 5.5 | 模型 5.6 | 模型 5.7 | 模型 5.8（1） | 模型 5.8（2） |
|---|---|---|---|---|---|
| *IND* | -1.575 | -1.376 | -1.552 | -1.347 | -1.545 |
| | （-1.05） | （-1.32） | （-1.34） | （-1.35） | （-1.51） |
| *SCALE* | -0.057 | -0.021 | -0.142 | -0.024 | -0.145 |
| | （-1.43） | （-0.67） | （-1.46） | （-0.74） | （-1.53） |
| *MC* | 0.004 | 0.563 | -0.656 | 0.544 | -0.654 |
| | （0.18） | （0.77） | （-0.92） | （0.81） | （-0.85） |
| *SP* | 0.186 | -0.063 | 0.228 | -0.047 | 0.274 |
| | （1.04） | （-0.51） | （1.02） | （-0.58） | （1.04） |
| *YEAR* | 控制 | 控制 | 控制 | 控制 | 控制 |
| *INDUSTRY* | 控制 | 控制 | 控制 | 控制 | 控制 |
| *C* | -0.429 | -0.502 | -0.768 | -0.491 | -0.755 |
| | （-0.32） | （-0.94） | （-0.91） | （-0.86） | （-0.83） |
| Adj. $R^2$ | 0.217 | 0.200 | 0.255 | 0.204 | 0.262 |
| F 值 | 2.41*** | 2.82*** | 2.92*** | 2.85*** | 3.04*** |
| 样本 | 全部样本 | 相关并购 | 非相关并购 | 相关并购 | 非相关并购 |
| 样本数（个） | 382 | 129 | 253 | 129 | 253 |

注：模型 5.8（1）针对的是相关并购样本，模型 5.8（2）针对的是非相关并购样本；括号内为 T 统计量，T 值已经过 White（1980）异方差稳健性修正；*、**、*** 分别代表 10%、5% 和 1% 的显著性水平。

# 第五节　本章小结

继上章检验了董事联结对并购目标选择的影响后，本章检验了董事联结对并购溢价的影响。与国外的研究相一致，我国上市公司的并购溢价也存在较大的不确定性，本书使用的样本并购溢价最小值为-98.8%，最大值为 1170.8%。由于并购溢价存在较大的不确定性，许多企业为了完成交易，不得不支付高昂的并购溢价，致使并购公司遭受损失，影响并购价值的最终创造。并购交易双方的信息不对称问题是造成并购溢价存在较大不确定性的重要原因（Cukurova，2015）。信息不对称问题的存在将导致并购公司难以准确评估目标公司的真实价值，目标公司也可能会拒绝并购公司提出的较为合理的并购价格（陈仕华等，2013）。董事联结的存在为促进并购公司与目标公司的沟通与交流提供了合法途径，也为并购过程中信息的传递提供了有效渠道，有助于并购公司对目标公司进行较为准确的估价，也有利于目标公司了解并购公司的股票价值，降低并购公司采用股票作为支付方式时，股票价值被低估的可能性。同时，董事联结还能够加强并购双方的协调合作，增加目标公司与并购公司合作的意愿，促进并购价格谈判顺利完成，帮助并购公司以较为合理的价格完成并购交易。因此，并购双方的董事联结将有助于降低并购溢价支付，提高并购定价的合理性。根据上述分析，本章检验了并购双方的董事联结对并购溢价的影响。结果显示：如果并购双方存在董事联结，那么并购公司支付的并购溢价相对较低，当董事联结是由内部董事建立时，并购双方的董事联结对并购溢价的负向影响更强，但是，当董事联结是由外部董事建立时，董事联结对并购溢价没有显著直接影响。董事联结会对并购溢价产生重要影响，但是，其影响程度在不同董事联结类型间存在差异。

还有研究发现，政府干预能够对董事联结的影响产生替代作用，董事联结仅能在政府干预之外传递信息和资源。如果并购公司为国有控股公司，那么并购公司的并购交易容易受到政府干预，并购双方的董事联结可能不会对并购溢价产生影响。但是，如果并购公司为非国有控股公司，那么政府对企业并购交易的干预就会较少。基于上述分析，本章检验了并购公司的股权性质对董事联结与并购溢价关系的影响。结果显示：当并购公司为非国有控股公司时，并购双方的董事联结对并购溢价的负向影响更大。董事联结作用的发挥受到并购公司股权性质的影响，当并购公司为非国有控股公司时，董事联结能够更有效地减少并购溢价支付，提高并购定价的合理性。

此外，根据组织学习理论，联结董事的并购经验不仅能够帮助焦点并购公司充分认知董事联结在降低并购溢价方面所做出的积极贡献，从而对董事联结进行合理利用，而且，联结董事的并购经验还能促进董事联结作用更有效地发挥，进一步提高焦点并购公司对目标公司估价的准确性和议价能力。因此，联结董事的并购经验会帮助焦点并购公司充分认知并有效利用董事联结在并购定价过程中的积极作用，更有效地减少并购溢价支付。但是，通过分析可知，联结董事并购经验能够对焦点并购公司的并购活动产生有利影响，应该满足联结公司前期的并购与焦点并购公司当前的并购相类似这一前提条件。

借鉴 McDonald 等（2008）的研究，按照联结董事从并购活动中获取并购知识或者并购技能的差异性，联结董事的并购经验可分为联结董事同行业或同产品市场并购经验、联结董事相关并购经验和联结董事非相关并购经验三种类型。本书分别检验了联结董事不同类型的并购经验对董事联结与并购溢价关系的影响。结果显示：若联结公司曾经对某行业或某产品市场中的公司进行过并购，而焦点并购公司也在该行业或该产品市场进行并购，联结董事的同行业或同产品市场并购经验越丰富，并购双方的董事联结对并购溢价的负向影响越大；在相关并购中，联结董事的相关并购经验越丰富，并购双方的董事联结对并购溢价的负向影响越大，但是联结董事的非相关并购经验未能对董事联结与并购溢价的关系产生显著影响；在非相关并购中，联结董事的非相关并购经验越丰富，并购双方的董事联结对并购溢价的负向影响越大，但是联结董事的相关并购经验未能对董事联结与并购溢价的关系产生显著影响。上述结果说明，如果联结公司前期的并购与焦点公司当前的并购相类似，联结董事的并购经验就会帮助焦点并购公司充分认知并有效利用董事联结在并购定价过程中的积极作用，更有效地降低并购溢价支付。

为确保本章实证结果的可靠性，通过剔除并购公司过去曾经发生过并购的样本、标准化并购溢价变量，以及更换董事联结和联结董事并购经验代理变量等方法，笔者对本章相关结论进行了稳健性检验。稳健性检验的结果仍支持本章的结论。

以往的研究主要从企业层面和市场层面考察并购溢价的决定因素，却忽略了并购双方的董事联结对并购溢价的影响。本书的研究证明，董事联结的存在为并购过程中信息的传递提供了有效渠道，加强了并购双方的协调合作，有利于减少并购溢价支付。就外部董事联结而言，内部董事联结能够在并购定价过程中更好地发挥上述作用。此外，当并购公司为非国有控股公司或联结董事拥有与当前并购相似的并购经验时，董事联结对并购溢价的影响会更大。因此，在进行并购定价时，并购公司除了需要考虑企业层面和市场层面对并购溢价的影响因素外，还应充分利用并购双方的董事联结（特别是内部董事联结）来降低并购溢价。除此之外，当焦点并购公司的联结董事拥有与当前并购相似的并购经验时，并购公司应认真听取这些联结董事的分析和建议，他们的并购经验能够进一步促进董事联结作用发挥，提高并购定价的合理性。

# 第六章　董事联结、联结董事并购经验与并购绩效

　　并购目标选择和并购定价是并购交易的两个重要环节。进行恰当的并购目标选择是并购创造价值的前提，而提高并购定价的合理性，减少并购溢价支付，是并购创造价值的关键条件。如果并购公司与存在董事联结的公司进行并购，董事联结能否对并购双方的并购绩效产生影响？联结董事的并购经验能够帮助并购公司充分认知并有效利用董事联结对并购价值创造的积极作用，当联结董事具有并购经验时，能否加强董事联结对并购绩效的影响？接下来，本章将关注上述问题。

## 第一节　研究假设的提出

　　并购中的信息分为私有信息和公开信息，其中私有信息是指潜在的交易双方未公开的信息（Haunschild，Beckman，1998）。当并购公司仅依赖于公开信息时，它所掌握的信息是有限的，就会导致信息不对称问题的产生。并购双方存在信息不对称问题，不仅会妨碍并购交易的顺利开展（Hansen，1987），而且也是并购绩效不尽如人意的重要原因之一（Aliberti，Green，1999；Faccio，Masulis，2005；Cai，Sevilir，2012；陈仕华等，2013）。

　　Peng 和 Luo（2000）指出，在转型经济体正式制度较为弱化的环境下，非正式制度将扮演极为重要的角色，企业管理者被迫通过各种联结关系来获取信息、解释规制和完成交易。樊纲等（2011）认为，对于经济转型期的中国而言，正式的市场制度仍不完善。因而，在中国并购市场正

式制度不尽完善的背景下，解决由于并购双方的信息不对称而产生的信息摩擦问题显得尤为重要。董事联结作为一种非正式的关系机制，为交易双方私有信息的沟通和交流提供了合法途径（Pfeffer，Salancik，1978；Useem，1984；Mizruchi，1992；Palmer et al.，1993；Haunschild，1994；卢昌崇、陈仕华，2009；陈仕华等，2013；韩洁等，2014；李善民等，2015），有助于缓解由于正式制度缺失而带来的信息摩擦问题（韩洁等，2014）。不仅如此，董事联结还可以使交易双方变得熟悉和信任，为交易双方营造良好的合作环境，促进交易双方的协调合作，减少交易过程中充斥的各种风险和不确定性（Pfeffer，Salancik，1978；Koenig et al.，1979；Burt，1983；Maman，1999；任兵等，2004；卢昌崇、陈仕华，2009；陈仕华等，2013）。如果并购交易发生于存在董事联结的企业之间，董事联结的信息传递和组织协调功能就会降低并购双方的信息不对称程度，加强并购双方的协调合作，进而促进并购双方股东财富的创造，帮助并购双方公司获得较好的并购绩效。

第一，在并购目标选择的过程中，如果并购公司与潜在目标公司存在董事联结，由于并购公司的董事同时在潜在目标公司任职，通过董事联结渠道可以帮助并购公司顺利获取关于潜在目标公司的运营能力、财务状况和资源技术等方面的信息（陈仕华等，2013），降低并购公司的信息搜寻成本。Nahapiet 和 Ghoshal（1998）在研究中指出，与其他获取信息的渠道相比，董事联结可以通过联结董事直接参与到公司的并购决策制定过程中，获悉公司最核心的"商业秘密"，因而，通过董事联结所获取的信息可信度极高且成本更加低廉。董事联结的存在还可以使并购公司减少对投资银行等中介机构的需求，需求的减少会减少并购公司支付给中介机构的咨询费用。同时，并购公司还可以通过董事联结向潜在目标公司说明并购公司的基本信息、发展战略以及真实的并购意图，帮助潜在目标公司做出正确的判断，提高并购要约被接受的概率，保证并购得以顺利开展。存在董事联结的并购双方由于具有信息优势且拥有良好的合作环境而更容易把握合适的并购机会，这使它们的并购绩效高于其他公司（Schonlau，Singh，2009）。

第二，在并购定价过程中，董事联结的存在有助于并购公司准确预测并购的协同收益，增加目标公司与并购公司合作的意愿，避免过度支付造成并购价值损失。在并购交易过程中，并购公司往往处于信息劣势地位。何毓海等（2007）指出，目标公司出于对信息披露成本的考虑以及对某些"不利信息"存在的隐匿倾向，可能会披露不全面的信息或者粉饰其披露的信息。因此，并购双方的信息不对称可能会造成并购公司高估并购协同收益，支付过高的并购溢价，造成并购价值损失。Cai等（2016）的研究发现，若并购公司由于信息不对称而造成过度支付，其宣告日的收益率为负；但是，若并购公司能够较为准确地对目标公司的价值进行评估，那么其宣告日的收益率会得到提高。并购双方的董事联结不仅可以帮助并购公司获取目标公司的市场发展前景、产品供求状况等外部信息，还可以帮助并购公司充分了解目标公司的财务、经营、技术和资源等方面的内部信息（陈仕华等，2013）。董事联结还能使并购公司获得更多的目标公司"私密信息"，甄别目标公司故意散布的"虚假信息"（Cai, Sevilir, 2012）。因此，董事联结的存在有利于并购公司具有信息优势，准确预测并购的协同收益，提高并购定价的合理性。此外，董事联结的存在还会使两家公司的董事变得更加熟悉，提高目标公司董事会对并购公司的认可程度，增加目标公司与并购公司合作的意愿，减少并购价格谈判的阻碍，使目标公司更容易接受并购公司提出的较为合理的并购交易价格，避免过度支付造成并购价值损失，有利于并购公司未来的发展，帮助并购公司获得较好的并购绩效。

　　第三，在并购整合过程中，并购参与者能够通过董事联结充分整合利用双方资源。在并购协议签署以后，并购公司通常会对目标公司进行并购整合。并购公司需要对目标公司的资产、人力资源、管理体系、组织结构和企业文化等资源要素信息进行更为全面详细的了解，才能将两个企业不同的运作体系（管理、生产、营销、服务和企业文化）有机地结合成一个运作体系（崔永梅等，2013）。而缺乏对目标公司的了解，可能会使并购公司制定不恰当的整合方案，导致并购后企业资源要素难以充分整合，人才大量流失，企业文化水土不服，整合成本因此而增加，并购协同收益难以取得（Depamphilis，2005）。若并购公司与存在董事联结的公司进行并购，那么，董事联结将成为并购双方信息和资源共享的渠道，在深入了解对方相关信息的基础上，对并购双方的资源进行有效的整合，以达到共赢的结果（曹廷求等，2013）。此外，董事联结的存在还有助于降低并购整合过程中目标公司高管和员工的抵制成本。目标公司的高管和员工可能会由于前期并购方案制定的不完全，并购后并购公司未履行当初的承诺或并购前后商谈内容不一致而产生不满情绪，进而抵制并购整合，甚至恶意破坏双方合作（陈仕华等，2013）。Palmer 等（1986）认为，董事联结可以促进两种联系的产生：一阶联系和二阶联系。这两种联系类似于 Granovetter（1973）在"弱连带优势"中所提出的"朋友"和"朋友的朋友"。当焦点企业的一名董事同时也在另一家企业担任董事职务时，这名董事就会与另一家企业发生经常性的联系，一阶联系由此而产生（"认识了朋友"）。该名董事逐渐与另一家企业的所有董事熟悉以后，焦点企业的其他董事成员也会慢慢与另一家企业的董事会成员熟悉起来，二阶联系由此而产生（"认识了朋友的朋友"）。二阶联系的产生将使两家企业的董事变得更加熟悉，企业间的相互信任也会逐步形成。因此，企业间的董事联结有助于加强并购双方的协调合作，减少并购双方的冲突和矛盾，将潜在的敌对因素中立化，改善目标公司董事会对并购交易的友善程度，提高目标公司高管和员工对并购公司的信任程度，从而减少目标公司高管和员工对并购的恶意抵制。并购双方之间的董事联结一方面由于事前了解，另一方面易于形成事后信任，有助于充分整合并购双方的资源，降低目标公司高管和员工的抵制成本，从而达到共赢的效果，促进并购双方股东财富增加，提高并购公司以及将并购公司和目标公司二者作为一个整体考虑的并购后实体的并购绩效。

综合以上分析，本书认为，与存在董事联结的公司进行并购将有利于加强并购双方的沟通交流和协调合作，从而降低并购交易成本，提高并购定价的合理性和并购整合的有效性，最终促进并购双方股东财富增加，帮助并购公司和并购后实体获得更好的并购绩效。据此，本书提出如下假设。

假设 1：其他情况相同时，并购双方的董事联结有助于提高并购公司并购绩效和并购后实体并购绩效。

由本书第四章和第五章的分析可知，并购公司的股权性质会对并购目标选择和并购溢价产生影响（具体理由参见第四章和第五章分别对假设 2 的推导）。在并购目标选择和并购定价过程中，由于国有并购公司的并购活动易受到政府干预，因而，董事联结所带来的信息优势和合作优势，对国有控股公司而言将不再那么重要，董事联结可能不会对并购目标选择和并购溢价产生影响。但是，如果并购公司为非国有控股公司，那么政府对企业并购活动的干预就较少，董事联结的信息传递和组织协调功能将得到有效发挥。此时，选择与存在董事联结的公司进行并购将有利于降低并购交易成本，更有效地减少并购溢价支付。

此外，由于国有控股公司能够从政府手中获得更多的资源，这可能会导致国有控股公司产生良好的预期，即能够不断地从政府手中获得资源，因此，就非国有控股公司而言，国有控股公司面临的压力相对较小，国有控股公司的并购效率往往低于非国有控股公司（张雯等，2013）。在并购整合过程中，国有控股公司可能不会积极地利用董事联结对并购双方的资源进行有效的整合，降低目标公司高管和员工的抵制成本。但是，如果并购公司为非国有控股公司，由于面临较大的竞争压力，并购公司就会积极利用董事联结获取目标公司的资源要素信息，制定合理的整合方案，减少并购双方的冲突和矛盾，董事联结将有助于并购整合效果的提高，实现并购双方的共赢。

综合以上分析，本书认为，如果并购公司为国有控股公司，那么并购公司的并购活动会受到政府干预，在并购目标选择、并购定价和并购整合过程中，董事联结所带来的信息优势和合作优势，对国有并购公司而言将不再那么重要，并购双方的董事联结可能难以对并购双方股东财富的创造产生积极影响，并购公司并购绩效和并购后实体并购绩效也不会由于并购双方董事联结的存在而发生改变。但是，如果并购公司为非国有控股公司，那么政府对企业并购活动的干预就较少，董事联结将能够加强并购双方的沟通交流和协调合作，从而降低并购交易成本，提高并购定价的合理性和并购整合的有效性，最终促进并购双方股东财富的增加，帮助并购公司和并购后实体获得更好的并购绩效。由此，本书提出如下假设。

假设 2：其他情况相同时，当并购公司为非国有控股公司时，并购双方的董事联结提高并购公司并购绩效和并购后实体并购绩效的作用更强。

虽然学者们认为，董事联结有助于组织间的信息传递和协调合作（Pfeffer，Salancik，1978；Koenig et al.，1979；Burt，1983；Palmer et al.，1986；卢昌崇、陈仕华，2009；陈仕华等，2013），但是，在实际经济活动中，许多企业未能对董事联结的功能进行充分的认知和有效的利用。卢昌崇和陈仕华（2009）的研究指出，我国只有 1/3 的董事联结被用于促进组织间的协调和信息传递。也就是说，即使并购双方存在董事联结，并购公司也可能没有充分认知和有效利用董事联结的信息传递和组织协调功能，董事联结可能因此难以对并购绩效产生影响。

由本书第四章和第五章的分析可知，联结董事的并购经验能够在并购目标选择和并购定价过程中，帮助焦点并购公司充分认知并有效利用董事联结的信息传递和组织协调功能，推动焦点并购公司与存在董事联结的潜在目标公司进行并购，更有效地减少并购溢价支付（具体理由参见第四章和第五章分别对假设 3-1、假设 3-2、假设 3-3 的推导）。在并购整合过程中，如何使并购的参与者充分地整合利用双方资源，降低目标公司高管和员工的抵制成本，是并购公司需要解决的重要问题。而当并购公司与存在董事联结的企业进行并购时，董事联结能够为并购整合过程中的信息传递提供有效渠道，加强并购双方的协调合作，有助于并购双方加深相互了解，提高并购后企业资源要素整合效果，提高目标公司高管和员工对并购公司的信任程度，减少并购双方的冲突和矛盾。根据组织学习理论，当联结董事拥有丰富的并购经验时，并购经验能够帮助联结董事有效地组织抽象并购知识，并运用类比推理识别解决当前并购所遇问题的有效方案（McDonald et al.，2008），不仅如此，在识别出有效方案以后，拥有并购经验的联结董事提出的建议还很可能被焦点并购公司所采纳（Stuart，Yim，2010），帮助焦点并购公司做出正确的并购方案选择。因此，丰富的并购经验会帮助联结董事更全面地发现，董事联结的信息传递和协调合作功能有助于并购参与者充分地整合利用双方资源，降低目标公司高管和员工的抵制成本。合理利用董事联结带来的信息优势和合作优势是解决并购整合所遇问题的有效方案，并将这一重要发现告知焦点并购公司，使焦点并购公司能够充分认知董事联结在并购整合过程中可以做出的积极贡献。鉴于拥有并购经验的联结董事在焦点并购公司的并购过程中可以产生的重要影响，焦点并购公司很可能采纳联结董事关于合理利用董事联结提高并购整合效果的建议，使董事联结能够在并购整合过程中发挥应有的作用。

此外，董事联结的并购经验还能够使焦点并购公司获得后动者优势，掌握处理类似并购交易的相关知识，提高焦点并购公司对并购过程的管理能力，促进董事联结作用更有效地发挥，进一步提高并购整合效果。首先，联结董事的并购经验将有助于董事联结更有效地整合利用双方资源。联结董事以往的并购经验可以帮助联结董事广泛且有效地组织抽象并购知识，对通过董事联结获取的并购双方信息进行深度加工和处理（McDonald et al., 2008），识别对并购双方更有利的并购整合方案。并且联结董事以往的并购经验还可以帮助联结董事运用类比推理的方法，引入其他企业成功的整合经验，预判并购整合过程中可能出现的问题，提高并购整合方案的可行性和可操作性。其次，联结董事的并购经验还有助于董事联结进一步降低目标公司高管和员工的抵制成本。通过董事联结可以了解到目标公司高管和员工对并购整合方案的诸多不满，拥有丰富并购经验的联结董事能够运用抽象并购知识组织能力，帮助焦点并购公司快速而准确地抓住并购双方的主要分歧。同时，联结董事还可以利用过去的并购经历，找到在保证实现并购双方利益的前提下解决主要分歧的可行方案，或者找到有效的沟通方案说服目标公司高管或员工放弃不合理的要求，接受并购公司的合理安排。因而，联结董事的并购经验能够帮助焦点并购公司合理利用董事联结进一步降低目标公司高管和员工的抵制成本，更有效地减少并购后公司整合的阻力，增加并购双方股东的财富。

综合以上分析可知，联结董事的并购经验不仅有助于焦点并购公司充分认知董事联结在并购整合过程中可以做出的积极贡献，从而对董事联结的作用进行合理利用，而且，联结董事的并购经验还能促进董事联结的作用得到更有效的发挥，帮助存在董事联结的并购双方更有效地整合利用双方资源，降低目标公司高管和员工的抵制成本，即联结董事的并购经验能够帮助并购公司充分认知并有效利用董事联结在并购整合过程中的积极作用，更有效地提高并购整合效果。

并购交易前期的并购目标选择、并购交易中期的并购定价和并购交易后期的并购整合是并购交易的三个重要环节。联结董事的并购经验能够在上述三个环节帮助焦点并购公司充分认知并有效利用董事联结的信息传递和组织协调功能，进一步降低并购交易成本，提高并购定价的合理性和并购整合的有效性，将有助于并购双方股东财富的创造，促进焦点并购公司和并购后实体并购绩效的提高。因此，本书认为，联结董事的并购经验能够帮助焦点并购公司充分认知并有效利用董事联结对并购价值创造的积极作用，加强董事联结对焦点并购公司和并购后实体并购绩效的有利影响。

然而，基于组织学习理论的一些研究还发现，进行有效并购所需的能力是存在行业差异的（Haleblian，Finkelstein，1999；Finkelstein，Haleblian，2002；Kroll et al.，2008；McDonald et al.，2008；程兆谦，2011）。目标公司与并购公司所在行业或产品市场是否相关也决定了进行有效并购所需能力的差异性（Jemison，Sitkin，1986；Datta，Grant，1990；Haspeslagh，Jemison，1991；Graebner，2004）。McDonald 等（2008）的研究指出，由于在不同行业进行并购所需的能力存在差异，因而，联结董事在参与不同行业的并购活动时所获取的并购知识或者并购技能也存在差异。相关并购和非相关并购的价值来源不同，需要不同的知识和技能来实现并购价值的创造，联结董事在这两种并购中所能获得的并购知识或者并购技能也将存在很大的差异。他们的研究进一步指出，通过参与特定类型的并购活动，联结董事会获得相应的并购经验，若联结董事参与过特定行业或特定产品市场并购、相关并购或非相关并购活动，联结董事会获得相应的并购专业知识或者并购技能，但是，联结董事并不会因此获得广泛的并购专业知识或者并购技能。

Haleblian 和 Finkelstein（1999）认为，虽然组织间学习有助于知识在企业间的有效传递，为企业未来的战略活动提供指导，但是从经验中获取相关知识的学习效果会由于社会和环境的复杂性而发生系统性误差。如果外部环境已经发生改变，而企业仍然从过去的经验中推断解决新问题的方案，那么通过组织间学习所得到的知识可能难以发挥作用，只有当过去的情景与现在的情景相类似时，过去的经验才能产生影响（Pinder，1984）。若当前并购与已发生的并购高度类似，那么并购经验将对当前并购产生积极影响，而错误的差异化则对当前并购无影响（Haleblian，Finkelstein，1999；Finkelstein，Haleblian，2002；程兆谦，2011）。因此，联结董事并购经验能够对焦点并购公司的并购活动产生有利影响，应该满足联结公司前期的并购与焦点并购公司当前的并购相类似这一前提条件，只有满足这一前提条件，联结董事的并购经验才能够帮助焦点并购公司充分认知并有效利用董事联结对并购价值创造的积极作用，加强董事联结对焦点并购公司和并购后实体并购绩效的有利影响。

借鉴 McDonald 等（2008）的研究，按照联结董事从并购活动中获取并购知识或者并购技能的差异性，联结董事的并购经验可分为联结董事同行业或同产品市场并购经验、联结董事相关并购经验和联结董事非相关并购经验三种类型。由于联结董事并购经验的类型不同，联结董事对并购关键因素的掌握也不同，为并购公司的并购活动做出建设性贡献的能力也存在差异。本书认为，只有联结董事拥有某种并购经验，而焦点并购公司也进行类似的并购时，该种并购经验才能帮助董事联结在并购决策和并购执行过程中发挥积极作用，更有效地提高焦点并购公司和并购后实体并购绩效。具体而言：若联结公司曾经对某行业或某产品市场中的公司进行过并购，而焦点并购公司也在该行业或该产品市场进行并购，那么联结董事拥有的同行业或同产品市场并购经验，能够帮助焦点并购公司充分认知并有效利用董事联结对并购价值创造的积极作用，加强董事联结对焦点并购公司和并购后实体并购绩效的有利影响；若联结董事曾经在联结公司参与过相关并购活动，那么，联结董事的相关并购经验能够在相关并购中，帮助焦点并购公司充分认知并有效利用董事联结对并购价值创造的积极作用，加强董事联结对焦点并购公司和并购后实体并购绩效的有利影响；若联结董事曾经在联结公司参与过非相关并购活动，那么，联结董事的非相关并购经验能够在非相关并购中帮助焦点并购公司充分认知并有效利用董事联结对并购价值创造的积极作用，加强董事联结对焦点并购公司和并购后实体并购绩效的有利影响。由此，本书提出如下假设。

假设3-1：其他情况相同时，联结董事拥有的同行业或同产品市场并购经验越丰富，在同行业或同产品市场并购中，并购双方的董事联结对焦点并购公司并购绩效和并购后实体并购绩效的正向影响越大。

假设3-2：其他情况相同时，联结董事拥有的相关并购经验越丰富，在相关并购中，并购双方的董事联结对焦点并购公司并购绩效和并购后实体并购绩效的正向影响越大。

假设3-3：其他情况相同时，联结董事拥有的非相关并购经验越丰富，在非相关并购中，并购双方的董事联结对焦点并购公司并购绩效和并购后实体并购绩效的正向影响越大。

就目标公司而言，收购的宣告可以帮其获得可观的市场回报，因为在并购宣告前，目标公司的财务和运营能力往往很低，并购的发生是目标公司改变现状的一次机会。相较于关于并购公司并购绩效研究存在的结论分歧，关于目标公司并购绩效的研究结论较为统一，学者们普遍认为，并购可以增加目标公司股东的财富（Dodd，Ruback，1977；Jensen，Ruback，1983；Healy et al.，1992；Bruner，2002；张新，2003；宋希亮等，2008；Ishii，Xuan，2014）。学者们的研究还指出，并购创造的价值大部分被目标公司获得（Jensen，Ruback，1983；Jarrell et al.，1988；余光、杨荣，2000；Andrade et al.，2001；Bruner，2002；张宗新、季雷，2003；祝文峰、左晓慧，2011）。Ahern（2012）以及 Cai 和 Sevilir（2012）以并购事件发生前特定交易日的并购双方公司市值为权重，通过加权的方法对目标公司相较于并购公司的相对并购绩效进行测度，发现目标公司的相对并购绩效为正。

根据本书第五章的分析，并购双方董事联结的存在有助于并购溢价的降低。首先，当目标公司与并购公司存在董事联结时，并购公司能够更加清楚地了解目标公司的真实情况，从而帮助并购公司对目标公司进行较为准确的估价，避免向目标方支付过高的并购溢价（陈仕华等，2013）。其次，董事联结的存在有助于并购公司获得更多的有关目标公司的"私密信息"，有效甄别目标公司故意散播的"虚假信息"（Cai，Sevilir，2012），这也有助于并购公司在并购交易价格谈判中拥有谈判优势，进而支付较少的并购溢价。再次，并购公司采用股票而非现金作为支付方式可能会导致并购公司的股票价值被低估（Eckbo et al.，1990），目标公司可能因此向并购公司索要更高的并购溢价（Hansen，1987）。如果并购双方存在董事联结，目标公司将能够较为准确地了解并购公司的股票价值，有利于并购价格谈判的顺利开展，避免不合理的并购溢价支付。最后，董事联结的存在还会使两家公司的董事变得更加熟悉（陈仕华等，2013），提高目标公司董事会对并购公司的认可程度，增加目标公司与并购公司合作的意愿，减少并购价格谈判的阻碍，使目标公司更容易接受并购公司提出的较为合理的并购交易价格。

董事联结的存在降低了并购双方的信息不对称程度，加强了并购双方的协调合作，使并购公司能够以更低的成本完成并购，与此同时，目标公司股东获得的价值补偿也将因此而减少。并购对于目标公司而言是一个好消息，能够改善目标公司的财务和经营状况，目标公司会获得相较于并购公司而言更高的并购绩效（Ahern，2012；Cai，Sevilir，2012）。但是，当并购双方存在董事联结时，一方面，并购公司能够以较低的溢价收购目标公司，有利于并购公司日后通过并购创造更多的财富；另一方面，较低的溢价也将导致目标公司股东能够从并购中获得的财富变少。因此，本书认为，目标公司相较于并购公司的相对并购绩效会由于董事联结的存在而减少。由此，本书提出如下假设。

假设4：其他情况相同时，并购双方的董事联结会降低目标公司的相对并购绩效。

由本书第五章的分析可知，在并购定价过程中，由于国有并购公司所支付的并购溢价可能受到政府干预，并购双方的董事联结所带来的信息优势和合作优势，对国有并购公司而言将不再那么重要，董事联结可能不会对并购溢价产生影响；但是，如果并购公司为非国有控股公司，那么政府对溢价支付的干预就会较少，董事联结将提高焦点并购公司对目标公司估价的准确性和焦点并购公司的议价能力，更有效地减少并购溢价支付，提高并购定价的合理性（具体理由参见第五章假设2的推导）。因此，本书认为，当并购公司为国有控股公司时，并购双方的董事联结不会对并购溢价产生实质性影响，目标公司相较于并购公司的相对并购绩效也不会由于董事联结的存在而减少。但是，当并购公司为非国有控股公司时，董事联结能够有效降低并购溢价，目标公司相较于并购公司的相对并购绩效将由于董事联结的存在而减少。由此，本书提出如下假设。

假设5：其他情况相同时，当并购公司为非国有控股公司时，并购双方的董事联结降低目标公司相对并购绩效的作用更强。

本书在第五章已经阐明，当满足联结公司前期的并购与焦点并购公司当前的并购具有相似性这一前提条件时，联结董事的并购经验能够加强董事联结对并购溢价的负向影响（具体理由参见第五章对假设3-1、假设3-2、假设3-3的推导）。董事联结在降低并购溢价的同时，也将导致目标公司的相对并购绩效降低。因此，本书认为，当满足联结公司前期的并购与焦点并购公司当前的并购具有相似性这一前提条件时，联结董事的并购经验也能够加强董事联结对目标公司相对并购绩效的影响。本部分延续前文的做法，借鉴McDonald等（2008）的研究，按照联结董事从并购活动中获取并购知识或者并购技能的差异性，将联结董事的并购经验细分为联结董事同行业或同产品市场并购经验、联结董事相关并购经验和联结董事非相关并购经验三种类型。若联结公司曾经对某行业或某产品市场中的公司进行过并购，而焦点并购公司也在该行业或该产品市场进行并购，那么联结董事拥有的同行业或同产品市场并购经验能够加强董事联结对并购溢价的影响，目标公司的相对并购绩效将因此被进一步降低；若联结董事曾经在联结公司参与过相关并购活动，那么，联结董事的相关并购经验能够在相关并购中加强董事联结对并购溢价的影响，目标公司的相对并购绩效将因此被进一步降低；若联结董事曾经在联结公司参与过非相关并购活动，那么，联结董事的非相关并购经验能够在非相关并购中加强董事联结对并购溢价的影响，目标公司的相对并购绩效将因此被进一步降低。由此，本书提出如下假设。

假设6-1：其他情况相同时，联结董事拥有的同行业或同产品市场并购经验越丰富，在同行业或同产品市场并购中，并购双方的董事联结对目标公司相对并购绩效的负向影响越大。

假设6-2：其他情况相同时，联结董事拥有的相关并购经验越丰富，在相关并购中，并购双方的董事联结对目标公司相对并购绩效的负向影响越大。

假设6-3：其他情况相同时，联结董事拥有的非相关并购经验越丰富，在非相关并购中，并购双方的董事联结对目标公司相对并购绩效的负向影响越大。

# 第二节　研究设计

## 一　样本选择和数据来源

本章所使用的数据来自国泰安（CSMAR）数据库，对个别缺失的数据通过巨潮资讯网和新浪财经查找手工补充。董事联结数据在查询 CSMAR 数据库高管兼职信息的基础上，通过对上市公司间具有相同姓名董事的年龄、性别和简历进行逐一匹配获得。CSMAR 数据库中高管兼职信息的最早披露年度为 2001 年，因此本书董事联结数据样本区间为 2001～2014 年。学者们认为，董事联结正式形成后才能对并购产生一定的影响，并购事件数据的选择应滞后董事联结数据 1 年（陈仕华等，2013；田高良等，2013），因此，本书确定并购事件的样本区间为 2002～2015 年。并购事件样本首先按照如下原则进行筛选：①剔除并购双方不是中国 A 股上市公司的样本；②

剔除并购交易未取得成功的样本；③剔除属于债务重组、资产置换、资产剥离和股份回购的重组样本；④剔除并购双方一天中发生多笔交易的样本；⑤剔除交易金额小于 500 万元的样本；⑥剔除其他变量缺失的样本。经过上述处理 2002~2015 年本章可使用的并购事件样本数量为 631 个。本章的并购公司并购绩效包括短期并购绩效和长期并购绩效两个维度。在使用短期事件研究法计算并购公司短期并购绩效时，并购公司的估计期数据缺失将导致短期并购绩效数据难以获取，因此，在考察董事联结对并购公司短期并购绩效的影响时，本章使用的并购事件样本为 608 个，其中，并购双方存在董事联结的样本数量为 120 个。本章的并购公司长期并购绩效同时使用市场业绩指标和会计业绩指标来衡量。本章使用购买并持有超常收益衡量并购公司长期并购绩效的市场业绩指标，在使用长期事件研究法计算购买并持有超常收益过程中，需要获取并购公司并购后 24 个月的月收益率，因此，在考察董事联结对使用市场业绩指标衡量的并购公司长期并购绩效的影响时，本章使用的并购事件样本为 354 个，其中，并购双方存在董事联结的样本数量为 73 个。本章使用总资产收益率变化值作为衡量并购公司长期并购绩效的会计业绩指标，在计算过程中需要并购公司并购完成之后两年和并购完成前两年的总资产收益率，因此，在考察董事联结对使用会计业绩指标衡量的并购公司长期并购绩效的影响时，本章使用的并购事件样本为 479 个，其中，并购双方存在董事联结的样本数量为 101 个。在使用事件研究法计算并购后实体并购绩效和目标公司相对并购绩效时，并购公司或目标公司的估计期数据缺失将导致并购后实体并购绩效和目标公司相对并购绩效难以获取，因此，在考察董事联结对并购后实体并购绩效和目标公司相对并购绩效的影响时，本章使用的并购事件样本为 579 个，其中，并购双方存在董事联结的样本数量为 118 个。

由于本书认为，联结董事并购经验能够对焦点并购公司的并购活动产生积极影响，应该满足联结公司前期的并购与焦点并购公司当前的并购相类似这一前提条件，为了满足这一前提条件，检验联结董事相关并购经验在焦点并购公司的相关并购中，以及联结董事非相关并购经验在焦点并购公司的非相关并购中，对董事联结与并购绩效关系的影响，本书根据前人的研究，将并购事件分为相关并购和非相关并购两个子样本，相关并购为并购双方属于同一行业（行业划分原则与行业变量相同）的并购，其他并购则为非相关并购（Fowler，Schmidt，1989；Robins，Wiersema，1995；Krishnan et al.，1997；李善民、周小春，2007；McDonald et al.，2008；乔薇，2012）。在考察董事联结对并购公司短期并购绩效的影响时，本章使用的并购事件样本中包含 189 个相关并购样本，419 个非相关并购样本；在考察董事联结对使用市场业绩指标衡量的并购公司长期并购绩效的影响时，本章使用的并购事件样本中包含 112 个相关并购样本，242 个非相关并购样本；在考察董事联结对使用会计业绩指标衡量的并购公司长期并购绩效的影响时，本章使用的并购事件样本中包含 156 个相关并购样本，323 个非相关并购样本；在考察董事联结对并购后实体并购绩效和目标公司相对并购绩效的影响时，本章使用的并购事件样本中包含 179 个相关并购样本，400 个非相关并购样本。

为消除异常值的影响，本章对所有连续变量进行了上下 1% 的 Winsorize 处理。研究中使用 Excel 软件进行基础数据的整理工作，使用 SAS 9.4 软件进行统计分析工作。

## 二 变量选取及操作性定义

（1）被解释变量

并购公司的并购绩效包括短期并购绩效和长期并购绩效。两种绩效的衡量方法如下。

①并购公司短期并购绩效 ACAR。由于中国证券市场已通过了弱式有效检验（何诚颖、程兴华，2005），近年来，越来越多的学者使用事件研究法计算累计超额收益率衡量市场反应或股票绩效。本书参照刘笑萍等（2009）、Calomiris 等（2010）、Chi 等（2011）、Cai 和 Sevilir（2012）、Gaur 等（2013）以及陈仕华等（2013）的研究，采用事件研究法，计算累计超额收益率衡量并购公司短期并购绩效 ACAR。此指标根据 Brown 和 Warner（1985）的市场模型法进行计算，遵照学者们（Schwert，1996；Cai，Sevilir，2012）的做法，以并购首次公告日前 260 个交易日到前 60 个交易日作为估计期，然后根据市场模型计算出并购宣告日前后 30 个交易日的预测值，并以实际值减去预测值来计算并购宣告日前后 30 个交易日的超额收益。本书选取 [−5，+5] 窗口计算累计超额收益率，计为 ACAR。并购公司短期并购绩效的计算过程如下。

　　首先，根据市场模型利用估计期数据估计出参数 $\alpha$ 和 $\beta_i$，公式如下：

$$R_{i,t} = \alpha_i + \beta_i R_{m,t} + \varepsilon_i, t = [-260, -60] \qquad （公式6.1）$$

$$AR_{i,t} = R_{i,t} - \alpha_i - \beta_i R_{m,t} \qquad （公式6.2）$$

$$ACAR_i(t_1, t_2) = \sum_{t_1}^{t_2} AR_{i,t} \qquad （公式6.3）$$

　　公式6.1中，$R_{i,t}$ 为并购公司 $i$ 在 $t$ 时期的实际收益率，$R_{m,t}$ 为市场在 $t$ 时期的收益率，$\varepsilon$ 为随机误差项。

　　公式6.2中，$AR_{i,t}$ 为事件期并购公司 $i$ 在 $t$ 时期的超额收益率；$R_{i,t}$ 为事件期并购公司 $i$ 在 $t$ 时期的实际收益率；$R_{m,t}$ 为事件期 $t$ 时期的市场收益率；$\alpha_i$ 和 $\beta_i$ 为公式6.1估计出的参数值。

　　公式6.3中，将事件期的超额收益率 $AR_{i,t}$ 加总，即为并购公司 $i$ 在事件期 $[t_1, t_2]$ 的累计超额收益率 $ACAR$。

　　②并购公司长期并购绩效。长期并购绩效同时使用市场业绩指标和会计业绩指标来衡量。市场业绩指标使用购买并持有超常收益（BHAR）来衡量，会计业绩指标使用总资产收益变化值（$\triangle ROA$）衡量。

　　购买并持有超常收益（BHAR）测量的是购买公司股票并一直持有到考察期结束，公司股票收益率超过市场组合或对应组合收益率的值（陈仕华等，2013）。基于 Fama 和 French（1992，1993）、Gregory（1997）、李善民和朱滔（2006）以及陈仕华等（2013）的研究，并购公司 $i$ 并购后 $[0, T]$ 月 BHAR 的计算公式如下：

$$BHAR_{i,T} = \Pi(1 + R_{i,t}) - \Pi(1 + R_{p,t}) \qquad （公式6.4）$$

　　公式6.4中，$R_{i,t}$ 为并购公司 $i$ 在 $t$ 月的收益率，$R_{p,t}$ 为对应组合的月收益率，$T = 0 \sim 24$，$t = 0$ 表示并购当月，$t = 1$ 表示并购后一个月，依此类推。考虑到我国企业与国外企业相比存在流通股和非流通股并存的特殊性，本书借鉴李善民和朱滔（2006）计算 $R_{p,t}$ 时采用的交叉分组方法：控制了公司规模、账面市值比的影响来计算期望收益。公司规模用公司6月的流通市值表示，账面市值比用年末每股净资产除以年末收盘价表示。首先，根据公司规模，从小到大排序后均分成5组；其次，根据公司账面市值比，对上述

5 组从小到大排序后再次均分成 5 组；最后，对任意年份的 25 组公司，分别计算各组的等权月收益率，即为 $R_{p,t}$。

本书还使用了会计业绩指标衡量并购公司的长期并购绩效。借鉴 Healy 等（1992）、吴超鹏等（2008）以及 Cai 和 Sevilir（2012）的做法，本书使用总资产收益率变化值（$\triangle ROA$）作为并购公司长期并购绩效的替代指标。其具体测算方法如下：首先，依据行业标准（行业划分标准与行业虚拟变量设置相同）对每一年的总资产收益率（$ROA$）进行标准化处理；其次，计算并购完成之后两年（$t+1$ 年，$t+2$ 年）总资产收益率（$ROA$）均值和并购前两年（$t-2$ 年，$t-1$ 年）总资产收益率（$ROA$）均值；最后，并购完成之后两年总资产收益率均值与并购前两年总资产收益率均值相减，得到总资产收益率变化值（$\triangle ROA$）。

③并购后实体并购绩效 PCAR。本书考察了董事联结对将并购公司和目标公司二者作为一个整体考虑的并购后实体并购绩效的影响。国外学者也将并购后实体并购绩效称为并购双方公司的联合绩效（Firth，1980；Bradley et al.，1988；Kaplan，Weisbach，1992；Houston et al.，2001），是对整个并购中的总体净经济收益的反映。根据 Bradley 等（1988）、Kaplan 和 Weisbach（1992）以及田高良等（2013）的做法，采用如下方法计算并购后实体并购绩效：

$$w_a = \frac{AcquirerMVE}{AcquirerMVE + TatgetMVE - Equity} \qquad （公式 6.5）$$

$$w_t = \frac{TatgetMVE - Equity}{AcquirerMVE + TatgetMVE - Equity} \qquad （公式 6.6）$$

其中，$w_a$ 为并购公司权重，$w_t$ 为目标公司权重，$AcquirerMVE$ 为并购公司在并购首次公告日前 20 个交易日的权益市场价值，$TargetMVE$ 为目标公司在并购首次公告日前 20 个交易日的权益市场价值，$Equity$ 为并购首次公告日前 20 个交易日并购公司拥有的目标公司股票价值。$PCAR$ 的公式如下：

$$PCAR = w_a \times ACAR + w_t \times TCAR \qquad （公式 6.7）$$

公式 6.7 中，$PCAR$ 为并购后实体并购绩效，$ACAR$ 为并购公司短期并购绩效，$TCAR$ 为目标公司短期并购绩效，$TCAR$ 计算方法与并购公司短期并购绩效（$ACAR$）计算方法相同，详细计算过程参见公式 6.1～公式 6.3，

$w_a$ 为并购公司权重，$w_a$ 计算方法见公式 6.5，$w_t$ 为目标公司权重，$w_t$ 计算方法见公式 6.6。

④目标公司相对并购绩效 △TCAR。根据 Malatesta（1983）、Bates 等（2006）、Ahern（2012）以及 Cai 和 Sevilir（2012）的研究，本书也考察了董事联结对目标公司相对并购绩效的影响，目标公司相对并购绩效是目标公司相较于并购公司的相对净经济收益的反映。根据 Ahern（2012）和 Cai 和 Sevilir（2012）的做法，目标公司的相对并购绩效可用下式计算得到：

$$\triangle TCAR = w_t \times TCAR - w_a \times ACAR \qquad （公式 6.8）$$

公式 6.8 中，△TCAR 为目标公司相对并购绩效，ACAR 为并购公司短期并购绩效，TCAR 为目标公司短期并购绩效，TCAR 计算方法与并购公司短期并购绩效（ACAR）计算方法相同，详细计算过程参见公式 6.1~公式 6.3，$w_a$ 为并购公司权重，$w_a$ 计算方法见公式 6.5，$w_t$ 为目标公司权重，$w_t$ 计算方法见公式 6.6。

（2）解释变量

①董事联结 BI。董事联结即两家或多家企业因聘请相同的董事会成员（一位或者以上）而形成的联结关系。根据 Mizruchi（1996）、Beckman 和 Haunschild（2002）以及陈仕华等（2013）的研究，若并购公司与目标公司存在董事联结，取值为 1，否则为 0。

②内部董事联结 BI_IN。内部董事和外部董事在企业中的职能不同，由这两种联结董事建立的董事联结在信息传递和组织协调方面发挥的作用也存在一定的差异。内部董事由于同时担任管理职务，因此可以获取企业更多的私有信息，而且，内部董事在企业决策过程中也拥有更大的话语权，并有可能直接参与某些决策的具体执行，因此，内部董事联结会在企业间的信息传递和组织协调方面发挥更重要的作用。根据陈运森等（2012）和陈仕华等（2013）的研究，满足至少有一位联结董事在一方或同时在两方担任内部董事这一条件的企业间的联结关系为内部董事联结。若并购公司与目标公司存在内部董事联结，取值为 1，否则为 0。

③外部董事联结 BI_OUT。外部董事并不参与公司日常事务的管理，主要责任是履行对股东的信托业务责任，提高董事会对管理者的监督水平。

在并购决策和并购执行过程中，外部董事主要发挥监督和建议的作用。根据陈运森等（2012）和陈仕华等（2013）的研究，满足联结董事全部在两方担任外部董事这一条件的企业间的联结关系为外部董事联结。若并购公司与目标公司存在外部董事联结，取值为 1，否则为 0。

④股权性质 *NATURE*。参照 Shleifer 和 Vishny（1994）以及黄志忠（2009）对股权性质的定义，公司控股股东为非国有性质定义为 1，控股股东为国有性质定义为 0。

⑤联结董事同行业或同产品市场并购经验 *IAE*。借鉴 Kroll 等（2008）和 McDonald 等（2008）的研究，在年度 $y$（$t-5 \leqslant y \leqslant t-1$，$t$ 为焦点并购公司发生并购交易的年度）与焦点并购公司存在董事联结的联结公司所发生的并购，其目标公司与焦点并购公司进行并购交易的目标公司属于同一行业（行业分类与行业虚拟变量标准相同），焦点并购公司的所有联结公司发生上述并购的次数之和，为联结董事同行业或同产品市场并购经验。

⑥联结董事相关并购经验 *RAE*。借鉴 Fowler 和 Schmidt（1989）、Haleblian 和 Finkelstein（1999）以及 McDonald 等（2008）的研究，在年度 $y$（$t-5 \leqslant y \leqslant t-1$，$t$ 为焦点并购公司发生并购交易的年度）与焦点并购公司存在董事联结的所有联结公司进行相关并购的次数之和，为联结董事相关并购经验。

⑦联结董事非相关并购经验 *UAE*。借鉴 Fowler 和 Schmidt（1989）、Haleblian 和 Finkelstein（1999）以及 McDonald 等（2008）的研究，在年度 $y$（$t-5 \leqslant y \leqslant t-1$，$t$ 为焦点并购公司发生并购交易的年度）与焦点并购公司存在董事联结的所有联结公司进行非相关并购的次数之和，为联结董事非相关并购经验。

（3）控制变量

①公司并购经验 *FAE*。一些学者提出，公司层面的并购经验会对并购活动产生影响（Gulati，1995；Beckman，Haunschild，2002）。因此，本书使用并购公司在当前并购交易发生前 5 年至前 1 年，曾经发生并购交易的次数衡量公司并购经验。根据 McDonald 等（2008）的研究，公司层面的并购经验也可以分为公司同行业或同产品市场并购经验、公司相关并购经验和公司非相关并购经验三种类型。公司同行业或同产品市场并购经验使用并购公

司在当前并购交易发生前 5 年至前 1 年，曾经发生的并购交易中目标公司与当前并购交易中的目标公司属于同一行业（行业划分标准与行业虚拟变量设置相同）的并购交易次数衡量（Haunschild，1994；Haleblian，Finkelstein，1999）。公司相关并购经验使用并购公司在当前并购交易发生前 5 年至前 1 年，曾经发生的相关并购交易次数来衡量（Gulati，1995；Beckman，Haunschild，2002；McDonald et al.，2008）。公司层面的非相关并购经验使用并购公司在当前并购交易发生前 5 年至前 1 年，曾经发生的非相关并购交易次数来衡量（Gulati，1995；Beckman，Haunschild，2002；McDonald et al.，2008）。当考察联结董事不同类型的并购经验对董事联结与并购绩效关系的影响时，使用相应类型的公司并购经验作为控制变量，否则不对公司并购经验进行分类。

②支付方式 *METHOD*。本书根据 Slusky 和 Caves（1991）以及陈仕华和李维安（2016）的研究，支付方式使用是否采用现金支付方式衡量，是为 1，否为 0。

③财务顾问 *CON*。Kim 等（2011）认为，并购交易中若聘任财务顾问，并购绩效会更好。若并购公司在并购交易中聘用财务顾问，则为 1，否则为 0。

④相对绩效 *ROE_R*。根据 Hayward 和 Hambrick（1997）的研究，相对绩效使用交易宣告前一年，目标公司净资产收益率减去同行业（行业划分标准与行业虚拟变量设置相同）平均净资产收益率衡量。

⑤相对规模 *SIZE_R*。根据 Hayward 和 Hambrick（1997）的研究，相对规模使用交易宣告前一年末，目标公司总资产除以并购公司总资产衡量。

⑥股权集中度 *CRL*。根据 Jensen 和 Ruback（1983）、Shen 和 Reuer（2005）以及 Cukurova（2015），股权集中度为交易宣告前一年末，公司第一大股东持股的比例。

⑦高管持股 *SHARE*。根据 Hayward 和 Hambrick（1997）以及陈仕华和卢昌崇（2013）的研究，高管持股为交易宣告前一年末，公司高管（包括董事）持股比例合计。

⑧高管过度自信 *HUBRIS*。根据 Malmendier 和 Tate（2008），高管过度自信通过交易宣告前一年，公司薪酬较高的前三名高管薪酬之和除以所有

高管的薪酬之和衡量。

⑨自由现金流 *CASH*。根据赵勇和朱武祥（2000），用交易宣告前一年末，公司自由现金流与总资产的比值衡量。

⑩负债比率 *LEV*。根据王宏利（2005）和 Almazan 等（2010），负债比率为交易宣告前一年末，公司资产负债比率。

⑪市账率 *MB*。根据 Bodnaruk 等（2009）和田高良等（2013）的研究，用交易宣告前一年末，公司权益市值与权益面值比衡量市账率。

⑫托宾 Q 值 *TOBINQ*。根据 Mehran（1995）、孙永祥（2001）以及苏冬蔚和林大庞（2010）的研究，托宾 Q 值等于交易宣告前一年末，权益市值与净债务市值之和与资产总额减去无形资产之差的比。

⑬成长性 *GROWTH*。根据 Pagano 等（1998），成长性为交易宣告前一年，公司的主营业务收入增长率。

此外，本书还控制了年份（*YEAR*）和行业（*INDUSTRY*）作为文中模型的控制变量。由于并购交易发生在 2002～2015 年，设置 13 个年份虚拟变量。行业划分标准根据中国证监会《上市公司行业分类指引》（2001）制定的标准，制造业采用二级代码分类，其他行业按一级代码分类，共分为 22 个行业子类，设置 21 个行业虚拟变量。变量定义及说明如表 6-1 所示。

表 6-1 变量定义及说明

| | 变量名称 | 代码 | 变量说明 | 文献依据 |
|---|---|---|---|---|
| 被解释变量 | 并购公司短期并购绩效 | *ACAR* | 公式 6.3 | Brown, Warner, 1985; Schwert, 1996; Cai, Sevilir, 2012 |
| | 并购公司长期并购绩效 | 购买并持有超常收益（*BHAR*） | 公式 6.4 | Gregory, 1997; 李善民、朱滔, 2006 |
| | | 总资产收益率变化值（△*ROA*） | 并购完成后两年的总资产收益率的变化量 | Healy et al., 1992; 吴超鹏等, 2008 |
| | 并购后实体并购绩效 | *PCAR* | 公式 6.7 | Kaplan, Weisbach, 1992; 田高良等, 2013 |
| | 目标公司相对并购绩效 | △*TCAR* | 公式 6.8 | Ahern, 2012; Cai, Sevilir, 2012 |

续表

| 变量名称 | 代码 | 变量说明 | 文献依据 |
|---|---|---|---|
| 董事联结 | *BI* | 并购公司与目标公司是否存在董事联结，是为1，否为0 | Mizruchi，1996；陈仕华等，2013 |
| 内部董事联结 | *BI_IN* | 并购公司与目标公司是否存在内部董事联结，是为1，否为0 | 陈运森等，2012；陈仕华等，2013 |
| 外部董事联结 | *BI_OUT* | 并购公司与目标公司是否存在外部董事联结，是为1，否为0 | 陈运森等，2012；陈仕华等，2013 |
| 股权性质 | *NATURE* | 公司控股股东为非国有性质定义为1，控股股东为国有性质定义为0 | Shleifer，Vishny，1994；黄志忠，2009 |
| 联结董事同行业或同产品市场并购经验 | *IAE* | 在年度 $y$（$t-5 \leq y \leq t-1$，$t$ 为焦点并购公司发生并购交易的年度）与焦点并购公司存在董事联结的联结公司所发生的并购，其目标公司与焦点并购公司进行并购交易的目标公司属于同一行业（行业分类与行业虚拟变量标准相同），焦点并购公司的所有联结公司发生上述并购的次数之和 | Kroll et al.，2008；McDonald et al.，2008 |
| 联结董事相关并购经验 | *RAE* | 在年度 $y$（$t-5 \leq y \leq t-1$，$t$ 为焦点并购公司发生并购交易的年度）与焦点并购公司存在董事联结的所有联结公司进行相关并购的次数之和 | Fowler，Schmidt，1989；Haleblian，Finkelstein，1999；McDonald et al.，2008 |
| 联结董事非相关并购经验 | *UAE* | 在年度 $y$（$t-5 \leq y \leq t-1$，$t$ 为焦点并购公司发生并购交易的年度）与焦点并购公司存在董事联结的所有联结公司进行非相关并购的次数之和 | Fowler，Schmidt，1989；Haleblian，Finkelstein，1999；McDonald et al.，2008 |

解释变量

续表

| 变量名称 | 代码 | 变量说明 | 文献依据 |
|---|---|---|---|
| 公司并购经验 | FAE | 并购公司在当前并购交易发生前 5 年至前 1 年，曾经发生并购交易的次数。公司并购经验可分为公司同行业或同产品市场并购经验、公司相关并购经验和公司非相关并购经验三种类型。公司同行业或同产品市场并购经验为并购公司在当前并购交易发生前 5 年至前 1 年，曾经发生的并购交易中目标公司与当前并购交易中的目标公司属于同一行业（行业划分标准与行业虚拟变量设置相同）的并购交易次数。公司（非）相关并购经验为并购公司在当前并购交易发生前 5 年至前 1 年，曾经发生的（非）相关并购交易次数 | Haunschild, 1994；Gulati, 1995；Haleblian, Finkelstein, 1999；Beckman, Haunschild, 2002；McDonald et al., 2008 |
| 支付方式 | METHOD | 是否采用现金支付方式，是为 1，否为 0 | Slusky, Caves, 1991；陈仕华、李维安，2016 |
| 财务顾问 | CON | 并购公司在并购交易中是否聘用财务顾问，是为 1，否为 0 | Kim et al., 2011 |
| 相对绩效 | ROE_R | 交易宣告前一年，目标公司净资产收益率减去同行业（行业划分标准与行业虚拟变量设置相同）平均净资产收益率 | Hayward, Hambrick, 1997 |
| 相对规模 | SIZE_R | 交易宣告前一年末，目标公司总资产除以并购公司总资产 | Hayward, Hambrick, 1997 |
| 股权集中度 | CRL | 交易宣告前一年末，公司第一大股东持股比例 | Jensen, Ruback, 1983；Shen, Reuer, 2005；Cukurova, 2015 |
| 高管持股 | SHARE | 交易宣告前一年末，公司高管（包括董事）持股比例合计 | Hayward, Hambrick, 1997；陈仕华、卢昌崇，2013 |

注：控制变量

续表

| 变量名称 | 代码 | 变量说明 | 文献依据 |
|---|---|---|---|
| 高管过度自信 | *HUBRIS* | 交易宣告前一年，公司薪酬较高的前三名高管薪酬之和除以所有高管的薪酬之和 | Malmendier, Tate, 2008 |
| 自由现金流 | *CASH* | 交易宣告前一年末，公司自由现金流与总资产的比值 | 赵勇、朱武祥, 2000 |
| 负债比率 | *LEV* | 交易宣告前一年末，公司资产负债比率 | 王宏利, 2005; Almazan et al., 2010 |
| 市账率 | *MB* | 交易宣告前一年末，公司权益市值与权益面值比 | Bodnaruk et al., 2009; 田高良等, 2013 |
| 托宾Q值 | *TOBINQ* | 交易宣告前一年末，权益市值与净债务市值之和与资产总额减去无形资产之差的比 | Mehran, 1995; 苏冬蔚、林大庞, 2010 |
| 成长性 | *GROWTH* | 交易宣告前一年，公司主营业务收入增长率 | Pagano et al., 1998 |
| 年份 | *YEAR* | 并购交易发生在 2002～2015 年，设置 13 个年份虚拟变量 | Beckenstein, 1979; 吴联生、白云霞, 2004 |
| 行业 | *INDUSTRY* | 根据中国证监会《上市公司行业分类指引》（2001）的行业标准，制造业采用二级代码分类，其他行业按一级代码分类，共分为 22 个行业子类，设置 21 个行业虚拟变量 | Laamanen, 2007; 蒋丽娜等, 2011 |

注：根据田高良等（2013）和 Ishii 和 Xuan（2014），并购后实体的 *CRL*、*SHARE*、*HUBRIS*、*CASH*、*LEV*、*MB*、*TOBINQ* 和 *GROWTH* 分别根据并购公司和目标公司并购前一年资产总额加权进行计算，并购后实体的 *INDUSTRY* 与并购公司一致。

## 三 计量模型构建

在对已有文献（Travlos, 1987; Amihud et al., 1990; Morck et al., 1990; Moeller et al., 2004; Masulis et al., 2007; Ahern, 2012; Cai, Sevilir, 2012; 陈仕华等, 2013; 田高良等, 2013）进行回顾和理论分析的基础上，

本书将并购绩效作为被解释变量，将董事联结作为解释变量，并根据已有的研究结论设置了相关控制变量，从而构建如下回归方程，以检验董事联结对并购绩效的影响：

$$ACAR/BHAR/\Delta ROA/PCAR/\Delta TCAR = \alpha_0 + \alpha_1 BI + \alpha_2 FAE + \alpha_3 METHOD + \alpha_4 CON +$$
$$\alpha_5 ROE\_R + \alpha_6 SIZE\_R + \alpha_7 CRL + \alpha_8 SHARE + \alpha_9 HUBRIS + \alpha_{10} CASH + \alpha_{11} LEV +$$
$$\alpha_{12} MB + \alpha_{13} TOBINQ + \alpha_{14} GROWTH + \sum_i YEAR_i + \sum_j INDUSTRY_j + \varepsilon$$

（模型 6.1）

模型 6.1 中，$ACAR$ 代表并购公司短期并购绩效，$BHAR$ 和 $\Delta ROA$ 代表并购公司长期并购绩效，$PCAR$ 代表并购后实体并购绩效，$\Delta TCAR$ 代表目标公司相对并购绩效，$BI$ 为董事联结，$\alpha_0$ 为截距项，$\alpha_1 \sim \alpha_{14}$ 为各变量的估计系数，$\varepsilon$ 为随机误差项。当被解释变量为 $ACAR$、$BHAR$ 和 $\Delta ROA$ 时，控制变量 $CRL$、$SHARE$、$HUBRIS$、$CASH$、$LEV$、$MB$、$TOBINQ$、$GROWTH$ 和 $INDUSTRY$ 采用并购公司的相关数据计算得出；当被解释变量为 $PCAR$ 时，控制变量 $CRL$、$SHARE$、$HUBRIS$、$CASH$、$LEV$、$MB$、$TOBINQ$、$GROWTH$ 分别根据并购公司和目标公司并购前一年资产总额加权进行计算得出，并购后实体的 $INDUSTRY$ 与并购公司一致；当被解释变量为 $\Delta TCAR$ 时，控制变量 $CRL$、$SHARE$、$HUBRIS$、$CASH$、$LEV$、$MB$、$TOBINQ$、$GROWTH$ 和 $INDUSTRY$ 采用目标公司的相关数据计算得出。模型 6.2 ~ 模型 6.8 中的控制变量 $CRL$、$SHARE$、$HUBRIS$、$CASH$、$LEV$、$MB$、$TOBINQ$、$GROWTH$ 和 $INDUSTRY$ 的数据来源同模型 6.1 相同。

本书将董事联结进一步划分为内部董事联结和外部董事联结，并分别考察内部董事联结（$BI\_IN$）和外部董事联结（$BI\_OUT$）对并购绩效的影响，形成模型 6.2 和模型 6.3：

$$ACAR/BHAR/\Delta ROA/PCAR/\Delta TCAR = \chi_0 + \chi_1 BI\_IN + \chi_2 FAE + \chi_3 METHOD + \chi_4 CON +$$
$$\chi_5 ROE\_R + \chi_6 SIZE\_R + \chi_7 CRL + \chi_8 SHARE + \chi_9 HUBRIS + \chi_{10} CASH + \chi_{11} LEV +$$
$$\chi_{12} MB + \chi_{13} TOBINQ + \chi_{14} GROWTH + \sum_i YEAR_i + \sum_j INDUSTRY_j + \varepsilon$$

（模型 6.2）

$$ACAR/BHAR/\Delta ROA/PCAR/\Delta TCAR = \varphi_0 + \varphi_1 BI\_OUT + \varphi_2 FAE + \varphi_3 METHOD + \varphi_4 CON +$$
$$\varphi_5 ROE\_R + \varphi_6 SIZE\_R + \varphi_7 CRL + \varphi_8 SHARE + \varphi_9 HUBRIS + \varphi_{10} CASH + \varphi_{11} LEV +$$

$$\varphi_{12}MB + \varphi_{13}TOBINQ + \varphi_{14}GROWTH + \sum_i YEAR_i + \sum_j INDUSTRY_j + \varepsilon$$

（模型 6.3）

模型 6.2 中，$ACAR$ 代表并购公司短期并购绩效，$BHAR$ 和 $\triangle ROA$ 代表并购公司长期并购绩效，$PCAR$ 代表并购后实体并购绩效，$\triangle TCAR$ 代表目标公司相对并购绩效，$BI\_IN$ 为内部董事联结，$\chi_0$ 为截距项，$\chi_1 \sim \chi_{14}$ 为各变量的估计系数，$\varepsilon$ 为随机误差项。

模型 6.3 中，$ACAR$ 代表并购公司短期并购绩效，$BHAR$ 和 $\triangle ROA$ 代表并购公司长期并购绩效，$PCAR$ 代表并购后实体并购绩效，$\triangle TCAR$ 代表目标公司相对并购绩效，$BI\_OUT$ 为外部董事联结，$\varphi_0$ 为截距项，$\varphi_1 \sim \varphi_{14}$ 为各变量的估计系数，$\varepsilon$ 为随机误差项。

为检验股权性质对董事联结与并购绩效关系的影响，将股权性质（$NATURE$）和董事联结与股权性质的交互项（$BI \times NATURE$）引入模型 6.1 中，构建模型 6.4：

$$ACAR/BHAR/\Delta ROA/PCAR/\Delta TCAR = \beta_0 + \beta_1 BI + \beta_2 NATURE + \beta_3 BI \times NATURE +$$
$$\beta_4 FAE + \beta_5 METHOD + \beta_6 CON + \beta_7 ROE\_R + \beta_8 SIZE\_R + \beta_9 CRL + \beta_{10} SHARE +$$
$$\beta_{11} HUBRIS + \beta_{12} CASH + \beta_{13} LEV + \beta_{14} MB + \beta_{15} TOBINQ + \beta_{16} GROWTH$$
$$+ \sum_i YEAR_i + \sum_j INDUSTRY_j + \varepsilon$$

（模型 6.4）

模型 6.4 中，$ACAR$ 代表并购公司短期并购绩效，$BHAR$ 和 $\triangle ROA$ 代表并购公司长期并购绩效，$PCAR$ 代表并购后实体并购绩效，$\triangle TCAR$ 代表目标公司相对并购绩效，$BI$ 为董事联结，$NATURE$ 为股权性质，$BI \times NATURE$ 为董事联结与股权性质的交互项，$\beta_0$ 为截距项，$\beta_1 \sim \beta_{16}$ 为各变量的估计系数，$\varepsilon$ 为随机误差项。

借鉴 McDonald 等（2008）的研究，按照联结董事从并购活动中获取并购知识或者并购技能的差异性，将联结董事的并购经验细分为联结董事同行业或同产品市场并购经验、联结董事相关并购经验和联结董事非相关并购经验三种类型。为检验联结董事同行业或同产品市场并购经验对董事联结与并购绩效关系的影响，将联结董事同行业或同产品市场并购经验（$IAE$）和董事联结与联结董事同行业或同产品市场并购经验的交互项（$BI \times IAE$）引入模型 6.1 中，构建模型 6.5：

$$ACAR/BHAR/\Delta ROA/PCAR/\Delta TCAR = \eta_0 + \eta_1 BI + \eta_2 IAE + \eta_3 BI \times IAE + \eta_4 FAE +$$
$$\eta_5 METHOD + \eta_6 CON + \eta_7 ROE\_R + \eta_8 SIZE\_R + \eta_9 CRL + \eta_{10} SHARE +$$
$$\eta_{11} HUBRIS + \eta_{12} CASH + \eta_{13} LEV + \eta_{14} MB + \eta_{15} TOBINQ + \eta_{16} GROWTH +$$
$$\sum_i YEAR_i + \sum_j INDUSTRY_j + \varepsilon \qquad \text{（模型 6.5）}$$

模型 6.5 中，$ACAR$ 代表并购公司短期并购绩效，$BHAR$ 和 $\triangle ROA$ 代表并购公司长期并购绩效，$PCAR$ 代表并购后实体并购绩效，$\triangle TCAR$ 代表目标公司相对并购绩效，$BI$ 为董事联结，$IAE$ 为联结董事同行业或同产品市场并购经验，$BI \times IAE$ 为董事联结与联结董事同行业或同产品市场并购经验的交互项，$FAE$ 为公司同行业或同产品市场并购经验，$\eta_0$ 为截距项，$\eta_1 \sim \eta_{16}$ 为各变量的估计系数，$\varepsilon$ 为随机误差项。

由于本书认为，联结董事并购经验能够对焦点并购公司的并购活动产生积极影响，应该满足联结公司前期的并购与焦点并购公司当前的并购相类似这一前提条件，为了满足这一前提条件，检验联结董事相关并购经验和非相关并购经验对董事联结与并购绩效关系的影响，本章根据前人的研究，将并购事件样本分为相关并购和非相关并购两个子样本（Fowler，Schmidt，1989；Krishnan et al.，1997；冯根福、吴林江，2001；张新，2003；McDonald et al.，2008），分别考察在相关并购中，联结董事相关并购经验对董事联结与并购绩效关系的影响，以及在非相关并购中，联结董事非相关并购经验对董事联结与并购绩效关系的影响。将联结董事相关并购经验（$RAE$）和董事联结与联结董事相关并购经验的交互项（$BI \times RAE$）引入模型 6.1 中，构建模型 6.6：

$$ACAR/BHAR/\Delta ROA/PCAR/\Delta TCAR = \gamma_0 + \gamma_1 BI + \gamma_2 RAE + \gamma_3 BI \times RAE + \gamma_4 FAE +$$
$$\gamma_5 METHOD + \gamma_6 CON + \gamma_7 ROE\_R + \gamma_8 SIZE\_R + \gamma_9 CRL + \gamma_{10} SHARE +$$
$$\gamma_{11} HUBRIS + \gamma_{12} CASH + \gamma_{13} LEV + \gamma_{14} MB + \gamma_{15} TOBINQ + \gamma_{16} GROWTH +$$
$$\sum_i YEAR_i + \sum_j INDUSTRY_j + \varepsilon \qquad \text{（模型 6.6）}$$

模型 6.6 中，$ACAR$ 代表并购公司短期并购绩效，$BHAR$ 和 $\triangle ROA$ 代表并购公司长期并购绩效，$PCAR$ 代表并购后实体并购绩效，$\triangle TCAR$ 代表目标公司相对并购绩效，$BI$ 为董事联结，$RAE$ 为联结董事相关并购经验，$BI \times RAE$ 为董事联结与联结董事相关并购经验的交互项，$FAE$ 为公司相关并购经验，$\gamma_0$ 为截距项，$\gamma_1 \sim \gamma_{16}$ 为各变量的估计系数，$\varepsilon$ 为随机误差项。

将联结董事非相关并购经验（*UAE*）和董事联结与联结董事非相关并购经验的交互项（*BI×UAE*）引入模型 6.1 中，构建模型 6.7：

$$ACAR/BHAR/\Delta ROA/PCAR/\Delta TCAR = \theta_0 + \theta_1 BI + \theta_2 UAE + \theta_3 BI \times UAE + \theta_4 FAE +$$
$$\theta_5 METHOD + \theta_6 CON + \theta_7 ROE\_R + \theta_8 SIZE\_R + \theta_9 CRL + \theta_{10} SHARE +$$
$$\theta_{11} HUBRIS + \theta_{12} CASH + \theta_{13} LEV + \theta_{14} MB + \theta_{15} TOBINQ + \theta_{16} GROWTH +$$
$$\sum_i YEAR_i + \sum_j INDUSTRY_j + \varepsilon \qquad （模型 6.7）$$

模型 6.7 中，*ACAR* 代表并购公司短期并购绩效，*BHAR* 和 △*ROA* 代表并购公司长期并购绩效，*PCAR* 代表并购后实体并购绩效，△*TCAR* 代表目标公司相对并购绩效，*BI* 为董事联结，*UAE* 为联结董事非相关并购经验，*BI×UAE* 为董事联结与联结董事非相关并购经验的交互项，*FAE* 为公司非相关并购经验，$\theta_0$ 为截距项，$\theta_1 \sim \theta_{16}$ 为各变量的估计系数，$\varepsilon$ 为随机误差项。

为了对比联结董事相关并购经验和非相关并购经验在相关并购和非相关并购两个子样本中对董事联结与并购绩效关系的影响，本书还将联结董事相关并购经验（*RAE*）、董事联结与联结董事相关并购经验的交互项（*BI×RAE*）、联结董事非相关并购经验（*UAE*）以及董事联结与联结董事非相关并购经验的交互项（*BI×UAE*）引入模型 6.1 中，构建模型 6.8：

$$ACAR/BHAR/\Delta ROA/PCAR/\Delta TCAR = \lambda_0 + \lambda_1 BI + \lambda_2 RAE + \lambda_3 BI \times RAE + \lambda_4 UAE +$$
$$\lambda_5 BI \times UAE + \lambda_6 FAE + \lambda_7 METHOD + \lambda_8 CON + \lambda_9 ROE\_R + \lambda_{10} SIZE\_R + \gamma_{11} CRL +$$
$$\gamma_{12} SHARE + \gamma_{13} HUBRIS + \gamma_{14} CASH + \gamma_{15} LEV + \gamma_{16} MB + \gamma_{17} TOBINQ +$$
$$\lambda_{18} GROWTH + \sum_i YEAR_i + \sum_j INDUSTRY_j + \varepsilon \qquad （模型 6.8）$$

模型 6.8 中，*ACAR* 代表并购公司短期并购绩效，*BHAR* 和 △*ROA* 代表并购公司长期并购绩效，*PCAR* 代表并购后实体并购绩效，△*TCAR* 代表目标公司相对并购绩效，*BI* 为董事联结，*RAE* 为联结董事相关并购经验，*BI×RAE* 为董事联结与联结董事相关并购经验的交互项，*UAE* 为联结董事非相关并购经验，*BI×UAE* 为董事联结与联结董事非相关并购经验的交互项，当并购事件样本为相关并购子样本时，*FAE* 为公司相关并购经验，当并购事件样本为非相关并购子样本时，*FAE* 为公司非相关并购经验，$\lambda_0$ 为截距项，$\lambda_1 \sim \lambda_{18}$ 为各变量的估计系数，$\varepsilon$ 为随机误差项。

为避免多重共线性，本书对模型中的所有交互项均进行了中心化处理。回归前，本章查看了每个连续自变量的正态性，对不符合正态性的连续变量进行了正态性转化。此外，在回归后，本章对回归模型进行了 Linktest 检定，确保模型无设定误差（Specification Error）。

## 第三节 实证结果分析

### 一 描述性统计分析

因为本章主要研究董事联结对并购绩效的作用，所以，首先对并购绩效展开详细的描述性统计分析，揭示了在不同事件窗口下中国上市公司短期并购绩效的数据特征以及购买公司股票并持有两年以后长期并购绩效的数据特征，以便进一步揭示本章所研究内容的价值和意义。其次，本章对所使用的代理变量进行细致的全样本描述性统计分析。最后，本章还根据主要解释变量的特征，将样本分为存在董事联结和不存在董事联结的样本、相关并购和非相关并购样本，对上述分组样本的全部变量进行了描述性统计分析和比较，以为后续的实证检验提供依据和基础。

因此，本章描述性统计分析部分包括以下三个主要部分：并购绩效描述性统计分析、变量全样本描述性统计分析和变量分组样本描述性统计分析。

（1）并购绩效描述性统计分析

本书中并购绩效包括并购公司短期并购绩效（ACAR），并购公司长期并购绩效（BHAR 和 $\triangle ROA$），并购后实体并购绩效（PCAR）和目标公司相对并购绩效（$\triangle TCAR$），本章首先对上述并购绩效展开详细的描述性统计分析。

表 6-2 给出了并购绩效的描述性统计结果。通过观察表 6-2 可以发现，在并购事件首次公告的窗口期 $[-1, +1]$、$[-3, +3]$、$[-5, +5]$ 和 $[-10, +10]$ 内，并购公司和并购后实体的累计超额收益率均值均大于 0，这意味着平均来看，并购给并购公司股东带来正的财富效应；若将并购公司和目标公司作为一个整体来看，则财富效应也为正。在上述事件窗口下，目标公司的相对累计超额收益率均值也大于 0，说明相较于并购公司而言，目标公司的累计超额收益率更高，并购事件为目标公司创造了更

多的财富。这与 Ahern（2012）以及 Cai 和 Sevilir（2012）的研究结论相一致。并购公司购买并持有超常收益均值为 -0.0082，总资产收益率变化值均值为 0.0104，说明在并购事件发生后的 2 年内，从市场业绩指标来看，并购公司股东的财富发生了小幅损失，但是从会计业绩指标来看，并购公司的财务业绩得到了一定程度的提高。

表 6-2　并购绩效描述性统计分析结果

| 变量 | 样本数 | 均值 | 标准差 | 最小值 | 最大值 | 分位数 | | |
| --- | --- | --- | --- | --- | --- | --- | --- | --- |
| | | | | | | 25% | 50% | 75% |
| $ACAR$ [-1, +1] | 608 | 0.0024 | 0.0834 | -0.1025 | 0.2279 | -0.0246 | 0.0004 | 0.0049 |
| $ACAR$ [-3, +3] | 608 | 0.0035 | 0.1417 | -0.1733 | 0.4102 | -0.0387 | 0.0006 | 0.0060 |
| $ACAR$ [-5, +5] | 608 | 0.0027 | 0.1216 | -0.1344 | 0.2954 | -0.0471 | 0.0004 | 0.0072 |
| $ACAR$ [-10, +10] | 608 | 0.0016 | 0.3077 | -0.2903 | 1.1070 | -0.0750 | 0.0002 | 0.0010 |
| $BHAR$ | 354 | -0.0082 | 0.6176 | -1.2240 | 1.4863 | -0.2208 | -0.0007 | 0.0409 |
| $\triangle ROA$ | 479 | 0.0104 | 0.1099 | -0.3098 | 0.4534 | -0.0344 | -0.0022 | 0.0304 |
| $PCAR$ [-1, +1] | 579 | 0.0088 | 0.0474 | -0.0772 | 0.1215 | -0.0201 | 0.0020 | 0.0293 |
| $PCAR$ [-3, +3] | 579 | 0.0127 | 0.0713 | -0.1295 | 0.1834 | -0.0354 | 0.0032 | 0.0394 |
| $PCAR$ [-5, +5] | 579 | 0.0092 | 0.0873 | -0.1719 | 0.2089 | -0.0464 | 0.0019 | 0.0497 |
| $PCAR$ [-10, +10] | 579 | 0.0051 | 0.1051 | -0.2088 | 0.2325 | -0.0634 | 0.0004 | 0.0559 |
| $\triangle TCAR$ [-1, +1] | 579 | 0.0061 | 0.0413 | -0.0983 | 0.0765 | -0.0254 | 0.0006 | 0.0193 |
| $\triangle TCAR$ [-3, +3] | 579 | 0.0085 | 0.0618 | -0.1422 | 0.1227 | -0.0342 | 0.0011 | 0.0300 |
| $\triangle TCAR$ [-5, +5] | 579 | 0.0066 | 0.0604 | -0.1017 | 0.1025 | -0.0427 | 0.0009 | 0.0372 |
| $\triangle TCAR$ [-10, +10] | 579 | 0.0038 | 0.0976 | -0.2187 | 0.2016 | -0.0597 | 0.0004 | 0.0524 |

（2）变量全样本描述性统计分析

表 6-3 显示了所有变量全样本的描述性统计结果。董事联结（$BI$）的均值为 0.1892，说明样本中 18.92% 的并购交易是在并购公司与其联结公司间发生的，董事联结可能对并购绩效产生重要影响。内部董事联结（$BI\_IN$）的均值为 0.1661，外部董事联结（$BI\_OUT$）的均值为 0.0231，说明样本中由内部董事建立的董事联结比重较高，内部董事联结可能对并购绩效产生较大的影响。联结董事所拥有的同行业或同产品市场并购经验（$IAE$）均值为 0.1480，最大值为 3，说明联结公司曾经对某行业或某产品市场中的公司进行过并购，而焦点并购公司在该行业或该产品市场进行并购的情况较少，联结董事在焦点并购公司的当前并购中可以贡献的，与目标公司所处行业或产品市场最为相关的并购经验稍显不足，但最大值为 3，说明在一些公司中，联结董事的同行业或同产品市场并购经验还是可以对焦点并购公司当前进行的并购产生一定的影响。联结董事的相关并购经验（$RAE$）均值为 0.3787，最大值为 5，非相关并购经验（$UAE$）均值为 0.6469，最大值为 10，表明联结董事在兼职过程中，参与的较多的是非相关并购，能够为非相关并购带来更多的并购专业知识和技能。公司并购经验（$FAE$）的均值为 0.6152，最大值为 8，说明并购公司在过去的并购中也积累了一定的并购经验。支付方式（$METHOD$）的均值为 0.8138，说明样本中 81.38% 的并购交易以现金作为支付方式。财务顾问（$CON$）均值为 0.0754，说明样本中聘请财务顾问的并购公司较少。相对绩效（$ROE\_R$）的均值为 0.0109，说明样本中目标公司与行业内其他公司的获利能力差异较小。相对规模（$SIZE\_R$）的均值为 0.9625，说明样本中目标公司与并购公司的经济规模相当。

（3）变量分组样本描述性统计分析

本书以焦点并购公司与目标公司是否存在董事联结为标准，将样本分为联结样本和非联结样本，对两组样本间的差异性进行了均值 T 检验和秩和检验，表 6-4 给出了两组样本的描述性统计结果。有无董事联结样本之间存在显著的差异：与目标公司存在董事联结的样本，并购公司短期并购绩效（$ACAR$）、长期并购绩效（$BHAR$ 和 $\triangle ROA$）以及并购后实体并购绩效（$PCAR$）均显著高于不存在董事联结的样本组，目标公司相对并购绩效（$\triangle TCAR$）显著低于不存在董事联结的样本组，符合本书的理论预期；联结样本中联结董事同行业或同产品市场并购经验（IAE）、相关并购经验（RAE）和非相关并购经验（UAE）显著多于非联结样本组；公司并购经验（FAE）显著低于非联结样本组。通过观察并购公司、目标公司和并购后实体的特征，可以发现联结样本中三种主体的高管持股（SHARE）水平均显著低于非联结样本组；联结样本中并购公司和并购后实体的股权集中度（CRL）显著低于非联结样本组；联结样本中并购公司的托宾 Q 值（TOBINQ）显著低于非联结样本组；目标公司和并购后实体的高管过度自信（HUBRIS）程度高于非联结样本组。

　　本书还以焦点并购公司进行的并购是否相关为标准，将样本分为相关并购样本和非相关并购样本，对两组样本间的差异性进行了均值 T 检验和秩和检验，表 6-5 给出了两组样本的描述性统计结果。并购绩效在两种样本中存在一定的差异：相关并购样本中的并购公司短期并购绩效（ACAR）、长期并购绩效（BHAR 和 △ROA）以及并购后实体并购绩效（PCAR）均显著高于非相关并购样本组，目标公司相对并购绩效（△TCAR）显著低于非相关并购样本组；相关并购样本中并购双方存在董事联结（BI）、内部董事联结（BI_IN）以及外部董事联结（BI_OUT）的可能性显著高于非相关并购样本组；相关并购样本中联结董事相关并购经验（RAE）显著高于非相关并购样本组，说明在相关并购中联结董事具有较多的相关并购经验，联结董事的相关并购经验可能在相关并购中发挥更大的作用；非相关并购样本中联结董事非相关并购经验（UAE）显著高于相关并购样本组，说明在非相关并购中联结董事具有较多的非相关并购经验，联结董事非相关并购经验可能在非相关并购中发挥更大的作用；相关并购样本中联结董事同行业或同产品市场并购经验（IAE）显著高于非相关并购样本组；相关并购样本中公司并购经验（FAE）、支付方式（METHOD）和并购双方相对规模（SIZE_R）均显著低于非相关并购样本组。通过观察并购公司、目标公司和并购后实体的特征，可以发现相关并购样本中并购公司的股权性质（NATURE）为非国企的公司数量显著低于非相关并购样本组，并购公司和目标公司的自由现金流（CASH）显著低于非相关并购样本组，目标公司和并购后实体的资产负债率（LEV）均低于非相关并购样本组。

表 6-3 变量全样本描述性统计

| 变量 | 样本数 | 均值 | 标准差 | 中位数 | 最小值 | 最大值 |
|---|---|---|---|---|---|---|
| ACAR [-5, +5] | 608 | 0.0027 | 0.1216 | 0.0004 | -0.1344 | 0.2954 |
| BHAR | 354 | -0.0082 | 0.6176 | -0.0007 | -1.2240 | 1.4863 |
| △ROA | 479 | 0.0104 | 0.1099 | -0.0022 | -0.3098 | 0.4534 |
| PCAR [-5, +5] | 579 | 0.0092 | 0.0873 | 0.0019 | -0.1719 | 0.2089 |
| △TCAR [-5, +5] | 579 | 0.0066 | 0.0604 | 0.0015 | -0.1017 | 0.1625 |
| 董事联结特征 | | | | | | |
| BI | 608 | 0.1892 | 0.3920 | 0 | 0 | 1 |
| BI_IN | 608 | 0.1661 | 0.3725 | 0 | 0 | 1 |
| BI_OUT | 608 | 0.0231 | 0.1503 | 0 | 0 | 1 |
| IAE | 608 | 0.1480 | 0.4382 | 0 | 0 | 3 |
| RAE | 608 | 0.3787 | 0.6367 | 0 | 0 | 5 |
| UAE | 608 | 0.6469 | 1.2165 | 0 | 0 | 10 |
| 并购交易特征 | | | | | | |
| FAE | 608 | 0.6152 | 2.4952 | 0 | 0 | 8 |
| METHOD | 608 | 0.8138 | 0.3895 | 1 | 0 | 1 |
| CON | 608 | 0.0754 | 0.2642 | 0 | 0 | 1 |
| ROE_R | 608 | 0.0109 | 0.2370 | 0 | -0.9401 | 1.0740 |
| SIZE_R | 608 | 0.9625 | 0.3088 | 0.985 | 0 | 1.5535 |
| 并购公司特征 | | | | | | |
| NATURE | 608 | 0.3554 | 0.4789 | 0 | 0 | 1 |
| CRL | 608 | 0.3488 | 0.1551 | 0.3334 | 0.0535 | 0.7482 |
| SHARE | 608 | 0.0286 | 0.1046 | 0.0000 | 0.0000 | 0.5993 |
| HUBRIS | 608 | 0.3987 | 0.1269 | 0.3812 | 0.1420 | 0.8077 |
| CASH | 608 | 0.0093 | 0.1262 | 0.0111 | -0.6086 | 0.3174 |
| LEV | 608 | 0.5135 | 0.2833 | 0.5314 | 0.0000 | 1.7727 |
| MB | 608 | 1.7915 | 3.2856 | 1.2612 | -8.5765 | 24.8279 |
| TOBINQ | 608 | 1.7597 | 1.9709 | 1.1168 | 0 | 11.3760 |
| GROWTH | 608 | 0.2294 | 0.5569 | 0.1119 | -0.6149 | 3.7566 |

续表

| 变量 | 样本数 | 均值 | 标准差 | 中位数 | 最小值 | 最大值 |
|---|---|---|---|---|---|---|
| 目标公司特征 | | | | | | |
| *CRL* | 608 | 0.3096 | 0.1831 | 0.3017 | 0 | 0.7482 |
| *SHARE* | 608 | 0.0183 | 0.0733 | 0 | 0 | 0.4254 |
| *HUBRIS* | 608 | 0.3467 | 0.1697 | 0.3468 | 0 | 0.7638 |
| *CASH* | 608 | 0.0118 | 0.0937 | 0.0035 | −0.3046 | 0.3232 |
| *LEV* | 608 | 0.5407 | 0.2872 | 0.5357 | 0 | 1.6305 |
| *MB* | 608 | 1.8387 | 2.0765 | 1.3067 | −2.7474 | 12.1593 |
| *TOBINQ* | 608 | 1.4661 | 1.5639 | 0.9370 | 0 | 7.9076 |
| *GROWTH* | 608 | 0.1574 | 0.4163 | 0.1019 | −0.6206 | 2.9100 |
| 并购后实体特征 | | | | | | |
| *CRL* | 608 | 0.3368 | 0.1551 | 0.3334 | 0.0444 | 0.7482 |
| *SHARE* | 608 | 0.0212 | 0.0597 | 0 | 0 | 0.5167 |
| *HUBRIS* | 608 | 0.3536 | 0.1224 | 0.3473 | 0.0014 | 0.7990 |
| *CASH* | 608 | 0.0102 | 0.0752 | 0.0052 | −0.4269 | 0.2603 |
| *LEV* | 608 | 0.5292 | 0.2220 | 0.5446 | 0 | 1.0647 |
| *MB* | 608 | 1.8029 | 1.5466 | 1.2627 | −2.4441 | 10.7855 |
| *TOBINQ* | 608 | 1.5871 | 1.3651 | 1.2691 | 0 | 8.8277 |
| *GROWTH* | 608 | 0.2053 | 0.3721 | 0.1364 | −0.6184 | 3.7105 |

注：＊、＊＊、＊＊＊分别代表10%、5%和1%的显著性水平。

**表 6-4 联结样本和非联结样本描述性统计**

| 变量 | 联结样本 | | 非联结样本 | | T 检验 | 秩和检验 |
|---|---|---|---|---|---|---|
| | 均值 | 中位数 | 均值 | 中位数 | | |
| *ACAR* [−5, +5] | 0.006 | 0.002 | 0.002 | −0.001 | 1.972 ** | 1.980 ** |
| *BHAR* | 0.002 | 0.001 | −0.011 | −0.009 | 2.115 ** | 2.098 ** |
| △*ROA* | 0.019 | 0.006 | 0.008 | −0.003 | 1.926 * | 1.709 * |
| *PCAR* [−5, +5] | 0.011 | 0.004 | 0.009 | 0.003 | 1.738 * | 1.675 * |
| △*TCAR* [−5, +5] | 0.005 | 0.001 | 0.007 | 0.002 | −1.733 * | −1.625 * |

| 变量 | 联结样本 | | 非联结样本 | | T 检验 | 秩和检验 |
|---|---|---|---|---|---|---|
| | 均值 | 中位数 | 均值 | 中位数 | | |
| 并购后实体特征 | | | | | | |
| IAE | 0.325 | 0.000 | 0.105 | 0.000 | 5.917 *** | 5.801 *** |
| RAE | 0.439 | 0.000 | 0.364 | 0.000 | 3.738 *** | 3.853 *** |
| UAE | 1.115 | 1.000 | 0.532 | 0.000 | 3.621 *** | 5.287 *** |
| 并购交易特征 | | | | | | |
| FAE | 0.424 | 0.000 | 0.662 | 0.000 | − 1.992 ** | − 0.004 |
| METHOD | 0.797 | 1.000 | 0.818 | 1.000 | − 0.540 | − 0.541 |
| CON | 0.081 | 0.000 | 0.074 | 0.000 | 0.276 | 0.276 |
| ROE_R | 0.015 | 0.000 | 0.010 | 0.000 | 0.197 | 0.108 |
| SIZE_R | 0.940 | 0.954 | 0.968 | 0.988 | − 0.883 | − 2.186 ** |
| 并购公司特征 | | | | | | |
| NATURE | 0.357 | 0.481 | 0.355 | 0.479 | 0.060 | 0.060 |
| CRL | 0.332 | 0.298 | 0.353 | 0.348 | − 1.402 | − 1.664 * |
| SHARE | 0.003 | 0.000 | 0.035 | 0.000 | − 2.670 *** | − 0.348 |
| HUBRIS | 0.397 | 0.376 | 0.399 | 0.383 | − 0.139 | − 0.475 |
| CASH | 0.023 | 0.016 | 0.006 | 0.010 | 1.322 | 0.703 |
| LEV | 0.520 | 0.497 | 0.512 | 0.534 | 0.280 | − 0.445 |
| MB | 1.358 | 0.983 | 1.898 | 1.334 | − 1.622 | − 1.122 |
| TOBINQ | 1.375 | 0.965 | 1.854 | 1.174 | − 2.314 ** | − 1.481 |
| GROWTH | 0.158 | 0.129 | 0.247 | 0.104 | − 1.646 | − 0.286 |
| 目标公司特征 | | | | | | |
| CRL | 0.304 | 0.291 | 0.311 | 0.311 | − 0.402 | − 0.750 |
| SHARE | 0.007 | 0.000 | 0.021 | 0.000 | − 1.893 * | − 0.263 |
| HUBRIS | 0.394 | 0.402 | 0.335 | 0.340 | 3.757 *** | 3.553 *** |
| CASH | 0.019 | 0.014 | 0.010 | 0.001 | 0.814 | 1.159 |
| LEV | 0.547 | 0.546 | 0.539 | 0.536 | 0.251 | − 0.089 |
| MB | 2.020 | 1.204 | 1.794 | 1.329 | 1.057 | 0.865 |
| TOBINQ | 1.556 | 0.804 | 1.444 | 0.947 | 0.716 | 0.606 |

续表

| 变量 | 联结样本 | | 非联结样本 | | T 检验 | 秩和检验 |
|---|---|---|---|---|---|---|
| | 均值 | 中位数 | 均值 | 中位数 | | |
| GROWTH | 0.147 | 0.120 | 0.160 | 0.085 | −0.286 | 0.460 |
| 并购后实体特征 | | | | | | |
| CRL | 0.303 | 0.298 | 0.345 | 0.348 | −1.401 | −1.663* |
| SHARE | 0.006 | 0.000 | 0.025 | 0.000 | −2.693*** | −0.578 |
| HUBRIS | 0.381 | 0.365 | 0.347 | 0.342 | 2.777*** | 2.173** |
| CASH | 0.015 | 0.013 | 0.009 | 0.004 | 1.015 | 0.739 |
| LEV | 0.518 | 0.540 | 0.532 | 0.547 | −1.191 | −1.110 |
| MB | 1.831 | 1.430 | 1.796 | 1.367 | 0.398 | 0.467 |
| TOBINQ | 1.548 | 1.228 | 1.597 | 1.296 | −0.390 | −0.449 |
| GROWTH | 0.182 | 0.141 | 0.211 | 0.132 | −0.791 | 0.101 |

注：＊、＊＊、＊＊＊分别代表10%、5%和1%的显著性水平。

表 6-5　相关并购样本和非相关并购样本描述性统计

| 变量 | 相关并购样本 | | 非相关并购样本 | | T 检验 | 秩和检验 |
|---|---|---|---|---|---|---|
| | 均值 | 中位数 | 均值 | 中位数 | | |
| ACAR [−5, +5] | 0.006 | 0.004 | 0.001 | −0.001 | 2.700*** | 2.107** |
| BHAR | −0.006 | −0.001 | −0.009 | −0.007 | 1.649 | 1.212 |
| △ROA | 0.017 | 0.008 | 0.007 | −0.002 | 2.896*** | 1.597 |
| PCAR [−5, +5] | 0.011 | 0.006 | 0.008 | 0.001 | 1.987** | 2.601** |
| △TCAR [−5, +5] | 0.006 | 0.002 | 0.007 | 0.003 | −2.008** | −1.775* |
| 董事联结特征 | | | | | | |
| BI | 0.318 | 0.000 | 0.131 | 0.341 | 5.661*** | 5.530*** |
| BI_IN | 0.270 | 0.000 | 0.119 | 0.326 | 4.861*** | 4.779*** |
| BI_OUT | 0.048 | 0.000 | 0.012 | 0.114 | 2.592*** | 2.580*** |
| IAE | 0.315 | 0.000 | 0.073 | 0.000 | 5.128*** | 4.059*** |
| RAE | 0.407 | 0.000 | 0.366 | 0.000 | 2.698*** | 3.108*** |
| UAE | 0.455 | 0.000 | 0.733 | 1.000 | −10.790*** | −4.160*** |

| 变量 | 相关并购样本 | | 非相关并购样本 | | T 检验 | 秩和检验 |
|---|---|---|---|---|---|---|
| | 均值 | 中位数 | 均值 | 中位数 | | |
| **并购交易特征** | | | | | | |
| FAE | 0.332 | 0.000 | 0.743 | 0.000 | −2.998*** | −2.319** |
| METHOD | 0.771 | 1.000 | 0.833 | 1.000 | −1.738* | −1.735* |
| CON | 0.077 | 0.000 | 0.075 | 0.000 | 0.122 | 0.122 |
| ROE_R | −0.021 | 0.000 | 0.025 | 0.000 | −2.074** | −0.886 |
| SIZE_R | 0.906 | 0.976 | 0.988 | 0.989 | −3.086*** | −2.295** |
| **并购公司特征** | | | | | | |
| NATURE | 0.283 | 0.449 | 0.388 | 0.488 | −2.687*** | −2.674*** |
| CRL | 0.353 | 0.349 | 0.347 | 0.330 | 0.005 | 0.003 |
| SHARE | 0.029 | 0.000 | 0.029 | 0.000 | −0.003 | 1.211 |
| HUBRIS | 0.390 | 0.376 | 0.402 | 0.386 | −1.097 | −1.020 |
| CASH | −0.003 | 0.002 | 0.015 | 0.014 | −1.737* | −1.235 |
| LEV | 0.499 | 0.498 | 0.520 | 0.534 | −0.904 | −0.813 |
| MB | 1.673 | 1.188 | 1.845 | 1.283 | −0.600 | −0.060 |
| TOBINQ | 1.613 | 1.083 | 1.826 | 1.134 | −1.257 | 0.261 |
| GROWTH | 0.206 | 0.098 | 0.240 | 0.126 | −0.695 | 0.179 |
| **目标公司特征** | | | | | | |
| CRL | 0.304 | 0.291 | 0.312 | 0.306 | −0.004 | −0.005 |
| SHARE | 0.012 | 0.000 | 0.021 | 0.000 | −1.181 | 0.718 |
| HUBRIS | 0.360 | 0.350 | 0.341 | 0.344 | 1.306 | 1.226 |
| CASH | 0.001 | 0.003 | 0.016 | 0.004 | −1.902* | −1.442 |
| LEV | 0.509 | 0.523 | 0.555 | 0.536 | −1.844* | −1.372 |
| MB | 1.860 | 1.207 | 1.829 | 1.331 | 0.164 | −0.430 |
| TOBINQ | 1.480 | 0.998 | 1.460 | 0.908 | 0.147 | 0.869 |
| GROWTH | 0.158 | 0.083 | 0.157 | 0.114 | 0.050 | −1.261 |
| **并购后实体特征** | | | | | | |
| CRL | 0.345 | 0.349 | 0.333 | 0.330 | 0.005 | 0.003 |
| SHARE | 0.017 | 0.000 | 0.023 | 0.000 | −0.992 | 0.942 |
| HUBRIS | 0.368 | 0.363 | 0.347 | 0.335 | 1.080 | 1.052 |
| CASH | 0.008 | 0.008 | 0.011 | 0.004 | −1.277 | −0.914 |
| LEV | 0.474 | 0.537 | 0.554 | 0.549 | −2.679*** | −2.207** |
| MB | 1.812 | 1.432 | 1.799 | 1.484 | 0.177 | 0.322 |
| TOBINQ | 1.601 | 1.319 | 1.581 | 1.241 | 0.170 | 1.632 |
| GROWTH | 0.193 | 0.122 | 0.211 | 0.144 | −0.749 | −0.806 |

注：*、**、*** 分别代表10%、5%和1%的显著性水平。

## 二 相关性检验

表 6-6 展示的是研究变量之间的相关系数矩阵。矩阵的下三角部分为 Pearson 检验结果，上三角部分为 Spearman 检验结果。通过对矩阵进行观察本书发现，董事联结（$BI$）和内部董事联结（$BI\_IN$）与并购公司短期并购绩效（$ACAR$）、并购公司长期并购绩效（$BHAR$ 和 $\triangle ROA$）以及并购后实体并购绩效（$PCAR$）存在显著正相关关系，初步验证了前文假设 1。联结董事同行业或同产品市场并购经验（$IAE$）与并购公司短期并购绩效（$ACAR$）、并购公司长期并购绩效（$BHAR$ 和 $\triangle ROA$）以及并购后实体并购绩效（$PCAR$）存在显著正相关关系，说明联结董事同行业或同产品市场并购经验，有助于提高并购公司和并购后实体的并购绩效。联结董事相关并购经验（$RAE$）和非相关并购经验（$UAE$）对并购绩效不存在显著的影响，这可能是因为相关性检验过程中，样本并未区分并购类型，而如前文所述，只有当联结董事的并购经验与当前并购高度相似时，并购经验才能更好地发挥作用，对当前并购产生积极影响，错误的差异化则对当前并购无影响（Haleblian，Finkelstein，1999；Finkelstein，Haleblian，2002；程兆谦，2011）。当并购公司的股权性质（$NATURE$）为非国有控股公司时，并购公司长期并购绩效（$BHAR$）更高。

并购公司短期并购绩效（$ACAR$）、并购后实体并购绩效（$PCAR$）以及目标公司相对并购绩效（$\triangle TCAR$）三个变量之间存在显著的相关关系，且相关系数较高，这是因为并购后实体并购绩效（$PCAR$）和目标公司相对并购绩效（$\triangle TCAR$）的衡量是通过并购公司短期并购绩效（$ACAR$）和目标公司短期并购绩效（$TCAR$）加权计算得到的。并购公司长期并购绩效中 $BHAR$ 与 $\triangle ROA$ 之间也存在显著正相关关系，这是因为两个变量都是用以衡量并购公司长期并购绩效的变量，虽然衡量的角度不同，但是本质相同。并购能否为股东创造财富最终会同时通过市场业绩和财务业绩得到体现，因此，$BHAR$ 与 $\triangle ROA$ 两者之间存在显著相关关系。上述反映并购绩效的变量不会同时出现在同一模型之中，因此，不会影响模型的回归结果。

董事联结（$BI$）与内部董事联结（$BI\_IN$）和外部董事联结（$BI\_OUT$）存在显著的正相关关系，且相关系数较高，这是因为内部董事联结（$BI\_IN$）以及外部董事联结（$BI\_OUT$）是根据联结董事的职务特征对董

表 6-6 变量的相关性分析

| | 变量 | 1. $ACAR^a$ | 2. $BHAR$ | 3. $\triangle ROA$ | 4. $PCAR^b$ | 5. $\triangle TCAR^c$ | 6. $BI$ | 7. $BI\_IN$ | 8. $BI\_OUT$ | 9. $IAE$ |
|---|---|---|---|---|---|---|---|---|---|---|
| 并购绩效 | 1. $ACAR^a$ | 1 | | | | | | | | |
| | 2. $BHAR$ | 0.152 | 1 | | | | | | | |
| | 3. $\triangle ROA$ | 0.027 | 0.252*** | 1 | | | | | | |
| | 4. $PCAR^b$ | 0.729*** | 0.005 | 0.153 | 1 | | | | | |
| | 5. $\triangle TCAR^c$ | -0.679*** | -0.175 | -0.106 | -0.312*** | 1 | | | | |
| 董事联结特征 | 6. $BI$ | 0.079** | 0.021* | 0.093* | 0.023* | -0.114 | 1 | | | |
| | 7. $BI\_IN$ | 0.082** | 0.079* | 0.154* | 0.049* | -0.121 | 0.961*** | 1 | | |
| | 8. $BI\_OUT$ | 0.033 | 0.019 | 0.041 | 0.019 | -0.041 | 0.204*** | -0.074 | 1 | |
| | 9. $IAE$ | 0.042* | 0.091* | 0.095* | 0.112* | -0.079 | 0.061 | 0.129* | 0.038 | 1 |
| | 10. $RAE$ | 0.080 | 0.073 | 0.024 | 0.053 | -0.023 | 0.054 | 0.073 | 0.053 | 0.587*** |
| | 11. $UAE$ | 0.068 | 0.006 | 0.105 | 0.073 | -0.093 | 0.062 | 0.139* | 0.018 | 0.417*** |
| 并购交易特征 | 12. $FAE$ | 0.089 | 0.022 | 0.024 | 0.065 | -0.025 | 0.106 | 0.119 | 0.052 | -0.068 |
| | 13. $METHOD$ | 0.155*** | 0.155* | 0.123* | 0.041* | -0.039* | 0.194** | 0.145** | 0.031 | -0.105** |
| | 14. $CON$ | 0.120*** | -0.009 | 0.148* | 0.003* | -0.036 | -0.042 | -0.022 | -0.020 | 0.016 |
| | 15. $ROE\_R$ | -0.115 | -0.037 | 0.014 | -0.096 | -0.126 | 0.160* | 0.158** | -0.009 | 0.145 |
| | 16. $SIZE\_R$ | 0.100*** | 0.237** | 0.185*** | 0.175*** | 0.140 | -0.132 | -0.115 | 0.012 | 0.093 |

续表

| | 变量 | 1. ACAR^a | 2. BHAR | 3. △ROA | 4. PCAR^b | 5. △TCAR^c | 6. BI | 7. BI_IN | 8. BI_OUT | 9. IAE |
|---|---|---|---|---|---|---|---|---|---|---|
| 并购公司特征 | 17. NATURE | 0.004 | 0.156** | 0.029 | 0.093 | -0.093 | 0.032 | 0.055 | -0.078 | 0.162** |
| | 18. CRL | -0.092 | -0.094 | -0.110 | -0.070 | 0.026 | -0.111* | -0.229*** | 0.138* | -0.081 |
| | 19. SHARE | -0.112 | -0.046 | 0.154 | 0.033 | -0.113 | -0.096 | -0.114 | -0.021 | -0.050 |
| | 20. HUBRIS | -0.077 | -0.177** | -0.068 | -0.002 | -0.058 | -0.023 | -0.033 | -0.003 | -0.101** |
| | 21. CASH | -0.024 | -0.018 | -0.080 | -0.043 | -0.028 | 0.107 | 0.106 | 0.042 | -0.058 |
| | 22. LEV | -0.049 | -0.109 | -0.158*** | -0.126 | -0.042 | -0.152 | -0.142 | -0.022 | 0.124 |
| | 23. MB | 0.030 | 0.075 | 0.169*** | -0.071 | 0.078 | -0.084 | -0.073 | 0.013 | 0.065 |
| | 24. TOBINQ | -0.036 | -0.178* | -0.166*** | -0.069 | -0.065 | -0.054 | -0.119* | -0.054 | -0.029 |
| | 25. GROWTH | 0.047 | 0.145 | 0.128 | 0.054 | -0.131 | 0.123** | 0.119* | 0.008 | -0.067 |
| 目标公司特征 | 26. CRL | -0.092 | -0.094 | 0.110 | -0.070 | 0.026 | -0.111* | -0.229*** | 0.138* | -0.081 |
| | 27. SHARE | -0.034 | -0.142 | -0.065 | -0.036 | 0.025 | -0.024 | -0.083 | -0.022 | -0.061 |
| | 28. HUBRIS | 0.031 | -0.083 | 0.034 | -0.032 | 0.057 | 0.197** | 0.156** | -0.009 | -0.109 |
| | 29. CASH | 0.159* | -0.160* | 0.067 | 0.180* | -0.126 | 0.148 | 0.054 | 0.054 | 0.005 |
| | 30. LEV | -0.068 | -0.019 | 0.093 | -0.140 | -0.072 | -0.074 | -0.062 | -0.001 | 0.043 |
| | 31. MB | -0.074 | -0.022 | -0.146 | -0.051 | -0.010 | -0.053 | -0.019 | -0.001 | -0.043 |
| | 32. TOBINQ | -0.006 | 0.045 | -0.124 | 0.091 | 0.042 | 0.077 | 0.098 | -0.045 | -0.098 |
| | 33. GROWTH | -0.135 | -0.155*** | -0.026 | -0.171* | 0.084 | -0.097 | -0.059 | -0.003 | 0.018 |

续表

| | 变量 | 1. ACARᵃ | 2. BHAR | 3. △ROA | 4. PCARᵇ | 5. △TCARᶜ | 6. BI | 7. BI_IN | 8. BI_OUT | 9. IAE |
|---|---|---|---|---|---|---|---|---|---|---|
| 并购后实体特征 | 34. CRL | -0.092 | -0.094 | 0.110 | -0.070 | 0.026 | -0.111** | -0.229*** | 0.138* | -0.081 |
| | 35. SHARE | 0.099 | 0.027 | -0.153 | -0.041 | -0.104 | -0.098 | -0.117 | -0.023 | -0.055 |
| | 36. HUBRIS | 0.046 | 0.045 | -0.006 | 0.051 | 0.022 | 0.073 | 0.082 | -0.013 | -0.102** |
| | 37. CASH | 0.102 | -0.138 | 0.042 | 0.097 | -0.072 | 0.174* | 0.125* | 0.059 | -0.004 |
| | 38. LEV | -0.112 | 0.098 | 0.141*** | -0.167** | -0.132 | -0.158* | -0.096 | -0.023 | 0.196** |
| | 39. MB | -0.124 | -0.098 | -0.164* | -0.095 | 0.039 | -0.036 | -0.054 | 0.014 | -0.014 |
| | 40. TOBINQ | -0.038 | 0.006 | -0.180* | 0.062 | 0.136 | 0.028 | 0.011 | 0.045 | -0.110 |
| | 41. GROWTH | -0.093 | -0.182* | -0.049 | -0.089 | 0.099 | 0.098 | 0.105 | 0.007 | -0.015 |

| | 变量 | 10. RAE | 11. UAE | 12. FAE | 13. METHOD | 14. CON | 15. ROE_R | 16. SIZE_R | 17. NATURE | 18. CRL |
|---|---|---|---|---|---|---|---|---|---|---|
| 并购绩效 | 1. ACARᵃ | 0.045 | 0.115 | 0.032 | 0.003* | 0.010* | -0.174* | 0.114 | 0.001 | -0.122 |
| | 2. BHAR | 0.063 | 0.004 | 0.008 | 0.165 | -0.007 | -0.053 | 0.145 | 0.152** | -0.086 |
| | 3. △ROA | 0.029 | 0.114 | 0.097 | 0.132* | 0.175* | 0.040 | 0.112 | 0.023 | -0.070 |
| | 4. PCARᵇ | 0.097 | 0.056 | 0.051 | 0.057* | 0.026* | -0.086 | 0.168*** | 0.101 | -0.085 |
| | 5. △TCARᶜ | -0.039 | -0.083 | -0.005 | -0.021* | -0.041 | -0.126 | 0.087 | -0.069 | 0.087 |
| 董事联结特征 | 6. BI | 0.085 | 0.106 | 0.053 | 0.194** | -0.042 | 0.095 | -0.031 | 0.032 | -0.106** |
| | 7. BI_IN | 0.121* | 0.171** | 0.093 | 0.145** | -0.022 | 0.108 | -0.094 | 0.055 | -0.241*** |
| | 8. BI_OUT | 0.058 | 0.051 | 0.015 | 0.031 | -0.021 | 0.009 | 0.068 | -0.078 | 0.111 |
| | 9. IAE | 0.441*** | 0.383*** | 0.027 | -0.188** | 0.053 | 0.147 | 0.073 | 0.158** | -0.090 |
| | 10. RAE | 1 | 0.220*** | 0.055 | -0.027 | -0.102 | -0.036 | -0.069 | 0.029 | -0.003 |
| | 11. UAE | 0.249*** | 1 | 0.107** | 0.001 | 0.038 | 0.179* | -0.062 | 0.088 | -0.133** |

续表

| | 变量 | 10.RAE | 11.UAE | 12.FAE | 13.METHOD | 14.CON | 15.ROE_R | 16.SIZE_R | 17.NATURE | 18.CRL |
|---|---|---|---|---|---|---|---|---|---|---|
| 并购交易特征 | 12.FAE | 0.081 | 0.083 | 1 | -0.055 | 0.103 | -0.012 | -0.187*** | 0.052 | 0.106 |
| | 13.METHOD | -0.044 | -0.028 | -0.094 | 1 | -0.121*** | -0.013 | -0.114 | -0.096 | -0.088 |
| | 14.CON | -0.095 | 0.037 | 0.188* | -0.121*** | 1 | -0.042 | 0.106 | -0.101 | 0.103 |
| | 15.ROE_R | 0.046 | 0.195** | -0.096 | 0.024 | -0.168* | 1 | 0.159* | 0.027 | 0.113 |
| | 16.SIZE_R | -0.063 | -0.054 | -0.121** | -0.180* | 0.054 | 0.184* | 1 | 0.167** | 0.071 |
| 并购公司特征 | 17.NATURE | 0.032 | 0.125 | 0.043 | -0.096 | -0.101 | 0.044 | 0.203*** | 1 | -0.102 |
| | 18.CRL | -0.032 | -0.110** | 0.073 | -0.078 | 0.120 | 0.082 | 0.098 | -0.091 | 1 |
| | 19.SHARE | -0.069 | -0.095 | -0.081 | 0.038 | -0.027 | -0.042 | 0.020 | 0.131*** | -0.160* |
| | 20.HUBRIS | -0.145*** | -0.144 | -0.157* | 0.019 | -0.074 | 0.016 | 0.197*** | 0.093 | 0.045 |
| | 21.CASH | -0.057 | -0.103 | 0.001 | 0.006 | -0.127** | -0.037 | 0.083 | 0.098 | -0.052 |
| | 22.LEV | 0.072 | 0.039 | 0.129 | -0.171* | -0.004 | 0.099 | 0.109*** | 0.108 | 0.137** |
| | 23.MB | 0.014 | 0.026 | -0.136 | -0.102 | -0.111 | 0.089 | -0.171* | -0.103 | -0.179* |
| | 24.TOBINQ | -0.011 | -0.077 | 0.002 | 0.073 | 0.081 | -0.049 | 0.170*** | 0.099 | 0.008 |
| | 25.GROWTH | 0.004 | -0.059 | -0.058 | -0.001 | 0.024 | -0.011 | -0.167* | 0.013 | -0.052 |

续表

| | 变量 | 10. RAE | 11. UAE | 12. FAE | 13. METHOD | 14. CON | 15. ROE_R | 16. SIZE_R | 17. NATURE | 18. CRL |
|---|---|---|---|---|---|---|---|---|---|---|
| 目标公司特征 | 26. CRL | -0.032 | -0.110** | 0.073 | -0.078 | 0.120 | 0.082 | 0.098 | -0.091 | 0.013* |
| | 27. SHARE | 0.074 | 0.047 | -0.053 | 0.047 | -0.033 | -0.020 | -0.129 | 0.071 | -0.013 |
| | 28. HUBRIS | 0.015 | -0.142 | -0.097 | 0.156* | -0.076 | -0.048 | -0.141*** | 0.049 | -0.080 |
| | 29. CASH | 0.063 | -0.076 | 0.172* | -0.104 | 0.095 | 0.158* | 0.012 | 0.025 | 0.143 |
| | 30. LEV | 0.012 | -0.031 | -0.078 | -0.101 | 0.088 | 0.173* | 0.146*** | -0.072 | 0.064 |
| | 31. MB | 0.134 | 0.073 | -0.019 | 0.151 | -0.135 | -0.063 | -0.172* | -0.002 | -0.016 |
| | 32. TOBINQ | 0.092 | 0.018 | 0.134 | 0.033 | -0.027 | -0.107** | -0.134*** | 0.149** | -0.130 |
| | 33. GROWTH | 0.019 | 0.002 | 0.048 | 0.022 | 0.032 | -0.039 | 0.118 | -0.067 | -0.009 |
| 并购后实体特征 | 34. CRL | -0.032 | -0.110** | 0.073 | -0.078 | 0.120 | 0.082 | 0.098 | -0.091 | 0.546* |
| | 35. SHARE | -0.059 | -0.084 | -0.086 | 0.042 | -0.029 | -0.048 | 0.009 | 0.266*** | -0.166* |
| | 36. HUBRIS | -0.131 | -0.102 | -0.141 | 0.193** | -0.078 | -0.088 | -0.115 | -0.009 | -0.033 |
| | 37. CASH | -0.004 | -0.077 | 0.054 | -0.016 | -0.027 | -0.014 | -0.009 | 0.078 | -0.030 |
| | 38. LEV | 0.097 | 0.013 | 0.034 | -0.199** | 0.040 | 0.172* | 0.188*** | 0.096 | 0.085 |
| | 39. MB | 0.062 | 0.041 | -0.176* | 0.106 | -0.065 | 0.050 | -0.164* | -0.033 | -0.062 |
| | 40. TOBINQ | -0.016 | -0.031 | -0.012 | 0.066 | 0.054 | -0.199** | -0.119*** | 0.041 | -0.139 |
| | 41. GROWTH | -0.003 | -0.035 | -0.095 | 0.026 | 0.059 | 0.056 | 0.035 | -0.003 | -0.011 |

续表

| | 变量 | 19. SHARE | 20. HUBRIS | 21. CASH | 22. LEV | 23. MB | 24. TOBINQ | 25. GROWTH | 26. CRL | 27. SHARE |
|---|---|---|---|---|---|---|---|---|---|---|
| 并购绩效 | 1. ACAR$^a$ | -0.023 | -0.055 | -0.005 | -0.051 | 0.038 | -0.054 | 0.101 | -0.122 | -0.011 |
| | 2. BHAR | -0.139 | -0.170*** | -0.040 | -0.011 | 0.038 | -0.167** | 0.128 | -0.086 | -0.121 |
| | 3. △ROA | 0.018 | -0.114 | -0.034 | -0.146 | 0.103 | -0.064 | 0.043 | 0.070 | -0.127 |
| | 4. PCAR$^b$ | 0.120 | -0.010 | -0.016 | -0.073 | -0.034 | -0.031 | 0.013 | -0.085 | -0.078 |
| | 5. △TCAR$^c$ | -0.010 | -0.011 | -0.066 | -0.002 | 0.022 | -0.041 | -0.146 | 0.087 | 0.061 |
| 董事联结特征 | 6. BI | 0.088 | -0.039 | 0.143 | -0.135 | -0.124 | -0.033 | 0.146*** | -0.106** | 0.051 |
| | 7. BI_IN | -0.135 | -0.048 | 0.127* | -0.174 | -0.090 | -0.082 | 0.201*** | -0.241*** | -0.101 |
| | 8. BI_OUT | -0.053 | -0.002 | 0.079 | -0.035 | 0.021 | -0.018 | -0.009 | 0.111 | -0.034 |
| | 9. IAE | -0.170* | -0.146*** | -0.091 | 0.138** | 0.152 | -0.049 | -0.003 | -0.090 | -0.091 |
| | 10. RAE | -0.124 | -0.150*** | -0.052 | 0.088 | 0.119 | -0.044 | 0.025 | -0.003 | -0.035 |
| | 11. UAE | 0.040 | -0.111** | -0.070 | 0.121 | 0.108 | -0.030 | -0.041 | -0.133** | 0.034 |
| 并购交易特征 | 12. FAE | -0.196** | -0.133 | -0.054 | 0.133** | -0.156* | -0.132 | -0.015 | 0.106 | 0.078 |
| | 13. METHOD | 0.116 | 0.037 | -0.064 | -0.143*** | -0.106 | 0.146 | -0.010 | -0.088 | -0.015 |
| | 14. CON | -0.080 | -0.081 | -0.150 | 0.019 | -0.069 | 0.095 | 0.037 | 0.103 | 0.004 |
| | 15. ROE_R | 0.071 | 0.008 | -0.080 | 0.072 | 0.028 | 0.137 | -0.031 | 0.113 | -0.114 |
| | 16. SIZE_R | 0.105** | 0.119*** | 0.069 | -0.019 | 0.053 | 0.178*** | -0.172* | 0.071 | -0.141*** |

续表

| | 变量 | 19. SHARE | 20. HUBRIS | 21. CASH | 22. LEV | 23. MB | 24. TOBINQ | 25. GROWTH | 26. CRL | 27. SHARE |
|---|---|---|---|---|---|---|---|---|---|---|
| 并购公司特征 | 17. NATURE | 0.074 | 0.062 | 0.093 | 0.067 | -0.011 | 0.068 | 0.035 | -0.102 | 0.048 |
| | 18. CRL | -0.133 | 0.039 | -0.027 | 0.187 | -0.016 | -0.093 | 0.040 | 0.013* | -0.186 |
| | 19. SHARE | 1 | 0.187*** | 0.186** | -0.159* | -0.127 | 0.152*** | -0.080 | -0.133 | -0.112 |
| | 20. HUBRIS | 0.108 | 1 | -0.008 | -0.161* | 0.113 | 0.107** | -0.107 | 0.039 | -0.117 |
| | 21. CASH | 0.135 | -0.045 | 1 | -0.159* | -0.147 | 0.113** | -0.017 | -0.027 | -0.034 |
| | 22. LEV | -0.130 | 0.023 | 0.007 | 1 | 0.171* | -0.128*** | -0.045 | 0.187* | 0.029 |
| | 23. MB | 0.062 | 0.012 | -0.039 | -0.110** | 1 | -0.041 | 0.121** | -0.016 | 0.118 |
| | 24. TOBINQ | 0.138*** | 0.177*** | 0.142*** | 0.108 | -0.176*** | 1 | -0.100 | -0.093 | -0.116** |
| | 25. GROWTH | -0.045 | -0.127 | 0.025 | -0.190 | 0.191** | -0.186** | 1 | 0.040 | 0.001 |
| 目标公司特征 | 26. CRL | -0.160* | 0.045 | -0.052 | 0.137** | -0.179* | 0.008 | -0.052 | 1 | -0.186 |
| | 27. SHARE | -0.024 | -0.095 | -0.060 | 0.073 | 0.106 | -0.086 | 0.033 | -0.013 | 1 |
| | 28. HUBRIS | 0.132** | 0.019 | 0.162* | 0.061 | -0.003 | 0.097 | 0.179* | -0.080 | 0.110 |
| | 29. CASH | 0.033 | -0.091 | -0.085 | 0.015 | 0.029 | -0.157* | 0.190** | 0.143 | 0.039 |
| | 30. LEV | -0.111 | 0.122 | 0.053 | 0.260*** | 0.063 | -0.002 | 0.158** | 0.064 | -0.191** |
| | 31. MB | 0.095 | 0.052 | -0.112 | -0.101 | 0.186** | -0.108 | -0.074 | -0.016 | -0.016 |
| | 32. TOBINQ | 0.154 | -0.066 | 0.026 | -0.150 | -0.028 | 0.189** | 0.009 | -0.130 | 0.138** |
| | 33. GROWTH | 0.068 | -0.128 | -0.027 | -0.064 | -0.005 | -0.011 | -0.034 | -0.009 | -0.015 |
| 并购后实体特征 | 34. CRL | -0.160* | 0.045 | -0.052 | 0.137** | -0.179* | 0.008 | -0.052 | 0.563*** | -0.013 |
| | 35. SHARE | 0.992*** | 0.098 | 0.141 | -0.125 | 0.072 | 0.124*** | -0.040 | -0.166* | 0.044 |
| | 36. HUBRIS | 0.159*** | 0.690*** | 0.032 | -0.065 | -0.039 | 0.136** | 0.008 | -0.033 | -0.041 |
| | 37. CASH | 0.100 | -0.120 | 0.647*** | -0.086 | -0.004 | 0.052 | 0.185** | -0.030 | -0.071 |
| | 38. LEV | -0.159* | -0.021 | -0.016 | 0.781*** | -0.039 | -0.081 | -0.071 | 0.085 | 0.026 |
| | 39. MB | 0.145 | 0.072 | -0.133 | -0.148 | 0.586*** | -0.032 | 0.147 | -0.062 | 0.084 |
| | 40. TOBINQ | 0.139*** | 0.165* | 0.181* | -0.182*** | 0.023 | 0.560*** | 0.020 | -0.139 | 0.011 |
| | 41. GROWTH | 0.042 | -0.100 | 0.034 | -0.079 | 0.167* | -0.028 | 0.792*** | -0.011 | 0.030 |

第六章 董事联结、联结董事并购经验与并购绩效 \ 241

续表

| | 变量 | 28. HUBRIS | 29. CASH | 30. LEV | 31. MB | 32. TOBINQ | 33. GROWTH | 34. CRL | 35. SHARE |
|---|---|---|---|---|---|---|---|---|---|
| 并购绩效 | 1. ACAR$^a$ | 0.063 | 0.110 | -0.106 | -0.054 | 0.002 | -0.141 | -0.122 | 0.020 |
| | 2. BHAR | -0.118 | -0.186** | -0.015 | -0.012 | 0.023 | -0.150 | -0.086 | 0.026 |
| | 3. △ROA | 0.007 | 0.011 | 0.079 | -0.063 | -0.132 | -0.050 | 0.070 | -0.083 |
| | 4. PCAR$^b$ | -0.013 | 0.108 | -0.212** | -0.006 | 0.132 | -0.185** | -0.085 | -0.044 |
| | 5. △TCAR$^c$ | 0.017 | -0.058 | -0.080 | -0.020 | 0.120 | 0.036 | 0.087 | 0.082 |
| 董事联结特征 | 6. BI | 0.164* | 0.130 | -0.031 | -0.053 | 0.068 | -0.091 | -0.106** | 0.091 |
| | 7. BI_IN | 0.157** | 0.069 | -0.028 | -0.041 | 0.073 | -0.019 | -0.241*** | -0.111 |
| | 8. BI_OUT | -0.027 | 0.089 | -0.003 | -0.029 | -0.044 | -0.023 | 0.111 | -0.007 |
| | 9. IAE | -0.084 | -0.102 | 0.030 | 0.048 | -0.083 | 0.041 | -0.090 | -0.194** |
| | 10. RAE | 0.069 | 0.042 | 0.036 | 0.132 | 0.079 | -0.005 | -0.003 | -0.109 |
| | 11. UAE | -0.107 | -0.056 | 0.001 | 0.120 | -0.035 | -0.022 | -0.133** | 0.059 |
| 并购交易特征 | 12. FAE | -0.082 | 0.181* | -0.075 | -0.023 | 0.028 | 0.096 | 0.106 | -0.103 |
| | 13. METHOD | 0.187** | -0.094 | -0.119 | 0.146 | 0.024 | 0.019 | -0.088 | 0.061 |
| | 14. CON | -0.103 | 0.112 | 0.118 | -0.084 | -0.022 | 0.069 | 0.103 | -0.055 |
| | 15. ROE_R | -0.116 | 0.027 | 0.095 | 0.008 | -0.109 | 0.084 | 0.113 | -0.020 |
| | 16. SIZE_R | -0.135** | -0.088 | 0.172*** | -0.122 | -0.154*** | 0.182*** | 0.071 | -0.052 |

续表

| | 变量 | 28. HUBRIS | 29. CASH | 30. LEV | 31. MB | 32. TOBINQ | 33. GROWTH | 34. CRL | 35. SHARE |
|---|---|---|---|---|---|---|---|---|---|
| 并购公司特征 | 17. NATURE | 0.032 | 0.051 | -0.077 | -0.023 | 0.126* | -0.005 | -0.102 | 0.017 |
| | 18. CRL | -0.050 | 0.128 | 0.025 | -0.089 | -0.042 | -0.003 | 0.546* | -0.125 |
| | 19. SHARE | 0.059 | -0.063 | -0.103 | 0.088 | 0.185** | -0.035 | -0.133 | 0.617*** |
| | 20. HUBRIS | 0.000 | -0.180 | 0.054 | 0.130 | 0.012 | -0.024 | 0.039 | 0.117 |
| | 21. CASH | 0.101 | -0.056 | -0.039 | -0.147 | 0.097 | -0.025 | -0.027 | 0.050 |
| | 22. LEV | -0.024 | -0.093 | 0.228** | -0.106 | -0.132** | -0.029 | 0.187* | -0.105 |
| | 23. MB | 0.083 | 0.005 | 0.164* | 0.353*** | -0.044 | 0.019 | -0.016 | 0.012 |
| | 24. TOBINQ | 0.002 | -0.124 | -0.086 | -0.063 | 0.250*** | -0.070 | -0.093 | 0.018 |
| | 25. GROWTH | 0.177* | 0.195** | 0.093 | -0.075 | 0.006 | -0.032 | 0.040 | -0.058 |
| 目标公司特征 | 26. CRL | -0.050 | 0.128 | 0.025 | -0.089 | -0.042 | -0.003 | 0.563*** | -0.125** |
| | 27. SHARE | 0.075 | 0.003 | -0.062 | 0.056 | -0.033 | 0.094 | -0.186** | 0.673*** |
| | 28. HUBRIS | 1 | 0.035 | -0.074 | 0.055 | 0.118 | -0.105 | -0.050 | 0.082 |
| | 29. CASH | 0.024 | 1 | 0.081 | -0.170* | -0.119 | 0.114 | 0.128 | -0.093 |
| | 30. LEV | -0.032 | 0.106** | 1 | -0.179*** | -0.164*** | 0.042 | 0.025 | -0.156* |
| | 31. MB | 0.071 | -0.095 | -0.165* | 1 | 0.172*** | -0.029 | -0.089 | 0.133 |
| | 32. TOBINQ | 0.127 | -0.185*** | -0.170*** | 0.123** | 1 | -0.191** | -0.042 | 0.176* |
| | 33. GROWTH | -0.037 | 0.157* | 0.013 | -0.038 | -0.163* | 1 | -0.003 | 0.044 |

续表

| | 变量 | 28. HUBRIS | 29. CASH | 30. LEV | 31. MB | 32. TOBINQ | 33. GROWTH | 34. CRL | 35. SHARE |
|---|---|---|---|---|---|---|---|---|---|
| 并购后实体特征 | 34. CRL | -0.080 | 0.143 | 0.064 | -0.016 | -0.130 | -0.009 | 1 | -0.125** |
| | 35. SHARE | 0.140** | 0.045 | -0.127 | 0.099 | 0.181* | 0.069 | -0.166* | 1 |
| | 36. HUBRIS | 0.546*** | -0.083 | -0.015 | 0.169* | 0.050 | -0.158* | -0.033 | 0.155*** |
| | 37. CASH | 0.161* | 0.405*** | 0.087 | -0.127 | -0.170* | 0.061 | -0.030 | 0.112 |
| | 38. LEV | -0.107 | 0.076 | 0.576*** | -0.089 | -0.153* | -0.002 | 0.085 | -0.161* |
| | 39. MB | 0.150 | -0.032 | 0.028 | 0.714*** | 0.099 | -0.042 | -0.062 | 0.152 |
| | 40. TOBINQ | 0.180* | -0.301*** | -0.200*** | 0.110 | 0.691*** | -0.085 | -0.139 | 0.141*** |
| | 41. GROWTH | 0.120 | 0.252*** | 0.266** | -0.168* | -0.098 | 0.373*** | -0.011 | 0.044 |

| | 变量 | 36. HUBRIS | 37. CASH | 38. LEV | 39. MB | 40. TOBINQ | 41. GROWTH |
|---|---|---|---|---|---|---|---|
| 并购绩效 | 1. ACAR[a] | 0.045 | 0.083 | -0.084 | -0.069 | -0.032 | -0.164 |
| | 2. BHAR | 0.119 | -0.128 | 0.028 | -0.069 | 0.042 | -0.100 |
| | 3. △ROA | -0.112 | 0.070 | 0.134 | -0.115 | -0.151 | -0.047 |
| | 4. PCAR[b] | 0.024 | 0.078 | -0.160* | -0.006 | 0.080 | -0.151 |
| | 5. △TCAR[c] | 0.014 | -0.005 | -0.108 | 0.011 | 0.162* | 0.122 |
| 董事联结特征 | 6. BI | 0.038 | 0.169* | -0.114 | -0.086 | 0.048 | 0.104 |
| | 7. BI_IN | 0.071 | 0.124* | -0.081 | -0.093 | 0.002 | 0.106 |
| | 8. BI_OUT | -0.006 | 0.098 | -0.031 | -0.038 | 0.062 | 0.015 |
| | 9. IAE | -0.115** | -0.015 | 0.119** | 0.069 | -0.132 | 0.019 |
| | 10. RAE | -0.150 | -0.024 | 0.106 | 0.140 | 0.001 | 0.009 |
| | 11. UAE | -0.174* | -0.043 | 0.105 | 0.135 | -0.051 | 0.002 |

续表

| | 变量 | 36. HUBRIS | 37. CASH | 38. LEV | 39. MB | 40. TOBINQ | 41. GROWTH |
|---|---|---|---|---|---|---|---|
| 并购交易特征 | 12. FAE | -0.149 | -0.037 | 0.126 | -0.158 | -0.153 | -0.062 |
| | 13. METHOD | 0.190** | -0.028 | -0.131** | 0.107 | 0.119 | 0.012 |
| | 14. CON | -0.090 | -0.024 | 0.095 | -0.056 | -0.004 | 0.098 |
| | 15. ROE_R | -0.092 | -0.058 | 0.096 | 0.073 | -0.044 | 0.102 |
| | 16. SIZE_R | 0.056 | 0.030 | 0.173* | -0.067 | -0.133** | 0.019 |
| 并购公司特征 | 17. NATURE | -0.007 | 0.075 | 0.075 | -0.014 | 0.015 | -0.041 |
| | 18. CRL | -0.033 | -0.043 | 0.105 | -0.018 | -0.079 | 0.044 |
| | 19. SHARE | 0.143*** | 0.116 | -0.143 | 0.067 | 0.133** | 0.014 |
| | 20. HUBRIS | 0.742*** | -0.071 | -0.082 | 0.140 | 0.122 | -0.097 |
| | 21. CASH | -0.011 | 0.737*** | -0.119 | -0.139** | 0.143 | 0.007 |
| | 22. LEV | -0.202** | -0.176 | 0.823*** | -0.006 | -0.170*** | -0.052 |
| | 23. MB | 0.084 | -0.112 | 0.183*** | 0.749*** | -0.038 | 0.194** |
| | 24. TOBINQ | 0.154 | 0.078 | -0.198*** | 0.036 | 0.604*** | -0.027 |
| | 25. GROWTH | -0.019 | 0.114 | 0.026 | 0.100 | -0.005 | 0.769*** |
| 目标公司特征 | 26. CRL | -0.033 | -0.043 | 0.105 | -0.018 | -0.079 | 0.044 |
| | 27. SHARE | -0.014 | -0.079 | -0.004 | 0.068 | -0.084 | -0.020 |
| | 28. HUBRIS | 0.462*** | 0.113 | -0.018 | 0.157* | 0.170 | 0.112 |
| | 29. CASH | -0.152 | 0.374*** | -0.058 | -0.044 | -0.062 | 0.183* |
| | 30. LEV | -0.070 | -0.009 | 0.605*** | -0.073 | -0.131*** | 0.177* |
| | 31. MB | 0.161*** | -0.127 | -0.142 | 0.724*** | 0.185*** | -0.156* |
| | 32. TOBINQ | 0.138 | -0.015 | -0.144*** | 0.154*** | 0.774*** | -0.114 |
| | 33. GROWTH | -0.103 | 0.061 | -0.004 | -0.029 | -0.159 | 0.409*** |

续表

| 变量 | 36. HUBRIS | 37. CASH | 38. LEV | 39. MB | 40. TOBINQ | 41. GROWTH |
|---|---|---|---|---|---|---|
| 34. CRL | -0.033 | -0.043 | 0.105 | -0.018 | -0.079 | 0.044 |
| 35. SHARE | 0.153 | -0.036 | -0.125 | 0.128 | 0.155 | -0.020 |
| 36. HUBRIS | 1 | -0.059 | -0.181* | 0.163*** | 0.178*** | -0.105 |
| 37. CASH | -0.035 | 1 | -0.094 | -0.118** | 0.021 | 0.118 |
| 38. LEV | -0.126** | -0.043 | 1 | 0.016 | -0.123*** | 0.065 |
| 39. MB | 0.190** | -0.112 | -0.056 | 1 | 0.170*** | 0.078 |
| 40. TOBINQ | 0.190*** | -0.052 | -0.174*** | 0.169* | 1 | -0.070 |
| 41. GROWTH | -0.089 | 0.117** | 0.039 | 0.094 | -0.032 | 1 |

（并购后实体特征）

注：*、**、***分别代表10%、5%和1%的显著性水平；a. 并购公司短期并购绩效（ACAR）为事件窗［-5，+5］的累计超额收益率；b. 并购后实体并购绩效（PCAR）为事件窗［-5，+5］的累计超额收益率；c. 目标公司相对并购绩效（△TCAR）为事件窗［-5，+5］的累计超额收益率；当上述事件窗变为［-3，+3］和［-1，+1］时，相关分析结论本质上不发生变化。

事联结（*BI*）进行的进一步分类，上述董事联结不会同时出现在同一模型之中，因此，不会影响模型的回归结果。联结董事的同行业或同产品市场并购经验（*IAE*）与联结董事的相关并购经验（*RAE*）和联结董事的非相关并购经验（*UAE*）之间也存在显著的正相关关系，且相关系数较高，这是因为联结董事在获得同行业或同产品市场并购经验的同时，也必然会增加相关并购经验或非相关并购经验，但是由于联结董事同行业或同产品市场并购经验与其他两种并购经验不会同时出现在同一模型之中，因此，不会影响模型的回归结果。

此外，并购公司、目标公司和并购后实体的某些特征之间也存在较强的相关关系，且相关系数较高，这是因为并购后实体的特征计量是由并购公司和目标公司的相关特征加权计算得到的，但是并购公司特征、目标公司特征和并购后实体特征不会出现在同一模型之中，因此，也不会影响模型的回归结果。其他变量之间的系数都在 0.3 以下，说明这些变量之间并不存在严重的多重共线性问题。

### 三　回归结果分析

（1）董事联结与并购公司短期并购绩效

本书使用方差扩大因子法对本章每个模型中的自变量进行了共线性检验，检验结果显示各模型的方差膨胀因子（VIF）均值均小于 2，最大值均小于 10，表明自变量之间无严重共线性问题。表 6-7 给出董事联结与并购公司短期并购绩效的回归结果。第一列为控制变量构成的基准模型回归结果，模型 6.1 将董事联结（*BI*）变量引入基础模型，董事联结（*BI*）的回归系数在 5% 的水平上显著为正，说明如果并购双方存在董事联结，那么并购公司的短期并购绩效相对较好，这与本章假设 1 预测一致。本书将董事联结进一步划分为内部董事联结和外部董事联结，并分别将内部董事联结（*BI_IN*）和外部董事联结（*BI_OUT*）引入基准模型中，形成模型 6.2 和模型 6.3。模型 6.2 的回归结果表明，内部董事联结（*BI_IN*）的回归系数在 5% 的水平上显著为正，说明如果并购双方存在内部董事联结，那么并购公司的短期并购绩效相对较好。模型 6.3 的回归结果表明，外部董事联结（*BI_OUT*）的回归系数为正，但未达到 10% 的显著性水平，说明并购双方的外部董事联结对并购公司短期并购绩效没有显著影响。

表6-7　董事联结与并购公司短期并购绩效的回归结果

| 变量 | 基准 | 模型6.1 | 模型6.2 | 模型6.3 | 模型6.4 | 模型6.5 | 模型6.6 | 模型6.7 | 模型6.8（1） | 模型6.8（2） |
|---|---|---|---|---|---|---|---|---|---|---|
| BI | — | 0.036** (2.11) | — | — | 0.041*** (2.79) | 0.041** (2.22) | 0.047* (1.92) | 0.075* (1.93) | 0.040* (1.85) | 0.064* (1.86) |
| BI_IN | — | — | 0.045** (2.13) | — | — | — | — | — | — | — |
| BI_OUT | — | — | — | 0.028 (1.28) | — | — | — | — | — | — |
| NATURE | — | — | — | — | 0.008 (1.24) | — | — | — | — | — |
| IAE | — | — | — | — | — | 0.017 (1.03) | — | — | — | — |
| RAE | — | — | — | — | — | — | 0.010* (1.73) | — | 0.008 (1.35) | 0.004 (0.28) |
| UAE | — | — | — | — | — | — | — | 0.016* (1.75) | 0.005 (0.32) | 0.014* (1.66) |
| BI×NATURE | — | — | — | — | 0.016*** (2.76) | — | — | — | — | — |
| BI×IAE | — | — | — | — | — | 0.040* (1.75) | — | — | — | — |
| BI×RAE | — | — | — | — | — | — | 0.018* (1.75) | — | 0.012* (1.69) | 0.007 (0.87) |
| BI×UAE | — | — | — | — | — | — | — | 0.029* (1.76) | 0.009 (0.61) | 0.033* (1.82) |

续表

| 变量 | 基准 | 模型 6.1 | 模型 6.2 | 模型 6.3 | 模型 6.4 | 模型 6.5 | 模型 6.6 | 模型 6.7 | 模型 6.8 (1) | 模型 6.8 (2) |
|---|---|---|---|---|---|---|---|---|---|---|
| FAE | 0.018 | 0.020 | 0.022 | 0.020 | 0.024 | 0.012 | 0.004 | 0.011 | 0.003 | 0.012 |
| | (0.45) | (0.47) | (0.53) | (0.48) | (0.61) | (0.45) | (0.23) | (0.72) | (0.31) | (0.85) |
| METHOD | 0.085*** | 0.143*** | 0.087*** | 0.089*** | 0.085*** | 0.134*** | 0.010** | 0.188*** | 0.012** | 0.182*** |
| | (4.41) | (4.57) | (4.45) | (4.60) | (4.44) | (4.19) | (2.03) | (4.24) | (2.17) | (4.16) |
| CON | 0.007 | 0.016 | 0.011 | 0.013 | 0.006 | 0.004 | 0.091* | 0.005 | 0.084* | 0.006 |
| | (0.25) | (0.35) | (0.38) | (0.44) | (0.21) | (0.09) | (1.91) | (0.22) | (1.83) | (0.31) |
| ROE_R | -0.002 | -0.012 | -0.003 | -0.004 | 0.000 | -0.017*** | -0.006 | -0.008 | -0.007 | -0.007 |
| | (-0.12) | (-0.43) | (-0.16) | (-0.17) | (-0.02) | (-2.60) | (-0.44) | (-0.23) | (-0.40) | (-0.35) |
| SIZE_R | 0.012 | 0.011 | 0.023 | 0.019 | 0.006 | 0.018 | 0.189 | 0.010 | 0.171 | 0.009 |
| | (0.23) | (0.16) | (0.44) | (0.37) | (0.11) | (0.26) | (1.41) | (0.10) | (1.27) | (0.14) |
| CRL | -0.059 | -0.057 | -0.007** | -0.006* | -0.056* | -0.061 | -0.036 | -0.094 | -0.031 | -0.089 |
| | (-1.63) | (-1.04) | (-1.98) | (-1.66) | (-1.65) | (-1.15) | (-1.12) | (-1.23) | (-1.08) | (-1.36) |
| SHARE | -0.012 | -0.013 | -0.005 | -0.005 | -0.014 | -0.021 | -0.109 | -0.007 | -0.114 | -0.008 |
| | (-0.23) | (-0.11) | (-0.10) | (-0.12) | (-0.21) | (-0.16) | (-0.73) | (-0.04) | (-0.82) | (-0.07) |
| HUBRIS | -0.067* | -0.100* | -0.002* | -0.002* | -0.005 | -0.026 | -0.013 | -0.218** | -0.015 | -0.203** |
| | (-1.68) | (-1.67) | (-1.74) | (-1.71) | (-1.35) | (-0.45) | (-0.17) | (-2.30) | (-0.24) | (-2.12) |
| CASH | -0.021 | -0.043 | -0.013 | -0.011 | -0.016 | -0.021 | -0.014 | -0.076 | -0.018 | -0.084 |
| | (-0.70) | (-0.94) | (-0.45) | (-0.39) | (-0.35) | (-0.31) | (-0.33) | (-0.90) | (-0.42) | (-1.03) |
| LEV | -0.057*** | -0.138*** | -0.065*** | -0.067*** | -0.057** | -0.149*** | -0.006** | -0.132*** | -0.007** | -0.137*** |
| | (-2.62) | (-4.14) | (-2.93) | (-3.02) | (-2.60) | (-4.28) | (-2.10) | (-2.93) | (-2.16) | (-3.19) |
| MB | 0.001 | 0.002 | 0.007 | 0.009 | 0.007 | 0.003** | 0.009 | 0.006** | 0.008 | 0.006** |
| | (0.54) | (0.59) | (0.36) | (0.48) | (1.79) | (2.33) | (1.03) | (2.30) | (1.14) | (2.33) |

续表

| 变量 | 基准 | 模型 6.1 | 模型 6.2 | 模型 6.3 | 模型 6.4 | 模型 6.5 | 模型 6.6 | 模型 6.7 | 模型 6.8 (1) | 模型 6.8 (2) |
|---|---|---|---|---|---|---|---|---|---|---|
| $TOBINQ$ | -0.007* | -0.012* | -0.005* | -0.005* | -0.001* | -0.020*** | -0.018** | -0.006 | -0.015** | -0.006 |
| | (-1.85) | (-1.86) | (-1.74) | (-1.83) | (-1.88) | (-4.52) | (-2.10) | (-0.71) | (-2.03) | (-0.73) |
| $GROWTH$ | 0.007 | 0.007 | 0.008 | 0.008 | 0.008 | 0.011 | 0.002 | 0.014 | 0.002 | 0.012 |
| | (0.82) | (0.59) | (0.93) | (0.94) | (0.92) | (0.53) | (0.09) | (0.80) | (0.12) | (0.85) |
| $YEAR$ | 控制 | 控制 | 控制 | 控制 | 控制 | 控制 | 控制 | 控制 | 控制 | 控制 |
| $INDUSTRY$ | 控制 | 控制 | 控制 | 控制 | 控制 | 控制 | 控制 | 控制 | 控制 | 控制 |
| $C$ | 0.107 | 0.173 | 0.079 | 0.085 | 0.099 | 0.176 | -0.168 | 0.227 | -0.145 | 0.221 |
| | (1.21) | (1.35) | (0.91) | (0.46) | (1.12) | (1.37) | (-1.06) | (1.39) | (-0.97) | (1.36) |
| AdjR² | 0.262 | 0.266 | 0.277 | 0.251 | 0.288 | 0.296 | 0.180 | 0.286 | 0.192 | 0.294 |
| F 值 | 3.84*** | 3.89*** | 3.98*** | 3.38*** | 4.12*** | 4.21*** | 2.97** | 4.07*** | 2.99*** | 4.15*** |
| 样本 | 全部样本 | 全部样本 | 全部样本 | 全部样本 | 全部样本 | 全部样本 | 相关并购 | 非相关并购 | 相关并购 | 非相关并购 |
| 样本数 (个) | 608 | 608 | 608 | 608 | 608 | 608 | 189 | 419 | 189 | 419 |

注：模型 6.8 (1) 针对的是相关并购样本，模型 6.8 (2) 针对的是非相关并购样本；括号内为 T 统计量，T 值已经过 White (1980) 异方差稳健性修正；*、**、***分别代表 10%、5% 和 1% 的显著性水平。

为了检验股权性质对董事联结与并购公司短期并购绩效关系的调节作用，本书在模型 6.1 的基础上，引入股权性质（*NATURE*）和董事联结与股权性质的交互项（*BI×NATURE*），形成模型 6.4。回归结果表明，董事联结与股权性质交互项（*BI×NATURE*）的回归系数在 1% 水平上显著为正，说明当并购公司为非国有控股公司时，并购双方的董事联结对并购公司短期并购绩效的正向影响更大，这与本章假设 2 预测一致。

为了检验联结董事同行业或同产品市场并购经验对董事联结与并购公司短期并购绩效关系的调节作用，本书在模型 6.1 的基础上，引入董事联结同行业或同产品市场并购经验（*IAE*）和董事联结与联结董事同行业或同产品市场并购经验的交互项（*BI×IAE*），形成模型 6.5。董事联结与联结董事同行业或同产品市场并购经验交互项（*BI×IAE*）的回归系数在 10% 水平上显著为正，说明若联结公司曾经对某行业或某产品市场中的公司进行过并购，而焦点并购公司也在该行业或该产品市场进行并购，焦点并购公司联结董事同行业或同产品市场并购经验越丰富，并购双方的董事联结对焦点并购公司短期并购绩效的正向影响越大，这与本章假设 3-1 预测一致。

为了检验相关并购中联结董事相关并购经验对董事联结与并购公司短期并购绩效关系的调节作用，本书在模型 6.1 的基础上，引入联结董事相关并购经验（*RAE*）和董事联结与联结董事相关并购经验的交互项（*BI×RAE*），形成模型 6.6。董事联结与联结董事相关并购经验交互项（*BI×RAE*）的回归系数在 10% 水平上显著为正，说明焦点并购公司联结董事的相关并购经验越丰富，在相关并购中并购双方的董事联结对焦点并购公司短期并购绩效的正向影响越大，这与本章假设 3-2 预测一致。

为了检验非相关并购中联结董事非相关并购经验对董事联结与并购公司短期并购绩效关系的调节作用，本书在模型 6.1 的基础上，引入联结董事非相关并购经验（*UAE*）和董事联结与联结董事非相关并购经验的交互项（*BI×UAE*），形成模型 6.7。董事联结与联结董事非相关并购经验交互项（*BI×UAE*）的回归系数在 10% 水平上显著为正，说明焦点并购公司联结董事的非相关并购经验越丰富，在非相关并购中并购双方的董事联结对焦点并购公司短期并购绩效的正向影响越大，这与本章假设 3-3 预测一致。

为了对比联结董事相关并购经验和非相关并购经验在相关并购和非相关并购两个子样本中对董事联结与并购公司短期并购绩效关系的影响，本书还将联结董事相关并购经验（$RAE$）、董事联结与联结董事相关并购经验的交互项（$BI \times RAE$）、联结董事非相关并购经验（$UAE$）以及董事联结与联结董事非相关并购经验的交互项（$BI \times UAE$）引入模型 6.1 中，构建模型6.8。模型 6.8（1）针对的是相关并购样本，回归结果表明：董事联结与联结董事相关并购经验交互项（$BI \times RAE$）的回归系数在 10% 水平上显著为正，董事联结与联结董事非相关并购经验交互项（$BI \times UAE$）的回归系数为正，但未达到 10% 的显著性水平。这说明在相关并购中，联结董事的相关并购经验能够对董事联结与焦点并购公司短期并购绩效的关系产生正向调节作用，但是联结董事的非相关并购经验未能对董事联结与焦点并购公司短期并购绩效的关系产生显著影响。模型 6.8（2）针对的是非相关并购样本，回归结果表明：董事联结与联结董事非相关并购经验交互项（$BI \times UAE$）的回归系数在 10% 水平上显著为正，董事联结与联结董事相关并购经验交互项（$BI \times RAE$）的回归系数为正，但未达到 10% 的显著性水平。这说明在非相关并购中，联结董事的非相关并购经验能够对董事联结与焦点并购公司短期并购绩效的关系产生正向调节作用，但是联结董事的相关并购经验未能对董事联结与焦点并购公司短期并购绩效的关系产生显著影响。

模型 6.5 ~ 模型 6.8 的回归结果说明：如果联结公司前期的并购与焦点并购公司当前的并购相类似，联结董事的并购经验就能够帮助焦点并购公司充分认知并有效利用董事联结对并购价值创造的积极作用，促进董事联结作用的更有效发挥，进一步提高焦点并购公司短期并购绩效，帮助焦点并购公司在并购过程中获得更高的超额市场回报。

（2）董事联结与并购公司长期并购绩效

表 6-8 和表 6-9 给出董事联结与并购公司长期并购绩效的回归结果。表 6-8 的解释变量为从市场业绩角度使用购买并持有超常收益（$BHAR$）衡量的长期并购绩效，表 6-9 的解释变量为从会计业绩角度使用总资产收益率变化值（$\triangle ROA$）衡量的长期并购绩效。表 6-8 和表 6-9 的第一列为所有控制变量构成的基准模型回归结果。在表 6-8 中，模型 6.1 将董事联结（$BI$）变量引入基础模型，回归系数为正，但未达到 10% 的显著性水平，说明并购双方的董事联结对使用市场业绩指标衡量的并购公司长期并购绩效无显著影响。在表 6-9 中，模型 6.1 董事联结（$BI$）的回归系数在 5% 的水平上显著为正，说明如果并购双方存在董事联结，那么使用会计业绩指标

衡量的并购公司长期并购绩效相对较好，这与本章假设 1 预测一致。本书将董事联结进一步划分为内部董事联结和外部董事联结，并分别将内部董事联结（BI_IN）和外部董事联结（BI_OUT）引入基准模型中，形成模型 6.2 和模型 6.3。在表 6-8 中，模型 6.2 和模型 6.3 的回归结果表明，内部董事联结（BI_IN）与外部董事联结（BI_OUT）的回归系数均为正，但未达到 10% 的显著性水平，说明并购双方的内部和外部董事联结均对使用市场业绩指标衡量的并购公司长期并购绩效无显著影响。在表 6-9 中，模型 6.2 的回归结果表明，内部董事联结（BI_IN）的回归系数在 5% 的水平上显著为正，说明如果并购双方存在内部董事联结，那么使用会计业绩指标衡量的并购公司长期并购绩效相对较好。模型 6.3 的回归结果表明，外部董事联结（BI_OUT）的回归系数为正，但未达到 10% 的显著性水平，说明并购双方的外部董事联结对使用会计业绩指标衡量的并购公司长期并购绩效没有显著影响。

董事联结对使用市场业绩指标衡量的并购公司长期并购绩效和使用会计业绩指标衡量的并购公司长期并购绩效产生不同的影响，可能是由于本书使用并购后 [0，24] 月的购买并持有超常收益（BHAR）衡量长期并购绩效，在长达 24 个月的考察期间，企业除了发生并购事件以外，也可能发生其他事件对股票收益率产生重要影响，市场或者对应组合也可能发生重大的事件而对组合收益率产生影响，因此，并购双方的董事联结对使用会计业绩指标衡量的并购公司长期并购绩效产生正向影响，而对使用市场业绩指标衡量的并购公司长期并购绩效未能产生影响。

为了检验股权性质对董事联结与并购公司长期并购绩效关系的调节作用，本书在模型 6.1 的基础上，引入股权性质（NATURE）和董事联结与股权性质的交互项（BI×NATURE），形成模型 6.4。表 6-8 中，董事联结与股权性质交互项（BI×NATURE）的回归系数为正，但未达到 10% 的显著性水平，说明并购公司的股权性质未能对董事联结与使用市场业绩指标衡量的并购公司长期并购绩效之间的关系产生调节作用。在表 6-9 中，董事联结与股权性质交互项（BI×NATURE）的回归系数在 10% 水平上显著为正，说明当并购公司为非国有控股公司时，并购双方的董事联结对使用会计业绩指标衡量的并购公司长期并购绩效的正向影响更强，这与本章假设 2 预测一致。

　　为了检验联结董事同行业或同产品市场并购经验对董事联结与并购公司长期并购绩效关系的调节作用，本书在模型 6.1 的基础上，引入董事联结同行业或同产品市场并购经验（IAE）和董事联结与联结董事同行业或同产品市场并购经验的交互项（BI×IAE），形成模型 6.5。表 6-8 中，董事联结与联结董事同行业或同产品市场并购经验交互项（BI×IAE）的回归系数为正，但未达到 10% 的显著性水平，说明焦点并购公司联结董事同行业或同产品市场并购经验未能对并购双方的董事联结与使用市场业绩指标衡量的焦点并购公司长期并购绩效间的关系产生调节作用。表 6-9 中，董事联结与联结董事同行业或同产品市场并购经验交互项（BI×IAE）的回归系数在 10% 水平上显著为正，说明若联结公司曾经对某行业或某产品市场中的公司进行过并购，而焦点并购公司也在该行业或该产品市场进行并购，焦点并购公司联结董事的同行业或同产品市场并购经验，对董事联结与使用会计业绩指标衡量的焦点并购公司长期并购绩效的关系产生正向调节作用，焦点并购公司联结董事同行业或同产品市场并购经验越丰富，并购双方的董事联结对使用会计业绩指标衡量的焦点并购公司长期并购绩效的正向影响越大，这与本章假设 3-1 预测一致。

　　为了检验相关并购中联结董事的相关并购经验对董事联结与并购公司长期并购绩效关系的调节作用，本书在模型 6.1 的基础上，引入联结董事相关并购经验（RAE）和董事联结与联结董事相关并购经验的交互项（BI×RAE），形成模型 6.6。表 6-8 中，董事联结与联结董事相关并购经验交互项（BI×RAE）的回归系数为正，但未达到 10% 的显著性水平，说明在相关并购中焦点并购公司联结董事的相关并购经验，未能对并购双方的董事联结与使用市场业绩指标衡量的焦点并购公司长期并购绩效间的关系产生调节作用。表 6-9 中，董事联结与联结董事相关并购经验交互项（BI×RAE）的回归系数在 10% 水平上显著为正，说明焦点并购公司联结董事的相关并购经验越丰富，在相关并购中并购双方的董事联结对使用会计业绩指标衡量的焦点并购公司长期并购绩效的正向影响越大，这与本章假设 3-2 预测一致。

　　为了检验非相关并购中联结董事的非相关并购经验对董事联结与并购公司长期并购绩效关系的调节作用，本书在模型 6.1 的基础上，引入联结董事非相关并购经验（UAE）和董事联结与联结董事非相关并购经验的交互项（*BI*×*UAE*），形成模型 6.7。表 6-8 中，董事联结与联结董事非相关并购经验交互项（*BI*×*UAE*）的回归系数为正，但未达到 10% 的显著性水平，说明在非相关并购中焦点并购公司联结董事的非相关并购经验，未能对并购双方的董事联结与使用市场业绩指标衡量的焦点并购公司长期并购绩效间的关系产生调节作用。表 6-9 中，董事联结与联结董事非相关并购经验交互项（*BI*×*UAE*）的回归系数在 10% 水平上显著为正，说明焦点并购公司联结董事的非相关并购经验越丰富，在非相关并购中并购双方的董事联结对使用会计业绩指标衡量的焦点并购公司长期并购绩效的正向影响越大，这与本章假设 3-3 预测一致。

为了对比联结董事相关并购经验和非相关并购经验在相关并购和非相关并购两个子样本中，对董事联结与并购公司长期并购绩效关系的影响，本书还将联结董事相关并购经验（*RAE*）、董事联结与联结董事相关并购经验的交互项（*BI*×*RAE*）、联结董事非相关并购经验（*UAE*）以及董事联结与联结董事非相关并购经验的交互项（*BI*×*UAE*）引入模型 6.1 中，构建模型 6.8。模型 6.8（1）针对的是相关并购样本，模型 6.8（2）针对的是非相关并购样本。表 6-8 中模型 6.8（1）的回归结果表明：董事联结与联结董事相关并购经验交互项（*BI*×*RAE*）的回归系数、董事联结与联结董事非相关并购经验交互项（*BI*×*UAE*）的回归系数均为正，但未达到 10% 的显著性水平。上述结果说明，在相关并购中，联结董事相关并购经验和非相关并购经验均未能对并购双方的董事联结与使用市场业绩指标衡量的焦点并购公司长期并购绩效间的关系产生调节作用。表 6-9 中模型 6.8（1）的回归结果表明：董事联结与联结董事相关并购经验交互项（*BI*×*RAE*）的回归系数在 10% 水平上显著为正，董事联结与联结董事非相关并购经验交互项（*BI*×*UAE*）的回归系数为正，但未达到 10% 的显著性水平。上述结果说明，在相关并购中，焦点并购公司联结董事的相关并购经验越丰富，并购双方的董事联结对使用会计业绩指标衡量的焦点并购公司长期并购绩效的正向影响越大，但是联结董事的非相关并购经验未能对董事联结与使用会计业绩指标衡量的焦点并购公司长期并购绩效的关系产生显著影响。

表 6-8 中模型 6.8（2）的回归结果表明：董事联结与联结董事非相关并购经验交互项（*BI*×*UAE*）的回归系数，董事联结与联结董事相关并购经

验交互项（*BI×RAE*）的回归系数均为正，但未达到10%的显著性水平。上述结果说明，在非相关并购中，联结董事的非相关并购经验和相关并购经验均未能对并购双方的董事联结与使用市场业绩指标衡量的焦点并购公司长期并购绩效间的关系产生调节作用。表6-9中模型6.8（2）的回归结果表明：董事联结与联结董事非相关并购经验交互项（*BI×UAE*）的回归系数在10%水平上显著为正，董事联结与联结董事相关并购经验交互项（*BI×RAE*）的回归系数为正，但未达到10%的显著性水平。上述结果说明，在非相关并购中，焦点并购公司联结董事的非相关并购经验越丰富，并购双方的董事联结对使用会计业绩指标衡量的焦点并购公司长期并购绩效的正向影响越大，但是联结董事的相关并购经验未能对董事联结与使用会计业绩指标衡量的焦点并购公司长期并购绩效的关系产生显著影响。

模型6.5~模型6.8的回归结果说明：当满足联结公司前期的并购与焦点并购公司当前的并购相类似这一前提条件时，联结董事的并购经验能够帮助焦点并购公司充分认知并有效利用董事联结对并购价值创造的积极作用，促进董事联结作用的更有效发挥，进一步提高使用会计业绩指标衡量的焦点并购公司长期并购绩效。但是，联结董事的并购经验未能对并购双方的董事联结与使用市场业绩指标衡量的并购公司长期并购绩效间的关系产生调节作用。

（3）董事联结与并购后实体并购绩效

表6-10给出董事联结与并购后实体并购绩效的回归结果。其中，第一列为所有控制变量构成的基准模型回归结果。模型6.1将董事联结（*BI*）变量引入基础模型，董事联结（*BI*）的回归系数在5%的水平上显著为正，说明如果并购双方存在董事联结，那么并购后实体并购绩效相对较好，这与本章假设1预测一致。本书将董事联结进一步划分为内部董事联结和外部董事联结，并分别将内部董事联结（*BI_IN*）和外部董事联结（*BI_OUT*）引入基准模型中，形成模型6.2和模型6.3。模型6.2的回归结果表明，内部董事联结（*BI_IN*）的回归系数在5%的水平上显著为正，说明如果并购双方存在内部董事联结，那么并购后实体并购绩效相对较好。模型6.3的回归结果表明，外部董事联结（*BI_OUT*）的回归系数为正，但未达到10%的显著性水平，说明并购双方的外部董事联结对并购后实体并购绩效没有显著影响。

表6-8 董事联结与并购公司长期并购绩效（*BHAR*）的回归结果

| 变量 | 基准 | 模型 6.1 | 模型 6.2 | 模型 6.3 | 模型 6.4 | 模型 6.5 | 模型 6.6 | 模型 6.7 | 模型 6.8（1） | 模型 6.8（2） |
|---|---|---|---|---|---|---|---|---|---|---|
| *BI* | — | 0.141<br>(1.19) | — | — | 0.234<br>(1.12) | 0.135<br>(1.20) | 0.117<br>(1.09) | 0.147<br>(1.36) | 0.120<br>(1.02) | 0.087<br>(1.31) |
| *BI_IN* | — | — | 0.198<br>(1.17) | — | — | — | — | — | — | — |
| *BI_OUT* | — | — | — | 0.051<br>(0.65) | — | — | — | — | — | — |
| *NATURE* | — | — | — | — | 0.129<br>(0.69) | — | — | — | — | — |
| *IAE* | — | — | — | — | — | 0.028*<br>(1.67) | — | — | — | — |
| *RAE* | — | — | — | — | — | — | 0.075<br>(1.48) | — | 0.068<br>(1.30) | 0.049<br>(1.31) |
| *UAE* | — | — | — | — | — | — | — | 0.021*<br>(1.67) | 0.015<br>(0.58) | 0.019<br>(0.87) |
| *BI×NATURE* | — | — | — | — | 0.421<br>(1.11) | — | — | — | — | — |
| *BI×IAE* | — | — | — | — | — | 0.016<br>(1.11) | — | — | — | — |
| *BI×RAE* | — | — | — | — | — | — | 0.010<br>(1.07) | — | 0.021<br>(1.08) | 0.006<br>(0.59) |
| *BI×UAE* | — | — | — | — | — | — | — | 0.011<br>(1.13) | 0.015<br>(0.58) | 0.014<br>(0.71) |

续表

| 变量 | 基准 | 模型 6.1 | 模型 6.2 | 模型 6.3 | 模型 6.4 | 模型 6.5 | 模型 6.6 | 模型 6.7 | 模型 6.8 (1) | 模型 6.8 (2) |
|---|---|---|---|---|---|---|---|---|---|---|
| FAE | 0.012 | 0.015 | 0.030 | 0.028 | 0.033 | 0.009 | 0.003 | -0.018 | 0.006 | -0.011 |
|  | (0.49) | (0.47) | (0.50) | (0.47) | (0.57) | (0.39) | (0.41) | (-0.66) | (0.10) | (-0.43) |
| METHOD | 0.082 | 0.067 | 0.116 | 0.211 | 0.043 | 0.126 | 0.115 | 0.102 | 0.310 | 0.133 |
|  | (0.21) | (0.18) | (0.38) | (0.55) | (0.12) | (0.68) | (0.39) | (0.45) | (0.62) | (0.46) |
| CON | -0.012 | -0.015 | -0.020 | -0.030 | -0.039 | -0.013 | -0.004 | -0.032 | -0.020 | -0.033 |
|  | (-0.44) | (-0.54) | (-0.19) | (-0.09) | (-0.49) | (-0.38) | (-0.33) | (-0.73) | (-0.31) | (-1.01) |
| ROE_R | -0.021 | -0.021 | -0.029 | -0.026 | -0.038 | -0.029* | -0.115 | -0.010 | -0.409 | -0.019 |
|  | (-1.25) | (-1.27) | (-1.52) | (-1.16) | (-1.28) | (-1.75) | (-1.10) | (-0.33) | (-0.92) | (-0.08) |
| SIZE_R | 0.056 | 0.058 | 0.046 | 0.039 | 0.048 | 0.038 | 0.239 | 0.023 | 0.219 | 0.039 |
|  | (1.01) | (1.02) | (0.98) | (0.90) | (0.96) | (0.70) | (1.35) | (0.32) | (1.39) | (0.12) |
| CRL | -0.017 | -0.020 | -0.017 | -0.027 | -0.017 | -0.027 | -0.006 | -0.070 | -0.002 | -0.062 |
|  | (-0.34) | (-0.40) | (-0.33) | (-0.70) | (-0.32) | (-0.55) | (-0.01) | (-1.09) | (-0.02) | (-0.96) |
| SHARE | -0.330 | -0.328 | -0.371 | -0.374 | -0.575 | -0.841 | -0.492 | -0.724 | -0.132 | -0.834 |
|  | (-0.36) | (-0.35) | (-0.45) | (-0.42) | (-0.71) | (-0.93) | (-0.16) | (-0.90) | (-0.32) | (-1.54) |
| HUBRIS | -0.482* | -0.506* | -0.521* | -0.458* | -0.503* | -0.519* | -0.508 | -0.512 | -0.737 | -0.550 |
|  | (-1.73) | (-1.81) | (-1.79) | (-1.74) | (-1.77) | (-1.88) | (-0.69) | (-0.53) | (-0.87) | (-0.37) |
| CASH | -0.012 | -0.014 | -0.033 | -0.024 | -0.015 | -0.004 | -0.027 | -0.009 | -0.063 | -0.011 |
|  | (-0.43) | (-0.49) | (-0.71) | (-0.59) | (-0.35) | (-0.15) | (-0.36) | (-0.17) | (-0.07) | (-0.08) |
| LEV | -0.032** | -0.036** | -0.023** | -0.038** | -0.025** | -0.015* | -0.191*** | -0.018** | -0.143** | -0.013** |
|  | (-2.16) | (-2.24) | (-2.08) | (-2.27) | (-2.03) | (-1.78) | (-2.44) | (-2.34) | (-2.50) | (-2.28) |
| MB | 0.011 | 0.011 | 0.012 | 0.013 | 0.008 | 0.013 | 0.011 | 0.015** | 0.023 | 0.012** |
|  | (0.65) | (0.66) | (0.66) | (0.84) | (0.39) | (0.97) | (0.64) | (2.23) | (0.43) | (2.32) |

续表

| 变量 | 基准 | 模型6.1 | 模型6.2 | 模型6.3 | 模型6.4 | 模型6.5 | 模型6.6 | 模型6.7 | 模型6.8(1) | 模型6.8(2) |
|---|---|---|---|---|---|---|---|---|---|---|
| *TOBINQ* | -0.015* | -0.021* | -0.027* | -0.014* | -0.012* | -0.025* | -0.015* | -0.005* | -0.021* | -0.007* |
|  | (-1.89) | (-1.83) | (-1.78) | (-1.77) | (-1.71) | (-1.74) | (-1.85) | (-1.73) | (-1.79) | (-1.70) |
| *GROWTH* | 0.010 | 0.010 | 0.011 | 0.013 | 0.016 | 0.009 | 0.022 | 0.024* | 0.032 | 0.023* |
|  | (1.35) | (1.33) | (1.34) | (1.60) | (1.51) | (1.09) | (1.23) | (1.78) | (0.67) | (1.78) |
| *YEAR* | 控制 | 控制 | 控制 | 控制 | 控制 | 控制 | 控制 | 控制 | 控制 | 控制 |
| *INDUSTRY* | 控制 | 控制 | 控制 | 控制 | 控制 | 控制 | 控制 | 控制 | 控制 | 控制 |
| *C* | 0.194 | 0.261 | 0.503 | 0.560 | 0.576 | 0.036 | 0.466 | 0.017 | 0.852 | 0.021 |
|  | (0.27) | (0.34) | (0.65) | (0.61) | (0.70) | (0.05) | (1.50) | (0.21) | (1.43) | (0.29) |
| Adj. $R^2$ | 0.158 | 0.162 | 0.165 | 0.164 | 0.172 | 0.170 | 0.162 | 0.171 | 0.164 | 0.176 |
| F值 | 2.32*** | 2.43*** | 2.51*** | 2.49*** | 2.63*** | 2.74*** | 2.85*** | 3.95*** | 2.96*** | 4.13*** |
| 样本 | 全部样本 | 全部样本 | 全部样本 | 全部样本 | 全部样本 | 全部样本 | 相关并购 | 非相关并购 | 相关并购 | 非相关并购 |
| 样本数（个） | 354 | 354 | 354 | 354 | 354 | 354 | 112 | 242 | 112 | 242 |

注：模型6.8（1）针对的是相关并购样本，模型6.8（2）针对的是非相关并购样本；括号内为T统计量，T值已经过White（1980）异方差稳健性修正；\*、\*\*、\*\*\*分别代表10%、5%和1%的显著性水平。

表 6-9 董事联结与并购公司长期并购绩效（△*ROA*）的回归结果

| 变量 | 基准 | 模型 6.1 | 模型 6.2 | 模型 6.3 | 模型 6.4 | 模型 6.5 | 模型 6.6 | 模型 6.7 | 模型 6.8 (1) | 模型 6.8 (2) |
|------|------|----------|----------|----------|----------|----------|----------|----------|-------------|-------------|
| *BI* | — | 0.012** (2.04) | — | — | 0.012** (2.32). | 0.011* (1.86) | 0.020* (1.74) | 0.024** (2.03) | 0.022* (1.92) | 0.012** (2.36) |
| *BI_IN* | — | — | 0.015** (1.99) | — | — | — | — | — | — | — |
| *BI_OUT* | — | — | — | 0.011 (0.53) | — | — | — | — | — | — |
| *NATURE* | — | — | — | — | 0.009 (1.01) | — | — | — | — | — |
| *IAE* | — | — | — | — | — | 0.001 (0.25) | — | — | — | — |
| *RAE* | — | — | — | — | — | — | 0.019* (1.83) | — | 0.014* (1.87) | 0.009 (0.99) |
| *UAE* | — | — | — | — | — | — | — | 0.005* (1.74) | 0.004 (1.04) | 0.006* (1.72) |
| *BI×NATURE* | — | — | — | — | 0.012* (1.81) | — | — | — | — | — |
| *BI×IAE* | — | — | — | — | — | 0.005* (1.71) | — | — | — | — |
| *BI×RAE* | — | — | — | — | — | — | 0.029* (1.93) | — | 0.026* (1.77) | 0.002 (0.19) |
| *BI×UAE* | — | — | — | — | — | — | — | 0.010* (1.80) | 0.005 (1.20) | 0.012* (1.87) |

续表

| 变量 | 基准 | 模型 6.1 | 模型 6.2 | 模型 6.3 | 模型 6.4 | 模型 6.5 | 模型 6.6 | 模型 6.7 | 模型 6.8 (1) | 模型 6.8 (2) |
|---|---|---|---|---|---|---|---|---|---|---|
| FAE | 0.007 | 0.002 | 0.002 | 0.002 | 0.003 | 0.002 | 0.007 | 0.004 | 0.024 | 0.002 |
| | (0.56) | (0.79) | (0.75) | (0.60) | (0.88) | (0.24) | (0.62) | (0.48) | (1.17) | (0.25) |
| METHOD | 0.008* | 0.020* | 0.008* | 0.006* | 0.006* | 0.002 | 0.008 | 0.013 | 0.011 | 0.005 |
| | (1.68) | (1.72) | (1.78) | (1.71) | (1.70) | (0.22) | (0.55) | (0.89) | (0.71) | (0.41) |
| CON | 0.009 | 0.012 | 0.004 | 0.007 | 0.004 | 0.018 | 0.024 | 0.029 | 0.023 | 0.020 |
| | (0.56) | (0.98) | (0.28) | (0.43) | (0.23) | (1.39) | (1.20) | (1.24) | (1.10) | (1.12) |
| ROE_R | 0.004 | 0.002 | 0.003 | 0.001 | 0.003 | 0.001 | 0.009*** | 0.020 | 0.014*** | 0.019* |
| | (0.42) | (0.23) | (0.32) | (0.14) | (0.30) | (0.20) | (2.63) | (1.42) | (2.80) | (1.82) |
| SIZE_R | 0.113*** | 0.068*** | 0.109*** | 0.110*** | 0.116*** | 0.077*** | 0.062 | 0.112*** | 0.083 | 0.100*** |
| | (4.07) | (3.49) | (3.83) | (3.88) | (4.11) | (4.13) | (1.32) | (3.77) | (1.50) | (4.27) |
| CRL | -0.028 | -0.020 | -0.027 | -0.032 | -0.023 | -0.003 | -0.018 | -0.015 | -0.026 | -0.009 |
| | (-1.37) | (-1.42) | (-1.26) | (-1.53) | (-1.06) | (-0.17) | (-0.66) | (-0.58) | (-0.92) | (-0.32) |
| SHARE | 0.093** | 0.064* | 0.091** | 0.085* | 0.074* | 0.072** | 0.138* | 0.073* | 0.152* | 0.037* |
| | (2.32) | (1.89) | (2.08) | (1.95) | (1.93) | (2.08) | (1.73) | (1.84) | (1.87) | (1.72) |
| HUBRIS | -0.031* | -0.017** | -0.067** | -0.026** | -0.043** | -0.012* | -0.009 | -0.023 | -0.029 | -0.018 |
| | (-1.84) | (-1.99) | (-2.03) | (-2.13) | (-2.21) | (-1.68) | (-0.28) | (-0.81) | (-0.68) | (-0.91) |
| CASH | -0.019 | -0.003 | -0.020 | -0.017 | -0.019 | -0.004 | -0.016 | -0.027 | -0.013 | -0.012 |
| | (-1.26) | (-0.31) | (-1.29) | (-1.14) | (-1.25) | (-0.37) | (-1.15) | (-1.09) | (-0.91) | (-0.72) |
| LEV | -0.063*** | -0.025*** | -0.063*** | -0.065*** | -0.064*** | -0.024** | -0.082*** | -0.022* | -0.138*** | -0.011* |
| | (-3.95) | (-2.65) | (-3.97) | (-3.96) | (-3.96) | (-2.54) | (-2.90) | (-1.78) | (-3.55) | (-1.84) |
| MB | 0.060 | 0.044 | 0.068 | 0.050 | 0.062 | 0.001 | 0.007** | 0.022 | 0.005*** | 0.026 |
| | (0.54) | (0.77) | (0.61) | (0.44) | (0.55) | (0.18) | (2.22) | (0.31) | (3.17) | (0.30) |

续表

| 变量 | 基准 | 模型 6.1 | 模型 6.2 | 模型 6.3 | 模型 6.4 | 模型 6.5 | 模型 6.6 | 模型 6.7 | 模型 6.8（1） | 模型 6.8（2） |
|---|---|---|---|---|---|---|---|---|---|---|
| *TOBINQ* | -0.004 | -0.003 | -0.004 | -0.004 | -0.004 | -0.002 | -0.014 ** | -0.002 * | -0.024 *** | -0.003 * |
| | （-1.39） | （-1.59） | （-1.32） | （-1.27） | （-1.28） | （-1.22） | （-2.47） | （-1.76） | （-3.16） | （-1.69） |
| *GROWTH* | 0.015 *** | 0.011 *** | 0.014 *** | 0.014 *** | 0.014 *** | 0.009 ** | 0.001 * | 0.012 ** | 0.002 * | 0.009 * |
| | （2.74） | （2.89） | （2.61） | （2.61） | （2.62） | （2.45） | （1.67） | （2.25） | （1.69） | （1.91） |
| *YEAR* | 控制 | 控制 | 控制 | 控制 | 控制 | 控制 | 控制 | 控制 | 控制 | 控制 |
| *INDUSTRY* | 控制 | 控制 | 控制 | 控制 | 控制 | 控制 | 控制 | 控制 | 控制 | 控制 |
| *C* | -0.159 *** | -0.102 *** | -0.153 *** | -0.155 *** | -0.161 *** | -0.108 *** | -0.155 ** | -0.121 ** | -0.206 ** | -0.112 *** |
| | （-3.39） | （-2.86） | （-3.25） | （-3.21） | （-3.40） | （-2.67） | （-2.14） | （-2.17） | （-2.56） | （-2.70） |
| Adj. R² | 0.268 | 0.317 | 0.322 | 0.314 | 0.326 | 0.335 | 0.261 | 0.351 | 0.265 | 0.352 |
| F值 | 4.04 *** | 5.13 *** | 5.16 *** | 5.01 *** | 4.92 *** | 6.28 *** | 5.14 *** | 5.78 *** | 5.27 *** | 5.82 *** |
| 样本 | 全部样本 | 全部样本 | 全部样本 | 全部样本 | 全部样本 | 全部样本 | 相关并购 | 非相关并购 | 相关并购 | 非相关并购 |
| 样本数（个） | 479 | 479 | 479 | 479 | 479 | 479 | 156 | 323 | 156 | 323 |

注：模型 6.8（1）针对的是相关并购样本，模型 6.8（2）针对的是非相关并购样本；括号内为 T 统计量，T 值已经过 White（1980）异方差稳健性修正；*，**，*** 分别代表 10%，5%和 1%的显著性水平。

表6-10 董事联结与并购后实体并购绩效的回归结果

| 变量 | 基准 | 模型6.1 | 模型6.2 | 模型6.3 | 模型6.4 | 模型6.5 | 模型6.6 | 模型6.7 | 模型6.8 (1) | 模型6.8 (2) |
|---|---|---|---|---|---|---|---|---|---|---|
| BI | — | 0.026**<br>(2.12) | — | — | 0.021*<br>(1.86) | 0.027**<br>(2.02) | 0.043*<br>(1.84) | 0.030**<br>(2.00) | 0.041**<br>(2.45) | 0.023*<br>(1.89) |
| BI_IN | — | — | 0.043**<br>(2.07) | — | — | — | — | — | — | — |
| BI_OUT | — | — | — | 0.023<br>(1.25) | — | — | — | — | — | — |
| NATURE | — | — | — | — | 0.016<br>(0.83) | — | — | — | — | — |
| IAE | — | — | — | — | — | 0.006<br>(0.45) | — | — | — | — |
| RAE | — | — | — | — | — | — | 0.013<br>(0.87) | — | 0.011<br>(1.11) | 0.002<br>(0.35) |
| UAE | — | — | — | — | — | — | — | 0.008**<br>(2.20) | 0.003<br>(0.70) | 0.008**<br>(2.14) |
| BI×NATURE | — | — | — | — | 0.014*<br>(1.70) | — | — | — | — | — |
| BI×IAE | — | — | — | — | — | 0.018*<br>(1.71) | — | — | — | — |
| BI×RAE | — | — | — | — | — | — | 0.019*<br>(1.78) | — | 0.015*<br>(1.84) | 0.004<br>(0.21) |
| BI×UAE | — | — | — | — | — | — | — | 0.009*<br>(1.66) | 0.004<br>(1.24) | 0.009*<br>(1.68) |

续表

| 变量 | 基准 | 模型 6.1 | 模型 6.2 | 模型 6.3 | 模型 6.4 | 模型 6.5 | 模型 6.6 | 模型 6.7 | 模型 6.8 (1) | 模型 6.8 (2) |
|---|---|---|---|---|---|---|---|---|---|---|
| FAE | 0.002 | 0.003 | 0.005 | 0.006 | 0.007 | 0.011 | 0.005 | 0.002 | 0.001 | 0.002 |
| | (0.71) | (0.57) | (1.29) | (1.33) | (1.48) | (0.75) | (0.54) | (0.64) | (0.49) | (0.57) |
| METHOD | 0.037*** | 0.036** | 0.061** | 0.060** | 0.060** | 0.037** | 0.007 | 0.038*** | 0.007 | 0.036** |
| | (2.75) | (2.57) | (2.11) | (2.13) | (2.14) | (2.48) | (0.44) | (2.72) | (0.44) | (2.38) |
| CON | 0.005 | 0.006 | 0.008 | 0.006 | 0.006 | 0.009 | 0.041* | 0.009 | 0.043* | 0.010 |
| | (0.28) | (0.34) | (0.26) | (0.19) | (0.20) | (0.50) | (1.71) | (0.50) | (1.81) | (0.54) |
| ROE_R | -0.004** | -0.002** | -0.019** | -0.016* | -0.019** | -0.030** | -0.001** | -0.024* | -0.004** | -0.009** |
| | (-2.25) | (-2.12) | (-2.10) | (-1.90) | (-2.01) | (-2.26) | (-2.01) | (-1.94) | (-2.33) | (-2.03) |
| SIZE_R | 0.132*** | 0.122*** | 0.128*** | 0.141* | 0.136* | 0.137*** | 0.027 | 0.120*** | 0.026 | 0.126*** |
| | (4.20) | (3.66) | (3.55) | (1.68) | (1.70) | (4.38) | (0.41) | (3.58) | (0.50) | (3.69) |
| CRL | -0.009 | -0.020 | -0.038 | -0.038 | -0.024 | -0.023 | -0.001 | -0.029 | -0.001 | -0.027 |
| | (-0.38) | (-0.77) | (-0.89) | (-0.94) | (-0.61) | (-0.92) | (-1.45) | (-1.15) | (-1.39) | (-1.06) |
| SHARE | 0.067 | 0.077 | 0.056 | 0.038 | 0.085 | 0.083 | 0.004 | 0.081 | 0.007 | 0.082 |
| | (1.06) | (1.21) | (0.94) | (0.65) | (1.07) | (1.30) | (0.07) | (1.28) | (0.13) | (1.29) |
| HUBRIS | -0.002 | -0.004 | -0.009 | -0.009 | -0.009 | -0.002 | -0.029 | -0.008 | -0.026 | -0.007 |
| | (-0.06) | (-0.16) | (-0.64) | (-0.59) | (-0.60) | (-0.06) | (-0.72) | (-0.28) | (-0.20) | (-0.24) |
| CASH | -0.004 | -0.002 | -0.015 | -0.015 | -0.016 | -0.013 | -0.009 | -0.021 | -0.010 | -0.019 |
| | (-0.17) | (-0.11) | (-0.17) | (-0.14) | (-0.13) | (-0.38) | (-0.51) | (-0.61) | (-0.59) | (-0.60) |
| LEV | -0.006 | -0.005 | -0.011 | -0.011 | -0.011 | -0.005 | -0.026 | -0.004 | -0.031 | -0.001 |
| | (-0.42) | (-0.37) | (-0.86) | (-0.84) | (-0.82) | (-0.34) | (-0.88) | (-0.36) | (-1.48) | (-0.27) |
| MB | -0.047 | -0.033 | -0.021 | -0.017 | -0.019 | -0.013 | -0.006 | -0.052 | -0.001 | -0.051 |
| | (-0.71) | (-0.48) | (-0.95) | (-0.80) | (-0.86) | (-0.87) | (-1.55) | (-0.77) | (-0.47) | (-0.66) |

续表

| 变量 | 基准 | 模型 6.1 | 模型 6.2 | 模型 6.3 | 模型 6.4 | 模型 6.5 | 模型 6.6 | 模型 6.7 | 模型 6.8 (1) | 模型 6.8 (2) |
|---|---|---|---|---|---|---|---|---|---|---|
| $TOBINQ$ | -0.003 | -0.002 | -0.006 | -0.006 | -0.006 | -0.001 | -0.004 | -0.001 | -0.005 | -0.001 |
|  | (-1.41) | (-1.10) | (-1.03) | (-0.94) | (-1.03) | (-0.34) | (-1.18) | (-0.71) | (-1.60) | (-0.62) |
| $GROWTH$ | 0.006 | 0.008 | 0.004 | 0.002 | 0.004 | 0.008 | 0.010 | 0.007 | 0.003 | 0.006 |
|  | (1.24) | (1.44) | (0.33) | (0.20) | (0.32) | (1.09) | (0.63) | (1.31) | (0.26) | (1.04) |
| $YEAR$ | 控制 | 控制 | 控制 | 控制 | 控制 | 控制 | 控制 | 控制 | 控制 | 控制 |
| $INDUSTRY$ | 控制 | 控制 | 控制 | 控制 | 控制 | 控制 | 控制 | 控制 | 控制 | 控制 |
| $C$ | 0.129 *** | 0.134 *** | 0.076 ** | 0.066 ** | 0.064 ** | 0.143 *** | -0.075 | 0.132 *** | -0.127 | 0.135 *** |
|  | (2.72) | (2.78) | (2.28) | (2.24) | (2.24) | (3.11) | (-0.33) | (2.71) | (-0.50) | (2.72) |
| Adj. $R^2$ | 0.234 | 0.238 | 0.241 | 0.237 | 0.242 | 0.253 | 0.239 | 0.247 | 0.236 | 0.249 |
| F 值 | 2.40 *** | 2.42 *** | 2.48 *** | 2.40 *** | 2.43 *** | 2.51 *** | 2.37 *** | 2.46 *** | 2.32 *** | 2.51 *** |
| 样本 | 全部样本 | 全部样本 | 全部样本 | 全部样本 | 全部样本 | 全部样本 | 相关并购 | 非相关并购 | 相关并购 | 非相关并购 |
| 样本数（个） | 579 | 579 | 579 | 579 | 579 | 579 | 179 | 400 | 179 | 400 |

注：模型 6.8 (1) 针对的是相关并购样本，模型 6.8 (2) 针对的是非相关并购样本；括号内为 T 统计量，T 值已经过 White（1980）异方差稳健性修正；*、**、*** 分别代表 10%、5% 和 1% 的显著性水平。

为了检验股权性质对董事联结与并购后实体并购绩效关系的调节作用，本书在模型6.1的基础上，引入股权性质（NATURE）和董事联结与股权性质的交互项（BI×NATURE），形成模型6.4。回归结果表明，董事联结与股权性质交互项（BI×NATURE）的回归系数在10%水平上显著为正，说明当并购公司为非国有控股公司时，并购双方的董事联结对并购后实体并购绩效的正向影响更大，这与本章假设2预测一致。

为了检验联结董事同行业或同产品市场并购经验对董事联结与并购后实体并购绩效关系的调节作用，本书在模型6.1的基础上，引入董事联结同行业或同产品市场并购经验（IAE）和董事联结与联结董事同行业或同产品市场并购经验的交互项（BI×IAE），形成模型6.5。董事联结与联结董事同行业或同产品市场并购经验交互项（BI×IAE）的回归系数在10%水平上显著为正，说明若联结公司曾经对某行业或某产品市场中的公司进行过并购，而焦点并购公司也在该行业或该产品市场进行并购，焦点并购公司联结董事的同行业或同产品市场并购经验越丰富，并购双方的董事联结对并购后实体并购绩效的正向影响越大，这与本章假设3-1预测一致。

为了检验相关并购中联结董事相关并购经验对董事联结与并购后实体并购绩效关系的调节作用，本书在模型6.1的基础上，引入联结董事相关并购经验（RAE）和董事联结与联结董事相关并购经验的交互项（BI×RAE），形成模型6.6。董事联结与联结董事相关并购经验交互项（BI×RAE）的回归系数在10%水平上显著为正，说明焦点并购公司联结董事的相关并购经验越丰富，在相关并购中并购双方的董事联结对并购后实体并购绩效的正向影响越大，这与本章假设3-2预测一致。

为了检验非相关并购中联结董事非相关并购经验对董事联结与并购后实体并购绩效关系的调节作用，本书在模型6.1的基础上，引入联结董事非相关并购经验（UAE）和董事联结与联结董事非相关并购经验的交互项（BI×UAE），形成模型6.7。董事联结与联结董事非相关并购经验交互项（BI×UAE）的回归系数在10%水平上显著为正，说明焦点并购公司联结董事的非相关并购经验越丰富，在非相关并购中并购双方的董事联结对并购后实体并购绩效的正向影响越大，这与本章假设3-3预测一致。

为了对比联结董事相关并购经验和非相关并购经验在相关并购和非相关并购两个子样本中对董事联结与并购后实体并购绩效关系的影响，本书还将联结董事相关并购经验（*RAE*）、董事联结与联结董事相关并购经验的交互项（*BI×RAE*）、联结董事非相关并购经验（*UAE*）以及董事联结与联结董事非相关并购经验的交互项（*BI×UAE*）引入模型 6.1 中，构建模型 6.8。模型 6.8（1）针对的是相关并购样本，回归结果表明：董事联结与联结董事相关并购经验交互项（*BI×RAE*）的回归系数在 10% 水平上显著为正，董事联结与联结董事非相关并购经验交互项（*BI×UAE*）的回归系数为正，但未达到 10% 的显著性水平。这说明在相关并购中，联结董事的相关并购经验能够对董事联结与并购后实体并购绩效的关系产生正向调节作用，但是联结董事的非相关并购经验未能对董事联结与并购后实体并购绩效的关系产生显著影响。模型 6.8（2）针对的是非相关并购样本，回归结果表明：董事联结与联结董事非相关并购经验交互项（*BI×UAE*）的回归系数在 10% 水平上显著为正，董事联结与联结董事相关并购经验交互项（*BI×RAE*）的回归系数为正，但未达到 10% 的显著性水平。这说明在非相关并购中，联结董事的非相关并购经验能够对董事联结与并购后实体并购绩效的关系产生正向调节作用，但是联结董事的相关并购经验未能对董事联结与并购后实体并购绩效的关系产生显著影响。

模型 6.5~模型 6.8 的回归结果说明：如果联结公司前期的并购与焦点并购公司当前的并购相类似，联结董事的并购经验能够帮助焦点并购公司充分认知并有效利用董事联结对并购价值创造的积极作用，促进董事联结作用的更有效发挥，进一步提高并购后实体的并购绩效。

（4）董事联结与目标公司相对并购绩效

表 6-11 给出董事联结与目标公司相对并购绩效的回归结果。其中，第一列为所有控制变量构成的基准模型回归结果。模型 6.1 将董事联结（*BI*）变量引入基础模型，董事联结（*BI*）的回归系数为负，但未达到 10% 的显著性水平，说明并购双方的董事联结对目标公司相对并购绩效没有显著的影响，回归结果并不支持假设 4。本书将董事联结进一步划分为内部董事联结和外部董事联结，并分别将内部董事联结（*BI_IN*）和外部董事联结（*BI_OUT*）引入基准模型中，形成模型 6.2 和模型 6.3。模型 6.2 和模型 6.3 的回归结果表明，内部董事联结（*BI_IN*）与外部董事联结（*BI_OUT*）的回归系数均为负，但也未达到 10% 的显著性水平，说明并购双方的内部和外部董事联结均对目标公司相对并购绩效无显著影响。

这可能是因为，虽然本书认为并购双方的董事联结能够帮助并购公司以较低的溢价收购目标公司，一方面，有利于并购公司日后通过并购创造更多的财富，而另一方面，也将导致目标公司股东能够从并购中获得的财富变少，目标公司较并购公司的相对并购绩效会由于董事联结的存在而降低。然而，在并购交易过程中，并购交易中期的并购溢价支付只是影响并购双方股东财富的一个重要环节。如前文所述，董事联结在并购交易前期的并购目标选择过程和并购交易后期的整合过程不仅给并购公司带来了有利影响，同时也能促进目标公司股东财富增加，而且，并购价值的创造是并购决策合理性和并购执行有效性的综合结果，不是并购各阶段并购价值创造结果的简单加和。此外，目标公司的并购绩效还会受到目标公司并购发生前的经营效率、管理效率和财务状况等因素的影响，并购公司的并购绩效也会受到并购公司并购动机、融资能力和产业周期等因素的影响。上述因素的广泛存在也会使目标公司的相对并购绩效存在较大的不确定性，降低了董事联结影响目标公司相对并购绩效的能力。因此，虽然董事联结减少了并购溢价支付，但是从总体来看，目标公司相对并购绩效并未因并购双方董事联结的存在而发生显著变化。

为了检验股权性质对董事联结与目标公司相对并购绩效关系的调节作用，本书在模型 6.1 的基础上，引入股权性质（*NATURE*）和董事联结与股权性质的交互项（*BI×NATURE*），形成模型 6.4。回归结果表明，董事联结与股权性质交互项（*BI×NATURE*）的回归系数为负，但未达到 10% 的显著性水平，说明并购公司的股权性质未能对董事联结与目标公司相对并购绩效之间的关系产生调节作用，回归结果并不支持假设 5。

为了检验联结董事同行业或同产品市场并购经验对董事联结与目标公司相对并购绩效关系的调节作用，本书在模型 6.1 的基础上，引入联结董事同行业或同产品市场并购经验（*IAE*）和董事联结与联结董事同行业或同产品市场并购经验的交互项（*BI×IAE*），形成模型 6.5。董事联结与联结董事同行业或同产品市场并购经验交互项（*BI×IAE*）的回归系数为负，但未达到 10% 的显著性水平，说明联结董事同行业或同产品市场并购经验未能对董事联结与目标公司相对并购绩效之间的关系产生调节作用，回归结果并不支持假设 6-1。

为了检验相关并购中联结董事相关并购经验对董事联结与目标公司相

对并购绩效关系的调节作用，本书在模型 6.1 的基础上，引入联结董事相关并购经验（*RAE*）和董事联结与联结董事相关并购经验的交互项（*BI*×*RAE*），形成模型 6.6。董事联结与联结董事相关并购经验交互项（*BI*×*RAE*）的回归系数为负，但未达到 10% 的显著性水平，说明在相关并购中，联结董事的相关并购经验未能对董事联结与目标公司相对并购绩效之间的关系产生调节作用，回归结果并不支持假设 6-2。

为了检验非相关并购中联结董事非相关并购经验对董事联结与目标公司相对并购绩效关系的调节作用，本书在模型 6.1 的基础上，引入联结董事非相关并购经验（*UAE*）和董事联结与联结董事非相关并购经验的交互项（*BI*×*UAE*），形成模型 6.7。董事联结与联结董事非相关并购经验交互项（*BI*×*UAE*）的回归系数为负，但未达到 10% 的显著性水平，说明在非相关并购中，联结董事的非相关并购经验未能对董事联结与目标公司相对并购绩效之间的关系产生调节作用，回归结果并不支持假设 6-3。

为了对比联结董事相关并购经验和非相关并购经验在相关并购和非相关并购两个子样本中对董事联结与目标公司相对并购绩效关系的影响，本书还将联结董事相关并购经验（*RAE*）、董事联结与联结董事相关并购经验的交互项（*BI*×*RAE*）、联结董事非相关并购经验（*UAE*）以及董事联结与联结董事非相关并购经验的交互项（*BI*×*UAE*）引入模型 6.1 中，构建模型 6.8。模型 6.8（1）针对的是相关并购样本，回归结果表明：董事联结与联结董事相关并购经验交互项（*BI*×*RAE*）的回归系数，董事联结与联结董事非相关并购经验交互项（*BI*×*UAE*）的回归系数均为负，但未达到 10% 的显著性水平。这说明在相关并购中，联结董事的相关并购经验和非相关并购经验均未能对并购双方的董事联结与目标公司相对并购绩效间的关系产生调节作用。模型 6.8（2）针对的是非相关并购样本，回归结果表明：董事联结与联结董事非相关并购经验交互项（*BI*×*UAE*）的回归系数，董事联结与联结董事相关并购经验交互项（*BI*×*RAE*）的回归系数为负，但未达到 10% 的显著性水平。这说明在非相关并购中，联结董事的非相关并购经验和相关并购经验均未能对并购双方的董事联结与目标公司相对并购绩效间的关系产生调节作用。

模型 6.5~模型 6.8 的回归结果说明：联结董事的并购经验未能对董事联结与目标公司相对并购绩效关系产生显著的调节作用，回归结果并不支持假设 6-1，假设 6-2，假设 6-3。

表 6-11　董事联结与目标公司相对并购绩效的回归结果

| 变量 | 基准 | 模型 6.1 | 模型 6.2 | 模型 6.3 | 模型 6.4 | 模型 6.5 | 模型 6.6 | 模型 6.7 | 模型 6.8（1） | 模型 6.8（2） |
|---|---|---|---|---|---|---|---|---|---|---|
| BI | — | -0.012<br>(-1.30) | — | — | -0.012<br>(-1.23) | -0.009<br>(-1.28) | -0.016<br>(-1.06) | -0.010<br>(-1.19) | -0.011<br>(-0.97) | -0.004<br>(-0.93) |
| BI_IN | — | — | -0.007<br>(-0.77) | — | — | — | — | — | — | — |
| BI_OUT | — | — | — | -0.004<br>(-0.29) | — | — | — | — | — | — |
| NATURE | — | — | — | — | -0.004<br>(-0.41) | — | — | — | — | — |
| IAE | — | — | — | — | — | -0.007<br>(-1.28) | — | — | — | — |
| RAE | — | — | — | — | — | — | -0.035***<br>(-2.77) | — | -0.036***<br>(-3.02) | -0.005<br>(-0.71) |
| UAE | — | — | — | — | — | — | — | -0.005*<br>(-1.77) | -0.004<br>(-0.83) | -0.006*<br>(-1.82) |
| BI×NATURE | — | — | — | — | — | — | — | — | — | — |
| BI×IAE | — | — | — | — | — | -0.008<br>(-1.36) | — | — | — | — |
| BI×RAE | — | — | — | — | — | — | -0.001<br>(-0.05) | — | -0.002<br>(-0.35) | -0.002<br>(-0.36) |
| BI×UAE | — | — | — | — | — | — | — | -0.003<br>(-0.68) | -0.002<br>(-0.61) | -0.003<br>(-0.66) |

续表

| 变量 | 基准 | 模型 6.1 | 模型 6.2 | 模型 6.3 | 模型 6.4 | 模型 6.5 | 模型 6.6 | 模型 6.7 | 模型 6.8 (1) | 模型 6.8 (2) |
|---|---|---|---|---|---|---|---|---|---|---|
| FAE | -0.007 | -0.006 | -0.007 | -0.007 | -0.008 | -0.005 | -0.001 | -0.003 | -0.004 | -0.002 |
|  | (-0.81) | (-0.64) | (-0.89) | (-0.84) | (-0.95) | (-0.61) | (-0.11) | (-0.04) | (-0.26) | (-0.19) |
| METHOD | -0.031*** | -0.024*** | -0.033*** | -0.034*** | -0.032*** | -0.021** | -0.006 | -0.035*** | -0.013 | -0.033*** |
|  | (-2.89) | (-2.88) | (-2.96) | (-3.13) | (-2.94) | (-2.50) | (-0.33) | (-3.26) | (-0.75) | (-3.13) |
| CON | -0.025 | -0.022* | -0.027* | -0.028* | -0.026* | -0.020* | -0.012* | -0.026* | -0.013* | -0.026* |
|  | (-1.59) | (-1.82) | (-1.66) | (-1.74) | (-1.69) | (-1.69) | (-1.79) | (-1.65) | (-1.84) | (-1.70) |
| ROE_R | -0.010*** | -0.008*** | -0.011*** | -0.010*** | -0.011*** | -0.003** | -0.016* | -0.017* | -0.039* | -0.006* |
|  | (-2.76) | (-2.95) | (-2.89) | (-2.72) | (-2.82) | (-2.14) | (-1.84) | (-1.74) | (-1.73) | (-1.77) |
| SIZE_R | 0.040 | 0.036 | 0.049 | 0.047 | 0.048 | 0.036 | 0.021 | 0.021 | 0.018 | 0.029 |
|  | (1.27) | (1.49) | (1.53) | (1.50) | (1.48) | (1.43) | (0.26) | (0.78) | (0.25) | (0.44) |
| CRL | 0.024 | 0.015 | 0.028 | 0.019 | 0.026 | 0.008 | 0.021 | 0.016 | 0.013 | 0.019 |
|  | (1.10) | (0.84) | (1.26) | (0.89) | (1.19) | (0.55) | (0.54) | (0.74) | (0.76) | (0.88) |
| SHARE | -0.036 | -0.023 | -0.034 | -0.036 | -0.045 | -0.028 | -0.152 | -0.013 | -0.143 | -0.016 |
|  | (-0.60) | (-0.50) | (-0.54) | (-0.57) | (-0.67) | (-0.52) | (-1.45) | (-0.25) | (-1.31) | (-0.30) |
| HUBRIS | -0.029 | -0.014 | -0.013 | -0.014 | -0.013 | -0.020 | -0.040 | -0.051** | -0.029 | -0.044** |
|  | (-1.09) | (-0.69) | (-0.56) | (-0.58) | (-0.53) | (-0.96) | (-0.97) | (-1.97) | (-0.67) | (-2.02) |
| CASH | -0.010 | -0.014 | -0.007 | -0.006 | -0.009 | -0.017 | -0.004 | -0.008 | -0.005 | -0.008 |
|  | (-0.58) | (-1.05) | (-0.40) | (-0.32) | (-0.50) | (-1.26) | (-0.17) | (-0.41) | (-0.22) | (-0.44) |
| LEV | -0.006 | -0.006 | -0.009 | -0.010 | -0.008 | -0.001 | -0.017 | -0.007 | -0.014 | -0.007 |
|  | (-0.52) | (-0.58) | (-0.77) | (-0.89) | (-0.67) | (-0.08) | (-0.62) | (-0.74) | (-0.55) | (-0.66) |
| MB | -0.003** | -0.002** | -0.002** | -0.002** | -0.002** | -0.002*** | -0.003* | -0.002** | -0.003* | -0.002* |
|  | (-2.53) | (-2.39) | (-2.27) | (-2.17) | (-2.32) | (-2.69) | (-1.67) | (-2.39) | (-1.71) | (-1.88) |

续表

| 变量 | 基准 | 模型 6.1 | 模型 6.2 | 模型 6.3 | 模型 6.4 | 模型 6.5 | 模型 6.6 | 模型 6.7 | 模型 6.8（1） | 模型 6.8（2） |
|---|---|---|---|---|---|---|---|---|---|---|
| *TOBINQ* | -0.002 | -0.001 | -0.001 | -0.001 | -0.001 | -0.002 | -0.005 | -0.001 | -0.004 | -0.001 |
|  | (-0.66) | (-0.58) | (-0.47) | (-0.43) | (-0.53) | (-0.87) | (-0.91) | (-0.56) | (-0.70) | (-0.34) |
| *GROWTH* | -0.004 | -0.002 | -0.004 | -0.004 | -0.004 | -0.006 | -0.002 | -0.006 | -0.003 | -0.006 |
|  | (-0.80) | (-0.45) | (-0.82) | (-0.86) | (-0.88) | (-0.81) | (-0.15) | (-1.17) | (-0.18) | (-1.06) |
| *YEAR* | 控制 | 控制 | 控制 | 控制 | 控制 | 控制 | 控制 | 控制 | 控制 | 控制 |
| *INDUSTRY* | 控制 | 控制 | 控制 | 控制 | 控制 | 控制 | 控制 | 控制 | 控制 | 控制 |
| C | 1.047 | 1.138 | 0.049 | 0.048 | 0.051 | 1.230 | 1.298 | 1.237 | 1.182 | 1.029 |
|  | (0.87) | (0.97) | (0.90) | (0.87) | (0.90) | (0.74) | (0.33) | (0.14) | (0.73) | (0.60) |
| Adj. $R^2$ | 0.161 | 0.164 | 0.170 | 0.167 | 0.162 | 0.166 | 0.156 | 0.163 | 0.160 | 0.162 |
| F 值 | 2.50*** | 2.58*** | 2.72*** | 2.64*** | 2.53*** | 2.62*** | 2.41*** | 2.59*** | 2.50*** | 2.55*** |
| 样本 | 全部样本 | 全部样本 | 全部样本 | 全部样本 | 全部样本 | 全部样本 | 相关并购 | 非相关并购 | 相关并购 | 非相关并购 |
| 样本数（个） | 579 | 579 | 579 | 579 | 579 | 579 | 179 | 400 | 179 | 400 |

注：模型 6.8（1）针对的是相关并购样本，模型 6.8（2）针对的是非相关并购样本；括号内为 T 统计量，T 值已经过 White（1980）异方差稳健性修正；*、**、*** 分别代表 10%、5% 和 1% 的显著性水平。

# 第四节　稳健性检验

为证明本章结论的可靠性，本书对相关结论进行了以下稳健性检验。

1. 变更事件窗口期的稳健性检验

本书选取［-5，+5］窗口计算并购公司、并购后实体和目标公司相较于并购公司的累计超额收益率，参照 Calomiris 等（2010）、李青原（2011）、Cai 和 Sevilir（2012）、Gaur 等（2013）、曹廷求等（2013）和田高良等（2013）的做法，重新选取［-1，+1］作为窗口期，计算累计超额收益率，以衡量并购公司短期并购绩效、并购后实体并购绩效和目标公司相对并购绩效，从而进行稳健性检验。改变计算累计超额收益率的窗口期后，并购公司短期并购绩效、并购后实体并购绩效和目标公司相对并购绩效的样本并未发生改变，回归结果如表6-12~表6-14所示。

通过观察表6-12发现：模型6.1中董事联结（*BI*）的回归系数在10%的水平上显著为正；模型6.2中内部董事联结（*BI_IN*）的回归系数在10%的水平上显著为正；模型6.3中外部董事联结（*BI_OUT*）的回归系数为正，但未达到10%的显著性水平；模型6.4中董事联结与股权性质交互项（*BI×NATURE*）的回归系数在10%水平上显著为正；模型6.5中董事联结与联结董事同行业或同产品市场并购经验交互项（*BI×IAE*）的回归系数在10%水平上显著为正；模型6.6中董事联结与联结董事相关并购经验交互项（*BI×RAE*）的回归系数在10%水平上显著为正；模型6.7中董事联结与联结董事非相关并购经验交互项（*BI×UAE*）的回归系数在10%水平上显著为正；模型6.8（1）中董事联结与联结董事相关并购经验交互项（*BI×RAE*）的回归系数在10%水平上显著为正，董事联结与联结董事非相关并购经验交互项（*BI×UAE*）的回归系数为正，但未达到10%的显著性水平；模型6.8（2）中董事联结与联结董事非相关并购经验交互项（*BI×UAE*）的回归系数在10%水平上显著为正，董事联结与联结董事相关并购经验交互项（*BI×RAE*）的回归系数为正，但未达到10%的显著性水平。综上所述，在改变计算累计超额收益率的窗口期重新衡量并购公司短期并购绩效后，前文结果均未发生实质性改变。

通过观察表6-13发现：模型6.1中董事联结（*BI*）的回归系数在10%的水平上显著为正；模型6.2中内部董事联结（*BI_IN*）的回归系数在10%的水平上显著为正；模型6.3中外部董事联结（*BI_OUT*）的回归系数为正，但未达到10%的显著性水平；模型6.4中董事联结与股权性质交互性（*BI×NATURE*）的回归系数在10%水平上显著为正；模型6.5中董事联结与联结董事同行业或同产品市场并购经验交互项（*BI×IAE*）的回归系数在10%水平上显著为正；模型6.6中董事联结与联结董事相关并购经验交互项（*BI×RAE*）的回归系数在10%水平上显著为正；模型6.7中董事联结与联结董事非相关并购经验交互项（*BI×UAE*）的回归系数在10%水平上显著为正；模型6.8（1）中董事联结与联结董事相关并购经验交互项（*BI×RAE*）的回归系数在10%水平上显著为正，董事联结与联结董事非相关并购经验交互项（*BI×UAE*）的回归系数为正，但未达到10%的显著性水平；模型6.8（2）中董事联结与联结董事非相关并购经验交互项（*BI×UAE*）的回归系数在10%水平上显著为正，董事联结与联结董事相关并购经验交互项（*BI×RAE*）的回归系数为正，但未达到10%的显著性水平。综上所述，在改变计算累计超额收益率的窗口期重新衡量并购后实体并购绩效后，前文的结果均未发生实质性改变。

通过观察表6-14本书发现：模型6.1中董事联结（*BI*）的回归系数，模型6.2中内部董事联结（*BI_IN*）的回归系数，模型6.3中外部董事联结（*BI_OUT*）的回归系数，模型6.4中董事联结与股权性质交互项（*BI×NATURE*）的回归系数，模型6.5中董事联结与联结董事同行业或同产品市场并购经验交互项（*BI×IAE*）的回归系数，模型6.6中董事联结与联结董事相关并购经验交互项（*BI×RAE*）的回归系数，模型6.7中董事联结与联结董事非相关并购经验交互项（*BI×UAE*）的回归系数，模型6.8（1）中董事联结与联结董事相关并购经验交互项（*BI×RAE*）的回归系数，董事联结与联结董事非相关并购经验交互项（*BI×UAE*）的回归系数，模型6.8（2）中董事联结与联结董事非相关并购经验交互项（*BI×UAE*）的回归系数，董事联结与联结董事相关并购经验交互项（*BI×RAE*）的回归系数均为负，但未达到10%的显著性水平。综上所述，在改变计算累计超额收益率的窗口期重新衡量目标公司相对并购绩效后，前文的结果均未发生实质性改变。

表6-12 变更事件窗口后董事联结与并购公司短期并购绩效的回归结果

| 变量 | 基准 | 模型6.1 | 模型6.2 | 模型6.3 | 模型6.4 | 模型6.5 | 模型6.6 | 模型6.7 | 模型6.8（1） | 模型6.8（2） |
|---|---|---|---|---|---|---|---|---|---|---|
| BI | — | 0.026* (1.68) | — | — | 0.011* (1.86) | 0.026** (1.99) | 0.043* (1.71) | 0.042* (1.74) | 0.034* (1.69) | 0.023* (1.77) |
| BI_IN | — | — | 0.025* (1.69) | — | — | — | — | — | — | — |
| BI_OUT | — | — | — | 0.024 (1.09) | — | — | — | — | — | — |
| NATURE | — | — | — | — | 0.010 (1.20) | — | — | — | — | — |
| IAE | — | — | — | — | — | 0.007 (0.55) | — | — | — | — |
| RAE | — | — | — | — | — | — | 0.010* (1.74) | — | 0.010* (1.70) | 0.003 (0.38) |
| UAE | — | — | — | — | — | — | — | 0.009* (1.69) | 0.002 (1.01) | 0.011* (1.79) |
| BI×NATURE | — | — | — | — | 0.005* (1.68) | — | — | — | — | — |
| BI×IAE | — | — | — | — | — | 0.018* (1.66) | — | — | — | — |
| BI×RAE | — | — | — | — | — | — | 0.035* (1.79) | — | 0.021* (1.72) | 0.014 (0.70) |
| BI×UAE | — | — | — | — | — | — | — | 0.016* (1.70) | 0.022 (1.53) | 0.018* (1.92) |

续表

| 变量 | 基准 | 模型 6.1 | 模型 6.2 | 模型 6.3 | 模型 6.4 | 模型 6.5 | 模型 6.6 | 模型 6.7 | 模型 6.8（1） | 模型 6.8（2） |
| --- | --- | --- | --- | --- | --- | --- | --- | --- | --- | --- |
| FAE | 0.002 | 0.003 | 0.003 | 0.002 | 0.003 | 0.003 | 0.004 | 0.005 | 0.005 | 0.005 |
|  | (1.20) | (0.76) | (0.60) | (0.53) | (0.61) | (0.84) | (0.24) | (0.38) | (1.08) | (0.39) |
| METHOD | 0.089*** | 0.126*** | 0.022*** | 0.023*** | 0.023*** | 0.080*** | 0.085 | 0.114*** | 0.069 | 0.115*** |
|  | (4.89) | (4.74) | (3.59) | (3.79) | (3.66) | (4.12) | (0.03) | (4.66) | (0.37) | (4.87) |
| CON | 0.004 | 0.005 | 0.008 | 0.009 | 0.008 | 0.001 | 0.088* | -0.011 | 0.082* | -0.021 |
|  | (0.11) | (0.21) | (0.93) | (1.02) | (0.95) | (0.03) | (1.92) | (-0.29) | (1.70) | (-0.59) |
| ROE_R | -0.002 | -0.004 | -0.006 | -0.005 | -0.005 | -0.014 | -0.007 | -0.018 | -0.004 | -0.009 |
|  | (-0.10) | (-0.18) | (0.26) | (-0.09) | (-0.14) | (-0.37) | (-0.48) | (-0.88) | (-0.33) | (-1.38) |
| SIZE_R | 0.017 | 0.030 | 0.038 | 0.038 | 0.038 | 0.003 | 0.180 | 0.039 | 0.174 | 0.035 |
|  | (0.37) | (0.47) | (1.27) | (1.26) | (1.22) | (0.05) | (1.30) | (0.66) | (1.23) | (0.56) |
| CRL | -0.042 | -0.046 | -0.040 | -0.060 | -0.032 | -0.068 | -0.072 | -0.045 | -0.101 | -0.052 |
|  | (-1.27) | (-0.97) | (-0.31) | (-0.05) | (-0.25) | (-0.89) | (-0.96) | (-1.10) | (-1.18) | (-1.37) |
| SHARE | -0.047 | -0.023 | -0.034 | -0.035 | -0.037 | -0.020 | -0.067 | -0.044 | -0.134 | -0.040 |
|  | (-0.59) | (-0.22) | (-1.07) | (-1.10) | (-1.10) | (-0.24) | (-0.46) | (-0.44) | (-0.77) | (-0.41) |
| HUBRIS | -0.042 | -0.058 | -0.038 | -0.049 | -0.082 | -0.007 | -0.015 | -0.051 | -0.014 | -0.042 |
|  | (-1.16) | (-1.09) | (-1.03) | (-1.04) | (-1.06) | (-0.17) | (-0.21) | (-0.98) | (-0.19) | (-0.96) |
| CASH | -0.019 | -0.030 | -0.010 | -0.007 | -0.016 | -0.006 | -0.011 | -0.014 | -0.004 | -0.016 |
|  | (-0.70) | (-0.74) | (-0.12) | (-0.10) | (-0.18) | (-0.14) | (-0.26) | (-0.33) | (-0.21) | (-0.32) |
| LEV | -0.083*** | -0.120*** | -0.070*** | -0.078*** | -0.068*** | -0.065*** | -0.009 | -0.119*** | -0.005 | -0.096** |
|  | (-4.15) | (-4.27) | (-4.13) | (-4.27) | (-4.10) | (-2.82) | (-0.06) | (-4.20) | (-0.07) | (-2.33) |
| MB | 0.006 | 0.002 | 0.001 | 0.001 | 0.001 | 0.020 | -0.008 | -0.003 | -0.002 | -0.002 |
|  | (0.34) | (0.66) | (0.75) | (0.63) | (0.85) | (1.36) | (-0.99) | (-0.17) | (-0.30) | (-0.19) |

续表

| 变量 | 基准 | 模型 6.1 | 模型 6.2 | 模型 6.3 | 模型 6.4 | 模型 6.5 | 模型 6.6 | 模型 6.7 | 模型 6.8 (1) | 模型 6.8 (2) |
|---|---|---|---|---|---|---|---|---|---|---|
| TOBINQ | -0.008** | -0.002* | -0.003* | -0.002* | -0.003* | -0.011*** | -0.018** | -0.009** | -0.020** | -0.007* |
|  | (-2.20) | (-1.66) | (-1.82) | (-1.85) | (-1.84) | (-3.86) | (-2.06) | (-2.01) | (-2.10) | (-1.78) |
| GROWTH | 0.003 | 0.005 | 0.009 | 0.009 | 0.009 | 0.006 | 0.004 | 0.011 | 0.014 | 0.011 |
|  | (0.39) | (0.48) | (0.29) | (0.32) | (0.34) | (0.49) | (0.16) | (1.25) | (0.38) | (1.26) |
| YEAR | 控制 | 控制 | 控制 | 控制 | 控制 | 控制 | 控制 | 控制 | 控制 | 控制 |
| INDUSTRY | 控制 | 控制 | 控制 | 控制 | 控制 | 控制 | 控制 | 控制 | 控制 | 控制 |
| C | 0.072 | 0.146 | 0.017 | 0.015 | 0.016 | 0.105 | -0.522 | 0.095 | -0.403 | 0.131 |
|  | (0.91) | (1.32) | (0.54) | (0.50) | (0.51) | (1.18) | (-0.73) | (0.98) | (-0.45) | (1.38) |
| Adj. $R^2$ | 0.314 | 0.339 | 0.351 | 0.326 | 0.352 | 0.281 | 0.307 | 0.335 | 0.321 | 0.338 |
| F 值 | 4.15*** | 4.35*** | 4.60*** | 4.24*** | 4.63*** | 4.05*** | 3.12*** | 5.50*** | 3.46*** | 5.66*** |
| 样本 | 全部样本 | 全部样本 | 全部样本 | 全部样本 | 全部样本 | 全部样本 | 相关并购 | 非相关并购 | 相关并购 | 非相关并购 |
| 样本数 (个) | 608 | 608 | 608 | 608 | 608 | 608 | 189 | 419 | 189 | 419 |

注: 模型 6.8 (1) 针对的是相关并购样本, 模型 6.8 (2) 针对的是非相关并购样本; 括号内为 T 统计量, T 值已经过 White (1980) 异方差稳健性修正; *、**、*** 分别代表 10%、5% 和 1% 的显著性水平。

表6-13　变更事件窗口后董事联结与并购后实体并购绩效的回归结果

| 变量 | 基准 | 模型6.1 | 模型6.2 | 模型6.3 | 模型6.4 | 模型6.5 | 模型6.6 | 模型6.7 | 模型6.8(1) | 模型6.8(2) |
|---|---|---|---|---|---|---|---|---|---|---|
| BI | — | 0.083*<br>(1.79) | — | — | 0.027*<br>(1.69) | 0.023*<br>(1.75) | 0.022**<br>(2.16) | 0.030**<br>(2.01) | 0.014**<br>(2.52) | 0.026*<br>(1.77) |
| BI_IN | — | — | 0.086*<br>(1.79) | — | — | — | — | — | — | — |
| BI_OUT | — | — | — | 0.077<br>(1.25) | — | — | — | — | — | — |
| NATURE | — | — | — | — | 0.023<br>(0.91) | — | — | — | — | — |
| IAE | — | — | — | — | — | 0.005<br>(0.32) | — | — | — | — |
| RAE | — | — | — | — | — | — | 0.005<br>(0.49) | — | 0.009<br>(1.00) | 0.004<br>(0.77) |
| UAE | — | — | — | — | — | — | — | 0.008**<br>(2.18) | 0.003<br>(0.82) | 0.006*<br>(1.66) |
| BI×NATURE | — | — | — | — | 0.028*<br>(1.80) | — | — | — | — | — |
| BI×IAE | — | — | — | — | — | 0.004*<br>(1.84) | — | — | — | — |
| BI×RAE | — | — | — | — | — | — | 0.007*<br>(1.68) | — | 0.002*<br>(1.75) | 0.006<br>(0.41) |

续表

| 变量 | 基准 | 模型 6.1 | 模型 6.2 | 模型 6.3 | 模型 6.4 | 模型 6.5 | 模型 6.6 | 模型 6.7 | 模型 6.8 (1) | 模型 6.8 (2) |
|---|---|---|---|---|---|---|---|---|---|---|
| $BI \times UAE$ | — | — | — | — | — | — | — | 0.009* | 0.008 | 0.007* |
|  |  |  |  |  |  |  |  | (1.68) | (1.21) | (1.69) |
| $FAE$ | 0.020 | 0.005 | 0.006 | 0.006 | 0.007 | 0.005 | 0.003 | 0.002 | 0.001 | 0.002 |
|  | (0.93) | (1.15) | (1.18) | (1.24) | (1.42) | (0.35) | (0.49) | (0.63) | (0.19) | (0.62) |
| $METHOD$ | 0.087** | 0.102** | 0.067** | 0.067** | 0.068** | 0.035** | 0.007** | 0.038*** | 0.009** | 0.038*** |
|  | (2.15) | (2.38) | (2.22) | (2.22) | (2.24) | (2.40) | (2.42) | (2.64) | (2.37) | (2.67) |
| $CON$ | 0.019 | 0.032 | 0.015 | 0.011 | 0.012 | 0.006 | 0.048* | 0.009 | 0.043* | 0.006 |
|  | (0.46) | (0.72) | (0.44) | (0.34) | (0.37) | (0.32) | (1.90) | (0.52) | (1.78) | (0.31) |
| $ROE\_R$ | -0.035 | -0.036 | -0.020 | -0.016 | -0.020 | -0.029** | -0.003 | -0.025** | -0.004 | -0.028* |
|  | (-1.29) | (-1.17) | (-1.14) | (-1.11) | (-1.19) | (-2.21) | (-0.11) | (-1.97) | (-0.34) | (-1.75) |
| $SIZE\_R$ | 0.041** | 0.019** | 0.104** | 0.120** | 0.114** | 0.129*** | 0.024 | 0.122*** | 0.033 | 0.135*** |
|  | (2.30) | (2.10) | (2.02) | (2.18) | (2.17) | (4.12) | (0.39) | (3.64) | (0.63) | (4.19) |
| $CRL$ | -0.059 | -0.107 | -0.076 | -0.075 | -0.058 | -0.025 | -0.071** | -0.029 | -0.080** | -0.024 |
|  | (-0.92) | (-1.52) | (-1.33) | (-1.31) | (-1.02) | (-1.01) | (-2.15) | (-1.17) | (-2.42) | (-0.58) |
| $SHARE$ | 0.057 | 0.083 | 0.049 | 0.027 | 0.094 | 0.066 | 0.036 | 0.064 | 0.015 | 0.070 |
|  | (0.73) | (0.95) | (0.80) | (0.45) | (1.11) | (1.05) | (0.58) | (1.09) | (0.26) | (1.10) |
| $HUBRIS$ | 0.099 | 0.107 | 0.069 | 0.058 | 0.060 | 0.005 | 0.018 | 0.009 | 0.006 | 0.006 |
|  | (1.48) | (1.43) | (0.88) | (0.77) | (0.80) | (0.19) | (0.49) | (0.31) | (0.20) | (0.25) |
| $CASH$ | -0.276** | -0.333** | -0.192** | -0.184** | -0.193** | -0.011 | -0.010 | -0.021 | -0.009 | -0.023 |
|  | (-2.23) | (-2.25) | (-2.11) | (-2.08) | (-2.07) | (-0.33) | (-0.54) | (-0.61) | (-0.50) | (-0.74) |

续表

| 变量 | 基准 | 模型 6.1 | 模型 6.2 | 模型 6.3 | 模型 6.4 | 模型 6.5 | 模型 6.6 | 模型 6.7 | 模型 6.8 (1) | 模型 6.8 (2) |
|---|---|---|---|---|---|---|---|---|---|---|
| LEV | -0.143* | -0.206* | -0.158* | -0.153* | -0.158* | -0.007* | -0.033 | -0.003 | -0.030 | -0.004 |
|  | (-1.77) | (-1.69) | (-1.85) | (-1.83) | (-1.81) | (-1.71) | (-1.20) | (-0.33) | (-1.40) | (-0.33) |
| MB | -0.002 | -0.004 | -0.004 | -0.004 | -0.004 | -0.013* | -0.005 | -0.001 | -0.011 | -0.001 |
|  | (-1.03) | (-1.40) | (-1.20) | (-1.10) | (-1.15) | (-1.88) | (-1.36) | (-0.72) | (-1.42) | (-0.66) |
| TOBINQ | -0.012 | -0.012 | -0.006 | -0.005 | -0.006 | -0.001 | -0.005 | -0.011 | -0.005 | -0.011 |
|  | (-1.53) | (-1.49) | (-0.79) | (-0.68) | (-0.81) | (-0.44) | (-1.58) | (-0.67) | (-1.63) | (-0.72) |
| GROWTH | 0.001 | 0.010 | 0.010 | 0.009 | 0.011 | 0.008 | 0.004 | 0.007 | 0.004 | 0.006 |
|  | (0.10) | (0.50) | (0.70) | (0.59) | (0.69) | (1.08) | (0.29) | (1.35) | (0.30) | (1.11) |
| YEAR | 控制 | 控制 | 控制 | 控制 | 控制 | 控制 | 控制 | 控制 | 控制 | 控制 |
| INDUSTRY | 控制 | 控制 | 控制 | 控制 | 控制 | 控制 | 控制 | 控制 | 控制 | 控制 |
| C | 0.163 | 0.308 | 0.235 | 0.224 | 0.217 | 0.133*** | -0.150 | 0.234*** | -0.142 | 0.134*** |
|  | (0.55) | (0.71) | (0.54) | (0.51) | (0.52) | (2.92) | (-0.56) | (2.75) | (-0.62) | (2.70) |
| Adj. $R^2$ | 0.241 | 0.247 | 0.254 | 0.242 | 0.245 | 0.253 | 0.223 | 0.245 | 0.227 | 0.248 |
| F值 | 2.67*** | 2.78*** | 2.86*** | 2.69*** | 2.73*** | 2.81*** | 2.28*** | 2.75*** | 2.35*** | 2.90*** |
| 样本 | 全部样本 | 全部样本 | 全部样本 | 全部样本 | 全部样本 | 全部样本 | 相关并购 | 非相关并购 | 相关并购 | 非相关并购 |
| 样本数（个） | 579 | 579 | 579 | 579 | 579 | 579 | 179 | 400 | 179 | 400 |

注：模型 6.8 (1) 针对的是相关并购样本，模型 6.8 (2) 针对的是非相关并购样本；括号内为 T 统计量，T 值已经过 White (1980) 异方差稳健性修正；*，**，*** 分别代表 10%，5% 和 1% 的显著性水平。

表6-14 变更事件窗口后董事联结与目标公司相对并购绩效的回归结果

| 变量 | 基准 | 模型6.1 | 模型6.2 | 模型6.3 | 模型6.4 | 模型6.5 | 模型6.6 | 模型6.7 | 模型6.8 (1) | 模型6.8 (2) |
|---|---|---|---|---|---|---|---|---|---|---|
| BI | — | -0.012 (-1.26) | — | — | -0.014 (-1.17) | -0.005 (-1.18) | -0.019 (-0.98) | -0.013 (-1.25) | -0.015 (-1.06) | -0.009 (-1.19) |
| BI_IN | — | — | -0.006 (-0.91) | — | — | — | — | — | — | — |
| BI_OUT | — | — | — | -0.005 (-0.38) | — | — | — | — | — | — |
| NATURE | — | — | — | — | -0.003 (-0.44) | — | — | — | — | — |
| IAE | — | — | — | — | — | -0.008 (-1.39) | — | — | — | — |
| RAE | — | — | — | — | — | — | -0.042** (-2.51) | — | -0.036*** (-2.63) | -0.003 (0.08) |
| UAE | — | — | — | — | — | — | — | -0.006* (-1.69) | -0.004 (-0.56) | -0.006 (-1.56) |
| BI×NATURE | — | — | — | — | -0.008 (-0.58) | — | — | — | — | — |
| BI×IAE | — | — | — | — | — | -0.002 (-1.13) | — | — | — | — |
| BI×RAE | — | — | — | — | — | — | -0.002 (-0.31) | — | -0.004 (-0.27) | -0.001 (-0.21) |

续表

| 变量 | 基准 | 模型 6.1 | 模型 6.2 | 模型 6.3 | 模型 6.4 | 模型 6.5 | 模型 6.6 | 模型 6.7 | 模型 6.8 (1) | 模型 6.8 (2) |
|---|---|---|---|---|---|---|---|---|---|---|
| *BI×UAE* | — | — | — | — | — | — | — | -0.009 (-0.75) | -0.002 (-0.69) | -0.008 (-1.45) |
| *FAE* | -0.003 (-0.34) | -0.005 (-0.57) | -0.006 (-0.96) | -0.005 (-0.89) | -0.006 (-0.96) | -0.007 (-0.10) | -0.004 (-0.04) | -0.004 (-0.46) | -0.005 (-0.08) | -0.002 (-0.22) |
| *METHOD* | -0.022*** (-3.63) | -0.033*** (-3.76) | -0.033*** (-3.74) | -0.034*** (-3.94) | -0.034*** (-3.83) | -0.021*** (-3.38) | -0.001** (-2.07) | -0.054*** (-4.22) | -0.006** (-2.32) | -0.049** (-2.14) |
| *CON* | -0.073 (-0.83) | -0.013 (-0.98) | -0.014 (-1.07) | -0.015 (-1.15) | -0.014 (-1.08) | -0.007 (-0.83) | -0.010 (-0.36) | -0.012 (-0.66) | -0.009 (-0.31) | -0.012 (-0.75) |
| *ROE_R* | -0.051** (-2.08) | -0.075** (-2.02) | -0.083** (-2.19) | -0.072** (-2.09) | -0.077** (-2.06) | -0.017 (-1.11) | -0.005* (-1.66) | -0.008* (-1.68) | -0.004* (-1.86) | -0.009* (-1.83) |
| *SIZE_R* | 0.033** (1.96) | 0.044* (1.77) | 0.053** (2.13) | 0.052** (2.11) | 0.052** (2.05) | 0.035** (1.99) | 0.005 (1.05) | 0.039 (1.31) | 0.017 (1.19) | 0.053 (1.33) |
| *CRL* | 0.002 (0.17) | 0.011 (0.63) | 0.014 (0.77) | 0.007 (0.40) | 0.001 (0.75) | 0.001 (0.10) | 0.006 (0.12) | 0.012 (0.55) | 0.003 (0.52) | 0.016 (0.56) |
| *SHARE* | -0.038 (-1.21) | -0.049 (-1.05) | -0.044 (-0.93) | -0.045 (-0.96) | -0.046 (-0.93) | -0.037 (-0.98) | -0.184 (-1.62) | -0.041 (-0.68) | -0.190 (-1.49) | -0.043 (-0.76) |
| *HUBRIS* | -0.004 (-0.02) | -0.005 (-0.26) | -0.002 (-0.09) | -0.006 (-0.03) | -0.003 (-0.15) | -0.003 (-0.21) | -0.037 (-0.76) | -0.002 (-0.05) | -0.033 (-0.63) | -0.003 (-0.12) |
| *CASH* | -0.002 (-0.27) | -0.007 (-0.06) | -0.003 (-0.25) | -0.004 (-0.36) | -0.002 (-0.19) | -0.005 (-0.56) | -0.003 (-0.11) | -0.018 (-0.88) | -0.006 (-0.10) | -0.015 (-0.89) |

续表

| 变量 | 基准 | 模型 6.1 | 模型 6.2 | 模型 6.3 | 模型 6.4 | 模型 6.5 | 模型 6.6 | 模型 6.7 | 模型 6.8 (1) | 模型 6.8 (2) |
|---|---|---|---|---|---|---|---|---|---|---|
| LEV | -0.005 | -0.007 | -0.009 | -0.011 | -0.009 | -0.002 | -0.005 | -0.006 | -0.004 | -0.008 |
| | (-0.82) | (-0.78) | (-1.08) | (-1.22) | (-1.06) | (-0.27) | (-0.13) | (-0.45) | (-0.12) | (-0.74) |
| MB | -0.002*** | -0.002*** | -0.002*** | -0.002*** | -0.002*** | -0.002*** | -0.001 | -0.006* | -0.002 | -0.005* |
| | (-2.83) | (-2.85) | (-2.73) | (-2.63) | (-2.85) | (-3.23) | (-0.24) | (-1.83) | (-0.65) | (-1.74) |
| TOBINQ | -0.004 | -0.002 | -0.001 | -0.001 | -0.004 | -0.007 | -0.006 | -0.002 | -0.005 | -0.002 |
| | (-0.35) | (-0.13) | (-0.01) | (-0.07) | (-0.12) | (-0.59) | (-1.18) | (-1.02) | (-1.03) | (-1.17) |
| GROWTH | -0.001 | -0.004 | -0.004 | -0.004 | -0.004 | -0.005 | -0.008 | -0.009* | -0.005 | -0.007* |
| | (-0.42) | (-1.01) | (-0.90) | (-0.93) | (-0.94) | (-0.91) | (-0.42) | (-1.80) | (-0.25) | (-1.71) |
| YEAR | 控制 | 控制 | 控制 | 控制 | 控制 | 控制 | 控制 | 控制 | 控制 | 控制 |
| INDUSTRY | 控制 | 控制 | 控制 | 控制 | 控制 | 控制 | 控制 | 控制 | 控制 | 控制 |
| C | 0.213 | 0.221 | 0.225 | 0.245 | 0.252 | 0.204 | 0.465 | 0.107 | 0.407 | 0.114 |
| | (0.42) | (0.43) | (0.56) | (0.53) | (0.51) | (0.12) | (1.10) | (1.12) | (0.99) | (1.25) |
| Adj. R² | 0.144 | 0.149 | 0.156 | 0.147 | 0.151 | 0.149 | 0.143 | 0.152 | 0.139 | 0.154 |
| F 值 | 2.20*** | 2.35*** | 2.46*** | 2.32*** | 2.38*** | 2.79*** | 2.27*** | 2.39*** | 2.15*** | 2.48*** |
| 样本 | 全部样本 | 全部样本 | 全部样本 | 全部样本 | 全部样本 | 全部样本 | 相关并购 | 非相关并购 | 相关并购 | 非相关并购 |
| 样本数（个） | 579 | 579 | 579 | 579 | 579 | 579 | 179 | 400 | 179 | 400 |

注：模型 6.8 (1) 针对的是相关并购样本，模型 6.8 (2) 针对的是非相关并购样本；括号内为 T 统计量，T 值已经过 White (1980) 异方差稳健性修正；*、**、*** 分别代表 10%、5% 和 1% 的显著性水平。

2. 更换并购公司长期并购绩效代理变量

前文实证研究基于 24 个月（2 年）计算的购买并持有超常收益（*BHAR*），从市场业绩指标的角度来衡量并购公司长期并购绩效。参照 Gregory（1997）以及朱红军和汪辉（2005）的做法，本书还使用基于 36 个月（3 年）计算的购买并持有超常收益（*BHAR*），对董事联结与使用市场业绩指标衡量的并购公司长期并购绩效的关系进行稳健性测试。改变股票持有期间以后，样本数量变为 221 个。其中，存在董事联结的样本数量为 50 个，不存在董事联结的样本数量为 171 个；相关并购样本数量为 69 个，非相关并购样本数量为 152 个。回归结果如表 6-15 所示。

通过观察表 6-15 发现：模型 6.1 中董事联结（*BI*）的回归系数，模型 6.2 中内部董事联结（*BI_IN*）的回归系数，模型 6.3 中外部董事联结（*BI_OUT*）的回归系数，模型 6.4 中董事联结与股权性质交互项（*BI×NATURE*）的回归系数，模型 6.5 中董事联结与联结董事同行业或同产品市场并购经验交互项（*BI×IAE*）的回归系数，模型 6.6 中董事联结与联结董事相关并购经验交互项（*BI×RAE*）的回归系数，模型 6.7 中董事联结与联结董事非相关并购经验交互项（*BI×UAE*）的回归系数，模型 6.8（1）中董事联结与联结董事相关并购经验交互项（*BI×RAE*）的回归系数，董事联结与联结董事非相关并购经验交互项（*BI×UAE*）的回归系数，模型 6.8（2）中董事联结与联结董事非相关并购经验交互项（*BI×UAE*）的回归系数，董事联结与联结董事相关并购经验交互项（*BI×RAE*）的回归系数均为正，但并未达到 10% 的显著性水平。在改变股票持有期间重新衡量并购公司长期并购绩效以后，前文的结果均未发生实质性改变。

此外，前文还使用并购首次公告日前后两年的总资产收益率的变化量（△*ROA*），从会计业绩指标的角度来衡量并购公司长期并购绩效。参照张雯等（2013）以及李彬和秦淑倩（2016）的做法，本书使用并购首次公告日前后两年的行业调整后净资产收益率变化量（△*ROE*）衡量并购公司长期并购绩效，对董事联结与并购公司长期并购绩效的关系进行稳健性测试。从会计业绩指标的角度使用净资产收益率变化量重新衡量并购公司长期并购绩效以后，并购公司长期并购绩效的样本并未发生改变。回归结果如表 6-16 所示。

表6-15　变更股票持有期间后董事联结与并购公司长期并购绩效（*BHAR*）的回归结果

| 变量 | 基准 | 模型6.1 | 模型6.2 | 模型6.3 | 模型6.4 | 模型6.5 | 模型6.6 | 模型6.7 | 模型6.8(1) | 模型6.8(2) |
|---|---|---|---|---|---|---|---|---|---|---|
| *BI* | — | 0.032 (1.14) | — | — | 0.038 (0.39) | 0.037 (1.19) | 0.136 (1.08) | 0.147 (0.98) | 0.097 (0.73) | 0.124 (0.87) |
| *BI_IN* | — | — | 0.029 (0.79) | — | — | — | — | — | — | — |
| *BI_OUT* | — | — | — | 0.027 (0.52) | — | — | — | — | — | — |
| *NATURE* | — | — | — | — | 0.044 (1.56) | — | — | — | — | — |
| *IAE* | — | — | — | — | — | 0.005* (1.71) | — | — | — | — |
| *RAE* | — | — | — | — | — | — | 0.010 (0.85) | — | 0.011 (0.17) | 0.005 (0.02) |
| *UAE* | — | — | — | — | — | — | — | 0.022 (1.06) | 0.015 (0.81) | 0.021 (1.05) |
| *BI×NATURE* | — | — | — | — | 0.065 (1.62) | — | — | — | — | — |
| *BI×IAE* | — | — | — | — | — | 0.004 (1.05) | — | — | — | — |
| *BI×RAE* | — | — | — | — | — | — | 0.020 (1.07) | — | 0.021 (0.46) | 0.013 (1.12) |

续表

| 变量 | 基准 | 模型 6.1 | 模型 6.2 | 模型 6.3 | 模型 6.4 | 模型 6.5 | 模型 6.6 | 模型 6.7 | 模型 6.8 (1) | 模型 6.8 (2) |
|---|---|---|---|---|---|---|---|---|---|---|
| BI×UAE | — | — | — | — | — | — | — | 0.027 (1.12) | 0.017 (1.38) | 0.028 (1.31) |
| FAE | 0.023 (0.35) | 0.045 (0.46) | 0.049 (0.63) | 0.081 (0.80) | 0.012 (0.66) | 0.025 (0.58) | 0.047 (1.14) | 0.047 (0.54) | 0.053 (0.74) | 0.043 (0.61) |
| METHOD | 0.036 (0.59) | 0.023 (0.53) | 0.024 (0.49) | 0.033 (0.69) | 0.027 (0.51) | 0.050 (1.07) | 0.035 (0.16) | 0.013 (0.18) | 0.039 (0.79) | 0.014 (0.11) |
| CON | -0.053 (-0.56) | -0.052 (-0.73) | -0.185 (-0.21) | -0.169 (-0.19) | -0.288 (-0.36) | -0.052 (-0.69) | -0.018 (-0.08) | -0.021 (-0.25) | -0.027 (-0.14) | -0.018 (-0.59) |
| ROE_R | -0.041 (-1.01) | -0.031 (-1.03) | -0.134 (-0.38) | -0.046 (-0.14) | -0.049 (-0.15) | -0.021 (-0.71) | -0.006 (-0.20) | -0.076 (-1.01) | -0.003 (-0.37) | -0.054 (-1.25) |
| SIZE_R | 0.102 (0.96) | 0.078 (0.82) | 0.068 (0.76) | 0.078 (0.89) | 0.031 (0.30) | 0.104 (1.04) | 0.121 (0.76) | 0.088* (1.83) | 0.399 (0.66) | 0.085* (1.72) |
| CRL | -0.009* (-1.66) | -0.014 (-1.59) | -0.016* (-1.73) | -0.017* (-1.87) | -0.011* (-1.85) | -0.013* (-1.68) | -0.008* (-1.83) | -0.010* (-1.76) | -0.028* (-1.82) | -0.007* (-1.70) |
| SHARE | -0.202* (-1.74) | -0.209** (-2.01) | -0.216* (-1.91) | -0.205* (-1.67) | -0.431** (-2.21) | -0.189* (-1.82) | -0.402* (-1.95) | -0.135* (-1.73) | -0.464* (-1.86) | -0.172* (-1.77) |
| HUBRIS | -0.008 (-0.05) | -0.041 (-0.35) | -0.047 (-0.58) | -0.014 (-0.53) | -0.011 (-1.25) | -0.039 (-0.32) | -0.029 (-0.12) | -0.010 (-0.05) | -0.022 (-0.90) | -0.009 (-0.24) |
| CASH | -0.108 (-1.49) | -0.131 (-1.57) | -0.299* (-1.70) | -0.183 (-1.40) | -0.124 (-1.60) | -0.123 (-1.47) | -0.084 (-1.05) | -0.253 (-1.29) | -0.045 (-0.73) | -0.271 (-1.26) |

续表

| 变量 | 基准 | 模型 6.1 | 模型 6.2 | 模型 6.3 | 模型 6.4 | 模型 6.5 | 模型 6.6 | 模型 6.7 | 模型 6.8 (1) | 模型 6.8 (2) |
|---|---|---|---|---|---|---|---|---|---|---|
| *LEV* | -0.030* | -0.003** | -0.064** | -0.022** | -0.033** | -0.005* | -0.014* | -0.081** | -0.048* | -0.080** |
|  | (-2.14) | (-2.06) | (-2.26) | (-2.26) | (-2.05) | (-1.80) | (-1.91) | (-2.04) | (-1.88) | (-1.98) |
| *MB* | 0.005 | 0.001 | 0.002 | 0.002 | 0.011 | 0.006 | 0.009 | 0.001 | 0.010 | 0.001 |
|  | (0.80) | (0.33) | (0.45) | (0.56) | (0.27) | (1.46) | (0.19) | (0.99) | (0.02) | (1.11) |
| *TOBINQ* | -0.012* | -0.005* | -0.009* | -0.009* | -0.007* | -0.004*** | -0.003* | -0.014* | -0.004* | -0.019*** |
|  | (-1.82) | (-1.88) | (-1.80) | (-1.77) | (-1.69) | (-2.33) | (-1.91) | (-1.80) | (-1.84) | (-1.72) |
| *GROWTH* | 0.001 | 0.001 | 0.012 | 0.013 | 0.011 | 0.001 | 0.002 | 0.001* | 0.008 | 0.001 |
|  | (0.56) | (0.59) | (0.64) | (0.66) | (0.62) | (0.48) | (0.20) | (1.70) | (0.26) | (1.59) |
| *YEAR* | 控制 | 控制 | 控制 | 控制 | 控制 | 控制 | 控制 | 控制 | 控制 | 控制 |
| *INDUSTRY* | 控制 | 控制 | 控制 | 控制 | 控制 | 控制 | 控制 | 控制 | 控制 | 控制 |
| *C* | 2.301 | 2.091 | 2.801 | 2.824* | 2.521 | 1.771 | -2.423 | 3.672 | -1.521 | 3.841 |
|  | (1.48) | (1.52) | (1.59) | (1.66) | (1.41) | (1.23) | (-0.36) | (1.57) | (-0.27) | (1.55) |
| Adj. $R^2$ | 0.151 | 0.161 | 0.156 | 0.154 | 0.158 | 0.157 | 0.133 | 0.146 | 0.140 | 0.142 |
| F 值 | 2.56*** | 2.67*** | 2.60*** | 2.58*** | 2.63*** | 2.54*** | 2.04** | 2.35** | 2.12** | 2.39*** |
| 样本 | 全部样本 | 全部样本 | 全部样本 | 全部样本 | 全部样本 | 全部样本 | 相关并购 | 非相关并购 | 相关并购 | 非相关并购 |
| 样本数（个） | 221 | 221 | 221 | 221 | 221 | 221 | 69 | 152 | 69 | 152 |

注：模型 6.8 (1) 针对的是相关并购样本，模型 6.8 (2) 针对的是非相关并购样本；括号内为 T 统计量，T 值已经过 White (1980) 异方差稳健性修正；*、**、*** 分别代表 10%、5% 和 1% 的显著性水平。

表6-16　董事联结与并购公司长期并购绩效（△ROE）的回归结果

| 变量 | 基准 | 模型6.1 | 模型6.2 | 模型6.3 | 模型6.4 | 模型6.5 | 模型6.6 | 模型6.7 | 模型6.8(1) | 模型6.8(2) |
|---|---|---|---|---|---|---|---|---|---|---|
| BI | — | 0.031*** (2.69) | — | — | 0.028** (2.06) | 0.038*** (2.97) | 0.055** (2.08) | 0.076*** (3.02) | 0.026** (2.43) | 0.070*** (3.60) |
| BI_IN | — | | 0.029** (2.43) | — | — | — | — | — | — | — |
| BI_OUT | — | | — | 0.005 (0.22) | — | — | — | — | — | — |
| NATURE | — | | — | — | 0.009 (0.72) | — | — | — | — | — |
| IAE | — | | — | — | — | 0.020 (1.37) | — | — | — | — |
| RAE | — | | — | — | — | — | 0.013* (1.69) | — | 0.020* (1.64) | 0.006 (1.21) |
| UAE | — | | — | — | — | — | — | 0.015* (1.75) | 0.008 (0.95) | 0.012* (1.71) |
| BI×NATURE | — | | — | — | 0.013* (1.71) | — | — | — | — | — |
| BI×IAE | — | | — | — | — | 0.033* (1.70) | — | — | 0.077* (1.87) | 0.002 (0.08) |
| BI×RAE | — | | — | — | — | — | 0.075* (1.75) | — | — | — |

续表

| 变量 | 基准 | 模型 6.1 | 模型 6.2 | 模型 6.3 | 模型 6.4 | 模型 6.5 | 模型 6.6 | 模型 6.7 | 模型 6.8 (1) | 模型 6.8 (2) |
|---|---|---|---|---|---|---|---|---|---|---|
| *BI×UAE* | — | — | — | — | — | — | — | 0.025* | 0.015 | 0.025** |
| | | | | | | | | (1.91) | (0.83) | (2.05) |
| *FAE* | 0.014 | 0.004 | 0.004 | 0.003 | 0.004 | 0.003 | 0.002 | 0.031 | 0.002 | 0.022 |
| | (0.40) | (0.65) | (0.74) | (0.54) | (0.82) | (0.28) | (0.11) | (0.53) | (0.06) | (0.41) |
| *METHOD* | 0.009 | 0.009 | 0.011 | 0.012 | 0.013 | 0.008 | 0.017 | -0.013 | 0.008 | -0.010 |
| | (0.47) | (0.49) | (0.56) | (0.62) | (0.67) | (0.43) | (0.57) | (-0.40) | (0.16) | (-0.31) |
| *CON* | 0.039 | 0.037 | 0.030 | 0.034 | 0.030 | 0.032 | 0.005 | 0.075 | 0.003 | 0.062 |
| | (1.59) | (1.47) | (1.26) | (1.36) | (1.25) | (1.20) | (1.30) | (1.52) | (1.17) | (1.61) |
| *ROE_R* | 0.005 | 0.004 | 0.005 | 0.012 | 0.005 | 0.004 | 0.015** | 0.004 | 0.016** | 0.005* |
| | (0.29) | (0.27) | (0.30) | (0.07) | (0.28) | (0.25) | (2.21) | (1.66) | (2.38) | (1.87) |
| *SIZE_R* | 0.069 | 0.081 | 0.053 | 0.052 | 0.061 | 0.085* | 0.074 | 0.104 | 0.117 | 0.109* |
| | (1.25) | (1.61) | (0.93) | (0.88) | (1.06) | (1.79) | (0.60) | (1.39) | (0.69) | (1.83) |
| *CRL* | -0.021* | -0.064* | -0.059* | -0.069* | -0.058* | -0.040 | -0.018 | -0.097* | -0.012 | -0.088* |
| | (-1.84) | (-1.76) | (-1.66) | (-1.92) | (-1.80) | (-1.07) | (-0.28) | (-1.69) | (-0.08) | (-1.89) |
| *SHARE* | 0.120** | 0.067* | 0.127** | 0.113* | 0.106* | 0.066 | 0.041 | 0.007 | 0.063 | 0.020 |
| | (1.97) | (1.89) | (1.98) | (1.72) | (1.78) | (1.07) | (0.20) | (0.06) | (0.50) | (0.19) |
| *HUBRIS* | -0.068* | -0.005** | -0.002* | -0.009** | -0.011** | -0.003* | -0.040* | -0.049* | -0.045* | -0.044* |
| | (-1.89) | (-2.13) | (-2.07) | (-2.28) | (-2.00) | (-1.88) | (-1.73) | (-1.78) | (-1.76) | (-1.84) |
| *CASH* | -0.025 | -0.016 | -0.023 | -0.019 | -0.021 | -0.009 | -0.016 | -0.076* | -0.009 | -0.073* |
| | (-1.04) | (-0.73) | (-0.93) | (-0.75) | (-0.85) | (-0.39) | (-0.55) | (-1.69) | (-0.52) | (-1.88) |

续表

| 变量 | 基准 | 模型6.1 | 模型6.2 | 模型6.3 | 模型6.4 | 模型6.5 | 模型6.6 | 模型6.7 | 模型6.8(1) | 模型6.8(2) |
|---|---|---|---|---|---|---|---|---|---|---|
| LEV | -0.073*** | -0.048** | -0.071*** | -0.068*** | -0.071*** | -0.028* | -0.020* | -0.078** | -0.032* | -0.062** |
|  | (-3.16) | (-2.05) | (-3.09) | (-2.89) | (-3.04) | (-1.68) | (-1.81) | (-2.04) | (-1.76) | (-2.22) |
| MB | 0.010 | 0.002 | 0.001 | 0.007 | 0.009 | 0.016 | 0.005 | 0.021 | 0.002 | 0.019 |
|  | (0.34) | (1.24) | (0.37) | (0.25) | (0.34) | (0.63) | (0.69) | (0.77) | (0.49) | (0.79) |
| TOBINQ | -0.010 | -0.004 | -0.007 | -0.004 | -0.007 | -0.005 | -0.015 | -0.008 | -0.020 | -0.007 |
|  | (-0.17) | (-0.76) | (-0.13) | (-0.07) | (-0.12) | (-1.07) | (-1.15) | (-1.17) | (-1.12) | (-1.27) |
| GROWTH | 0.013 | 0.025* | 0.012 | 0.012 | 0.012 | 0.025*** | 0.016** | 0.046*** | 0.025** | 0.038*** |
|  | (1.51) | (1.71) | (1.36) | (1.36) | (1.37) | (2.68) | (2.52) | (3.24) | (2.08) | (2.93) |
| YEAR | 控制 | 控制 | 控制 | 控制 | 控制 | 控制 | 控制 | 控制 | 控制 | 控制 |
| INDUSTRY | 控制 | 控制 | 控制 | 控制 | 控制 | 控制 | 控制 | 控制 | 控制 | 控制 |
| C | -0.014 | -0.055 | -0.051 | -0.067 | -0.016 | -0.074 | -0.123 | -0.091 | -0.135 | -0.105 |
|  | (-0.19) | (-0.81) | (-0.07) | (-0.09) | (-0.21) | (-1.01) | (-0.16) | (-0.95) | (-0.61) | (-1.20) |
| Adj. $R^2$ | 0.232 | 0.243 | 0.249 | 0.238 | 0.246 | 0.249 | 0.237 | 0.248 | 0.242 | 0.251 |
| F值 | 3.32*** | 3.59*** | 3.75*** | 3.46*** | 3.63*** | 3.47*** | 2.68*** | 3.04*** | 2.82*** | 3.17*** |
| 样本 | 全部样本 | 全部样本 | 全部样本 | 全部样本 | 全部样本 | 全部样本 | 相关并购 | 非相关并购 | 相关并购 | 非相关并购 |
| 样本数(个) | 479 | 479 | 479 | 479 | 479 | 479 | 156 | 323 | 156 | 323 |

注：*、**、***分别代表10%、5%和1%的显著性水平。模型6.8（1）针对的是相关并购样本，模型6.8（2）针对的是非相关并购样本；括号内为T统计量；T值已经过White（1980）异方差稳健性修正。

通过观察表 6-16 发现：模型 6.1 中董事联结（*BI*）的回归系数在 1%的水平上显著为正；模型 6.2 中内部董事联结（*BI_IN*）的回归系数在 5%的水平上显著为正；模型 6.3 中外部董事联结（*BI_OUT*）的回归系数为正，但未达到 10% 的显著性水平；模型 6.4 中董事联结与股权性质交互项（*BI×NATURE*）的回归系数在 10%水平上显著为正；模型 6.5 中董事联结与联结董事同行业或同产品市场并购经验交互项（*BI×IAE*）的回归系数在 10%水平上显著为正；模型 6.6 中董事联结与联结董事相关并购经验交互项（*BI×RAE*）的回归系数在 10%水平上显著为正；模型 6.7 中董事联结与联结董事非相关并购经验交互项（*BI×UAE*）的回归系数在 10%水平上显著为正；模型 6.8（1）中董事联结与联结董事相关并购经验交互项（*BI×RAE*）的回归系数在 10%水平上显著为正，董事联结与联结董事非相关并购经验交互项（*BI×UAE*）的回归系数为正，但未达到 10% 的显著性水平；模型 6.8（2）中董事联结与联结董事非相关并购经验交互项（*BI×UAE*）的回归系数在 5%水平上显著为正，董事联结与联结董事相关并购经验交互项（*BI×RAE*）的回归系数为正，但未达到 10% 的显著性水平。在使用净资产收益率变化量重新衡量并购公司长期并购绩效以后，前文的结果均未发生实质性改变。

3. 更换董事联结代理变量

本章继续参照田高良等（2013）以及 Ishii 和 Xuan（2014）的研究，使用连续变量作为董事联结的替代变量。将两家公司所有的董事组成一个矩阵，一家公司的任意一个董事与另一家公司的任意一个董事配对为矩阵中的元素。董事联结即为两家公司拥有联结董事的个数与董事会成员矩阵元素总数之比，如两家公司存在 2 名联结董事，其中一家公司有 5 名董事，另一家公司有 4 名董事，则董事联结为 10%。更换董事联结代理变量的回归结果如表 6-17~表 6-21 所示。

通过观察表 6-17、表 6-19 和表 6-20 发现，模型 6.1 中董事联结（*BI*）的回归系数显著为正，模型 6.2 中内部董事联结（*BI_IN*）的回归系数显著为正，模型 6.3 中外部董事联结（*BI_OUT*）的回归系数为正，但未达到 10% 的显著性水平，模型 6.4 中董事联结与股权性质交互项（*BI×NATURE*）的回归系数显著为正，模型 6.5 中董事联结与联结董事同行业或同产品市场并购经验交互项（*BI×IAE*）的回归系数显著为正，模型 6.6 中董事联结与联结董事相关并购经验交互项（*BI×RAE*）的回归系数显著为正，模型 6.7 中董事联结与联结董事非相关并购经验交互项（*BI×UAE*）的回归系数显著为正，模型 6.8（1）中董事联结与联结董事相关并购经验交互项（*BI×RAE*）的回归系数显著为正，董事联结与联结董事非相关并购经验交互项（*BI×UAE*）的回归系数为正，但未达到 10% 的显著性水平，模型 6.8（2）中董事联结与联结董事非相关并购经验交互项（*BI×UAE*）的回归系数显著为正，董事联结与联结董事相关并购经验交互项（*BI×RAE*）的回归系数为正，但未达到 10% 的显著性水平。

通过观察表 6-18 发现，模型 6.1 中董事联结（*BI*）的回归系数，模型 6.2 中内部董事联结（*BI_IN*）的回归系数，模型 6.3 中外部董事联结（*BI_OUT*）的回归系数，模型 6.4 中董事联结与股权性质交互项（*BI×NATURE*）的回归系数，模型 6.5 中董事联结与联结董事同行业或同产品市场并购经验交互项（*BI×IAE*）的回归系数，模型 6.6 中董事联结与联结董事相关并购经验交互项（*BI×RAE*）的回归系数，模型 6.7 中董事联结与联结董事非相关并购经验交互项（*BI×UAE*）的回归系数，模型 6.8（1）中董事联结与联结董事相关并购经验交互项（*BI×RAE*）的回归系数，董事联结与联结董事非相关并购经验交互项（*BI×UAE*）的回归系数，模型 6.8（2）中董事联结与联结董事非相关并购经验交互项（*BI×UAE*）的回归系数，董事联结与联结董事相关并购经验交互项（*BI×RAE*）的回归系数均为正，但未达到 10% 的显著性水平。

通过观察表 6-21 发现，模型 6.1 中董事联结（*BI*）的回归系数，模型 6.2 中内部董事联结（*BI_IN*）的回归系数，模型 6.3 中外部董事联结（*BI_OUT*）的回归系数，模型 6.4 中董事联结与股权性质交互项（*BI×NATURE*）的回归系数，模型 6.5 中董事联结与联结董事同行业或同产品市场并购经验交互项（*BI×IAE*）的回归系数，模型 6.6 中董事联结与联结董事相关并购经验交互项（*BI×RAE*）的回归系数，模型 6.7 中董事联结与联结董事非相关并购经验交互项（*BI×UAE*）的回归系数，模型 6.8（1）中董事联结与联结董事相关并购经验交互项（*BI×RAE*）的回归系数，董事联结与联结董事非相关并购经验交互项（*BI×UAE*）的回归系数，模型 6.8（2）中董事联结与联结董事非相关并购经验交互项（*BI×UAE*）的回归系数，董事联结与联结董事相关并购经验交互项（*BI×RAE*）的回归系数均为负，但未达到 10% 的显著性水平。

表 6-17 董事联结与并购公司短期并购绩效回归结果（更换董事联结代理变量）

| 变量 | 模型 6.1 | 模型 6.2 | 模型 6.3 | 模型 6.4 | 模型 6.5 | 模型 6.6 | 模型 6.7 | 模型 6.8 (1) | 模型 6.8 (2) |
|---|---|---|---|---|---|---|---|---|---|
| *BI* | 2.160** | — | — | 2.803* | 2.839** | 3.668* | 4.462** | 3.505** | 4.244* |
| | (2.18) | | | (1.66) | (2.39) | (1.81) | (2.07) | (2.49) | (1.91) |
| *BI_IN* | — | 1.441** | — | — | — | — | — | — | — |
| | | (2.35) | | | | | | | |
| *BI_OUT* | — | — | 1.016 | — | — | — | — | — | — |
| | | | (1.39) | | | | | | |
| *NATURE* | — | — | — | 0.012 | — | — | — | — | — |
| | | | | (0.88) | | | | | |
| *IAE* | — | — | — | — | 0.019 | — | — | — | — |
| | | | | | (1.15) | | | | |
| *RAE* | — | — | — | — | — | 0.019* | — | 0.013 | 0.004 |
| | | | | | | (1.73) | | (1.60) | (0.38) |
| *UAE* | — | — | — | — | — | — | 0.015* | 0.023 | 0.010* |
| | | | | | | | (1.81) | (1.16) | (1.75) |
| *BI×NATURE* | — | — | — | 1.777* | — | — | — | — | — |
| | | | | (1.92) | | | | | |
| *BI×IAE* | — | — | — | — | 0.044* | — | — | — | — |
| | | | | | (1.83) | | | | |
| *BI×RAE* | — | — | — | — | — | 1.710* | — | 1.542* | 0.223 |
| | | | | | | (1.77) | | (1.92) | (0.19) |

续表

| 变量 | 模型 6.1 | 模型 6.2 | 模型 6.3 | 模型 6.4 | 模型 6.5 | 模型 6.6 | 模型 6.7 | 模型 6.8 (1) | 模型 6.8 (2) |
|---|---|---|---|---|---|---|---|---|---|
| BI×UAE | — | — | — | — | — | — | 0.043** (2.15) | 0.016 (0.62) | 0.035* (1.87) |
| FAE | 0.003 (0.32) | 0.002 (0.33) | 0.002 (0.39) | 0.002 (0.46) | 0.003 (0.12) | 0.010 (0.42) | 0.006 (0.25) | 0.009 (0.24) | 0.004 (0.16) |
| METHOD | 0.084*** (4.24) | 0.087*** (4.29) | 0.089*** (4.47) | 0.085*** (4.19) | 0.135*** (4.11) | 0.011 (0.18) | 0.205*** (4.54) | 0.016 (0.26) | 0.209*** (5.06) |
| CON | 0.003 (0.11) | 0.005 (0.15) | 0.008 (0.27) | 0.004 (0.13) | 0.003 (0.06) | 0.100 (1.09) | 0.028 (0.41) | 0.086 (0.89) | 0.051 (0.84) |
| ROE_R | -0.006 (-0.29) | -0.007 (-0.34) | -0.007 (-0.37) | -0.007 (-0.37) | -0.017** (-2.59) | -0.006** (-2.19) | -0.011 (-0.32) | -0.025** (-2.43) | -0.011 (-0.17) |
| SIZE_R | 0.017 (0.33) | 0.010 (0.19) | 0.004 (0.07) | 0.005 (0.09) | 0.039 (0.55) | 0.429** (2.02) | 0.004 (0.04) | 0.366* (1.90) | 0.005 (0.18) |
| CRL | -0.048 (-1.33) | -0.053 (-1.45) | -0.044 (-1.12) | -0.049 (-1.35) | -0.054 (-1.00) | -0.122 (-1.00) | -0.053 (-0.70) | -0.112 (-0.90) | -0.063 (-0.92) |
| SHARE | -0.006 (-0.08) | -0.003 (-0.04) | -0.003 (-0.04) | -0.035 (-0.42) | -0.010 (-0.06) | -0.202 (-0.97) | -0.034 (-0.20) | -0.201 (-0.94) | -0.015 (-0.10) |
| HUBRIS | 0.062 (1.49) | 0.011 (1.03) | 0.027 (1.08) | 0.092 (1.03) | 0.005 (1.08) | 0.023 (0.21) | 0.052 (0.61) | 0.070 (0.66) | 0.073 (0.96) |
| CASH | -0.040 (-1.44) | -0.034 (-1.23) | -0.031 (-1.16) | -0.039 (-1.45) | -0.050 (-0.72) | -0.005 (-0.09) | -0.074 (-0.92) | -0.014 (-0.23) | -0.045 (-0.66) |

续表

| 变量 | 模型6.1 | 模型6.2 | 模型6.3 | 模型6.4 | 模型6.5 | 模型6.6 | 模型6.7 | 模型6.8(1) | 模型6.8(2) |
|---|---|---|---|---|---|---|---|---|---|
| LEV | -0.061*** | -0.065*** | -0.068*** | -0.063*** | -0.154*** | -0.043 | -0.223*** | -0.029 | -0.171*** |
| | (-2.81) | (-2.97) | (-3.09) | (-2.86) | (-4.62) | (-0.47) | (-4.40) | (-0.40) | (-3.93) |
| MB | 0.003 | 0.004 | 0.001 | 0.001 | 0.001 | 0.015 | 0.001 | 0.012 | 0.001 |
| | (0.18) | (0.19) | (0.29) | (0.25) | (0.46) | (1.29) | (0.37) | (1.25) | (0.75) |
| TOBINQ | -0.008** | -0.007* | -0.007* | -0.008* | -0.022*** | -0.021* | -0.015* | -0.024* | -0.012* |
| | (-2.04) | (-1.86) | (-1.80) | (-1.90) | (-4.96) | (-1.86) | (-1.78) | (-1.81) | (-1.66) |
| GROWTH | 0.005 | 0.006 | 0.006 | 0.007 | 0.009 | 0.059 | 0.022 | 0.062 | 0.019 |
| | (0.59) | (0.69) | (0.72) | (0.79) | (0.44) | (1.29) | (1.24) | (1.22) | (1.20) |
| YEAR | 控制 | 控制 | 控制 | 控制 | 控制 | 控制 | 控制 | 控制 | 控制 |
| INDUSTRY | 控制 | 控制 | 控制 | 控制 | 控制 | 控制 | 控制 | 控制 | 控制 |
| C | 0.123 | 0.105 | 0.113 | 0.101 | 0.185 | -0.223 | 0.297* | -0.582 | 0.363** |
| | (1.38) | (1.16) | (1.28) | (1.12) | (1.40) | (-0.89) | (1.79) | (-0.60) | (2.25) |
| Adj. $R^2$ | 0.268 | 0.272 | 0.265 | 0.274 | 0.273 | 0.236 | 0.265 | 0.242 | 0.267 |
| F值 | 3.98*** | 4.11*** | 3.90*** | 4.19*** | 4.16*** | 2.87*** | 3.89*** | 2.98*** | 3.93*** |
| 样本 | 全部样本 | 全部样本 | 全部样本 | 全部样本 | 全部样本 | 相关并购 | 非相关并购 | 相关并购 | 非相关并购 |
| 样本数（个） | 608 | 608 | 608 | 608 | 608 | 189 | 419 | 189 | 419 |

注：模型6.8（1）针对的是相关并购样本，模型6.8（2）针对的是非相关并购样本；括号内为T统计量，T值已经过White（1980）异方差稳健性修正；*、**、***分别代表10%、5%和1%的显著性水平。

表6-18　董事联结与并购公司长期并购绩效（BHAR）回归结果（更换董事联结代理变量）

| 变量 | 模型6.1 | 模型6.2 | 模型6.3 | 模型6.4 | 模型6.5 | 模型6.6 | 模型6.7 | 模型6.8（1） | 模型6.8（2） |
|---|---|---|---|---|---|---|---|---|---|
| BI | 3.723 (1.57) | — | — | 3.313 (1.32) | 3.224 (1.03) | 3.384 (0.88) | 2.922 (0.75) | 3.269 (0.34) | 2.781 (0.81) |
| BI_IN | — | 5.620 (1.60) | — | — | — | — | — | — | — |
| BI_OUT | — | — | 4.092 (0.98) | — | — | — | — | — | — |
| NATURE | — | — | — | 0.072 (0.39) | — | — | — | — | — |
| IAE | — | — | — | — | 0.030$^{*}$ (1.82) | — | — | — | — |
| RAE | — | — | — | — | — | 0.075 (1.45) | — | 0.076 (1.34) | 0.039 (0.87) |
| UAE | — | — | — | — | — | — | 0.007 (0.63) | 0.007 (0.80) | 0.006 (0.41) |
| BI×NATURE | — | — | — | 4.992 (1.15) | — | — | — | — | — |
| BI×IAE | — | — | — | — | 0.771 (1.48) | — | — | — | — |
| BI×RAE | — | — | — | — | — | 0.195 (1.54) | — | 0.151 (1.06) | 0.173 (0.18) |

续表

| 变量 | 模型 6.1 | 模型 6.2 | 模型 6.3 | 模型 6.4 | 模型 6.5 | 模型 6.6 | 模型 6.7 | 模型 6.8 (1) | 模型 6.8 (2) |
|---|---|---|---|---|---|---|---|---|---|
| BI×UAE | — | — | — | — | — | — | 0.341 (1.37) | 0.162 (0.58) | 0.262 (1.00) |
| FAE | 0.042 (0.63) | 0.048 (0.78) | 0.038 (0.61) | 0.053 (0.86) | 0.023 (0.96) | 0.001 (0.11) | 0.018 (0.67) | 0.002 (0.15) | 0.004 (0.44) |
| METHOD | 0.012 (0.84) | 0.015 (0.43) | 0.025 (0.64) | 0.073 (0.21) | 0.030 (0.81) | 0.015 (0.38) | 0.004 (0.48) | 0.020 (0.39) | 0.003 (0.41) |
| CON | -0.010 (-0.34) | -0.008 (-0.27) | -0.020 (-0.06) | -0.014 (-0.48) | -0.008 (-0.23) | -0.024 (-0.32) | -0.003 (-0.73) | -0.018 (-0.28) | -0.004 (-0.71) |
| ROE_R | -0.023 (-1.35) | -0.017 (-0.93) | -0.018 (-0.41) | -0.018 (-1.01) | -0.036** (-2.07) | -0.016 (-1.28) | -0.011 (-0.34) | -0.029 (-1.37) | -0.016 (-0.19) |
| SIZE_R | 0.061 (1.09) | 0.055 (1.12) | 0.046 (1.01) | 0.059 (1.14) | 0.038 (0.68) | 0.140 (1.36) | 0.005 (0.07) | 0.183 (1.29) | 0.006 (0.02) |
| CRL | -0.018 (-0.37) | -0.004 (-0.09) | -0.002 (-0.60) | -0.005 (-0.10) | -0.020 (-0.40) | -0.002 (-0.26) | -0.018 (-1.23) | -0.001 (-0.32) | -0.017 (-1.17) |
| SHARE | -0.037 (-0.41) | -0.042 (-0.52) | -0.035 (-0.40) | -0.057 (-0.71) | -0.084 (-0.93) | -0.045 (-0.14) | -0.025 (-1.21) | -0.059 (-0.23) | -0.061 (-1.40) |
| HUBRIS | -0.003* (-1.85) | -0.045** (-1.71) | -0.038* (-1.84) | -0.039* (-1.88) | -0.032* (-1.79) | -0.001* (-1.69) | -0.016* (-1.78) | -0.002* (-1.77) | -0.026* (-1.76) |
| CASH | -0.017 (-0.57) | -0.045 (-0.14) | -0.013 (-0.40) | -0.019 (-0.58) | -0.008 (-0.28) | -0.028 (-0.38) | -0.001 (-0.02) | -0.024 (-0.26) | -0.002 (-0.13) |

续表

| 变量 | 模型6.1 | 模型6.2 | 模型6.3 | 模型6.4 | 模型6.5 | 模型6.6 | 模型6.7 | 模型6.8(1) | 模型6.8(2) |
|---|---|---|---|---|---|---|---|---|---|
| LEV | -0.032** | -0.023** | -0.115** | -0.024** | -0.011* | -0.189** | -0.010** | -0.146** | -0.018** |
|  | (-2.17) | (-2.18) | (-2.39) | (-2.08) | (-1.89) | (-2.37) | (-2.20) | (-2.55) | (-2.12) |
| MB | 0.001 | 0.002 | 0.001 | 0.001 | 0.003* | 0.010 | 0.001*** | 0.040 | 0.002*** |
|  | (0.71) | (0.72) | (0.89) | (0.48) | (1.93) | (0.69) | (2.76) | (0.23) | (2.71) |
| TOBINQ | -0.002* | -0.001* | -0.004* | -0.012* | -0.004* | -0.014* | -0.008* | -0.024* | -0.008* |
|  | (-1.89) | (-1.81) | (-1.78) | (-1.72) | (-1.80) | (-1.83) | (-1.91) | (-1.85) | (-1.94) |
| GROWTH | 0.010 | 0.010 | 0.012 | 0.011 | 0.009 | 0.021 | 0.005* | 0.014 | 0.005** |
|  | (1.26) | (1.27) | (1.47) | (1.41) | (1.03) | (1.25) | (1.69) | (0.75) | (2.07) |
| YEAR | 控制 | 控制 | 控制 | 控制 | 控制 | 控制 | 控制 | 控制 | 控制 |
| INDUSTRY | 控制 | 控制 | 控制 | 控制 | 控制 | 控制 | 控制 | 控制 | 控制 |
| C | 0.009 | 0.272 | 0.264 | 0.314 | 0.090 | 0.475 | 0.114 | 0.808 | 0.571 |
|  | (0.21) | (0.34) | (0.35) | (0.38) | (0.12) | (1.51) | (0.15) | (1.40) | (0.39) |
| Adj. $R^2$ | 0.159 | 0.164 | 0.161 | 0.167 | 0.168 | 0.156 | 0.163 | 0.162 | 0.167 |
| F值 | 2.25*** | 2.39*** | 2.32*** | 2.46*** | 2.51*** | 2.18*** | 2.37*** | 2.32*** | 2.51*** |
| 样本 | 全部样本 | 全部样本 | 全部样本 | 全部样本 | 全部样本 | 相关并购 | 非相关并购 | 相关并购 | 非相关并购 |
| 样本数（个） | 354 | 354 | 354 | 354 | 354 | 112 | 242 | 112 | 242 |

注：模型6.8（1）针对的是相关并购样本，模型6.8（2）针对的是非相关并购样本；括号内为T统计量，T值已经过White（1980）异方差稳健性修正；*、**、***分别代表10%、5%和1%的显著性水平。

表 6-19　董事联结与并购公司长期并购绩效（△ROA）回归结果（更换董事联结代理变量）

| 变量 | 模型 6.1 | 模型 6.2 | 模型 6.3 | 模型 6.4 | 模型 6.5 | 模型 6.6 | 模型 6.7 | 模型 6.8 (1) | 模型 6.8 (2) |
|---|---|---|---|---|---|---|---|---|---|
| BI | 1.630** (2.57) | — | — | 1.421* (1.85) | 1.113** (2.13) | 1.053* (1.92) | 2.008** (2.48) | 1.323* (1.87) | 1.942*** (2.78) |
| BI_IN | — | 1.485** (2.26) | — | — | — | — | — | — | — |
| BI_OUT | — | — | 1.189 (0.56) | — | — | — | — | — | — |
| NATURE | — | — | — | 0.018 (0.20) | — | — | — | — | — |
| IAE | — | — | — | — | 0.003 (0.46) | — | — | — | — |
| RAE | — | — | — | — | — | 0.008 (1.62) | — | 0.003 (1.37) | 0.006 (0.50) |
| UAE | — | — | — | — | — | — | 0.006* (1.67) | 0.003 (1.42) | 0.005* (1.74) |
| BI×NATURE | — | — | — | 0.509* (1.89) | — | — | — | — | — |
| BI×IAE | — | — | — | — | 0.161* (1.86) | — | — | — | — |
| BI×RAE | — | — | — | — | — | 1.046* (1.74) | — | 0.773* (1.80) | 0.075 (0.77) |

续表

| 变量 | 模型 6.1 | 模型 6.2 | 模型 6.3 | 模型 6.4 | 模型 6.5 | 模型 6.6 | 模型 6.7 | 模型 6.8 (1) | 模型 6.8 (2) |
|---|---|---|---|---|---|---|---|---|---|
| BI×UAE | — | — | — | — | — | — | 0.014* (1.85) | 0.011 (1.50) | 0.013* (1.86) |
| FAE | 0.003 (0.69) | 0.002 (0.77) | 0.002 (0.63) | 0.003 (0.81) | 0.003 (0.31) | 0.001 (0.25) | 0.004 (0.05) | 0.009 (0.49) | 0.002 (0.08) |
| METHOD | 0.008* (1.65) | 0.008* (1.69) | 0.006* (1.71) | 0.007* (1.82) | 0.002 (0.19) | 0.003 (0.22) | 0.013 (0.90) | 0.008 (0.48) | 0.006 (0.55) |
| CON | 0.008 (0.52) | 0.003 (0.17) | 0.006 (0.39) | 0.003 (0.21) | 0.017 (1.30) | 0.023 (1.07) | 0.030 (1.31) | 0.021 (0.93) | 0.021 (1.24) |
| ROE_R | 0.007 (0.61) | 0.006 (0.52) | 0.004 (0.37) | 0.006 (0.54) | 0.001 (0.19) | 0.008** (2.53) | 0.003* (1.81) | 0.012*** (2.66) | 0.002** (2.09) |
| SIZE_R | 0.097*** (3.22) | 0.095*** (3.04) | 0.096*** (3.09) | 0.098*** (3.16) | 0.070*** (3.45) | 0.018** (2.32) | 0.098*** (3.00) | 0.051* (1.82) | 0.096*** (3.80) |
| CRL | -0.019 (-0.89) | -0.017 (-0.81) | -0.020 (-1.14) | -0.018 (-0.88) | -0.001 (-0.08) | -0.006 (-0.37) | -0.013 (-0.54) | -0.003 (-0.49) | -0.014 (-0.75) |
| SHARE | 0.091** (2.33) | 0.091** (2.07) | 0.084* (1.92) | 0.095** (2.14) | 0.080** (2.21) | 0.123* (1.74) | 0.084* (1.77) | 0.134* (1.68) | 0.058* (1.70) |
| HUBRIS | -0.039* (-1.71) | -0.028* (-1.79) | -0.026* (-1.81) | -0.021* (-1.90) | -0.015* (-1.85) | -0.026* (-1.75) | -0.112* (-1.91) | -0.023* (-1.73) | -0.118* (-1.90) |
| CASH | -0.017 (-1.07) | -0.018 (-1.10) | -0.014 (-0.89) | -0.018 (-1.13) | -0.006 (-0.50) | -0.011 (-0.84) | -0.007 (-0.25) | -0.007 (-0.48) | -0.012 (-0.65) |

续表

| 变量 | 模型 6.1 | 模型 6.2 | 模型 6.3 | 模型 6.4 | 模型 6.5 | 模型 6.6 | 模型 6.7 | 模型 6.8 (1) | 模型 6.8 (2) |
|---|---|---|---|---|---|---|---|---|---|
| LEV | -0.061*** | -0.061*** | -0.064*** | -0.062*** | -0.023** | -0.060* | 0.022* | -0.119*** | 0.016* |
| | (-3.78) | (-3.82) | (-3.84) | (-3.81) | (-2.41) | (-1.95) | (1.95) | (-2.95) | (1.79) |
| MB | 0.040 | 0.048 | 0.028 | 0.044 | 0.001 | 0.006* | 0.005 | 0.013** | 0.006 |
| | (0.34) | (0.39) | (0.23) | (0.36) | (0.22) | (1.83) | (0.87) | (2.49) | (0.49) |
| TOBINQ | -0.003 | -0.004 | -0.004 | -0.004 | -0.003 | -0.011* | -0.003 | -0.021** | -0.004 |
| | (-1.41) | (-1.33) | (-1.22) | (-1.32) | (-1.39) | (-1.92) | (-0.10) | (-2.60) | (-0.18) |
| GROWTH | 0.013*** | 0.014*** | 0.014*** | 0.014*** | 0.010*** | 0.013* | 0.003* | 0.008* | 0.008* |
| | (2.81) | (2.62) | (2.69) | (2.64) | (2.69) | (1.90) | (1.79) | (1.70) | (1.74) |
| YEAR | 控制 | 控制 | 控制 | 控制 | 控制 | 控制 | 控制 | 控制 | 控制 |
| INDUSTRY | 控制 | 控制 | 控制 | 控制 | 控制 | 控制 | 控制 | 控制 | 控制 |
| C | -0.146*** | -0.142*** | -0.143*** | -0.145*** | -0.103** | -0.079 | -0.220** | -0.152* | -0.116*** |
| | (-3.00) | (-2.90) | (-2.84) | (-3.00) | (-2.48) | (-1.01) | (-2.02) | (-1.73) | (-2.62) |
| Adj. $R^2$ | 0.309 | 0.311 | 0.301 | 0.315 | 0.312 | 0.293 | 0.319 | 0.295 | 0.324 |
| F 值 | 7.05*** | 7.06*** | 6.82*** | 7.22*** | 7.12*** | 6.48*** | 7.47*** | 6.57*** | 7.63*** |
| 样本 | 全部样本 | 全部样本 | 全部样本 | 全部样本 | 全部样本 | 相关并购 | 非相关并购 | 相关并购 | 非相关并购 |
| 样本数（个） | 479 | 479 | 479 | 479 | 479 | 156 | 323 | 156 | 323 |

注：*、**、*** 分别代表 10%、5% 和 1% 的显著性水平。模型 6.8 (1) 针对的是相关并购样本，模型 6.8 (2) 针对的是非相关并购样本；括号内为 T 统计量，T 值已经过 White (1980) 异方差稳健性修正。

表 6-20　董事联结与并购后实体并购绩效回归结果（更换董事联结代理变量）

| 变量 | 模型 6.1 | 模型 6.2 | 模型 6.3 | 模型 6.4 | 模型 6.5 | 模型 6.6 | 模型 6.7 | 模型 6.8 (1) | 模型 6.8 (2) |
|---|---|---|---|---|---|---|---|---|---|
| BI | 2.418** (2.06) | — | — | 2.504** (1.98) | 1.785** (1.97) | 0.515** (1.97) | 2.023* (1.91) | 0.499* (1.67) | 2.008* (1.91) |
| BI_IN | — | 3.726* (1.69) | — | — | — | — | — | — | — |
| BI_OUT | — | — | 1.753 (1.14) | — | — | — | — | — | — |
| NATURE | — | — | — | 0.032 (1.52) | — | — | — | — | — |
| IAE | — | — | — | — | 0.011 (0.73) | — | — | — | — |
| RAE | — | — | — | — | — | 0.012 (1.14) | — | 0.013 (1.30) | 0.002 (0.35) |
| UAE | — | — | — | — | — | — | 0.006* (1.73) | 0.001 (0.19) | 0.006* (1.68) |
| BI×NATURE | — | — | — | 0.105* (1.74) | — | — | — | — | — |
| BI×IAE | — | — | — | — | 0.066** (2.22) | — | — | — | — |
| BI×RAE | — | — | — | — | — | 0.252* (1.76) | — | 0.236* (1.80) | 0.011 (0.40) |

续表

| 变量 | 模型6.1 | 模型6.2 | 模型6.3 | 模型6.4 | 模型6.5 | 模型6.6 | 模型6.7 | 模型6.8 (1) | 模型6.8 (2) |
|---|---|---|---|---|---|---|---|---|---|
| BI×UAE | — | — | — | — | — | — | 0.012* | 0.007 | 0.012* |
|  |  |  |  |  |  |  | (1.72) | (1.04) | (1.79) |
| FAE | 0.008 | 0.006 | 0.007 | 0.007 | 0.006 | 0.003 | 0.001 | 0.006 | 0.001 |
|  | (1.26) | (1.45) | (1.48) | (1.50) | (0.46) | (0.43) | (0.42) | (0.39) | (0.27) |
| METHOD | 0.036** | 0.060** | 0.062** | 0.059** | 0.033** | 0.004** | 0.037** | 0.006** | 0.035** |
|  | (2.57) | (2.00) | (2.03) | (2.03) | (2.28) | (2.24) | (2.51) | (2.35) | (2.30) |
| CON | 0.009 | 0.009 | 0.007 | 0.007 | 0.009 | 0.044* | 0.011 | 0.042* | 0.012 |
|  | (0.47) | (0.28) | (0.22) | (0.22) | (0.45) | (1.82) | (0.58) | (1.75) | (0.62) |
| ROE_R | -0.030** | -0.019** | -0.016* | -0.019** | -0.029** | -0.001** | -0.025** | -0.004** | -0.019** |
|  | (-2.32) | (-2.07) | (-1.86) | (-1.99) | (-2.37) | (-2.14) | (-1.97) | (-2.00) | (-2.13) |
| SIZE_R | 0.137*** | 0.140*** | 0.155*** | 0.141*** | 0.119*** | 0.027*** | 0.130*** | 0.027*** | 0.139*** |
|  | (4.25) | (3.62) | (2.74) | (3.58) | (3.55) | (3.40) | (3.86) | (3.04) | (4.04) |
| CRL | -0.049 | -0.041 | -0.038 | -0.032 | -0.031 | -0.057 | -0.033 | -0.058 | -0.032 |
|  | (-1.02) | (-0.87) | (-0.88) | (-0.75) | (-1.20) | (-1.56) | (-1.23) | (-1.54) | (-1.17) |
| SHARE | 0.058 | 0.033 | 0.014 | 0.032 | 0.048 | 0.038 | 0.081 | 0.022 | 0.051 |
|  | (0.91) | (0.56) | (0.25) | (0.53) | (0.63) | (0.64) | (0.88) | (0.41) | (0.85) |
| HUBRIS | 0.003 | 0.004 | 0.009 | 0.002 | 0.001 | 0.025 | 0.006 | 0.008 | 0.006 |
|  | (0.09) | (0.18) | (0.65) | (0.63) | (0.02) | (0.62) | (0.19) | (0.25) | (0.22) |
| CASH | -0.001 | -0.003 | -0.005 | -0.005 | -0.009 | -0.005 | -0.013 | -0.008 | -0.011 |
|  | (-0.05) | (-0.14) | (-0.40) | (-0.51) | (-0.26) | (-0.27) | (-0.36) | (-0.52) | (-0.32) |

续表

| 变量 | 模型6.1 | 模型6.2 | 模型6.3 | 模型6.4 | 模型6.5 | 模型6.6 | 模型6.7 | 模型6.8 (1) | 模型6.8 (2) |
|---|---|---|---|---|---|---|---|---|---|
| LEV | -0.007 | -0.017 | -0.014 | -0.015 | -0.008 | -0.025 | -0.009 | -0.030 | -0.003 |
|  | (-0.59) | (-0.90) | (-0.89) | (-0.87) | (-0.61) | (-0.86) | (-0.09) | (-1.32) | (-0.24) |
| MB | -0.069 | -0.019 | -0.014 | -0.017 | -0.053 | -0.006 | -0.057 | -0.001 | -0.026 |
|  | (-1.04) | (-0.83) | (-0.64) | (-0.76) | (-0.78) | (-1.51) | (-1.00) | (-1.37) | (-0.77) |
| TOBINQ | -0.003 | -0.007 | -0.006 | -0.007 | -0.003 | -0.004 | -0.012 | -0.005 | -0.009 |
|  | (-1.18) | (-1.05) | (-0.97) | (-1.01) | (-0.14) | (-1.25) | (-0.73) | (-1.41) | (-0.58) |
| GROWTH | 0.009 | 0.003 | 0.002 | 0.003 | 0.006 | 0.010 | 0.007 | 0.005 | 0.006 |
|  | (1.41) | (0.30) | (0.16) | (0.29) | (0.91) | (0.65) | (1.21) | (0.33) | (0.99) |
| YEAR | 控制 | 控制 | 控制 | 控制 | 控制 | 控制 | 控制 | 控制 | 控制 |
| INDUSTRY | 控制 | 控制 | 控制 | 控制 | 控制 | 控制 | 控制 | 控制 | 控制 |
| C | 0.138*** | 0.062** | 0.049** | 0.063** | 0.129*** | 0.311** | 0.141*** | 0.203*** | 0.148*** |
|  | (2.86) | (2.23) | (2.18) | (2.24) | (2.64) | (2.11) | (2.87) | (2.76) | (2.95) |
| Adj. $R^2$ | 0.241 | 0.252 | 0.243 | 0.248 | 0.245 | 0.229 | 0.230 | 0.233 | 0.232 |
| F值 | 2.41*** | 2.68*** | 2.48*** | 2.56*** | 2.49*** | 2.17*** | 2.22*** | 2.26*** | 2.27*** |
| 样本 | 全部样本 | 全部样本 | 全部样本 | 全部样本 | 全部样本 | 相关并购 | 非相关并购 | 相关并购 | 非相关并购 |
| 样本数(个) | 579 | 579 | 579 | 579 | 579 | 179 | 400 | 179 | 400 |

注：模型6.8 (1) 针对的是相关并购样本，模型6.8 (2) 针对的是非相关并购样本；括号内为 T 统计量，T 值已经过 White (1980) 异方差稳健性修正；*、**、*** 分别代表 10%、5% 和 1% 的显著性水平。

表6-21 董事联结与目标公司相对并购绩效回归结果（更换董事联结代理变量）

| 变量 | 模型6.1 | 模型6.2 | 模型6.3 | 模型6.4 | 模型6.5 | 模型6.6 | 模型6.7 | 模型6.8(1) | 模型6.8(2) |
|---|---|---|---|---|---|---|---|---|---|
| BI | -1.167<br>(-1.27) | — | — | -0.901<br>(-0.77) | -0.909<br>(-1.43) | -0.066<br>(-1.14) | -1.038<br>(-1.28) | -0.048<br>(-0.50) | -1.022<br>(-1.42) |
| BI_IN | — | -0.408<br>(-0.58) | — | — | — | — | — | — | — |
| BI_OUT | — | — | -0.318<br>(-0.32) | — | — | — | — | — | — |
| NATURE | — | — | — | -0.015<br>(-0.76) | — | — | — | — | — |
| IAE | — | — | — | — | -0.008<br>(-0.96) | — | — | — | — |
| RAE | — | — | — | — | — | -0.032**<br>(-2.36) | — | -0.038***<br>(-2.77) | -0.005<br>(-1.10) |
| UAE | — | — | — | — | — | — | -0.006**<br>(-1.98) | -0.001<br>(-0.15) | -0.006*<br>(-1.77) |
| BI×NATURE | — | — | — | -0.057<br>(-1.12) | — | — | — | — | — |
| BI×IAE | — | — | — | — | -0.013<br>(-1.05) | — | — | — | — |
| BI×RAE | — | — | — | — | — | -0.015<br>(-0.28) | — | -0.017<br>(-0.21) | -0.005<br>(-0.63) |

续表

| 变量 | 模型 6.1 | 模型 6.2 | 模型 6.3 | 模型 6.4 | 模型 6.5 | 模型 6.6 | 模型 6.7 | 模型 6.8 (1) | 模型 6.8 (2) |
|---|---|---|---|---|---|---|---|---|---|
| $BI \times UAE$ | — | — | — | — | — | — | -0.009 (-1.14) | -0.005 (-0.52) | -0.011 (-0.89) |
| $FAE$ | -0.003 (-0.79) | -0.003 (-0.84) | -0.003 (-0.86) | -0.003 (-0.88) | -0.006 (-0.64) | -0.002 (-0.20) | -0.001 (-0.16) | -0.003 (-0.58) | -0.001 (-0.08) |
| $METHOD$ | -0.029*** (-2.64) | -0.031*** (-2.73) | -0.033*** (-3.03) | -0.032*** (-2.91) | -0.021** (-2.31) | -0.005** (-2.27) | -0.036*** (-3.33) | -0.011** (-2.42) | -0.034** (-2.26) |
| $CON$ | -0.030* (-1.85) | -0.032* (-1.94) | -0.034** (-2.09) | -0.033** (-2.03) | -0.020* (-1.65) | -0.014 (-0.55) | -0.026* (-1.69) | -0.015 (-0.54) | -0.029* (-1.90) |
| $ROE\_R$ | -0.011*** (-2.79) | -0.011*** (-2.74) | -0.010*** (-2.71) | -0.009*** (-2.75) | -0.008** (-2.36) | -0.005** (-2.17) | -0.019* (-1.95) | -0.011** (-2.03) | -0.016** (-1.98) |
| $SIZE\_R$ | 0.080*** (2.81) | 0.086*** (2.95) | 0.078*** (2.69) | 0.076*** (2.62) | 0.060*** (2.63) | 0.067* (1.74) | 0.038 (1.48) | 0.044* (1.75) | 0.056 (1.10) |
| $CRL$ | 0.015 (0.69) | 0.016 (0.71) | 0.006 (0.31) | 0.008 (0.40) | 0.002 (0.11) | 0.016 (0.37) | 0.020 (0.92) | 0.002 (0.45) | 0.020 (0.96) |
| $SHARE$ | -0.012 (-0.21) | -0.010 (-0.17) | -0.014 (-0.24) | -0.017 (-0.28) | -0.010 (-0.19) | -0.147 (-1.55) | -0.032 (-0.64) | -0.130 (-1.40) | -0.021 (-0.38) |
| $HUBRIS$ | -0.026 (-0.99) | -0.023 (-0.95) | -0.023 (-0.97) | -0.022 (-0.94) | -0.024 (-1.09) | -0.042 (-0.90) | -0.052** (-2.00) | -0.039 (-0.20) | -0.053** (-2.06) |
| $CASH$ | -0.006 (-0.32) | -0.003 (-0.15) | -0.002 (-0.12) | -0.003 (-0.18) | -0.019 (-1.32) | -0.003 (-0.15) | -0.012 (-0.10) | -0.005 (-0.25) | -0.011 (-0.09) |

续表

| 变量 | 模型 6.1 | 模型 6.2 | 模型 6.3 | 模型 6.4 | 模型 6.5 | 模型 6.6 | 模型 6.7 | 模型 6.8 (1) | 模型 6.8 (2) |
|---|---|---|---|---|---|---|---|---|---|
| LEV | -0.003 | -0.006 | -0.008 | -0.007 | -0.004 | -0.007 | -0.003 | -0.003 | -0.002 |
|  | (-0.21) | (-0.47) | (-0.64) | (-0.59) | (-0.43) | (-0.24) | (-0.34) | (-0.12) | (-0.21) |
| MB | -0.002** | -0.002** | -0.002* | -0.002* | -0.002*** | -0.002** | -0.004** | -0.003** | -0.002* |
|  | (-2.38) | (-2.48) | (-1.69) | (-1.69) | (-2.78) | (-2.48) | (-2.38) | (-2.05) | (-1.78) |
| TOBINQ | -0.006*** | -0.006** | -0.006** | -0.006** | -0.003 | -0.007 | -0.002 | -0.005 | -0.002 |
|  | (-2.72) | (-2.55) | (-2.52) | (-2.53) | (-1.51) | (-1.16) | (-0.97) | (-0.96) | (-0.77) |
| GROWTH | -0.005 | -0.005 | -0.006 | -0.006 | -0.007 | -0.012 | -0.006 | -0.013 | -0.006 |
|  | (-1.01) | (-1.07) | (-1.14) | (-1.18) | (-0.96) | (-0.76) | (-1.22) | (-1.01) | (-1.05) |
| YEAR | 控制 | 控制 | 控制 | 控制 | 控制 | 控制 | 控制 | 控制 | 控制 |
| INDUSTRY | 控制 | 控制 | 控制 | 控制 | 控制 | 控制 | 控制 | 控制 | 控制 |
| C | 0.089* | 0.087* | 0.077* | 0.078* | 0.055 | 0.442 | 0.029 | 0.346 | 0.049 |
|  | (1.77) | (1.74) | (1.68) | (1.78) | (1.36) | (1.32) | (0.62) | (1.15) | (1.01) |
| Adj. R² | 0.164 | 0.171 | 0.165 | 0.172 | 0.169 | 0.141 | 0.166 | 0.145 | 0.072 |
| F值 | 2.58*** | 2.77*** | 2.61*** | 2.82*** | 2.75*** | 2.37*** | 2.92*** | 2.51*** | 3.11*** |
| 样本 | 全部样本 | 全部样本 | 全部样本 | 全部样本 | 全部样本 | 相关并购 | 非相关并购 | 相关并购 | 非相关并购 |
| 样本数 (个) | 579 | 579 | 579 | 579 | 579 | 179 | 400 | 179 | 400 |

注：模型 6.8 (1) 针对的是相关并购样本，模型 6.8 (2) 针对的是非相关并购样本；括号内为 T 统计量，T 值已经过 White (1980) 异方差稳健性修正；*，**，*** 分别代表 10%，5% 和 1% 的显著性水平。

综上所述，在改变董事联结变量的衡量方法以后，前文的结果均未发生实质性改变。

4. 更换联结董事并购经验代理变量

有学者认为并购经验的运用具有一定的时效性（Meschi，Métais，2013），因此，本章将联结董事并购经验获取的期间由焦点并购公司并购交易发生前 5 年至前 1 年，缩减至并购交易发生前 3 年至前 1 年，重新衡量联结董事的同行业或同产品市场并购经验、相关并购经验和非相关并购经验。更换联结董事并购经验代理变量的回归结果如表 6-22~表 6-26 所示。

通过观察表 6-22、表 6-24 和表 6-25 发现，模型 6.5 中董事联结与联结董事同行业或同产品市场并购经验交互项（$BI \times IAE$）的回归系数显著为正；模型 6.6 中董事联结与联结董事相关并购经验交互项（$BI \times RAE$）的回归系数显著为正；模型 6.7 中董事联结与联结董事非相关并购经验交互项（$BI \times UAE$）的回归系数显著为正；模型 6.8（1）中董事联结与联结董事相关并购经验交互项（$BI \times RAE$）的回归系数显著为正，董事联结与联结董事非相关并购经验交互项（$BI \times UAE$）的回归系数为正，但未达到 10% 的显著性水平；模型 6.8（2）中董事联结与联结董事非相关并购经验交互项（$BI \times UAE$）的回归系数显著为正，董事联结与联结董事相关并购经验交互项（$BI \times RAE$）的回归系数为正，但未达到 10% 的显著性水平。

通过观察表 6-23 发现，模型 6.5 中董事联结与联结董事同行业或同产品市场并购经验交互项（$BI \times IAE$）的回归系数，模型 6.6 中董事联结与联结董事相关并购经验交互项（$BI \times RAE$）的回归系数，模型 6.7 中董事联结与联结董事非相关并购经验交互项（$BI \times UAE$）的回归系数，模型 6.8（1）中董事联结与联结董事相关并购经验交互项（$BI \times RAE$）的回归系数，董事联结与联结董事非相关并购经验交互项（$BI \times UAE$）的回归系数，模型 6.8（2）中董事联结与联结董事非相关并购经验交互项（$BI \times UAE$）的回归系数，董事联结与联结董事相关并购经验交互项（$BI \times RAE$）的回归系数均为正，但未达到 10% 的显著性水平。

通过观察表 6-26 发现，模型 6.5 中董事联结与联结董事同行业或同产品市场并购经验交互项（$BI \times IAE$）的回归系数，模型 6.6 中董事联结与联结董事相关并购经验交互项（$BI \times RAE$）的回归系数，模型 6.7 中董事联结与联结董事非相关并购经验交互项（$BI \times UAE$）的回归系数，模型 6.8（1）

中董事联结与联结董事相关并购经验交互项（BI×RAE）的回归系数，董事联结与联结董事非相关并购经验交互项（BI×UAE）的回归系数，模型6.8（2）中董事联结与联结董事非相关并购经验交互项（BI×UAE）的回归系数，董事联结与联结董事相关并购经验交互项（BI×RAE）的回归系数均为负，但未达到10%的显著性水平。

综上所述，在改变联结董事并购经验变量的衡量方法以后，前文的结果均未发生实质性改变。

表 6-22　董事联结与并购公司短期并购绩效回归结果

（更换联结董事并购经验代理变量）

| 变量 | 模型 6.5 | 模型 6.6 | 模型 6.7 | 模型 6.8（1） | 模型 6.8（2） |
|---|---|---|---|---|---|
| BI | 0.043** | 0.028* | 0.056* | 0.025** | 0.043* |
|  | (2.45) | (1.84) | (1.94) | (2.14) | (1.87) |
| IAE | 0.020* | — | — | — | — |
|  | (1.76) |  |  |  |  |
| RAE | — | 0.031* | — | 0.018* | 0.011 |
|  |  | (1.85) |  | (1.83) | (0.71) |
| UAE | — | — | 0.013* | 0.010 | 0.009 |
|  |  |  | (1.68) | (0.27) | (1.63) |
| BI×IAE | 0.043* | — | — | — | — |
|  | (1.87) |  |  |  |  |
| BI×RAE | — | 0.040* | — | 0.029* | 0.005 |
|  |  | (1.73) |  | (1.71) | (0.85) |
| BI×UAE | — | — | 0.022* | 0.011 | 0.025* |
|  |  |  | (1.67) | (1.11) | (1.71) |
| FAE | 0.005 | 0.001 | 0.003 | 0.004 | 0.004 |
|  | (0.17) | (0.07) | (0.13) | (0.81) | (0.39) |
| METHOD | 0.134*** | 0.001*** | 0.173*** | 0.002*** | 0.126*** |
|  | (4.08) | (3.02) | (4.88) | (3.40) | (4.75) |
| CON | 0.001 | 0.070** | 0.026 | 0.055** | 0.083 |
|  | (0.02) | (2.05) | (0.50) | (2.15) | (0.66) |
| ROE_R | -0.017*** | -0.010* | -0.015 | -0.006*** | -0.024 |
|  | (-2.61) | (-1.85) | (-0.56) | (-2.67) | (-0.74) |
| SIZE_R | 0.031 | 0.159 | 0.012 | 0.172 | 0.015 |
|  | (0.44) | (1.44) | (0.15) | (1.23) | (0.72) |

续表

| 变量 | 模型 6.5 | 模型 6.6 | 模型 6.7 | 模型 6.8（1） | 模型 6.8（2） |
|------|----------|----------|----------|---------------|---------------|
| CRL | -0.050<br>（-0.94） | -0.060<br>（-0.97） | -0.097<br>（-1.61） | -0.039<br>（-0.97） | -0.067<br>（-0.89） |
| SHARE | -0.004<br>（-0.03） | -0.095<br>（-0.75） | -0.009<br>（-0.07） | -0.124<br>（-0.76） | -0.008<br>（-0.08） |
| HUBRIS | -0.004<br>（-0.06） | -0.041<br>（-0.70） | -0.177 **<br>（-2.47） | -0.016<br>（-0.43） | -0.129 **<br>（-2.39） |
| CASH | -0.051<br>（-0.74） | -0.015<br>（-0.42） | -0.072<br>（-1.17） | -0.014<br>（-0.31） | -0.081<br>（-1.33） |
| LEV | -0.155 ***<br>（-4.64） | -0.008 **<br>（-2.16） | -0.079 **<br>（-2.28） | -0.008 **<br>（-2.14） | -0.064 **<br>（-2.29） |
| MB | 0.001<br>（0.42） | 0.007<br>（1.06） | 0.004 **<br>（2.07） | 0.003<br>（1.48） | 0.002 **<br>（2.28） |
| TOBINQ | -0.022 ***<br>（-5.06） | -0.014 **<br>（-1.99） | -0.004 *<br>（-1.68） | -0.021 **<br>（-2.22） | -0.007<br>（-1.59） |
| GROWTH | 0.008<br>（0.39） | 0.005<br>（0.23） | 0.011<br>（0.79） | 0.016<br>（0.46） | 0.019<br>（1.13） |
| YEAR | 控制 | 控制 | 控制 | 控制 | 控制 |
| INDUSTRY | 控制 | 控制 | 控制 | 控制 | 控制 |
| C | 0.193<br>（1.47） | -0.127<br>（-0.90） | 0.203<br>（1.56） | -0.580<br>（-0.91） | 0.294<br>（1.27） |
| Adj. R² | 0.273 | 0.234 | 0.269 | 0.239 | 0.275 |
| F 值 | 4.26 *** | 3.07 *** | 4.08 *** | 3.29 *** | 4.29 *** |
| 样本 | 全部样本 | 相关并购 | 非相关并购 | 相关并购 | 非相关并购 |
| 样本数（个） | 608 | 189 | 419 | 189 | 419 |

注：模型 6.8（1）针对的是相关并购样本，模型 6.8（2）针对的是非相关并购样本；括号内为 T 统计量，T 值已经过 White（1980）异方差稳健性修正；*、**、*** 分别代表 10%、5% 和 1% 的显著性水平。

### 表 6-23 董事联结与并购公司长期并购绩效（BHAR）回归结果
### （更换联结董事并购经验代理变量）

| 变量 | 模型 6.5 | 模型 6.6 | 模型 6.7 | 模型 6.8（1） | 模型 6.8（2） |
|------|----------|----------|----------|---------------|---------------|
| BI | 0.035<br>（1.44） | 0.035<br>（1.52） | 0.048<br>（1.58） | 0.028<br>（0.25） | 0.031<br>（0.58） |

续表

| 变量 | 模型 6.5 | 模型 6.6 | 模型 6.7 | 模型 6.8（1） | 模型 6.8（2） |
|---|---|---|---|---|---|
| *IAE* | 0.029* (1.68) | — | — | — | — |
| *RAE* | — | 0.015* (1.73) | — | 0.011 (1.57) | 0.007 (0.19) |
| *UAE* | — | — | 0.004* (1.69) | 0.004 (0.70) | 0.007 (1.44) |
| *BI×IAE* | 0.013 (1.47) | — | — | — | — |
| *BI×RAE* | — | 0.005 (1.55) | — | 0.005 (1.43) | 0.003 (1.39) |
| *BI×UAE* | — | — | 0.011 (1.31) | 0.004 (0.98) | 0.013 (1.36) |
| *FAE* | 0.007 (0.29) | 0.002 (0.10) | 0.016 (0.60) | 0.027 (0.05) | 0.015 (0.73) |
| *METHOD* | 0.025 (0.70) | 0.031 (0.82) | 0.003 (0.43) | 0.042 (0.96) | 0.003 (0.93) |
| *CON* | −0.014 (−0.41) | −0.009 (−0.45) | −0.040 (−0.69) | −0.013 (−0.13) | −0.044 (−0.56) |
| *ROE_R* | −0.029* (−1.71) | −0.012 (−0.78) | −0.040 (−0.33) | −0.026 (−0.65) | −0.035 (−0.97) |
| *SIZE_R* | 0.040 (0.70) | 0.158 (0.87) | 0.024 (0.32) | 0.162 (1.07) | 0.050 (0.41) |
| *CRL* | −0.031 (−0.62) | −0.058 (−0.76) | −0.009 (−1.06) | −0.063 (−0.47) | −0.010 (−1.01) |
| *SHARE* | −0.086 (−0.93) | −0.012 (−0.03) | −0.134 (−0.94) | −0.015 (−0.37) | −0.261 (−0.78) |
| *HUBRIS* | −0.005* (−1.77) | −0.005* (−1.69) | −0.001* (−1.75) | −0.008* (−1.87) | −0.001* (−1.67) |
| *CASH* | −0.005 (−0.02) | −0.026 (−0.33) | −0.009 (−0.17) | −0.014 (−0.22) | −0.007 (−0.06) |
| *LEV* | −0.009* (−1.68) | −0.101* (−1.73) | −0.016* (−1.81) | −0.146* (−1.93) | −0.013 (−1.55) |
| *MB* | 0.003* (1.94) | 0.004 (0.28) | 0.005** (2.21) | 0.006 (0.24) | 0.009** (2.07) |

续表

| 变量 | 模型 6.5 | 模型 6.6 | 模型 6.7 | 模型 6.8（1） | 模型 6.8（2） |
|---|---|---|---|---|---|
| *TOBINQ* | −0.006* | −0.007* | −0.003* | −0.016* | −0.004 |
| | (−1.74) | (−1.68) | (−1.74) | (−1.86) | (−1.40) |
| *GROWTH* | 0.003 | 0.004 | 0.024* | 0.016 | 0.015* |
| | (1.14) | (0.25) | (1.70) | (0.76) | (1.68) |
| *YEAR* | 控制 | 控制 | 控制 | 控制 | 控制 |
| *INDUSTRY* | 控制 | 控制 | 控制 | 控制 | 控制 |
| *C* | 0.008 | 2.182 | 0.058 | 2.134 | 0.045 |
| | (0.21) | (0.95) | (0.54) | (1.08) | (1.05) |
| Adj. $R^2$ | 0.169 | 0.151 | 0.167 | 0.156 | 0.172 |
| F 值 | 2.79*** | 2.48*** | 2.78*** | 2.62*** | 2.93*** |
| 样本 | 全部样本 | 相关并购 | 非相关并购 | 相关并购 | 非相关并购 |
| 样本数（个） | 354 | 112 | 242 | 112 | 242 |

注：模型 6.8（1）针对的是相关并购样本，模型 6.8（2）针对的是非相关并购样本；括号内为 T 统计量，T 值已经过 White（1980）异方差稳健性修正；*、**、*** 分别代表 10%、5% 和 1% 的显著性水平。

**表 6-24　董事联结与并购公司长期并购绩效（△*ROA*）回归结果**

**（更换联结董事并购经验代理变量）**

| 变量 | 模型 6.5 | 模型 6.6 | 模型 6.7 | 模型 6.8（1） | 模型 6.8（2） |
|---|---|---|---|---|---|
| *BI* | 0.116* | 0.181** | 0.123* | 0.185** | 0.052* |
| | (1.79) | (2.01) | (1.88) | (2.25) | (1.77) |
| *IAE* | 0.002* | — | — | — | — |
| | (1.84) | | | | |
| *RAE* | — | 0.009* | — | 0.010* | 0.007 |
| | | (1.83) | | (1.89) | (0.62) |
| *UAE* | — | — | 0.005* | 0.004 | 0.004* |
| | | | (1.75) | (0.70) | (1.72) |
| *BI×IAE* | 0.010* | — | — | — | — |
| | (1.94) | | | | |
| *BI×RAE* | — | 0.272* | — | 0.245* | 0.061 |
| | | (1.90) | | (1.78) | (0.87) |
| *BI×UAE* | — | — | 0.010* | 0.009 | 0.008* |
| | | | (1.69) | (0.91) | (1.71) |

续表

| 变量 | 模型 6.5 | 模型 6.6 | 模型 6.7 | 模型 6.8 (1) | 模型 6.8 (2) |
|---|---|---|---|---|---|
| *FAE* | 0.009 | 0.005 | 0.001 | 0.003 | 0.002 |
| | (0.72) | (0.11) | (0.46) | (0.11) | (0.51) |
| *METHOD* | 0.006 | 0.004 | 0.014 | 0.008 | 0.016 |
| | (0.44) | (0.23) | (0.93) | (0.25) | (0.99) |
| *CON* | 0.020 | 0.027 | 0.008 | 0.030 | 0.015 |
| | (1.08) | (1.15) | (1.18) | (1.43) | (0.64) |
| *ROE_R* | 0.006 | 0.010 *** | 0.002 | 0.018 *** | 0.002 |
| | (0.54) | (2.77) | (1.49) | (3.21) | (1.45) |
| *SIZE_R* | 0.129 *** | 0.053 ** | 0.188 *** | 0.077 ** | 0.139 *** |
| | (4.58) | (2.35) | (3.41) | (2.14) | (3.86) |
| *CRL* | −0.006 | −0.042 | −0.014 | −0.031 | −0.012 |
| | (−0.03) | (−0.61) | (−0.54) | (−1.01) | (−0.49) |
| *SHARE* | 0.096 ** | 0.154 * | 0.087 ** | 0.203 ** | 0.091 ** |
| | (2.19) | (1.85) | (2.19) | (2.16) | (2.04) |
| *HUBRIS* | −0.017 | −0.022 | −0.033 | −0.047 | −0.046 |
| | (−0.51) | (−0.49) | (−0.86) | (−0.53) | (−0.76) |
| *CASH* | −0.017 | −0.034 ** | −0.014 * | −0.054 ** | −0.015 * |
| | (−0.96) | (−2.16) | (−1.87) | (−2.63) | (−1.68) |
| *LEV* | −0.051 *** | −0.056 * | −0.126 ** | −0.115 ** | −0.142 ** |
| | (−3.20) | (−1.84) | (−2.17) | (−2.47) | (−2.26) |
| *MB* | 0.008 | 0.016 | 0.104 | 0.012 | 0.132 |
| | (0.32) | (1.62) | (0.72) | (1.52) | (0.24) |
| *TOBINQ* | −0.006 ** | −0.010 * | −0.001 | −0.018 ** | −0.004 |
| | (−2.07) | (−1.74) | (−0.21) | (−2.52) | (−0.95) |
| *GROWTH* | 0.006 ** | 0.012 * | 0.012 ** | 0.008 ** | 0.011 ** |
| | (2.05) | (1.79) | (2.27) | (2.10) | (2.54) |
| *YEAR* | 控制 | 控制 | 控制 | 控制 | 控制 |
| *INDUSTRY* | 控制 | 控制 | 控制 | 控制 | 控制 |
| *C* | −0.167 *** | −0.173 | −0.134 ** | −0.137 | −0.085 ** |
| | (−2.86) | (−0.88) | (−2.28) | (−0.75) | (−2.39) |
| Adj. $R^2$ | 0.251 | 0.217 | 0.297 | 0.224 | 0.306 |
| F 值 | 6.56 *** | 4.68 *** | 5.11 *** | 4.81 *** | 5.32 *** |

| 变量 | 模型 6.5 | 模型 6.6 | 模型 6.7 | 模型 6.8（1） | 模型 6.8（2） |
|---|---|---|---|---|---|
| 样本 | 全部样本 | 相关并购 | 非相关并购 | 相关并购 | 非相关并购 |
| 样本数（个） | 479 | 156 | 323 | 156 | 323 |

注：模型 6.8（1）针对的是相关并购样本，模型 6.8（2）针对的是非相关并购样本；括号内为 T 统计量，T 值已经过 White（1980）异方差稳健性修正；*、**、*** 分别代表 10%、5% 和 1% 的显著性水平。

表 6-25　董事联结与并购后实体并购绩效回归结果
（更换联结董事并购经验代理变量）

| 变量 | 模型 6.5 | 模型 6.6 | 模型 6.7 | 模型 6.8（1） | 模型 6.8（2） |
|---|---|---|---|---|---|
| $BI$ | 0.095** | 0.020* | 0.027* | 0.014** | 0.020* |
| | (2.11) | (1.88) | (1.93) | (2.01) | (1.85) |
| $IAE$ | 0.008 | — | — | — | — |
| | (0.56) | | | | |
| $RAE$ | — | 0.007 | — | 0.005 | 0.004 |
| | | (0.66) | | (0.74) | (0.31) |
| $UAE$ | — | — | 0.006* | 0.004 | 0.005* |
| | | | (1.67) | (0.34) | (1.68) |
| $BI \times IAE$ | 0.048* | — | — | — | — |
| | (1.88) | | | | |
| $BI \times RAE$ | — | 0.004* | — | 0.005* | 0.003 |
| | | (1.79) | | (1.75) | (0.94) |
| $BI \times UAE$ | — | — | 0.006* | 0.002 | 0.005* |
| | | | (1.78) | (0.91) | (1.79) |
| $FAE$ | 0.013 | 0.004 | 0.002 | 0.003 | 0.003 |
| | (0.93) | (0.61) | (0.68) | (0.17) | (0.73) |
| $METHOD$ | 0.035** | 0.007** | 0.040*** | 0.009** | 0.045*** |
| | (2.34) | (2.45) | (2.83) | (2.58) | (2.71) |
| $CON$ | 0.012 | 0.047* | 0.005 | 0.044* | 0.006 |
| | (0.62) | (1.92) | (0.29) | (1.79) | (0.37) |
| $ROE\_R$ | -0.033** | -0.003 | -0.024* | -0.001 | -0.022*** |
| | (-2.50) | (-0.04) | (-1.90) | (-0.12) | (-3.24) |
| $SIZE\_R$ | 0.127*** | 0.016** | 0.126*** | 0.019** | 0.093*** |
| | (3.75) | (2.28) | (3.93) | (2.36) | (3.17) |
| $CRL$ | -0.031 | -0.073** | -0.017 | -0.062** | -0.016 |
| | (-1.18) | (-2.27) | (-0.70) | (-1.99) | (-1.22) |

续表

| 变量 | 模型 6.5 | 模型 6.6 | 模型 6.7 | 模型 6.8（1） | 模型 6.8（2） |
|---|---|---|---|---|---|
| *SHARE* | 0.069 | 0.036 | 0.072 | 0.011 | 0.066 |
| | （1.07） | （0.61） | （1.13） | （0.20） | （0.69） |
| *HUBRIS* | -0.007 | -0.018 | -0.006 | -0.020 | -0.006 |
| | （-0.22） | （-0.48） | （-0.23） | （-0.57） | （-0.52） |
| *CASH* | -0.011 | -0.012 | -0.025 | -0.014 | -0.033 |
| | （-0.31） | （-0.66） | （-0.76） | （-0.90） | （-0.86） |
| *LEV* | -0.006 | -0.037 | -0.004 | -0.033 | -0.007 |
| | （-0.43） | （-1.37） | （-0.37） | （-1.60） | （-0.75） |
| *MB* | -0.006 | -0.004 | -0.046 | -0.002 | -0.039 |
| | （-0.84） | （-1.11） | （-0.67） | （-0.55） | （-0.62） |
| *TOBINQ* | -0.004 | -0.006* | -0.002 | -0.005* | -0.006 |
| | （-0.14） | （-1.65） | （-0.96） | （-1.73） | （-1.32） |
| *GROWTH* | 0.007 | 0.004 | 0.006 | 0.009 | 0.003 |
| | （0.98） | （0.31） | （1.24） | （0.28） | （1.16） |
| *YEAR* 控制 | 控制 | 控制 | 控制 | 控制 | 控制 |
| *INDUSTRY* | 控制 | 控制 | 控制 | 控制 | 控制 |
| *C* | 0.138*** | -0.333 | 0.129*** | -0.396 | 0.136*** |
| | （2.80） | （-1.13） | （2.67） | （-1.21） | （2.73） |
| Adj. $R^2$ | 0.237 | 0.229 | 0.249 | 0.232 | 0.252 |
| F 值 | 2.30*** | 2.21*** | 2.39*** | 2.28*** | 2.45*** |
| 样本 | 全部样本 | 相关并购 | 非相关并购 | 相关并购 | 非相关并购 |
| 样本数（个） | 579 | 179 | 400 | 179 | 400 |

注：模型 6.8（1）针对的是相关并购样本，模型 6.8（2）针对的是非相关并购样本；括号内为 T 统计量，T 值已经过 White（1980）异方差稳健性修正；*、**、*** 分别代表 10%、5% 和 1% 的显著性水平。

表 6-26　董事联结与目标公司相对并购绩效回归结果<br>（更换联结董事并购经验代理变量）

| 变量 | 模型 6.5 | 模型 6.6 | 模型 6.7 | 模型 6.8（1） | 模型 6.8（2） |
|---|---|---|---|---|---|
| *BI* | -0.008 | -0.014 | -0.008 | -0.010 | -0.007 |
| | （-1.20） | （-1.19） | （-1.25） | （-0.61） | （-1.22） |
| *IAE* | -0.010 | — | — | — | — |
| | （-1.24） | | | | |

续表

| 变量 | 模型 6.5 | 模型 6.6 | 模型 6.7 | 模型 6.8（1） | 模型 6.8（2） |
|---|---|---|---|---|---|
| *RAE* | — | −0.005 | — | −0.004 | −0.004 |
|  |  | （−1.51） |  | （−1.02） | （−0.34） |
| *UAE* | — | — | −0.005* | −0.002 | −0.006* |
|  |  |  | （−1.76） | （−0.87） | （−1.80） |
| *BI×IAE* | −0.019 | — | — | — | — |
|  | （−0.99） |  |  |  |  |
| *BI×RAE* | — | −0.001 | — | −0.003 | −0.001 |
|  |  | （−0.05） |  | （−0.11） | （−0.04） |
| *BI×UAE* | — | — | −0.003 | −0.003 | −0.003 |
|  |  |  | （−0.69） | （−0.87） | （−1.42） |
| *FAE* | −0.003 | −0.001 | −0.001 | −0.001 | −0.002 |
|  | （−0.35） | （−0.12） | （−0.16） | （−0.25） | （−0.21） |
| *METHOD* | −0.021** | −0.008** | −0.036*** | −0.018* | −0.041*** |
|  | （−2.40） | （−2.04） | （−3.33） | （−1.93） | （−2.92） |
| *CON* | −0.019 | −0.014 | −0.028* | −0.015 | −0.026* |
|  | （−1.57） | （−0.56） | （−1.77） | （−0.48） | （−1.86） |
| *ROE_R* | −0.009** | −0.007** | −0.018* | −0.006** | −0.008 |
|  | （−2.41） | （−2.12） | （−1.88） | （−2.23） | （−1.60） |
| *SIZE_R* | 0.029 | 0.019 | 0.046 | 0.004 | 0.037 |
|  | （1.17） | （0.24） | （0.97） | （0.14） | （0.54） |
| *CRL* | 0.004 | 0.014 | 0.031 | 0.017 | 0.025 |
|  | （0.20） | （0.35） | （0.90） | （0.88） | （0.74） |
| *SHARE* | −0.039 | −0.110 | −0.011 | −0.171 | −0.019 |
|  | （−0.71） | （−1.10） | （−0.22） | （−1.30） | （−0.36） |
| *HUBRIS* | −0.019 | −0.037 | −0.015* | −0.031 | −0.020* |
|  | （−0.89） | （−0.91） | （−1.88） | （−0.59） | （−1.70） |
| *CASH* | −0.017 | −0.014 | −0.008 | −0.020 | −0.007 |
|  | （−1.23） | （−0.22） | （−0.41） | （−0.10） | （−0.11） |
| *LEV* | −0.003 | −0.006 | −0.007 | −0.015 | −0.008 |
|  | （−0.23） | （−0.18） | （−0.78） | （−0.49） | （−0.30） |
| *MB* | −0.002*** | −0.002** | −0.004** | −0.003* | −0.004* |
|  | （−2.65） | （−2.40） | （−2.29） | （−1.90） | （−1.83） |
| *TOBINQ* | −0.002 | −0.006 | −0.001 | −0.006 | −0.002 |
|  | （−0.87） | （−1.15） | （−0.52） | （−0.98） | （−0.54） |
| *GROWTH* | −0.007 | −0.005 | −0.003 | −0.001 | −0.005 |
|  | （−0.88） | （−0.31） | （−1.09） | （−0.27） | （−0.95） |

续表

| 变量 | 模型 6.5 | 模型 6.6 | 模型 6.7 | 模型 6.8（1） | 模型 6.8（2） |
|---|---|---|---|---|---|
| *YEAR* | 控制 | 控制 | 控制 | 控制 | 控制 |
| *INDUSTRY* | 控制 | 控制 | 控制 | 控制 | 控制 |
| *C* | 0.241 | 0.238 | 0.010 | 0.349 | 0.017 |
| | （0.60） | （0.77） | （0.22） | （1.33） | （0.80） |
| Adj. R² | 0.154 | 0.152 | 0.156 | 0.148 | 0.161 |
| F 值 | 2.74 *** | 2.37 *** | 2.67 *** | 2.24 *** | 2.87 *** |
| 样本 | 全部样本 | 相关并购 | 非相关并购 | 相关并购 | 非相关并购 |
| 样本数（个） | 579 | 179 | 400 | 179 | 400 |

注：模型 6.8（1）针对的是相关并购样本，模型 6.8（2）针对的是非相关并购样本；括号内为 T 统计量，T 值已经过 White（1980）异方差稳健性修正；*、**、*** 分别代表 10%、5% 和 1% 的显著性水平。

# 第五节　本章小结

并购双方存在信息不对称问题，不仅会妨碍并购交易的顺利开展，而且也是并购绩效不尽如人意的重要原因之一。在中国并购市场正式制度不尽完善的背景下，解决由于并购双方的信息不对称而产生的信息摩擦问题显得尤为重要。董事联结作为一种非正式的关系机制，为并购双方私有信息的沟通和交流提供了合法途径，可以缓解由于正式制度缺失而带来的信息摩擦问题。不仅如此，并购双方的董事联结还可以加强并购双方的协调合作，降低并购过程中充斥的各种风险和不确定性。与存在董事联结的公司进行并购有利于降低并购交易成本，提高并购定价的合理性和并购整合的有效性，促进并购双方股东财富的增加，帮助并购公司和并购后实体获得更好的并购绩效。

国内外学者的研究还发现，并购创造的价值大部分被目标公司获得，并购使目标公司获得了相较于并购公司而言更高的并购绩效。但是，本书的研究表明，并购双方董事联结的存在有助于降低并购溢价。当并购双方存在董事联结时，一方面，并购公司能够以较低的溢价收购目标公司，有利于并购公司日后通过并购创造更多的财富；另一方面，较低的溢价也将导致目标公司股东能够从并购中获得的财富变少。并购双方董事联结的存在可能对目标公司相较于并购公司的相对并购绩效产生负向影响。

　　根据上述分析，本章检验了并购双方的董事联结对并购绩效的影响。结果显示：如果并购双方之间存在董事联结，那么并购公司短期并购绩效、使用会计业绩指标衡量的并购公司长期并购绩效和并购后实体并购绩效相对较好；当董事联结是由内部董事建立时，董事联结对上述并购绩效的正向影响更大，然而，当董事联结是由外部董事建立时，董事联结对上述并购绩效没有显著直接影响；并购双方的董事联结对使用市场业绩指标衡量的并购公司长期并购绩效和目标公司相对并购绩效没有显著的直接影响。

　　还有研究发现，政府在许多方面对国有控股公司的经济活动进行干预。如果并购公司为国有控股公司，那么并购公司的并购活动会受到政府干预，董事联结所带来的信息优势和合作优势，对国有并购公司而言将不再那么重要，并购双方的董事联结可能难以对并购双方股东财富的创造产生积极影响，并购公司并购绩效和并购后实体并购绩效也不会由于并购双方董事联结的存在而发生改变。但是，如果并购公司为非国有控股公司，那么政府对企业并购活动的干预就较少，董事联结将能够加强并购双方的沟通交流和协调合作，从而降低并购交易成本，提高并购定价的合理性和并购整合的有效性，最终促进并购双方股东财富增加，帮助并购公司和并购后实体获得更好的并购绩效。此外，较低的并购溢价可能会导致目标公司相对并购绩效降低，并购公司的股权性质在对董事联结与并购溢价关系产生影响的同时，可能也会对董事联结与目标公司相对并购绩效的关系产生影响。基于上述分析，本章检验了并购公司的股权性质对董事联结与并购绩效关系的影响。结果显示：当并购公司为非国有控股公司时，并购双方的董事联结提高并购公司短期并购绩效和使用会计业绩指标衡量的并购公司长期并购绩效的作用更强，但是，并购公司的股权性质未能对董事联结与使用市场业绩指标衡量的并购公司长期并购绩效之间的关系产生显著直接影响；当并购公司为非国有控股公司时，并购双方的董事联结提高并购后实体并购绩效的作用也会加强，但是，并购公司的股权性质未能对董事联结与目标公司相对并购绩效之间的关系产生显著直接影响。

联结董事的并购经验能够在并购交易前期的并购目标选择、并购交易中期的并购定价和并购交易后期的并购整合三个重要环节，帮助焦点并购公司充分认知并有效利用董事联结的信息传递和组织协调功能，进一步降低并购交易成本，提高并购定价的合理性和并购整合的有效性，将有助于并购双方股东财富的创造，促进焦点并购公司和并购后实体并购绩效的提高。因此，本书认为，联结董事的并购经验能够帮助焦点并购公司充分认知并有效利用董事联结对并购价值创造的积极作用，加强董事联结对焦点并购公司和并购后实体并购绩效的有利影响。但是，较低的并购溢价可能会导致目标公司相对并购绩效的降低，因此，联结董事的并购经验在加强董事联结对并购溢价影响的同时，目标公司的相对并购绩效可能被进一步降低。此外，通过分析可知，联结董事并购经验能够对焦点并购公司的并购活动产生积极影响，应该满足联结公司前期的并购与焦点并购公司当前的并购相类似这一前提条件。

借鉴 McDonald 等（2008）的研究，按照联结董事从并购活动中获取并购知识或者并购技能的差异性，联结董事的并购经验可分为联结董事同行业或同产品市场并购经验、联结董事相关并购经验和联结董事非相关并购经验三种类型。本书分别检验了联结董事不同类型的并购经验对董事联结与并购绩效关系的影响。结果显示：若联结公司曾经对某行业或某产品市场中的公司进行过并购，而焦点并购公司也在该行业或该产品市场进行并购，联结董事的同行业或同产品市场并购经验越丰富，并购双方的董事联结对焦点并购公司短期并购绩效、使用会计业绩指标衡量的焦点并购公司长期并购绩效和并购后实体并购绩效的正向影响越大；在相关并购中，联结董事的相关并购经验越丰富，并购双方的董事联结对焦点并购公司短期并购绩效、使用会计业绩指标衡量的焦点并购公司长期并购绩效和并购后实体并购绩效的正向影响越大，但是联结董事的非相关并购经验未能对董事联结与上述并购绩效间的关系产生显著影响；在非相关并购中，联结董事的非相关并购经验越丰富，并购双方的董事联结对焦点并购公司短期并购绩效、使用会计业绩指标衡量的焦点并购公司长期并购绩效和并购后实体并购绩效的正向影响越大，但是联结董事的相关并购经验未能对董事联结与上述并购绩效间的关系产生显著影响；联结董事拥有的与当前并购相似的并购经验也未能对董事联结与使用市场业绩指标衡量的焦点并购公司长期并购绩效以及目标公司相对并购绩效间的关系产生显著影响。

上述结果具有如下意义。第一，董事联结对并购价值的积极影响不仅能够在并购事件宣告之初被投资者所发现，而且在并购一段时间以后还能够通过财务指标得以体现。但是由于受到并购事件以外的其他事件的噪声干扰，董事联结未能促进并购公司长期市场并购绩效的提高。第二，董事联结有助于并购双方股东财富的创造，因此，董事联结不仅能够对并购公司并购绩效产生积极影响，还会促进将并购公司和目标公司二者作为一个整体考虑的并购后实体并购绩效的提高，但是董事联结并未导致目标公司相对并购绩效降低，不会对并购双方的并购绩效产生差异性的影响。第三，就外部董事联结而言，内部董事联结的信息传递和组织协调功能更强，从而使并购公司和并购后实体获得较好的并购绩效。第四，鉴于政府控制企业的现象在许多国家普遍存在，尤其是转型经济和新兴市场国家，国有并购公司的并购活动更容易受到政府干预，并购双方的董事联结难以对并购双方股东财富的创造产生积极影响。但是如果并购公司为非国有控股公司，那么政府对企业并购活动的干预就较少，董事联结能够更有效地促进并购双方的信息沟通和交流，加强并购双方的协调合作，有助于并购公司和并购后实体并购绩效的提高。第五，当满足联结公司前期的并购与焦点并购公司当前的并购相类似这一前提条件时，联结董事的并购经验可以帮助焦点并购公司充分认知并有效利用董事联结对并购价值创造的积极作用，促进董事联结作用更有效地发挥，进一步提高焦点并购公司和并购后实体并购绩效。

为确保本章实证结果的可靠性，通过更换并购公司短期和长期并购绩效、并购后实体并购绩效、目标公司相对并购绩效、董事联结以及联结董事并购经验的代理变量等方法，对本章相关结论进行了稳健性检验。稳健性检验的结果仍支持本章的结论。

本章的研究也为并购实践提供了参考。中国尚处于经济转型时期，制度的不稳定和不完善将导致在并购交易过程中信息不透明问题严重，并购双方获取信息的成本高昂，交易风险和交易成本远高于制度成熟稳定的国家。董事联结作为一种非正式的关系机制，可以缓解由于正式制度缺失而带来的信息摩擦问题，不仅如此，并购双方的董事联结还可以加强并购双方的协调合作，减少和降低并购过程中充斥的各种风险和不确定性，促进并购价值的创造。但董事联结作用的发挥受到并购公司股权性质的影响，当并购公司为非国有控股公司时，董事联结能够发挥更大的作用。因此，如果并购公司为非国有控股公司，在并购交易发生之前，可以先与目标公司建立董事联结（最好是内部董事联结），董事联结的建立可以在并购过程发挥重要作用，促进并购双方股东财富的增加。实际上，本书关注董事联结是出于数据的可得性和测量的科学性这两点考虑，在社会交往过程中，其他诸如老乡关系、校友关系以及俱乐部成员关系等形成的"隐蔽性"的董事联结（谢德仁、陈运森，2012；陈仕华等，2013），也可能在并购过程中发挥信息传递和组织协调的作用，对并购价值创造产生积极的影响。当建立正式的董事联结存在障碍时，可以考虑建立上述"隐蔽性"的董事联结，也可能会在并购价值的创造过程中取得一定的效果。

此外，当满足联结公司前期的并购与焦点并购公司当前的并购相类似这一前提条件时，联结董事的并购经验对董事联结与并购绩效关系的影响也应充分被考虑。如果焦点并购公司的联结董事拥有与当前并购相似的并购经验，在焦点并购公司的董事会中，联结董事就可以被视为并购方面的专家，应认真听取他们根据董事联结所获取的私密信息做出的分析和提出的建议。在并购决策和并购执行过程中，联结董事拥有的与当前并购相似的并购经验对董事联结作用更有效地发挥具有重要影响。

# 第七章 研究结论及政策建议

本章对前面章节所研究的内容和结果进行归纳和总结，得出七个方面的主要结论，并结合中国所处转型经济时期的具体国情，提出并购过程中有效利用董事联结功能等几个方面的政策建议，最后阐明本书存在的不足以及未来的研究思路和研究方向。

## 第一节 主要结论

本书通过对国内外文献和理论进行梳理，分析在中国并购市场正式制度不尽完善的背景下，董事联结作为一种非正式的关系机制，在促进并购双方的信息交流和协调合作方面可以发挥的积极作用。在此基础上，通过系统考察并购双方的董事联结对并购目标选择、并购溢价和并购绩效的影响，明确董事联结促进并购价值创造的作用机理。从组织学习视角探索促进董事联结功能有效发挥的影响因素，发现当满足联结公司前期的并购与并购公司当前的并购具有相似性这一前提条件时，联结董事从联结公司获取的并购经验，能够帮助并购公司充分认知并有效利用董事联结带来的信息优势和合作优势，在并购决策和并购执行过程中促进董事联结功能更有效地发挥。此外，鉴于政府控制企业的现象在许多国家普遍存在，尤其是转型经济和新兴市场国家，本书也检验了并购公司的股权性质对董事联结与企业并购（并购目标选择、并购溢价和并购绩效）关系产生的影响。本书得出的主要结论如下。

（1）与并购公司存在董事联结的公司更容易成为目标公司

在本书的研究样本中，高达 19.49% 的中国 A 股上市公司选择与存在董事联结关系的公司进行并购。本书参照学者们的普遍做法，通过构造配对样本的方法，检验了董事联结对并购目标选择的影响。结果显示：与并购公司存在董事联结的潜在目标公司更有可能成为目标公司，当董事联结是由内部董事建立时，与并购公司存在董事联结的潜在目标公司成为目标公司的可能性更大，但是，当董事联结是由外部董事建立时，董事联结对并购目标选择没有显著直接影响。上述结果意味着，董事联结会对并购目标选择产生重要影响，但是，其影响程度在不同董事联结类型间存在差异。并购公司在做出并购目标选择决策时，除了需要考虑潜在目标公司的财务指标等因素外，还应充分考虑并购公司与潜在目标公司的董事联结（特别是内部董事联结）能够带来的信息优势和合作优势，并购公司与潜在目标公司的董事联结形成的"关系并购"也将对并购目标选择产生重要影响。

（2）并购双方存在董事联结有助于降低并购溢价

与国外的研究相一致，我国上市公司的并购溢价也存在较大的不确定性，在本书使用的样本中，并购溢价最小值为 - 98.8%，最大值为1170.8%。由于并购溢价存在较大的不确定性，许多企业为了完成交易，不得不支付高昂的并购溢价，并购公司遭受损失，影响并购价值的最终创造。本书检验了并购双方的董事联结对并购溢价的影响。结果显示：如果并购双方存在董事联结，那么并购公司支付的并购溢价相对较低，当董事联结是由内部董事建立时，并购双方的董事联结对并购溢价的负向影响更大，但是，当董事联结是由外部董事建立时，董事联结对并购溢价没有显著直接影响。上述结果意味着，并购双方的董事联结会对并购溢价产生重要影响，但是，其影响程度在不同董事联结类型间存在差异。因此，当并购定价时，与目标公司存在董事联结的并购公司除了需要考虑企业层面和市场层面对并购溢价的影响因素外，还应充分利用董事联结（特别是内部董事联结）对目标公司进行较为准确的估价，提高并购公司的议价能力，从而降低并购溢价。

（3）并购双方存在董事联结有助于提高并购公司和并购后实体的并购绩效

本书检验了并购双方的董事联结对并购绩效的影响。结果显示：如果并购双方存在董事联结，那么并购公司短期并购绩效、使用会计业绩指标衡量的并购公司长期并购绩效和并购后实体并购绩效相对较好；当董事联结是由内部董事建立时，董事联结对上述并购绩效的正向影响更大，然而，当董事联结是由外部董事建立时，董事联结对上述并购绩效没有显著直接影响；并购双方的董事联结对使用市场业绩指标衡量的并购公司长期并购绩效和目标公司相对并购绩效没有显著的直接影响。上述结果具有以下意义。第一，董事联结对并购价值的积极影响不仅能够在并购事件宣告之初被投资者所发现，而且在并购一段时间以后还能够通过财务指标得以体现。但是由于受到并购事件以外的其他事件的噪声干扰，董事联结未能促进使用市场业绩指标衡量的并购公司长期并购绩效提高。第二，董事联结有助于并购双方股东财富的创造，因此，董事联结不仅能够对并购公司并购绩效产生积极影响，还会促进将并购公司和目标公司二者作为一个整体考虑的并购后实体并购绩效的提高，但是董事联结并未导致目标公司相对并购绩效降低，不会对并购双方的并购绩效产生差异性的影响。第三，就外部董事联结而言，内部董事联结的信息传递和组织协调功能更强，从而使并购公司和并购后实体获得较好的并购绩效。

（4）并购公司的股权性质对董事联结与企业并购的关系产生影响

本书检验了并购公司的股权性质对董事联结与企业并购关系的影响。结果显示：当并购公司为非国有控股公司时，与并购公司存在董事联结的潜在目标公司成为目标公司的可能性更大；当并购公司为非国有控股公司时，并购双方的董事联结对并购溢价的负向影响更大，对并购公司短期并购绩效、使用会计业绩指标衡量的并购公司长期并购绩效和并购后实体并购绩效的正向影响更大。但是，并购公司的股权性质未能对董事联结与使用市场业绩指标衡量的并购公司长期并购绩效以及目标公司相对并购绩效之间的关系产生显著直接影响。上述结果意味着，由于国有并购公司的并购活动更容易受到政府干预，并购公司的股权性质会对并购双方的董事联结与企业并购（并购目标选择、并购溢价和并购绩效）的关系产生影响。当并购公司为非国有控股公司时，并购双方的董事联结能够更有效地促进并购双方的信息沟通和交流，加强并购双方的协调合作，对并购目标选择、并购溢价和并购绩效产生更重要的影响。

（5）联结董事的并购经验加强董事联结对并购目标选择的影响

本书检验了联结董事的并购经验对董事联结与并购目标选择关系的影

响。结果显示：若联结公司曾经对某行业或某产品市场中的公司进行过并购，而焦点并购公司也在该行业或该产品市场进行并购，联结董事拥有的同行业或同产品市场并购经验越丰富，与焦点并购公司存在董事联结的潜在目标公司成为目标公司的可能性越大；在相关并购中，联结董事拥有的相关并购经验越丰富，与焦点并购公司存在董事联结的潜在目标公司成为目标公司的可能性越大，但是联结董事的非相关并购经验未能对董事联结与并购目标选择的关系产生显著影响；在非相关并购中，联结董事拥有的非相关并购经验越丰富，与焦点并购公司存在董事联结的潜在目标公司成为目标公司的可能性越大，但是联结董事的相关并购经验未能对董事联结与并购目标选择的关系产生显著影响。上述结果意味着，当满足联结公司前期的并购与焦点并购公司当前的并购相类似这一前提条件时，联结董事的并购经验能够帮助焦点并购公司充分认知董事联结所能带来的信息优势和合作优势，并推动焦点并购公司选择存在董事联结的潜在目标公司作为目标公司。

（6）联结董事的并购经验加强董事联结对并购溢价的影响

本书检验了联结董事的并购经验对董事联结与并购溢价关系的影响。结果显示：若联结公司曾经对某行业或某产品市场中的公司进行过并购，而焦点并购公司也在该行业或该产品市场进行并购，联结董事的同行业或同产品市场并购经验越丰富，并购双方的董事联结对并购溢价的负向影响越大；在相关并购中，联结董事的相关并购经验越丰富，并购双方的董事联结对并购溢价的负向影响越大，但是联结董事的非相关并购经验未能对董事联结与并购溢价的关系产生显著影响；在非相关并购中，联结董事的非相关并购经验越丰富，并购双方的董事联结对并购溢价的负向影响越大，但是联结董事的相关并购经验未能对董事联结与并购溢价的关系产生显著影响。上述结果意味着，当满足联结公司前期的并购与焦点并购公司当前的并购相类似这一前提条件时，联结董事的并购经验会帮助焦点并购公司充分认知并有效利用董事联结在并购定价过程中的积极作用，更有效地降低并购溢价支付。

（7）联结董事的并购经验加强董事联结对并购公司和并购后实体并购绩效的影响

本书检验了联结董事的并购经验对董事联结与并购绩效关系的影响。

结果显示：若联结公司曾经对某行业或某产品市场中的公司进行过并购，而焦点并购公司也在该行业或该产品市场进行并购，联结董事的同行业或同产品市场并购经验越丰富，并购双方的董事联结对焦点并购公司短期并购绩效、使用会计业绩指标衡量的焦点并购公司长期并购绩效和并购后实体并购绩效的正向影响越大；在相关并购中，联结董事的相关并购经验越丰富，并购双方的董事联结对焦点并购公司短期并购绩效、使用会计业绩指标衡量的焦点并购公司长期并购绩效和并购后实体并购绩效的正向影响越大，但是，联结董事的非相关并购经验未能对董事联结与上述并购绩效间的关系产生显著影响；在非相关并购中，联结董事的非相关并购经验越丰富，并购双方的董事联结对焦点并购公司短期并购绩效、使用会计业绩指标衡量的焦点并购公司长期并购绩效和并购后实体并购绩效的正向影响越大，但是联结董事的相关并购经验未能对董事联结与上述并购绩效间的关系产生显著影响；联结董事拥有的与当前并购相似的并购经验未能对董事联结与使用市场业绩指标衡量的焦点并购公司长期并购绩效以及目标公司相对并购绩效间的关系产生显著影响。上述结果意味着，当满足联结公司前期的并购与焦点并购公司当前的并购相类似这一前提条件时，联结董事的并购经验能够帮助焦点并购公司充分认知并有效利用董事联结对并购价值创造的积极作用，促进董事联结的作用得到更好的发挥，进一步提高焦点并购公司和并购后实体并购绩效。

## 第二节　政策建议

根据本书的研究结论，提出如下相关政策建议。

（1）并购过程中有效利用董事联结功能

本书研究发现，并购双方董事联结的信息传递和组织协调功能能够促进并购价值的创造，因此，在并购过程中，并购公司应该有效利用董事联结功能为股东创造财富。在进行并购目标选择时，交易双方的董事联结有助于降低并购公司的信息搜寻与调查成本，帮助并购公司获得更多的潜在目标公司私有信息，提高潜在目标公司接受并购要约的可能性，保障并购交易顺利开展。因此，并购公司应优先选择存在董事联结的公司作为目标公司。在并购定价过程中，并购公司应该有效利用董事联结带来的信息优势和合作优势，获取目标公司的运营能力、财务状况和资源技术等方面的信息，准确评估目标公司的真实价值，预测并购的协同收益，提高并购定价的合理性；提高目标公司董事会对并购公司的认可程度，增加目标公司与并购公司合作的意愿，使目标公司更容易接受并购公司提出的较为合理的并购交易价格，避免过度支付造成并购价值损失。在并购整合过程中，将董事联结作为并购双方信息和资源共享的渠道，在深入了解并购双方的资源要素信息和认真听取目标公司的需求和想法的基础上，制定合理的整合方案，对并购双方的资源进行有效的整合，减少并购双方的冲突和矛盾，避免并购后的人才流失和企业文化水土不服，降低整合成本，以达到共赢的结果。

（2）鼓励并购公司在并购交易发生前主动与目标公司建立董事联结

基于董事联结对并购价值创造的积极作用，并购公司可以考虑在并购交易发生之前，先与目标公司建立董事联结，当然最好是构建内部董事联结（如选派或聘任并购公司/目标公司的董事到目标公司/并购公司董事会任职）。实际上，本书关注董事联结是出于数据的可得性和测量的科学性这两点考虑，在社会交往过程中，其他诸如老乡关系、校友关系以及俱乐部成员关系等形成的"隐蔽性"的董事联结（谢德仁、陈运森，2012；陈仕华等，2013），也可能在并购过程中发挥信息传递和组织协调作用，对并购价值创造产生积极的影响。当建立正式的董事联结存在障碍时，可以考虑建立上述"隐蔽性"的董事联结，其也可能会在并购价值的创造过程中取得一定的效果。

（3）强化管理者和董事对董事联结信息传递和组织协调功能的认知和利用

董事联结建立了企业与企业之间的联系，可以作为一种非正式的关系机制，缓解由于正式制度缺失而带来的信息摩擦问题，不仅如此，董事联结还可以加强并购双方的协调合作，减少和降低并购过程中充斥的各种风险和不确定性，促进并购双方并购价值的创造。但是，在实践中，许多企业的管理者和董事未能对董事联结的功能进行充分的认知和有效的利用，董事联结可能因此难以在并购过程中发挥应有的作用。政策法规制定者可根据董事联结对企业并购带来的经济后果，制定和完善相关法律法规，引导企业管理者和董事充分认知和有效利用董事联结对企业并购带来的有利影响，促进并购创造协同效应，提高资源配置效力。

（4）并购过程中恰当利用联结董事的并购经验

本书的研究结果表明，联结董事的并购经验能够帮助焦点并购公司充分认知和有效利用董事联结的信息传递和组织协调功能，促进并购价值的创造。但是，联结董事并购经验上述作用的发挥，需要满足联结公司前期的并购与焦点并购公司当前的并购相类似这一前提条件。因此，当并购双方存在董事联结时，曾经有过与当前并购相似并购经历的联结董事应被视为并购公司的专家，因为他们的分析和建议能够帮助并购公司了解和掌握如何才能使董事联结的功能得到更有效的发挥，进而促进并购价值的创造。未来计划利用董事联结提升并购价值的企业，可以考虑在并购前储备具有相似并购经验的董事资源，为日后董事联结功能的有效利用创造有利条件。

（5）减少政府对企业并购的过度干预

本书的研究结果表明，并购公司的股权性质会对董事联结与企业并购（并购目标选择、并购溢价和并购绩效）关系产生影响，当并购公司为非国有控股公司时，董事联结能够更有效地促进并购价值的创造。政府在给予国有控股公司政策性支持的同时，也可能出于一定目的对国有控股公司的并购活动进行干预。如果政府对于国有控股公司控股活动的干预是出于减轻自身的政策性负担或政治晋升动机，那么这种干预不仅会导致董事联结对并购价值创造的积极作用难以得到有效发挥，而且国有控股公司的价值也往往会受到影响。因此，应减少政府对国有控股公司并购活动的过度干预，促进并购的市场化运作。政府必须从旧体制下的政经不分、职能不分的状态中彻底摆脱出来，切实分清政府的社会管理职能和资产控制人职能，体现政府的"社会性"和政策的"公平性"，发挥现代市场经济中政府应有的功能和作用。证券监管部门和机构投资者也应加强对上市公司并购活动的监督，减少政府的过度干预。

（6）投资者将并购双方是否存在董事联结作为投资决策的重要参考

本书研究发现，并购双方的董事联结不仅能够在短期内帮助并购公司获得相对较好的超额市场回报，而且在并购一段时间以后还有助于改善并购公司的经营业绩。因而，基于本书关于并购双方的董事联结促进并购公司价值增值的结论，投资者在选择投资目标时，可以将并购公司是否与目标公司存在董事联结作为重要考量因素之一，帮助投资者做出更为合理的投资决策，减少由于对并购事件的盲目跟风而造成投资损失，规避投资风险。

（7）加快市场中介机构的建设

在成熟的并购市场中，各类中介机构，例如，投资银行、会计和律师事务所以及管理咨询公司，能够为企业并购提供专业的服务。然而，中国的中介机构发展滞后，能够为并购业务提供专业咨询服务的投资银行数量非常有限，且中介机构（尤其是投资银行）的收费通常都很高昂。鉴于上述原因，我国相当大比例的并购公司没有聘请专业中介机构（尤其是投资银行）提供服务。在这一背景下，中国企业并购基本上需要依赖企业自身的能力去寻找并购目标、筹措并购资金以及商谈并购价格等。由于并购公司难以获取目标公司的相关信息，缺乏专业的操作经验，资金筹措能力有限等原因，并购交易成本过高，并购效率低下，并购难以创造价值。市场中介机构可以为并购公司提供更全面和真实的目标公司信息，也可以利用丰富的专业知识和操作经验，为并购公司提供并购战略设计、目标调研和价值评估等方面的专业服务，甚至还可以为并购公司提供资金支持。因此，应加快我国市场中介机构的建设，为促进并购价值创造，提高并购质量提供帮助。

## 第三节　研究局限及展望

本书研究内容具有一定的理论和现实意义，但由于所研究问题的复杂性和笔者研究水平的有限性，本书仍存在一些研究局限，需要在未来的研究中予以改进和完善。

### 一　研究局限

（1）在实证模型设计方面，尽管本书是在对大量相关文献进行研究的基础上，借鉴和采用以往研究较为成熟的实证模型，并根据本书研究需要对实证模型进行了较为合理的修正，但是，本书无法保证而且也不可能使实证模型涵盖所有影响企业并购（并购目标选择、并购溢价和并购绩效）的变量，因此导致实证模型在设计上存在遗漏变量的问题，这有可能使本书的结论存在一定偏误。

（2）本书考察董事联结对企业并购的影响，在数据收集过程中因我国目前对于高管任职和并购信息的数据披露还不全面，所以，本书将样本限定为并购公司和目标公司同为上市公司的并购事件。但上市公司间并购的动机与一方为非上市公司或双方都为非上市公司的公司间并购动机存在一定的差异，而且上市公司和非上市公司在股权结构和投融资能力等方面也不尽相同，这将导致本书的研究结论存在一定的偏差。针对这一不足，需要在未来获得更多的数据的情况下，进一步加以检验。

（3）本书认为当满足联结公司前期的并购与焦点并购公司当前的并购相类似这一前提条件时，联结董事的并购经验能够加强并购公司对董事联结功能的认知和利用，促进并购价值的创造。不过，也有一些研究认为，由于组织资源的有限性，其他企业的成功经验更容易被组织学习和借鉴（Haunschild, Miner, 1997; Feinberg, Gupta, 2004; Fernhaber, Li, 2010）。本书与以往的大多数研究相同，未对联结董事所拥有的成功并购经验和失败并购经验进行区分，这可能会导致本书的研究结论存在一定的偏差。以上的不足有待笔者在以后的研究中从理论与经验数据两个层面进行继续探索。

## 二 研究展望

关于董事联结与企业并购的关系，本书仅做了一些探索性的考察，不过是冰山一角，对于未来在该领域的深入研究，本书考虑可能围绕如下方面展开。

（1）在研究过程中，本书注意到 Kang（2008）、Chen 等（2009）、Shropshire（2010）以及陈运森等（2012）都认为董事联结的建立和作用的发挥，除表现在企业组织层面因素外，联结董事成员特质也会产生较为重要的影响。本书探讨了联结董事的职务和并购经验对董事联结与企业并购关系的影响，但实际上，联结董事成员的其他特质也可能会改变董事联结与企业并购之间的关系，如联结董事的专业背景、政治背景和商业背景等。未来研究中可对联结董事成员特质进行深入挖掘，探索其对董事联结治理效果产生的影响。

（2）由于并购交易前期的并购目标选择和并购交易中期的并购定价是并购交易的两个重要环节，而并购交易后期取得的并购绩效是并购创造价值的最终体现，因此，本书分别从并购交易的前期、中期和后期，围绕并购目标选择、并购溢价和并购绩效三个方面展开董事联结对企业并购影响的研究。此外，在并购价值创造过程中，还有一些内容也值得在未来研究中予以关注，如并购估值、并购融资决策和并购税务筹划等。对这些问题的深入探索，将进一步充实董事联结与企业并购关系的研究。

（3）本书的研究只关注了董事联结对并购这样一种企业战略的影响。然而，本书的结论也可以向其他企业战略领域扩展，对董事联结与企业其他战略关系的考察将为董事联结相关研究提供广阔的探索空间。

# 参考文献

[1] 曹廷求、张钰、刘舒：《董事网络、信息不对称和并购财富效应》,《经济管理》2013 年第 8 期。

[2] 曾爱民、张纯、魏志华：《金融危机冲击、财务柔性储备与企业投资行为——来自中国上市公司的经验证据》,《管理世界》2013 年第 4 期。

[3] 陈国权、马萌：《组织学习的过程模型研究》,《管理科学学报》2000 年第 3 期。

[4] 陈国权、宁南：《组织从经验中学习：现状、问题、方向》,《中国管理科学》2009 年第 1 期。

[5] 陈国权：《学习型组织的过程模型、本质特征和设计原则》,《中国管理科学》2002 年第 4 期。

[6] 陈国权：《学习型组织的学习能力系统、学习导向人力资源管理系统及其相互关系研究——自然科学基金项目（70272007）回顾和总结》,《管理学报》2007 年第 6 期。

[7] 陈国权：《学习型组织整体系统的构成及其组织系统与学习能力系统之间的关系》,《管理学报》2008 年第 6 期。

[8] 陈健、席酉民、郭菊娥：《国外并购绩效评价方法研究综述》,《当代经济科学》2005 年第 3 期。

[9] 陈仕华、姜广省、卢昌崇：《董事联结、目标公司选择与并购绩效——基于并购双方之间信息不对称的研究视角》,《管理世界》2013 年第 12 期。

[10] 陈仕华、李维安：《并购溢价决策中的锚定效应研究》,《经济研究》2016 年第 6 期。

[11] 陈仕华、卢昌崇：《国有企业党组织的治理参与能够有效抑制并购中的"国有资产流失"吗?》，《管理世界》2014 年第 5 期。

[12] 陈仕华、卢昌崇：《企业间高管联结与并购溢价决策——基于组织间模仿理论的实证研究》，《管理世界》2013 年第 5 期。

[13] 陈仕华、马超：《企业间高管联结与慈善行为一致性——基于汶川地震后中国上市公司捐款的实证研究》，《管理世界》2011 年第 12 期。

[14] 陈收、戴代强、雷辉：《并购对主并购公司效率影响研究》，《财经理论与实践》2005 年第 6 期。

[15] 陈信元、黄俊：《政府干预、多元化经营与公司业绩》，《管理世界》2007 年第 1 期。

[16] 陈信元、原红旗：《上市公司资产重组财务会计问题研究》，《会计研究》1998 年第 10 期。

[17] 陈运森、谢德仁、黄亮华：《董事的网络关系与公司治理研究述评》，《南方经济》2012 年第 12 期。

[18] 陈运森、谢德仁：《董事网络、独立董事治理与高管激励》，《金融研究》2012 年第 2 期。

[19] 陈运森、谢德仁：《网络位置、独立董事治理与投资效率》，《管理世界》2011 年第 7 期。

[20] 陈运森：《独立董事网络中心度与公司信息披露质量》，《审计研究》2012 年第 5 期。

[21] 程兆谦：《国外知识视角下的购并研究回顾与展望》，《外国经济与管理》2011 年第 4 期。

[22] 崔学刚、荆新：《上市公司控制权转移预测研究》，《会计研究》2006 年第 1 期。

[23] 崔永梅、张秋生、袁欣编著《企业并购与重组》，大连出版社，2013。

[24] 董权宇：《并购协同效应与溢价研究》，对外经济贸易大学硕士学位论文，2006。

[25] 段海艳、仲伟周：《网络视角下中国企业连锁董事成因分析——基于上海、广东两地 314 家上市公司的经验研究》，《会计研究》2008 年第 11 期。

[26] 段海艳：《连锁董事关系网络对企业绩效影响研究》，《商业经济与管

理》2009 年第 4 期。

[27] 段海艳：《连锁董事关系网络对企业融资行为影响的实证研究》，《软科学》2009 年第 12 期。

[28] 段海艳：《企业间连锁董事关系网络的演变特征及功能定位——以上海、广东两地上市公司为样本》，《商业研究》2015 年第 3 期。

[29] 樊纲、王小鲁、马光荣：《中国市场化进程对经济增长的贡献》，《经济研究》2011 年第 9 期。

[30] 方芳、闫晓彤：《中国上市公司并购绩效与思考》，《经济理论与经济管理》2002 年第 8 期。

[31] 方军雄：《政府干预、所有权性质与企业并购》，《管理世界》2008 年第 9 期。

[32] 冯根福、吴林江：《我国上市公司并购绩效的实证研究》，《经济研究》2001 年第 1 期。

[33] 高见、陈歆玮：《中国证券市场资产重组效应分析》，《经济科学》2000 年第 1 期。

[34] 葛伟杰、张秋生、张自巧：《支付方式、融资约束与并购溢价研究》，《证券市场导报》2014 年第 1 期。

[35] 郭冰：《企业并购中的组织学习效果研究——学习途径的影响差异及公司治理对学习效果的调节影响》，上海交通大学博士学位论文，2012。

[36] 郭来生：《大鹏证券研究所研究报告》，深圳，1999。

[37] 郭卫锋、周建、宫慧：《企业并购经验、董事会特征对并购战略决策影响研究》，《现代管理科学》2015 年第 7 期。

[38] 国信证券—海通证券联合课题组：《沪深股票市场公司重组绩效实证研究》，《中国证券报》2001 年 1 月 9 日。

[39] 韩洁、田高良、李留闯：《连锁董事与社会责任报告披露：基于组织间模仿视角》，《管理科学》2015 年第 1 期。

[40] 韩洁、田高良、杨宁：《连锁董事与并购目标选择：基于信息传递视角》，《管理科学》2014 年第 2 期。

[41] 何诚颖、程兴华：《基于中国证券市场的有效性研究——以高 B/M 类上市公司为例》，《管理世界》2005 年第 11 期。

[42] 何毓海、赵泽斌、安实：《基于信息披露的目标公司价值估计策略》，《财经科学》2007 年第 9 期。

[43] 胡冰：《我国买壳上市溢价问题研究》，东南大学硕士学位论文，2005。

[44] 扈文秀、贾丽娜：《基于并购动机视角的并购溢价影响因素研究》，《西安理工大学学报》2014 年第 2 期。

[45] 黄本多、干胜道：《自由现金流量、并购溢价与我国上市公司并购绩效的实证研究》，《华东经济管理》2009 年第 4 期。

[46] 黄志忠：《所有权性质与高管现金薪酬结构——基于管理权力论的分析》，《当代会计评论》2009 年第 1 期。

[47] 江斌：《兼并收购和市场反应》，《预测》2002 年第 6 期。

[48] 江乾坤、杨琛如：《中国企业海外并购溢价决策影响因素实证分析》，《技术经济》2015 年第 5 期。

[49] 姜付秀、黄磊、张敏：《产品市场竞争、公司治理与代理成本》，《世界经济》2009 年第 10 期。

[50] 姜英兵：《双重政治联系与并购溢价——基于 2003—2012 年 A 股上市公司并购事件的实证研究》，《宏观经济研究》2014 年第 2 期。

[51] 蒋丽娜、薄澜、姚海鑫：《国外并购溢价决定因素研究脉络梳理与未来展望》，《外国经济与管理》2011 年第 10 期。

[52] 赖步连、杨继东、周业安：《异质波动与并购绩效——基于中国上市公司的实证研究》，《金融研究》2006 年第 12 期。

[53] 雷玉：《我国上市公司并购动机与并购溢价之间关系的理论与实证分析》，厦门大学硕士学位论文，2006。

[54] 李彬、秦淑倩：《管理层能力、投资银行声誉与并购绩效反应》，《北京交通大学学报》（社会科学版）2016 年第 2 期。

[55] 李东明、邓世强：《上市公司董事会结构、职能的实证研究》，《证券市场导报》1999 年第 10 期。

[56] 李海霞：《并购中目标企业价值评估问题研究》，西南财经大学硕士学位论文，2008。

[57] 李留闯、田高良、马勇、李彬：《连锁董事和股价同步性波动：基于网络视角的考察》，《管理科学》2012 年第 6 期。

[58] 李梦瑶：《高管支付较高并购溢价的个体层面动因——增长压力抑或过度自信?》，东北财经大学硕士学位论文，2014。

[59] 李青原、张肖星、王红建：《独立董事连锁与公司盈余质量的传染效应》，《财务研究》2015年第4期。

[60] 李青原：《资产专用性与公司纵向并购财富效应：来自我国上市公司的经验证据》，《南开管理评论》2011年第6期。

[61] 李善民、曾昭灶：《控制权转移的背景与控制权转移公司的特征研究》，《经济研究》2003年第11期。

[62] 李善民、陈玉罡：《上市公司兼并与收购的财富效应》，《经济研究》2002年第11期。

[63] 李善民、黄灿、史欣向：《信息优势对企业并购的影响——基于社会网络的视角》，《中国工业经济》2015年第11期。

[64] 李善民、赵晶晶、刘英：《行业机会、政治关联与多元化并购》，《中大管理研究》2009年第4期。

[65] 李善民、周小春：《公司特征、行业特征和并购战略类型的实证研究》，《管理世界》2007年第3期。

[66] 李善民、朱滔：《多元化并购能给股东创造价值吗? ——兼论影响多元化并购长期绩效的因素》，《管理世界》2006年第3期。

[67] 李善民、朱滔：《管理者动机与并购绩效关系研究》，《经济管理》2005年第4期。

[68] 李婷婷、孙涛：《我国上市公司并购价值增值的实证研究》，《价格月刊》2010年第4期。

[69] 李增泉、余谦、王晓坤：《掏空、支持与并购重组——来自我国上市公司的经验证据》，《经济研究》2005年第1期。

[70] 林俊荣、张秋生：《目标公司特征识别研究及其改进》，《华东经济管理》2012年第6期。

[71] 刘大志：《股权结构对并购绩效的影响——基于中国上市公司实证分析》，《财务与金融》2010年第3期。

[72] 刘杰：《关于新兴国家银行并购溢价决定因素的实证分析》，复旦大学硕士学位论文，2011。

[73] 刘军、余鹏翼：《国内上市公司并购效应实证研究》，《上海金融》

2008 年第 12 期。

[74] 刘笑萍、黄晓薇、郭红玉：《产业周期、并购类型与并购绩效的实证研究》，《金融研究》2009 年第 3 期。

[75] 卢昌崇、陈仕华、Joachim Schwalbach：《连锁董事理论：来自中国企业的实证检验》，《中国工业经济》2006 年第 1 期。

[76] 卢昌崇、陈仕华：《断裂联结重构：连锁董事及其组织功能》，《管理世界》2009 年第 5 期。

[77] 陆贤伟、王建琼、董大勇：《董事联结影响股价联动：关联分类还是资源价值?》，《证券市场导报》2013 年第 10 期。

[78] 马海峰、蔡阳：《我国上市公司并购目标特征的实证研究》，《江西农业大学学报》（社会科学版）2006 年第 3 期。

[79] 潘红波、夏新平、余明桂：《政府干预、政治关联与地方国有企业并购》，《经济研究》2008 年第 4 期。

[80] 潘红波、余明桂：《目标公司会计信息质量、产权性质与并购绩效》，《金融研究》2014 年第 7 期。

[81] 潘红波、余明桂：《支持之手、掠夺之手与异地并购》，《经济研究》2011 年第 9 期。

[82] 乔薇：《地方保护主义、股权转让方式与控制权私有收益：基于大宗股权协议转让的经验证据》，《南开管理评论》2012 年第 3 期。

[83] 邱伟年、欧阳静波：《外资并购与民营并购绩效的比较研究——基于1995-2009 年经验数据》，《国际贸易问题》2011 年第 8 期。

[84] 任兵、区玉辉、林自强：《企业连锁董事在中国》，《管理世界》2001 年第 6 期。

[85] 任兵、区玉辉、彭维刚：《连锁董事、区域企业间连锁董事网与区域经济发展——对上海和广东两地 2001 年上市公司的实证考察》，《管理世界》2004 年第 3 期。

[86] 舒博：《国有上市公司与非国有上市公司并购绩效的实证比较》，《企业经济》2008 年第 10 期。

[87] 舒强兴、郭海芳：《中国上市公司并购价值创造的实证研究》，《财经理论与实践》2003 年第 5 期。

[88] 宋光辉、闫大伟：《并购溢价协同效应分析》，《特区经济》2007 年第

4 期。

[89] 宋希亮、张秋生、初宜红:《我国上市公司换股并购绩效的实证研究》,《中国工业经济》2008 年第 7 期。

[90] 宋迎春:《并购能力与并购绩效问题研究》,武汉大学博士学位论文,2012。

[91] 苏冬蔚、林大庞:《股权激励、盈余管理与公司治理》,《经济研究》2010 年第 11 期。

[92] 苏新龙、漆传金、许超:《上市公司重大资产重组长期绩效考察——来自中国 A 股上市公司的实证研究》,《生产力研究》2008 年第 10 期。

[93] 孙永祥:《所有权、融资结构与公司治理机制》,《经济研究》2001 年第 1 期。

[94] 檀向球:《上市公司报表性和实质性资产重组鉴别与分析》,《统计研究》1999 年第 12 期。

[95] 唐建新、陈冬:《地区投资者保护、企业性质与异地并购的协同效应》,《管理世界》2010 年第 8 期。

[96] 唐梦华、谢纪刚、宋文云:《战略并购目标公司的特征研究》,Proceedings of 2011 International Conference on Applied Social Science(ICASS 2011 V5),2011。

[97] 唐梦华:《我国上市公司中并购目标公司的可预测性研究》,北京交通大学硕士学位论文,2012。

[98] 唐雪松、周晓苏、马如静:《政府干预、GDP 增长与地方国企过度投资》,《金融研究》2010 年第 8 期。

[99] 唐宗明、蒋位:《中国上市公司大股东侵害度实证分析》,《经济研究》2002 年第 4 期。

[100] 田高良、韩洁、李留闯:《连锁董事与并购绩效——来自中国 A 股上市公司的经验证据》,《南开管理评论》2013 年第 6 期。

[101] 万良勇、郑小玲:《董事网络的结构洞特征与公司并购》,《会计研究》2014 年第 5 期。

[102] 王凤荣、高飞:《政府干预、企业生命周期与并购绩效——基于我国地方国有上市公司的经验数据》,《金融研究》2012 年第 12 期。

[103] 王红领、李稻葵、雷鼎鸣：《政府为什么会放弃国有企业的产权》，《经济研究》2001 年第 8 期。

[104] 王宏利：《提高并购绩效的目标公司选择研究——基于预测目标公司一般特征的研究方法》，《管理世界》2005 年第 3 期。

[105] 王江石、贺铟璇、李玉兰：《股权分置改革与收购公司短期并购绩效》，《东北财经大学学报》2011 年第 1 期。

[106] 王跃堂：《我国证券市场资产重组绩效之比较分析》，《财经研究》1999 年第 7 期。

[107] 魏乐、张秋生、赵立彬：《连锁董事网络对企业并购影响的实证研究》，《西北农林科技大学学报》（社会科学版）2013 年第 3 期。

[108] 吴超鹏、吴世农、郑方镳：《管理者行为与连续并购绩效的理论与实证研究》，《管理世界》2008 年第 7 期。

[109] 吴联生、白云霞：《公司价值、资产收购与控制权转移方式》，《管理世界》2004 年第 9 期。

[110] 吴益兵：《雪津啤酒并购高额溢价解析》，《财务与会计》2008 年第 2 期。

[111] 肖翔：《企业并购中目标企业的选择与决策研究》，《北京交通大学学报》（社会科学版）2007 年第 4 期。

[112] 谢德仁、陈运森：《董事网络：定义、特征和计量》，《会计研究》2012 年第 3 期。

[113] 徐丹丹、刘淑莲：《我国上市公司并购价值的实证研究》，《会计师》2010 年第 4 期。

[114] 徐文龙：《我国证券市场借壳上市问题研究》，合肥工业大学硕士学位论文，2008。

[115] 徐信忠、黄张凯、刘寅、薛彤：《大宗股权定价的实证检验》，《经济研究》2006 年第 1 期。

[116] 许晓霞：《并购目标公司特征的实证研究——基于 2005 年我国上市公司数据》，北京交通大学硕士学位论文，2007。

[117] 杨超：《管理者过度自信与企业并购行为研究——基于中国上市公司的经验证据》，东北财经大学博士学位论文，2014。

[118] 杨琛如：《我国上市公司海外并购溢价影响因素实证研究》，杭州电

子科技大学硕士学位论文，2015。

[119] 杨记军、逯东、杨丹：《国有企业的政府控制权转让研究》，《经济研究》2010 年第 2 期。

[120] 杨晓刚：《买壳上市理论与实例分析》，天津大学硕士学位论文，2003。

[121] 杨跃、叶金金：《连锁董事与企业绩效关系研究：基于多元化战略选择的视角》，《科学决策》2011 年第 9 期。

[122] 姚长辉、严欢：《关于并购对我国上市公司经营业绩影响的分析——基于 1995—1999 年所有行业的上市公司购并样本》，《经济科学》2004 年第 5 期。

[123] 游达明、彭伟：《上市公司壳资源交易价格影响因素的实证研究》，《统计与信息论坛》2004 年第 1 期。

[124] 余光、杨荣：《企业购并股价效应的理论分析和实证分析》，《当代财经》2000 年第 7 期。

[125] 余力、刘英：《中国上市公司并购绩效的实证分析》，《当代经济科学》2004 年第 4 期。

[126] 余明桂、潘红波：《政治关系、制度环境与民营企业银行贷款》，《管理世界》2008 年第 8 期。

[127] 袁天荣、焦跃华：《政府干预企业并购的动机与行为》，《中南财经政法大学学报》2006 年第 2 期。

[128] 臧秀清、于江珍：《连锁董事联结对审计质量的影响研究》，《财会通讯》2014 年第 6 期。

[129] 臧秀清、郑阳、孙飞：《连锁董事联结对自愿性信息披露影响的实证研究》，《燕山大学学报》（哲学社会科学版）2016 年第 1 期。

[130] 张春琳：《旅游上市公司外资并购效应分析》，《商业时代》2006 年第 25 期。

[131] 张德平：《中国上市公司并购的经营业绩实证研究》，《中国软科学》2002 年第 7 期。

[132] 张金鑫：《并购谁：并购双方资源匹配战略分析》，中国经济出版社，2006。

[133] 张秋生、周琳：《企业并购协同效应的研究与发展》，《会计研究》

2003 年第 6 期。

[134] 张雯、张胜、李百兴：《政治关联、企业并购特征与并购绩效》，《南开管理评论》2013 年第 2 期。

[135] 张新：《并购重组是否创造价值？——中国证券市场的理论与实证研究》，《经济研究》2003 年第 6 期。

[136] 张学平：《外资并购绩效的实证研究》，《管理世界》2008 年第 10 期。

[137] 张钰：《董事网络对并购财富效应的影响研究》，山东大学硕士学位论文，2014。

[138] 张宗新、季雷：《公司购并利益相关者的利益均衡吗？——基于公司购并动因的风险溢价套利分析》，《经济研究》2003 年第 6 期。

[139] 赵本光：《"壳"公司的选择与价格决定》，《外向经济》2000 年第 6 期。

[140] 赵勇、朱武祥：《上市公司兼并收购可预测性》，《经济研究》2000 年第 4 期。

[141] 周黎安：《晋升博弈中政府官员的激励与合作——兼论我国地方保护主义和重复建设问题长期存在的原因》，《经济研究》2004 年第 6 期。

[142] 朱宝宪、朱朝华：《影响并购溢价的因素分析》，《中国企业并购年鉴 2014》，中国经济出版社，2004。

[143] 朱红军、汪辉：《并购的长期财富效应——经验分析结果与协同效应解释》，《财经研究》2005 年第 9 期。

[144] 朱乾宇：《我国上市公司并购绩效的多元回归分析》，《中南民族大学学报》（自然科学版）2002 年第 1 期。

[145] 朱滔：《上市公司并购的短期和长期股价表现》，《当代经济科学》2006 年第 3 期。

[146] 祝文峰、左晓慧：《公司并购中目标公司绩效问题研究》，《经济问题》2011 年第 6 期。

[147] 邹琳玲：《我国上市公司并购溢价实证研究》，北京化工大学硕士学位论文，2012。

[148] Adelaja A., Nayga R., Farooq Z., "Predicting Mergers and Acquisitions

in the Food Industry," *Agribusiness* 15 (1), 1999.

[149] Agrawal A., Jaffe J. F., *The Post-Merger Performance Puzzle* (Bingley: Emerald Group Publishing Limited, 2000).

[150] Ahern K. R., "Bargaining Power and Industry Dependence in Mergers," *Journal of Financial Economics* 103 (3), 2012.

[151] Ahern K. R., Dittmar A. K., "The Changing of the Boards: The Impact on Firm Valuation of Mandated Female Board Representation," *Quarterly Journal of Economics* 1 27 (1), 2012.

[152] Akerlof G. A., "The Market for 'Lemons': Quality Uncertainty and the Market Mechanism," *The Quarterly Journal of Economics* 81 (3), 1970.

[153] Aktas N., De Bodt E., Roll R., "Learning, Hubris and Corporate Serial Acquisitions," *Journal of Corporate Finance* 15 (5), 2009.

[154] Alcalde N., Espitia M., "The Characteristics of Takeover Targets: The Spanish Experience 1991 – 1997," *Journal of Management and Governance* 7 (1), 2003.

[155] Aldrich H. E., Pfeffer J., "Environments of Organizations," *Annual Review of Sociology* 2 (1), 1976.

[156] Aliberti V., Green M. B., "A Spatio-Temporal Examination of Canada's Domestic Merger Activity, 1971 – 1991," *Cahiers De GÉOgraphie Du QuÉBec* 43 (119), 1999.

[157] Allen M. P., "The Structure of Interorganizational Elite Cooptation: Interlocking Corporate Directorates," *American Sociological Review* 39 (3), 1974.

[158] Almazan A., De Motta A., Titman S. et al., "Financial Structure, Acquisition Opportunities, and Firm Locations," *The Journal of Finance* 65 (2), 2010.

[159] Amihud Y., Lev B., Travlos N. G., "Corporate Control and the Choice of Investment Financing: The Case of Corporate Acquisitions," *The Journal of Finance* 45 (2), 1990.

[160] Anderson J. R., Fincham J. M., Douglass S., "The Role of Examples and Rules in the Acquisition of a Cognitive Skill," *Journal of Experimental*

*Psychology*: *Learning, Memory, and Cognition* 23 (4), 1997.

[161] Andrade G., Mitchell M. L., Stafford E., "New Evidence and Perspectives on Mergers," Working Paper, Harvard Business School, 2001.

[162] Argote L., Beckman S. L., Epple D., "The Persistence and Transfer of Learning in Industrial Settings," *Management Science* 36 (2), 1990.

[163] Argyris C., Schon D., *Organizational Learning*: *A Theory of Action Perspective* (MA: Addison-Wesley Publishing Co, 1978).

[164] Armstrong C. S., Guay W. R., Weber J. P., "The Role of Information and Financial Reporting in Corporate Governance and Debt Contracting," *Journal of Accounting and Economics* 50 (2), 2010.

[165] Asquith P., Bruner R. F., Mullins D. W., "The Gains to Bidding Firms from Merger ," *Journal of Financial Economics* 11 (1), 1983.

[166] Baker W. E., Faulkner R. R., "The Social Organization of Conspiracy: Illegal Networks in the Heavy Electrical Equipment Industry," *American Sociological Review*, 1993.

[167] Ball R., Brown P., "An Empirical Evaluation of Accounting Income Numbers," *Journal of Accounting Research* 6 (2), 1968.

[168] Banz R. W., "The Relationship between Return and Market Value of Common Stocks," *Journal of Financial Economics* 9 (1), 1981.

[169] Barber B. M., Lyon J. D., "Detecting Long-Run Abnormal Stock Returns: The Empirical Power and Specification of Test Statistics," *Journal of Financial Economics* 43 (3), 1997.

[170] Barclay M. J., Holderness C. G., "Private Benefits from Control of Public Corporations," *Journal of Financial Economics* 25 (2), 1989.

[171] Barclay M. J., Holderness C. G., Pontiff J., "Private Benefits from Block Ownership and Discounts on Closed-End Funds," *Journal of Financial Economics* 33 (3), 1993.

[172] Bargeron L. L., Schlingemann F. P., Stulz R. M. et al., "Why Do Private Acquirers Pay So Little Compared to Public Acquirers?" *Journal of Financial Economics* 89 (3), 2008.

[173] Basu D., Dastidar S. G., Chawla D., "Corporate Mergers and Acquisitions in India Discriminating between Bidders and Targets," *Global Business Review* 9 (2), 2008.

[174] Bates T. W., Lemmon M. L., Linck J. S., "Shareholder Wealth Effects and Bid Negotiation in Freeze-out Deals: Are Minority Shareholders Left out in the Cold?" *Journal of Financial Economics* 81 (3), 2006.

[175] Batjargal B., "Social Capital and Entrepreneurial Performance in Russia: A Longitudinal Study," *Organization Studies* 24 (4), 2003.

[176] Baumol W. J., *Contestable Markets and the Theory of Industry Structure* (New York: Harcourt Brace Jovanovich, 1982).

[177] Bazerman M. H., Schoorman F. D., "A Limited Rationality Model of Interlocking Directorates," *Academy of Management Review* 8 (2), 1983.

[178] Beckenstein A. R., *Merger Activity and Merger Theories: An Empirical Investigation* (Washington D. C.: Federal Legal Publications, 1979).

[179] Beckman C. M., Haunschild P. R., "Network Learning: The Effects of Partners' Heterogeneity of Experience on Corporate Acquisitions," *Administrative Science Quarterly* 47 (1), 2002.

[180] Beckman C. M., Haunschild P. R., Phillips D. J., "Friends or Strangers? Firm-Specific Uncertainty, Market Uncertainty, and Network Partner Selection," *Organization Science* 15 (3), 2004.

[181] Berkowitz S. D., Carrington P. J., Kotowitz Y. et al., "The Determination of Enterprise Groupings through Combined Ownership and Directorship Ties," *Social Networks* 1 (4), 1979.

[182] Bizjak J., Lemmon M., Whitby R., "Option Backdating and Board Interlocks," *Review of Financial Studies* 22 (11), 2009.

[183] Bodnaruk A., Massa M., Simonov A., "Investment Banks as Insiders and the Market for Corporate Control," *Review of Financial Studies* 22 (12), 2009.

[184] Boeker W., Goodstein J., "Organizational Performance and Adaptation: Effects of Environment and Performance on Changes in Board Composition," *Academy of Management Journal* 34 (4), 1991.

[185] Bouwman C. H., "Corporate Governance Propagation through Overlapping Directors," *Review of Financial Studies* 24 (7), 2011.

[186] Bouwman C. H., Xuan Y., "Director Overlap and Firm Financial Policies," Working Paper, Case Western Reserve University and Harvard University, 2010.

[187] Bradley M., "Interfirm Tender Offers and the Market for Corporate Control," *Journal of Business* 53 (4), 1980.

[188] Bradley M., Desai A., Kim E. H., "Synergistic Gains from Corporate Acquisitions and Their Division between the Stockholders of Target and Acquiring Firms," *Journal of Financial Economics* 21 (1), 1988.

[189] Brar G., Giamouridis D., Liodakis M., "Predicting European Takeover Targets," *European Financial Management* 15 (2), 2009.

[190] Brown S. J., Warner J. B., "Using Daily Stock Returns: The Case of Event Studies," *Journal of Financial Economics* 14 (1), 1985.

[191] Bruner R., "Where M&A Pays and Where It Strays: A Survey of the Research," *Journal of Applied Corporate Finance* 16 (4), 2004.

[192] Bruner R. F., "Does M&A Pay? A Survey of Evidence for The Decision-Maker," *Journal of Applied Finance* 12 (1), 2002.

[193] Bruner R. F., *Applied Mergers and Acquisitions* (Hoboken: John Wiley & Sons, 2004).

[194] Burris V., "Interlocking Directorates and Political Cohesion among Corporate Elites," *American Journal of Sociology* 111 (1), 2005.

[195] Burt R. S., "A Structural Theory of Interlocking Corporate Directorates," *Social Networks* 1 (4), 1979.

[196] Burt R. S., "Cooptive Corporate Actor Networks: A Reconsideration of Interlocking Directorates Involving American Manufacturing," *Administrative Science Quarterly* 25 (4), 1980.

[197] Burt R. S., "Social Contagion and Innovation: Cohesion Versus Structural Equivalence," *American Journal of Sociology* 92 (6), 1987.

[198] Burt R. S., *Corporate Profits and Cooptation: Networks of Market Constraints and Directorate Ties in the American Economy* (San Diego: Academic Press,

1983).

[199] Burt R. S., *Structural Holes: The Social Structure of Competition* (Cambridge: Harvard University Press, 1992).

[200] Byoun S., Financial Flexibility and Capital Structure Decision (New York: Social Science Electronic Publishing, 2011).

[201] Byrd D. T., Mizruchi M. S., "Bankers on the Board and the Debt Ratio of Firms," *Journal of Corporate Finance* 11 (1), 2005.

[202] Cai J., Walkling R. A., Yang K., "The Price of Street Friends: Social Networks, Informed Trading, and Shareholder Costs," *Journal of Financial and Quantitative Analysis* 51 (3), 2016.

[203] Cai Y., Sevilir M., "Board Connections and M&A Transactions," *Journal of Financial Economics* 103 (2), 2012.

[204] Calomiris C. W., Fisman R., Wang Y., "Profiting from Government Stakes in a Command Economy: Evidence from Chinese Asset Sales," *Journal of Financial Economics* 96 (3), 2010.

[205] Capron L., "The Long-Term Performance of Horizontal Acquisitions," *Strategic Management Journal* 20 (11), 1999.

[206] Capron L., Shen J. C., "Acquisitions of Private Vs. Public Firms: Private Information, Target Selection, and Acquirer Returns," *Strategic Management Journa* l28 (9), 2007.

[207] Carhart M. M., "On Persistence in Mutual Fund Performance," *The Journal of Finance* 52 (1), 1997.

[208] Caswell J. A., "An Institutional Perspective on Corporate Control and the Network of Interlocking Directorates," *Journal of Economic Issues* 18 (2), 1984.

[209] Certo S. T., "Influencing Initial Public Offering Investors with Prestige: Signaling with Board Structures," *Academy of Management Review* 28 (3), 2003.

[210] Certo S. T., Holcomb T. R., Holmes R. M., "IPO Research in Management and Entrepreneurship: Moving the Agenda forward," *Journal of Management* 35 (6), 2009.

［211］ Chahine S., Ismail A., "Premium, Merger Fees and the Choice of Investment Banks: A Simultaneous Analysis," *The Quarterly Review of Economics and Finance* 49 （2）, 2009.

［212］ Chatterjee S., "Types of Synergy and Economic Value: The Impact of Acquisitions on Merging and Rival Firms," *Strategic Management Journal* 7 （2）, 1986.

［213］ Chen C., Su R., "Do Cross-Border Acquisitions of US Targets Differ from US Domestic Takeover Targets?" *Global Finance Journal* 8 （1）, 1997.

［214］ Chen R., Dyball M. C., Wright S., "The Link between Board Composition and Corporate Diversification in Australian Corporations," *Corporate Governance: An International Review* 17 （2）, 2009.

［215］ Chi J., Sun Q., Young M., "Performance and Characteristics of Acquiring Firms in the Chinese Stock Markets," *Emerging Markets Review* 12 （2）, 2011.

［216］ Chi M. T. H., Glaser R. Farr M. J., *In the Nature of Expertise* （Mahwah: Lawrence Erlbaum Associates, 1988）.

［217］ Chiu P-C., Teoh S. H., Tian F., "Board Interlocks and Earnings Management Contagion," *The Accounting Review* 88 （3）, 2012.

［218］ Chuluun T., Prevost A., Puthenpurackal J., "Board Ties and the Cost of Corporate Debt," *Financial Management* 43 （3）, 2014.

［219］ Coff R. W., "How Buyers Cope with Uncertainty When Acquiring Firms in Knowledge-Intensive Industries: Caveat Emptor," *Organization Science* 10 （2）, 1999.

［220］ Cohen W. M., Levinthal D. A., "Absorptive Capacity: A New Perspective on Learning and Innovation," *Administrative Science Quarterly* 35 （1）, 1990.

［221］ Comment R., Schwert G. W., "Poison or Placebo? Evidence on the Deterrence and Wealth Effects of Modern Antitakeover Measures," *Journal of Financial Economics* 39 （1）, 1995.

［222］ Conrad J., Kaul G., "Long-Term Market Overreaction or Biases in

Computed Returns?" *The Journal of Finance* 48 （1）, 1993.

[223] Cotter J. F., Shivdasani A., Zenner M., "Do Independent Directors Enhance Target Shareholder Wealth during Tender Offers?" *Journal of Financial Economics* 43 （2）, 1997.

[224] Cremers K. M., Nair V. B., John K., "Takeovers and the Cross-Section of Returns," *Review of Financial Studies* 22 （4）, 2009.

[225] Cukurova S., "Interlocking Directors and Target Selection in Mergers and Acquisitions," Working Paper, Aalto University School of Business, 2015.

[226] Cyert R. M., March J. G., *A Behavioral Theory of the Firm （MINER J B. Organizational Behavior* 2: *Essential Theories of Process and Structure）*, （New York: M. E. Sharpe, 1963）.

[227] Datta D. K., Grant J. H., "Relationships Between Type of Acquisition, the Autonomy Given to the Acquired Firm, and Acquisition Success: An Empirical Analysis," *Journal of Management* 16 （1）, 1990.

[228] Davies M. Pick, "A Winner: How to Select the Right Acquisition Target," *CMA Magazine* 85 （4）, 2011.

[229] Davis G. F., "Agentswith out Principles? The Spread of the Poison Pill through the Intercorporate Network," *Administrative Science Quarterly* 36 （4）, 1991.

[230] Davis G. F., Greve H. R., "Corporate Elite Networks and Governance Changes in the 1980s," *American Journal of Sociology* 103 （1）, 1997.

[231] Delong G. L., "Stockholder Gains from Focusing Versus Diversifying Bank Mergers," *Journal of Financial Economics* 59 （2）, 2001.

[232] Depamphilis D., *Mergers, Acquisitions and Other Restructuring Activities* （Amsterdam, London: Elsevier Academic Press, 2005）.

[233] Diaz B. D., Azofra S. S., "Determinants of Premiums Paid in European Banking Mergers and Acquisitions," *International Journal of Banking, Accounting and Finance* 1 （4）, 2009.

[234] Dietrich J. K., Sorensen E., "An Application of Logit Analysis to Prediction of Merger Targets," *Journal of Business Research* 12 （3）, 1984.

[235] Dimaggio P., Powell W. W., "The Iron Cage Revisited: Collective Rationality and Institutional Isomorphism in Organizational Fields," *American Sociological Review* 48 (2), 1983.

[236] Dimson E., Marsh P., "Event Study Methodologies and the Size Effect: The Case of UK Press Recommendations," *Journal of Financial Economics* 17 (1), 1986.

[237] Dodd P., "Merger Proposals, Management Discretion and Stockholder Wealth," *Journal of Financial Economics* 8 (2), 1980.

[238] Dodd P., Ruback R., "Tender Offers and Stockholder Returns: An Empirical Analysis," *Journal of Financial Economics* 5 (3), 1977.

[239] Dolley J. C., "Characteristics and Procedure of Common Stock Split-ups," *Harvard Business Review* 11 (3), 1933.

[240] Dooley P. C., "The Interlocking Directorate," *The American Economic Review* 59 (3), 1969.

[241] Eckbo B. E., Giammarino R. M., Heinkel R. L., "Asymmetric Information and the Medium of Exchange in Takeovers: Theory and Tests," *Review of Financial Studies* 3 (4), 1990.

[242] Eckbo B. E., Thorburn K. S., "Gains to Bidder Firms Revisited: Domestic and Foreign Acquisitions in Canada," *Journal of Financial and Quantitative Analysis* 35 (1), 2000.

[243] Eisenhardt K. M., "Building Theories from Case Study Research," *Academy of Management Review* 14 (4), 1989.

[244] Erdogan A. I., "The Determinants of Mergers and Acquisitions: Evidence from Turkey," *International Journal of Economics and Finance* 4 (4), 2012.

[245] Ericsson K. A., Charness N., "Expert Performance: Its Structure and Acquisition," *American Psychologist* 49 (8), 1994.

[246] Faccio M., Masulis R. W., "The Choice of Payment Method in European Mergers and Acquisitions," *The Journal of Finance* 60 (3), 2005.

[247] Fama E. F., Fisher L., Jensen M. C. et al., "The Adjustment of Stock Prices to New Information," *International Economic Review* 10 (1),

1969.

[248] Fama E. F., French K. R., "Common Risk Factors in the Returns on Stocks and Bonds," *Journal of Financial Economics* 33 (1), 1993.

[249] Fama E. F., French K. R., "The Cross-Section of Expected Stock Returns," *The Journal of Finance* 47 (2), 1992.

[250] Fan J. P., Goyal V. K., "On the Patterns and Wealth Effects of Vertical Mergers," *The Journal of Business* 79 (2), 2006.

[251] Feinberg S. E., Gupta A. K., "Knowledge Spillovers and the Assignment of R&D Responsibilities to Foreign Subsidiaries," *Strategic Management Journal* 25 (8-9), 2004.

[252] Fernhaber S. A., Li D., "The Impact of Interorganizational Imitation on New Venture International Entry and Performance," *Entrepreneurship Theory and Practice* 34 (1), 2010.

[253] Field L., Lowry M., Mkrtchyan A., "Are Busy Boards Detrimental?" *Journal of Financial Economics* 109 (1), 2013.

[254] Finkelstein S., Haleblian J., "Understanding Acquisition Performance: The Role of Transfer Effects," *Organization Science* 13 (1), 2002.

[255] Firth M., "Takeovers, Shareholder Returns, and the Theory of the Firm," *The Quarterly Journal of Economics* 94 (2), 1980.

[256] Fishman M. J., "Preemptive Bidding and the Role of the Medium of Exchange in Acquisitions," *The Journal of Finance* 44 (1), 1989.

[257] Fowler K. L., Schmidt D. R., "Determinants of Tender Offer Post-Acquisition Financial Performance," *Strategic Management Journal* 10 (4), 1989.

[258] Fracassi C., "Corporate Finance Policies and Social Networks," *Management Science* (5), 2016.

[259] Fracassi C., Tate G., "External Networking and Internal Firm Governance," *The Journal of Finance* 67 (1), 2012.

[260] Franks J., Harris R., Titman S., "The Postmerger Share-Price Performance of Acquiring Firms," *Journal of Financial Economics* 29 (1), 1991.

[261] Fuller K., Netter J., Stegemoller M., "What Do Returns to Acquiring

Firms Tell Us? Evidence from Firms That Make Many Acquisitions," *The Journal of Finance* 57 (4), 2002.

[262] Galaskiewicz J., Wasserman S., "Mimetic Processes with in an Interorganizational Field: An Empirical Test," *Administrative Science Quarterly* 34 (3), 1989.

[263] Galbraith J. R., "Matrix Organization Designs How to Combine Functional and Project Forms," *Business Horizons* 14 (1), 1971.

[264] Gaur A. S., Malhotra S., Zhu P., "Acquisition Announcements and Stock Market Valuations of Acquiring Firms' Rivals: A Test of the Growth Probability Hypothesis in China," *Strategic Management Journal* 34 (2), 2013.

[265] Ghosh A., "Does Operating Performance Really Improve Following Corporate Acquisitions?" *Journal of Corporate Finance* 7 (2), 2001.

[266] Graebner M. E., "Momentum and Serendipity: How Acquired Leaders Create Value in the Integration of Technology Firms," *Strategic Management Journal* 25 (89), 2004.

[267] Granovetter M., "Economic Action and Social Structure: The Problem of Embeddedness," *American Journal of Sociology* 91 (3), 1985.

[268] Granovetter M. S., "The Strength of Weak Ties," *American Journal of Sociology* 78 (6), 1973.

[269] Greenwood R., Hinings C., Brown J., "Merging Professional Service Firms," *Organization Science* 5 (2), 1994.

[270] Gregory A., "An Examination of the Long Run Performance of UK Acquiring Firms," *Journal of Business Finance & Accounting* 24 (7-8), 1997.

[271] Gugler K., Konrad K. A., "Merger Target Selection and Financial Structure," Working Paper, University of Vienna and Wissenschaftszentrum Berlin (WZB), 2002.

[272] Gulati R., "Social Structure and Alliance Formation Patterns: A Longitudinal Analysis," *Administrative Science Quarterly* 40 (4), 1995.

[273] Gulati R., Westphal J. D., "Cooperative or Controlling? The Effects of CEO-Board Relations and the Content of Interlocks on the Formation of

Joint Ventures," *Administrative Science Quarterly* 44 (3), 1999.

[274] Hackbarth D., Mauer D. C., "Optimal Priority Structure, Capital Structure, and Investment," *Review of Financial Studies* 25 (3), 2012.

[275] Haleblian J., Finkelstein S., "The Influence of Organizational Acquisition Experience on Acquisition Performance: A Behavioral Learning Perspective," *Administrative Science Quarterly* 44 (1), 1999.

[276] Hansen R. G., "A Theory for the Choice of Exchange Medium in Mergers and Acquisitions," *Journal of Business* 60 (1), 1987.

[277] Haspeslagh P. C., Jemison D. B., *Managing Acquisitions: Creating Value through Corporate Renewal* (New York: Free Press, 1991).

[278] Haunschild P. R., "How Much Is That Company Worth?: Interorganizational Relationships, Uncertainty, and Acquisition Premiums," *Administrative Science Quarterly* 39 (3), 1994.

[279] Haunschild P. R., "Interorganizational Imitation: The Impact of Interlocks on Corporate Acquisition Activity," *Administrative Science Quarterly* 38 (4), 1993.

[280] Haunschild P. R., Beckman C. M., "When Do Interlocks Matter?: Alternate Sources of Information and Interlock Influence," *Administrative Science Quarterly* 43 (4), 1998.

[281] Haunschild P. R., Miner A. S., "Modes of Interorganizational Imitation: The Effects of Outcome Salience and Uncertainty," *Administrative Science Quarterly* 42 (3), 1997.

[282] Hayward M. L., "When Do Firms Learn from Their Acquisition Experience? Evidence from 1990 to 1995," *Strategic Management Journal* 23 (1), 2002.

[283] Hayward M. L., Hambrick D. C., "Explaining the Premiums Paid for Large Acquisitions: Evidence of CEO Hubris," *Administrative Science Quarterly* 42 (1), 1997.

[284] Healy P. M., Palepu K. G., Ruback R. S., "Does Corporate Performance Improve after Mergers?" *Journal of Financial Economics* 31 (2), 1992.

[285] Herman E., Lowenstein L., "The Efficiency Effects of Hostile Takeovers,"

*Knights, Raiders and Targets* 2 (2), 1988.

[286] Hillman A. J., Withers M. C., Collins B. J., "Resource Dependence Theory: A Review," *Journal of Management* 35 (6), 2009.

[287] Hitt M. A., Dacin M. T., Levitas E. et al., "Partner Selection in Emerging and Developed Market Contexts: Resource-Based and Organizational Learning Perspectives," *Academy of Management Journal* 43 (3), 2000.

[288] Homberg F., Rost K., Osterloh M., "Do Synergies Exist in Related Acquisitions? A Meta-Analysis of Acquisition Studies," *Review of Managerial Science* 3 (2), 2009.

[289] Hooke J. C., *M&A: A Practical Guide to Doing the Deal* (Hoboken: John Wiley & Sons, 1997).

[290] Houston J. F., James C. M., Ryngaert M. D., "Where Do Merger Gains Come from? Bank Mergers from the Perspective of Insiders and Outsiders," *Journal of Financial Economics* 60 (2), 2001.

[291] Huber G. P., "Organizational Learning: The Contributing Processes and the Literatures," *Organization Science* 2 (1), 1991.

[292] Hunter W. C., Jagtiani J., "An Analysis of Advisor Choice, Fees, and Effort in Mergers and Acquisitions," *Review of Financial Economics* 12 (1), 2003.

[293] Ishii J., Xuan Y., "Acquirer-Target Social Ties and Merger Outcomes," *Journal of Financial Economics* 112 (3), 2014.

[294] Jarillo J . C., "On Strategic Networks," *Strategic Management Journal* 9 (1), 1988.

[295] Jarrell G. A., Bradley M., "The Economic Effects of Federal and State Regulations of Cash Tender Offers," *The Journal of Law & Economics* 23 (2), 1980.

[296] Jarrell G. A., Brickley J. A., Netter J. M., "The Market for Corporate Control: The Empirical Evidence since 1980," *The Journal of Economic Perspectives* 2 (1), 1988.

[297] Jemison D. B., Sitkin S. B., "Corporate Acquisitions: A Process

Perspective," *Academy of Management Review* 11 (1), 1986.

[298] Jensen M. C., "Agency Cost of Free Cash Flow, Corporate Finance, and Takeovers," *Corporate Finance, and Takeovers American Economic Review* 76 (2), 1986.

[299] Jensen M. C., Ruback R. S., "The Market for Corporate Control: The Scientific Evidence," *Journal of Financial Economics* 11 (1), 1983.

[300] Johansen T. R., Pettersson K., "The Impact of Board Interlocks on Auditor Choice and Audit Fees," *Corporate Governance: An International Review* 21 (3), 2013.

[301] John K., Freund S., Nguyen D. et al., "Investor Protection and Cross-Border Acquisitions of Private and Public Targets," *Journal of Corporate Finance* 16 (3), 2010.

[302] Kaczmarek S., Kimino S., Pye A., "Interlocking Directorships and Firm Performance in Highly Regulated Sectors: The Moderating Impact of Board Diversity," *Journal of Management & Governance* 18 (2), 2014.

[303] Kale P., Dyer J H., Singh H., "Alliance Capability, Stock Market Response, and Long-Term Alliance Success: The Role of the Alliance Function," *Strategic Management Journal* 23 (8), 2002.

[304] Kale P., Singh H., "Building Firm Capabilities through Learning: The Role of the Alliance Learning Process in Alliance Capability and Firm-Level Alliance Success," *Strategic Management Journal* 28 (10), 2007.

[305] Kang E., "Director Interlocks and Spillover Effects of Reputational Penalties from Financial Reporting Fraud," *Academy of Management Journal* 51 (3), 2008.

[306] Kang J. K., Kim J. M., "The Geography of Block Acquisitions," *The Journal of Finance* 63 (6), 2008.

[307] Kaplan S. N., Weisbach M. S., "The Success of Acquisitions: Evidence from Divestitures," *The Journal of Finance* 47 (1), 1992.

[308] Keister L. A., "Engineering Growth: Business Group Structure and Firm Performance in China's Transition Economy," *American Journal of Sociology* 104 (2), 1998.

［309］ Kim J-Y J., Haleblian J. J., Finkelstein S., "When Firms are Desperate to Grow Via Acquisition: The Effect of Growth Patterns and Acquisition Experience on Acquisition Premiums," *Administrative Science Quarterly* 56 (1), 2011.

［310］ Kim W. G., Arbel A., "Predicting Merger Targets of Hospitality Firms (A Logit Model)," *International Journal of Hospitality Management* 17 (3), 1998.

［311］ Koenig T., Gogel R., Sonquist J., "Models of the Significance of Interlocking Corporate Directorates," *American Journal of Economics and Sociology* 38 (2), 1979.

［312］ Kogut B., Zander U., "Knowledge of the Firm, Combinative Capabilities, and the Replication of Technology," *Organization Science* 3 (3), 1992.

［313］ Kohers N., Kohers T., "The Value Creation Potential of High-Tech Mergers," *Financial Analysts Journal* 56 (3), 2000.

［314］ Kotz D. M., *Bank Control of Large Corporations in the United States* (University of California Press, 1978).

［315］ Kraatz M. S., "Learning by Association? Interorganizational Networks and Adaptation to Environmental Change," *Academy of Management Journal* 41 (6), 1998.

［316］ Krishnan H. A., Miller A., Judge W. Q., "Diversification and Top Management Team Complementarity: Is Performance Improved by Merging Similar or Dissimilar Teams?" *Strategic Management Journal* 18 (5), 1997.

［317］ Kroll M., Walters B. A., Wright P., "Board Vigilance, Director Experience, and Corporate Outcomes," *Strategic Management Journal* 29 (4), 2008.

［318］ Kumar B. R., Rajib P., "Characteristics of Merging Firms in India: An Empirical Examination," *Vikalpa* 32 (1), 2007.

［319］ Kummer D. R., Hoffmeister J. R., "Valuation Consequences of Cash Tender Offers," *The Journal of Finance* 33 (2), 1978.

［320］ Laamanen T., "On the Role of Acquisition Premium in Acquisition

Research," *Strategic Management Journal* 28 (13), 2007.

[321] Lang J. R., Lockhart D. E., "Increased Environmental Uncertainty and Changes in Board Linkage Patterns," *Academy of Management Journal* 33 (1), 1990.

[322] Lang L. H., Stulz R., Walkling R. A., "Managerial Performance, Tobin's Q, and the Gains from Successful Tender Offers," *Journal of Financial Economics* 24 (1), 1989.

[323] Larcker D. F, So E. C, Wang C. C., "Boardroom Centrality and Firm Performance," *Journal of Accounting and Economics* 55 (2), 2013.

[324] Larcker D. F., So E. C., Wang C. C., *Boardroom Centrality and Stock Returns* (Citeseer, 2010).

[325] Leeth J. D., Borg J. R., "The Impact of Takeovers on Shareholder Wealth during the 1920s Merger Wave," *Journal of Financial and Quantitative Analysis* 35 (2), 2000.

[326] Levinthal D. A., March J. G., "The Myopia of Learning," *Strategic Management Journal* 14 (S2), 1993.

[327] Levitt B., March J. G., "Organizational Learning," *Annual Review of Sociology* 14 (1), 1988.

[328] Levy H., Sarnat M., "Diversification, Portfolio Analysis and the Uneasy Case for Conglomerate Mergers," *The Journal of Finance* 25 (4), 1970.

[329] Lewellen W. G., "A Pure Financial Rationale for the Conglomerate Merger," *The Journal of Finance* 26 (2), 1971.

[330] Lieberman M. B., Asaba S., "Why Do Firms Imitate Each Other?" *Academy of Management Review* 31 (2), 2006.

[331] Lieberman M. B., Montgomery D. B., "First-Mover Advantages," *Strategic Management Journal* 9 (5), 1988.

[332] Liebeskind J. P., Oliver A. L., Zucker L. et al., "Social Networks, Learning, and Flexibility: Sourcing Scientific Knowledge in New Biotechnology Firms," *Organization Science* 7 (4), 1996.

[333] Lin B-X., Michayluk D., Oppenheimer H. R. et al., "Hubris Amongst Japanese Bidders," *Pacific-Basin Finance Journal* 16 (1), 2008.

[334] Linck J. S., Netter J. M., Yang T., "The Determinants of Board Structure," *Journal of Financial Economics* 87 (2), 2008.

[335] Loderer C., Martin K., "Corporate Acquisitions by Listed Firms: The Experience of a Comprehensive Sample," *Financial Management* 19 (4), 1990.

[336] Lorsch J., Maciver E., *Pawns and Potentates* (Boston: Harvard Business School, 1989).

[337] Loughran T., Vijh A M., "Do Long-Term Shareholders Benefit from Corporate Acquisitions?" *The Journal of Finance* 52 (5), 1997.

[338] Lubatkin M., "Merger Strategies and Stockholder Value," *Strategic Management Journal* 8 (1), 1987.

[339] Mace M., *Directors: Myth or Reality* (Boston: Harvard Business School Press, 1971).

[340] Mahar M., "Wheel of Misfortune: Was Merv Griffin's Bid for Resorts Just a Bad Gamble?" *Barron's* 70 (39), 1990.

[341] Malatesta P. H., "The Wealth Effect of Merger Activity and the Objective Functions of Merging Firms," *Journal of Financial Economics* 11 (1 - 4), 1983.

[342] Malmendier U., Tate G., "Who Makes Acquisitions? CEO Overconfidence and the Market's Reaction," *Journal of Financial Economics* 89 (1), 2008.

[343] Maman D., "Research Note: Interlocking Ties with in Business Groups in Israel-A Longitudinal Analysis, 1974 - 1987," *Organization Studies* 20 (2), 1999.

[344] March J. G., Olsen J. P., *Ambiguity and Choice in Organisations* (Bergen: Universitetsforlaget, 1976).

[345] March J. G., *Primer on Decision Making: How Decisions Happen* (Simon and Schuster, 1994).

[346] Mariolis P., "Interlocking Directorates and Control of Corporations: The Theory of Bank Control," *Social Science Quarterly* 56 (3), 1975.

[347] Martin X., Swaminathan A., Mitchell W., "Organizational Evolution in the Interorganizational Environment: Incentives and Constraints on

International Expansion Strategy," *Administrative Science Quarterly* 43 (3), 1998.

[348] Masulis R. W., Wang C., Xie F., "Corporate Governance and Acquirer Returns," *The Journal of Finance* 62 (4), 2007.

[349] McDonald M. L., Westphal J. D., Graebner M. E., "What Do They Know? The Effects of Outside Director Acquisition Experience on Firm Acquisition Performance," *Strategic Management Journal* 29 (11), 2008.

[350] Meeks G., *Disappointing Marriage: A Study of the Gains from Merger* (CUP Archive, 1977).

[351] Mehran H., "Executive Compensation Structure, Ownership, and Firm Performance," *Journal of Financial Economics* 38 (2), 1995.

[352] Menon T., Pfeffer J., Sutton R., "The Valuation of Internal versus External Knowledge: Why Managers Sometimes Prefer the Knowledge Possessed by Outsiders over the Knowledge Possessed by Insiders (Academy of Management Proceedings," *Academy of Management* 1, 2001.

[353] Meschi P-X., Métais Tais E., "Do Firms Forget about Their Past Acquisitions? Evidence from French Acquisitions in the United States (1988-2006)," *Journal of Management* 39 (2), 2013.

[354] Miles G. E., *The Value of Ties: Impact of Director Interlocks on Acquisition Premium and Post-Acquisition Performance* (Denton: University of North Texas, 2014).

[355] Mills C. W., *The Power Elite* (New York: Oxford University Press, 1956).

[356] Miner A. S., Mezias S. J., "Ugly Duckling No More: Pasts and Futures of Organizational Learning Research," *Organization Science* 7 (1), 1996.

[357] Mitchell M. L., Stafford E., "Managerial Decisions and Long-Term Stock Price Performance," *The Journal of Business* 73 (3), 2000.

[358] Mizruchi M. S., "What Do Interlocks Do? An Analysis, Critique, and Assessment of Research on Interlocking Directorates," *Annual Review of Sociology* 22 (1), 1996.

[359] Mizruchi M. S., Stearns L. B., "A Longitudinal Study of the Formation

of Interlocking Directorates," *Administrative Science Quarterly* 33 （2），
1988.

［360］ Mizruchi M. S., *The American Corporate Network*, 1904－1974 （Thousand
Oaks: Sage Publications, Inc., 1982）.

［361］ Mizruchi M. S., *The Structure of Corporate Political Action: Interfirm Relations
and Their Consequences* （Cambridge: Harvard University Press, 1992）.

［362］ Moeller S. B., Schlingemann F. P., Stulz R. M., "Firm Size and the
Gains from Acquisitions," *Journal of Financial Economics* 73 （2），2004.

［363］ Moeller T., "Let's Make a Deal! How Shareholder Control Impacts
Merger Payoffs," *Journal of Financial Economics* 76 （1），2005.

［364］ Morck R., Shleifer A., Vishny R. W., "Do Managerial Objectives
Drive Bad Acquisitions?" *The Journal of Finance* 45 （1），1990.

［365］ Mueller D. C., "Mergers and Market Share," *The Review of Economics
and Statistics* 67 （2），1985.

［366］ Mulherin J. H., Boone A. L., "Comparing Acquisitions and Divestitures,"
*Journal of Corporate Finance* 6 （2），2000.

［367］ MuSLümov, "The Premerger Discrimination between Acquirer and
Target Firms," *Doğuş ÜNiversitesi Dergisi* 2 （2），2011.

［368］ Myers S. C., Majluf N. S., "Corporate Financing and Investment Decisions
When Firms Have Information That Investors Do Not Have", *Journal of
Financial Economics* 13 （2），1984.

［369］ M. Rhodes-Kropf, D. T. Robinson, "The Market for Mergers and the
Boundaries of the Firm," *The Journal of Finance* 63 （3），2008.

［370］ Nahapiet J., Ghoshal S., "Social Capital, Intellectual Capital, and the
Organizational Advantage," *Academy of Management Review* 23
（2），1998.

［371］ Nisbett R. E., Ross L., *Human Inference: Strategies and Shortcomings of
Social Judgment* （Englewood Cliff, NJ: Prentice-Hall, 1980）.

［372］ Nonaka I., *The Knowledge-Creating Company* （Cambridge: Harvard Business
Review Press, 1991）.

［373］ Officer M. S., "Overinvestment, Corporate Governance, and Dividend

Initiations," *Journal of Corporate Finance* 17 (3), 2011.

[374] Officer M. S., "Termination Fees in Mergers and Acquisitions," *Journal of Financial Economics* 69 (3), 2003.

[375] Ornstein M., "Interlocking Directorates in Canada: Intercorporate or Class Alliance?" *Administrative Science Quarterly* 29 (2), 1984.

[376] Ortiz-De-Mandojana N., Arag N-Correa J. A., Delgado-Ceballos J. et al., "The Effect of Director Interlocks on Firms' Adoption of Proactive Environmental Strategies," *Corporate Governance: An International Review* 20 (2), 2012.

[377] Pagano M., Panetta F., Zingales L., "Why Do Companies Go Public? An Empirical Analysis," *The Journal of Finance* 53 (1), 1998.

[378] Palepu K. G., "Predicting Takeover Targets: A Methodological and Empirical Analysis," *Journal of Accounting and Economics* 8 (1), 1986.

[379] Palmer D., "Broken Ties: Interlocking Directorates and Intercorporate Coordination," *Administrative Science Quarterly* 28 (1), 1983.

[380] Palmer D., Friedland R., Singh J. V., "The Ties That Bind: Organizational and Class Bases of Stability in a Corporate Interlock Network," *American Sociological Review* (1), 1986.

[381] Palmer D. A., Jennings P. D., Zhou X., "Late Adoption of the Multidivisional Form by Large US Corporations: Institutional, Political, and Economic Accounts," *Administrative Science Quarterly* 38 (1), 1993.

[382] Park S. H., Luo Y., "Guanxi and Organizational Dynamics: Organizational Networking in Chinese Firms," *Strategic Management Journal* 22 (5), 2001.

[383] Parrino J. D., Harris R. S., "Takeovers, Management Replacement, and Post-Acquisition Operating Performance: Some Evidence from the 1980s," *Journal of Applied Corporate Finance* 11 (4), 1999.

[384] Parsons T., *Structure and Process in Modern Societies* (New York: Free Press, 1960).

[385] Peng M. W., Luo Y., "Managerial Ties and Firm Performance in a Transition Economy: The Nature of aMicro-Macro Link," *Academy of Management Journal* 43 (3), 2000.

[386] Pervan I., Pervan M., Kljaic N., "Financial Characteristics of Acquired Companies-Case of Croatia," *The Business Review* 16 (1), 2010.

[387] Pfeffer J., "Size and Composition of Corporate Boards of Directors: The Organization and Its Environment," *Administrative Science Quarterly* 17 (2), 1972.

[388] Pfeffer J., Salancik G. R., *The External Control of Organizations: A Resource Dependence Approach* (NY: Harper and Row Publishers, 1978).

[389] Pinder C. C., *Work Motivation: Theory, Issues, and Applications* (Scott Foresman & Co., 1984).

[390] Portes R., Rey H., "The Determinants of Cross-Border Equity Flows," *Journal of International Economics* 65 (2), 2005.

[391] Powell W. W., Koput K. W., Smith-Doerr L., "Interorganizational Collaboration and the Locus of Innovation: Networks of Learning in Biotechnology," *Administrative Science Quarterly* 41 (1), 1996.

[392] Rao H., Davis G. F., Ward A., "Embeddedness, Social Identity and Mobility: Why Firms Leave the NASDAQ and Join the New York Stock Exchange," *Administrative Science Quarterly* 45 (2), 2000.

[393] Rao H., Sivakumar K., "Institutional Sources of Boundary-Spanning Structures: The Establishment of Investor Relations Departments in the Fortune 500 Industrials," *Organization Science* 10 (1), 1999.

[394] Ravenscraft D. J, Scherer F. M., "Life after Takeover," *The Journal of Industrial Economics* 36 (2), 1987.

[395] Ravenscraft D. J., *The 1980s Merger Wave: An Industrial Organization Perspective* (Boston: Federal Reserve Bank of Boston, 1987).

[396] Reeves L., Weisberg R. W., "The Role of Content and Abstract Information in Analogical Transfer," *Psychological Bulletin* 115 (3), 1994.

[397] Reger R. K., Huff A. S., "Strategic Groups: A Cognitive Perspective," *Strategic Management Journal* 14 (2), 1993.

[398] Renneboog L., Zhao Y., "Director Networks and Takeovers," *Journal of Corporate Finance* 28, 2014.

[399] Renneboog L., Zhao Y., "Us Knows Us in the UK: On Director

Networks and CEO Compensation," *Journal of Corporate Finance* 17 (4), 2011.

[400] Reuer J. J., Park K. M., Zollo M., "Experiential Learning in International Joint Ventures: The Roles of Experience Heterogeneity and Venture Novelty," *Cooperative Strategies and Alliances* (2), 2002.

[401] Reuer J. J., Zollo M., Singh H., "Post-Formation Dynamics in Strategic Alliances," *Strategic Management Journal* 23 (2), 2002.

[402] Rhoades S. A., "Determinants of Premiums Paid in Bank Acquisitions," *Atlantic Economic Journal* 15 (1), 1987.

[403] Richardson R. J., "Directorship Interlocks and Corporate Profitability," *Administrative Science Quarterly* 32 (3), 1987.

[404] Robins J., Wiersema M F., "A Resource-Based Approach to the Multibusiness Firm: Empirical Analysis of Portfolio Interrelationships and Corporate Financial Performance," *Strategic Management Journal* 16 (4), 1995.

[405] Roll R., "The Hubris Hypothesis of Corporate Takeovers," *Journal of Business* 59 (2), 1986.

[406] Rossi S., Volpin P F., "Cross-Country Determinants of Mergers and Acquisitions," *Journal of Financial Economics* 74 (2), 2004.

[407] Rousseau P. L., Stroup C., "Director Histories and the Pattern of Acquisitions," *Journal of Financial and Quantitative Analysis* 50 (4), 2015.

[408] Salter M. S., Weinhold W. A., *Diversification through Acquisition: Strategies for Creating Economic Value* (New York: Free Press, 1979).

[409] Scherer F., Ross D., *Industrial Market Structure and Economic Performance* (Boston: Houghton Mifflin, 1990).

[410] Schmidt B., "Costs and Benefits of Friendly Boards during Mergers and Acquisitions," *Journal of Financial Economics* 117 (2), 2015.

[411] Schoenberg R., Thornton D., "The Impact of Bid Defences in Hostile Acquisitions," *European Management Journal* 24 (2), 2006.

[412] Schonlau R., Singh P. V., "Board Networks and Merger Performance," Working Paper, University of Washington and Carnegie Mellon University,

2009.

[413] Schwert G. W., "Markup Pricing in Mergers and Acquisitions," *Journal of Financial Economics* 41 (2), 1996.

[414] Seth A., "Value Creation in Acquisitions: A Re-Examination of Performance Issues," *Strategic Management Journal* 11 (2), 1990.

[415] Sheard P., *An Analysis of the Supply of Executives by Banks to Boards of Large Japanese Firms*, Pres. Inst. Asian Res. Conf. on Netw. Action & Org., in Japan, Univ. Br. Columbia, 1993.

[416] Shen J-C., Reuer J. J., "Adverse Selection in Acquisitions of Small Manufacturing Firms: A Comparison of Private and Public Targets," *Small Business Economics* 24 (4), 2005.

[417] Shleifer A., Vishny R. W., "Politicians and Firms," *The Quarterly Journal of Economics* 109 (4), 1994.

[418] Shleifer A., Vishny R. W., *The Grabbing Hand: Government Pathologies and Their Cures* (Cambridge: Harvard University Press, 1998).

[419] Shropshire C., "The Role of the Interlocking Director and Board Receptivity in the Diffusion of Practices," *Academy of Management Review* 35 (2), 2010.

[420] Simkowitz M., Monroe R. J., "A Discriminant Analysis Function for Conglomerate Targets," *Southern Journal of Business* 6 (1), 1971.

[421] Sirower M. L., *The Synergy Trap: How Companies Lose the Acquisition Game* (Simon and Schuster, 1997).

[422] Slusky A. R., Caves R. E., "Synergy, Agency, and the Determinants of Premia Paid in Mergers," *The Journal of Industrial Economics* 39 (3), 1991.

[423] Sokolyk T., "The Effects of Antitakeover Provisions on Acquisition Targets," *Journal of Corporate Finance* 17 (3), 2011.

[424] Song M. H., Walkling R. A., "The Impact of Managerial Ownership on Acquisition Attempts and Target Shareholder Wealth," *Journal of Financial and Quantitative Analysis* 28 (4), 1993.

[425] Stearns L. B., Mizruchi M. S., "Broken-Tie Reconstitution and the

Functions of Interorganizational Interlocks: A Reexamination," *Administrative Science Quarterly* 31 (4), 1986.

[426] Sternberg R. J., "Cognitive Conceptions of Expertise," *International Journal of Expert Systems* 7 (1), 1994.

[427] Stevens D. L., "Financial Characteristics of Merged Firms: A Multivariate Analysis," *Journal of Financial and Quantitative Analysis* 8 (2), 1973.

[428] Stigler G. J., "Monopoly and Oligopoly by Merger," *The American Economic Review* 40 (2), 1950.

[429] Stiglitz J. E., "Credit Markets and the Control of Capital," *Journal of Money, Credit and Banking* 17 (2), 1985.

[430] Stokman F. N., Van Der Knoop J., Wasseur F. W., "Interlocks in the Netherlands: Stability and Careers in the Period 1960 – 1980," *Social Networks* 10 (2), 1988.

[431] Stuart T. E., Yim S., "Board Interlocks and the Propensity to Be Targeted in Private Equity Transactions," *Journal of Financial Economics* 97 (1), 2010.

[432] Szulanski G., "Appropriability and the Challenge of Scope: Banc One Routinizes," in *The Nature and Dynamics of Organizational Capabilities* (New York: Oxford University Press, 2000).

[433] S. B., *Financial Flexibility and Capital Structure Decision* (Social Science Electronic Publishing, 2011).

[434] Teece D. J., "Economies of Scope and the Scope of The Enterprise," *Journal of Economic Behavior & Organization* 1 (3), 1980.

[435] Trachtenberg J. A., Meinbardis R., Hiller D. B., "Buy-Out Bomb: An Extra $ 500 Million Paid for Federated Got Campeau into Trouble," *Wall Street Journal* (11), 1990.

[436] Trahan E. A., "Industry Effects on the Abnormal Returns to Acquiring Firms," *Journal of Applied Business Research* 10 (3), 1994.

[437] Trautwein F., "Merger Motives and Merger Prescriptions," *Strategic Management Journal* 11 (4), 1990.

[438] Travlos N. G., "Corporate Takeover Bids, Methods of Payment, and

Bidding Firms' Stock Returns," *The Journal of Finance* 42 (4), 1987.

[439] Useem M., *The Inner Circle: Large Corporations and the Rise of Business Political Activity in the US and UK Oxford University Press* (New York: Oxford University Press, 1984).

[440] Uzzi B., "The Sources and Consequences of Embeddedness for the Economic Performance of Organizations: The Network Effect," *American Sociological Review* 61 (4), 1996.

[441] Varaiya N. P., "Determinants of Premiums in Acquisition Transactions," *Managerial and Decision Economics* 8 (3), 1987.

[442] Varaiya N. P., Ferris K. R., "Overpaying in Corporate Takeovers: The Winner's Curse," *Financial Analysts Journal* 43 (3), 1987.

[443] Vermeulen F., Barkema H., "Learning through Acquisitions," *Academy of Management Journal* 44 (3), 2001.

[444] Walker M. M., "Corporate Takeovers, Strategic Objectives, and Acquiring-Firm Shareholder Wealth," *Financial Management* 29 (1), 2000.

[445] Walkling R. A., Edmister R. O., "Determinants of Tender Offer Premiums," *Financial Analysts Journal* 41 (1), 1985.

[446] Wan K-M., Wong K-F., "Economic Impact of Political Barriers to Cross-Border Acquisitions: An Empirical Study of CNOOC's Unsuccessful Takeover of Unocal," *Journal of Corporate Finance* 15 (4), 2009.

[447] Wang C., Xie F., "Corporate Governance Transfer and Synergistic Gains from Mergers and Acquisitions ," *Review of Financial Studies* 22 (2), 2009.

[448] Wansley J. W., Lane W. R., Yang H. C., "Gains to Bidder Firms in Cash and Securities Transactions," *Financial Review* 22 (4), 1987.

[449] Wasserstein B., *Big Deal: The Battle for Control of America's Leading Corporations* (Grand Central Pub., 1998).

[450] Wayne M., Mohta S., Spivey M. F., "An Analysis of Foreign Takeovers in the United States," *Managerial and Decision Economics* 14 (4), 1993.

[451] White H., "A Heteroskedasticity-Consistent Covariance Matrix Estimator and a Direct Test for Heteroskedasticity," *Econometrica* 48 (5), 1980.

[452] Wu Qingqing, "Information Conduit or Agency Cost: Top Management and Director Interlock between Target and Acquirer," Working Paper, North Carolina State University, 2011.

[453] Yeh T-M., Hoshino Y., "Productivity and Operating Performance of Japanese Merging Firms: Keiretsu-Related and Independent Mergers," *Japan and The World Economy* 14 (3), 2002.

[454] Yeo H-J., Pochet C., Alcouffe A., "CEO Reciprocal Interlocks in French Corporations," *Journal of Management and Governance* 7 (1), 2003.

[455] Zahra S. A., George G., "Absorptive Capacity: A Review, Reconceptualization, and Extension," *Academy of Management Review* 27 (2), 2002.

[456] Zajac E. J., "Interlocking Directorates as an Interorganizational Strategy: A Test of Critical Assumptions," *Academy of Management Journal* 31 (2), 1988.

[457] Zollo M., Reuer J.J., Singh H., "Interorganizational Routines and Performance in Strategic Alliances," *Organization Science* 13 (6), 2002.

[458] Zollo M., Singh H., "Deliberate Learning in Corporate Acquisitions: Post-Acquisition Strategies and Integration Capability in US Bank Mergers," *Strategic Management Journal* 25 (13), 2004.

[459] Zollo, M., Winter, S. G., "Deliberate Learning and the Evolution of Dynamic Capabilities," *Organization Science* 13 (3), 2002.

[460] Zona F., Gomez-Mejia L. R., Withers M. C., "Board Interlocks and Firm Performance towards a Combined Agency – Resource Dependence Perspective," *Journal of Management*, 2015, http://Journals. Sagepub. Com/Doi/Abs/10. 1177/ 0149206 315579512.

**图书在版编目（CIP）数据**

董事联结与企业并购 / 吴昊洋著. -- 北京：社会
科学文献出版社，2019.11
　ISBN 978-7-5201-5256-3

　Ⅰ.①董…　Ⅱ.①吴…　Ⅲ.①上市公司-企业兼并-
研究-中国　Ⅳ.①F279.246

　中国版本图书馆 CIP 数据核字（2019）第 164124 号

## 董事联结与企业并购

著　　　者／吴昊洋

出 版 人／谢寿光
组稿编辑／高　雁
责任编辑／冯咏梅
文稿编辑／王春梅

出　　　版／社会科学文献出版社·经济与管理分社（010）59367226
　　　　　　　地址：北京市北三环中路甲 29 号院华龙大厦　邮编：100029
　　　　　　　网址：www.ssap.com.cn
发　　　行／市场营销中心（010）59367081　59367083
印　　　装／三河市尚艺印装有限公司

规　　　格／开　本：787mm × 1092mm　1/16
　　　　　　　印　张：23.5　字　数：386 千字
版　　　次／2019 年 11 月第 1 版　2019 年 11 月第 1 次印刷
书　　　号／ISBN 978-7-5201-5256-3
定　　　价／138.00 元

本书如有印装质量问题，请与读者服务中心（010-59367028）联系

▲▲ 版权所有 翻印必究